AF393328

Der Autor: Udo Ehrich schloß sein politikwissenschaftliches Studium in Bielefeld mit dem Master of Arts ab. Seine Abschlußarbeit befaßte sich mit der Frage, ob die INSM den Lobbygruppen oder Think Tanks (Ideenagenturen) zuzuordnen sind. Die Schwerpunkte seiner Arbeiten liegen bei den Themen Lobbyismus, Ideenagenturen und Demokratie.

Bei BoD bereits erschienen sind die Bücher:

- »Wahlen? Die Reform des Wahlrechts zum Deutschen Bundestag«,
- »Unbewältigte NS-Vergangenheit«
- »Die INSM zwischen interessengebundener Ideenagentur und Lobbygruppe« (Master-Arbeit).
- »Paradigmenwechsel in der Sozialpolitik der rot-grünen Regierung [Schröder]« (Bachelor-Arbeit)

Udo Ehrich

INSM & Co.

Strategien und Methoden der Initiative Neue Soziale Marktwirtschaft

5. überarbeitete und aktualisierte Auflage

INSM & Co.
Strategien und Methoden der Initiative Neue Soziale Marktwirtschaft
Udo Ehrich

http://www.insm-kampagnen.de/

Impressum:
Copyright: © 2021 Udo Ehrich

Herstellung und Verlag:
BoD – Books on Demand, Norderstedt
http://www.bod.de/

ISBN 978-3-7543-2972-6

Umschlaggestaltung: Udo Ehrich

5. überarbeitete und aktualisierte Auflage

Bibliographische Information der Deutschen Nationalbibliothek:
Die Deutsche Nationalbibliothek verzeichnet diese Publikation in der
Deutschen Nationalbibliographie; detaillierte bibliographische Daten
sind im Internet über <http://dnb.d-nb.de> abrufbar.

für meine Mutter Erika Ehrich

Inhalt

INSM & Co.

»Das muss man doch vielleicht ändern können, dass das, was wir als notwendige Reform erkennen, auch von den Mitbürgern als eine positive Reform akzeptiert wird«,[1] sagte der frühere Pressesprecher von Gesamtmetall, Werner Riek, anläßlich von Umfragezahlen, nach denen die Menschen in Deutschland immer noch stärker dem Staat als dem Markt vertrauen. Dieser Wunsch, das zu ändern, mündete in die Gründung der »*Initiative Neue Soziale Marktwirtschaft*« (INSM), welche von der Werbeagentur Scholz & Friends erfunden und von den Arbeitgeberverbänden der Metall- und Elektroindustrie finanziert wird. Inzwischen ist die INSM ein breit angelegtes Kampagnen-Instrument, welches auf verschiedenen Klaviaturen der Öffentlichkeitsarbeit spielt.

Wie stark diese Initiative auch in die Politik hinein wirkt, verdeutlicht das Beispiel des »Kompetenzteams«, mit dem Angela Merkel im Wahlkampf 2005 zur Bundestagswahl antrat. Als sie ihr Team präsentierte, verwies sie darauf, daß der für Finanzen zuständige Paul Kirchhof von der *Initiative Neue Soziale Marktwirtschaft* als »Reformer des Jahres« und der ebenfalls dem »Kompetenzteam« angehörende Peter Müller von der INSM als »Ministerpräsident des Jahres« ausgezeichnet worden sei. Selbstverständlich erläuterte Angela Merkel bei der Präsentation ihres Teams und bei der Betonung dieser »Auszeichnungen« nicht die Hintergründe der INSM.

Beitrag zur Bewußtseinssteuerung

Weitere vergleichbare Initiativen, Konvente und Kampagnen wurden gegründet, darunter der *BürgerKonvent*, der *Konvent für Deutschland* und die Medienkampagne »*Du bist Deutschland*«. Diesen Aktionen ist gemeinsam, daß sie einen Beitrag zur Bewußtseinsveränderung bei der Bevölkerung bewirken wollen und all diese Aktionen Gründungen »von oben« sind. Die Gründer und Protagonisten dieser Bewegungen kommen nicht aus der breiten Bevölkerung, sondern zählen eher zu den Eliten. Sie kommen aus Politik, Wirtschaft, Wissenschaft und Medien und sind davon überzeugt, daß sie wissen, was gut für Deutschland ist. Ganz offen hat dies auch Holger Jung von der Werbeagentur Jung von Matt gesagt, als er in einem Interview mit der taz die Hoffnung äußerte, mit der Kampagne »*Du bist Deutschland*« etwas für die »Bewußtseinssteuerung« der Bevölkerung geleistet zu haben.[2]

---

[1] Zitiert nach: Müller, Albrecht: Machtwahn, S. 308
[2] vgl. Grimberg, Steffen: »Da ist etwas losgetreten« in taz online 28.01.2006.

Mit welcher Einstellung die Erfinder und Macher solcher Kampagnen einer kritischen Öffentlichkeit gegenübertreten, dokumentierte die in Weblogs veröffentlichte Mail Jean-Remy von Matts, in der er die Kritiker der Kampagne angriff und seine Sicht auf die Kampagne sowie seinen Umgang mit Kritik an dieser Kampagne offenlegte.[3]

Aktionen und Initiativen wie den genannten ist der Einsatz für eine ganz bestimmte Politik gemeinsam, die auf mehr Entstaatlichung und Verantwortung für den Einzelnen abzielt. Dabei operieren die Initiativen mit Hilfe der Medien und auch des neuen Mediums Internet.

Ein weiteres zentrales Thema dieses Buches wird auch eine ungute Entwicklung im Journalismus sein, die unter anderem von dem »Netzwerk Recherche« diskutiert und kritisch beleuchtet wird, nämlich die Vermischung von Öffentlichkeitsarbeit (Public Relations, PR) und Journalismus zum PR-Journalismus.[4]

Werden Journalismus und Öffentlichkeitsarbeit miteinander vermischt, wird es für den Leser immer schwieriger zu unterscheiden, ob er es bei einem journalistischen Beitrag tatsächlich mit einer journalistisch sauber recherchierten Meldung zu tun hat oder aber ob es sich um mediengerecht aufbereitete Informationen handelt, deren Absender ein bestimmtes Eigeninteresse an der Verbreitung hat.[5]

Auf der anderen Seite arbeitet diese ungute Entwicklung in den Medien den Machern solcher Kampagnen in die Hände. So profitiert die INSM davon, daß sie ihre Botschaften leichter in den Medien plazieren kann, weil die Medien vorproduzierte, preiswerte oder kostenlose Beiträge gerne übernehmen. Und wie leicht sich die Medien in Deutschland auch gleichschalten lassen, dokumentiert die Kampagne *»Du bist Deutschland«*, an der sich 25 der größten Medienhäuser inklusive des öffentlich-rechtlichen Rundfunks beteiligten und die entsprechenden Botschaften transportierten.

Dennoch liegt auch Hoffnung im Internet: In den Weblogs und auf Internetseiten werden solche Kampagnen und Aktionen kritisch diskutiert. Die NachDenkSeiten von Albrecht Müller und Wolfgang Lieb sind der Versuch, eine Gegenöffentlichkeit zur neoliberalen Dominanz in Politik und Medien aufzubauen. LobbyControl setzt sich als Teil eines Netzwerks dafür ein, daß mehr Transparenz und verbindliche Regeln hinsichtlich des Lobbyismus etabliert werden.

---

[3] vgl. http://www.jensscholz.com/2006_01_01_archive.htm#113766985314639192 (22.08.2021)

[4] http://www.netzwerkrecherche.de/ (22.08.2021)

[5] vergleiche hierzu auch: Speth, Rudolf und Thomas Leif: Lobbying und PR am Beispiel der Initiative Neue Soziale Marktwirtschaft. S. 310f.

Dies ändert indes nichts an der Schieflage bei den finanziellen Mitteln: Der INSM stehen jährlich rund 8.8 Mio. Euro für ihre Kampagnen zur Verfügung und nach eigenen Angaben wurde die Aktion *»Du bist Deutschland«* im Kampagnenzeitraum der ersten Welle durch die Medienhäuser mit Werbeflächen und Werbezeit im Gegenwert von rund 33 Mio. Euro unterstützt.

Fortgesetzte Aktivitäten

Wenngleich ursprünglich geplant war, die INSM nur bis zum Jahr 2009 bestehen zu lassen, war es in der Tat schlicht unwahrscheinlich, daß die INSM im Januar 2010 einfach verschwinden würde. Daß sich die zahllosen Internet-Domains, die Zusammenarbeit mit verschiedenen Printmedien und das Netz der Botschafter über Nacht in Luft auflösen würden, war nicht zu erwarten. Und in der Tat ging es weiter mit der INSM, auch wenn ab dem Jahr 2009 deren Koalition der Herzen, bestehend CDU/CSU und FDP, die Bundesregierung stellte.

Es sei weiterhin notwendig, für die Soziale Marktwirtschaft zu werben, befanden die Metallarbeitgeber, und verlängerten die Unterstützung für die INSM um weitere fünf Jahre.[6]

Doch bereits nach einer Wahlperiode endete die Zusammenarbeit zwischen CDU/CSU und FDP, zumal die Freien Demokraten bei der Bundestagswahl 2013 an der Sperrklausel scheiterten. Es kam in den beiden Folgewahlperioden zu großen Koalitionen zwischen CDU/CSU und SPD – ständig begleitet von der INSM, die auch weiterhin von den Arbeitgeberverbänden der Metall- und Elektroindustrie getragen wurden.

Auch der *Konvent für Deutschland* brachte im Jahr 2014 eine neue Broschüre heraus und setzte seine Kampagne zum Umbau der demokratischen Grundlagen unseres Staates fort. Neue Mitglieder waren dem Konventkreis beigetreten, was zeigte, daß auch der *Konvent für Deutschland* weiterhin tätig war. Auch wurde im Herbst 2013 zum vierten Mal der Roman-Herzog-Medienpreis verlieren.[7] Diese beiden Einrichtungen waren wohl in der Tat jene mit der größten Kontinuität.

Gleichwohl war in den 2010er Jahren zu beobachten, daß die kritische öffentliche Diskussion um die Initiative weitgehend zum Erliegen kam. Dies mag ein Effekt der Gewöhnung sein, erfreulich ist es

---

[6] vgl. http://www.gesamtmetall.de/gesamtmetall/meonline.nsf/id/6A3E836F10F6B55 AC12575F900384C8F?open&ccm=080 (22.08.2021)

[7] vgl. https://web.archive.org/web/20160531072025/https://www.konvent-fuer-deutschland.de/deu/roman_herzog_medienpreis/rueckblick_2013/ (22.08.2021)

aber nicht. Denn die interessengebundenen Ideenagenturen werden in ihren Aktivitäten und ihren Versuchen, das Bewußtsein der Öffentlichkeit zu steuern, nicht ungefährlicher oder zurückhaltender, nur weil sie in die Jahre kommen. Wie das Beispiel des *Konvents für Deutschland* zeigt, werden diese Ideenagenturen gerade wieder aktiver, wenn die politische Agenda ihre Themen hergibt, wie zum Beispiel die Reform des Wahlrechts (*Konvent für Deutschland*) oder die Reform der Mehrwertsteuer (INSM).

Mit diesem Buch soll nun ein Beitrag geleistet werden, die Methoden und Strategien der INSM zu beleuchten und am Ende auch einen Blick auf weitere Einrichtungen und Kampagnen zu werfen, die sich den gleichen oder vergleichbaren Zielen verpflichtet fühlen wie die *Initiative Neue Soziale Marktwirtschaft*.

Auch im Jahr 2014 endeten der Auftrag an und die finanzielle Unterstützung für die *Initiative Neue Soziale Marktwirtschaft* nicht. Im Geschäftsbericht von Gesamtmetall für das Jahr 2013/14 hieß es:

> *»Nach ausgiebiger Diskussion und zahlreichen Fragen wurden die Grundsatzbeschlüsse für [...] die Fortführung der INSM beschlossen. Sie waren der Auftakt für weitere Beratungen in den Gremien von Gesamtmetall und dessen Mitgliedsverbänden, an deren Ende die Finanzierung aller Projekte stand.«*[8]

Seit ein paar Jahren werden die Geschäftsberichte von Gesamtmetall mit Beispielen aus den Kampagnen der INSM angereichert, wie auch der Geschäftsbericht 2013/2014.[9] Dies unterstreicht noch einmal, in wessen Auftrag die INSM tätig ist, auch wenn die Selbstbeschreibung der Initiative stets anders klingt. Die INSM ist nach wie vor keine »überparteiliche Reformbewegung von Bürgern, Unternehmen und Verbänden«[10] und ebensowenig ein »Bündnis aus Politik, Wirtschaft und Wissenschaft«.[11] Die INSM ist und war seit je her eine Auftragsarbeit einer Werbeagentur für den Arbeitgeberverband der Metall- und Elektroindustrie (Gesamtmetall).

---

[8] Geschäftsbericht Gesamtmetall 2013/2014, S. 58
[9] vgl. ebd. S. 49ff
[10] Selbstbeschreibung der INSM unter den Anzeigen in den ersten Jahren der INSM.
[11] Selbstbeschreibung der INSM in den Broschüren der letzten Jahre seit ca. 2010.

Auflösungserscheinungen?

Viele der Vereine und Initiativen, die nach dem Regierungswechsel 1998 gegründet wurden, sind inzwischen eingeschlafen oder wurden formell aufgelöst. Hierzu zählte unter anderem der *BürgerKonvent*, zu dessen letztem Vorstand unter anderem die heutige AfD-Abgeordnete Beatrix von Storch und die ehemalige CDU-Abgeordnete Vera Lengsfeld gehörten sowie der *Konvent für Deutschland*, der sich nach dem Tod Roman Herzogs und dem Ausscheiden Hans-Olaf Henkels ebenfalls aufgelöst hat. Dennoch wird auch in dieser neuen Auflage des Buches weiterhin über den Charakter dieser Einrichtungen geschrieben, zumal sie mit Blick auf die jüngere politische Geschichte ihre Bedeutung hatten.

Die INSM hingegen besteht weiterhin fort und wird nach wie vor von den Arbeitgeberverbänden der Metall- und Elektroindustrie finanziert. Auch hier starb 2020 eine der Gallionsfiguren der Initiative, nämlich Wolfgang Clement, der als Mitarchitekt der Agenda 2010 von der INSM gefeiert und zu deren Kurator gemacht wurde. Gleichwohl stand nicht zu erwarten, daß sich die INSM deshalb auflösen würde, denn ihr Fortbestehen und ihre Öffentlichkeitsarbeit hängt nach wie vor im Gegensatz zum Konvent für Deutschland viel weniger von herausragenden Persönlichkeiten ab, auch wenn der Botschafterkreis zuweilen diesen Eindruck erwecken mag.

Während des Wahlkampfes zur Bundestagswahl 2021 trat dann auch die INSM wieder stärker in das Licht der Öffentlichkeit, offensichtlich angetrieben von der gleichen Sorge, die schon über zwanzig Jahre zuvor zu seiner Gründung beigetragen hatte - nämlich daß es nach der Bundestagswahl zu einem Politikwechsel kommen könnte, der nicht in den Interessen der Arbeitgeberverbände liegen könnte. Und diese betrachteten die Initiative weiterhin als das geeignete Instrument, in der Öffentlichkeit für Deregulierung, für mehr Markt und weniger Staat einzutreten. Denn sie setzten die Finanzierung der Initiative unvermindert fort und versprechen sich davon eine bessere Vertretung ihrer Interessen gegenüber Politik und Öffentlichkeit.

5. Auflage

INSM & Co. erscheint nunmehr in der 5. überarbeiteten Auflage. Sie enthält verschiedene Aktualisierungen und aktuelle Ergänzungen gegenüber der Vorauflage. In der 4. Auflage wurde das Buch »Die Reformfähigkeit reformieren – Wie der Konvent für Deutschland Staat und Gesellschaft umbauen will« komplett in dieses Buch integriert. Die Entscheidung wurde mit der 5. Auflage wieder zurückgenommen und durch Unterkapitel über den Konvent für Deutschland ersetzt, um eine Verschiebung des Schwerpunktes dieses Buches weg von der Initiative Neue Soziale Marktwirtschaft zu vermeiden. Darüber hinaus wurden einzelne Kapitel überarbeitet und nötigenfalls ergänzt.

Die INSM - Auftrag und Aufbau

Die Gründung der *Initiative Neue Soziale Marktwirtschaft* war eine Reaktion der Arbeitgeberverbände der Metall- und Elektroindustrie auf Umfragen, nach denen ein großer Teil der Bevölkerung die soziale Absicherung als sympathisches Merkmal der Sozialen Marktwirtschaft wahrnahm. 42 Prozent der Befragten hielten einen dritten Weg zwischen Kapitalismus und Sozialismus für wichtig, und nur 34 Prozent sahen das nicht so.[12]

Angesichts dieser Ergebnisse entschlossen sich die Arbeitgeberverbände der Metall- und Elektroindustrie dafür zu sorgen, daß in der deutschen Bevölkerung die Bereitschaft für Reformen im Sinne der Arbeitgeberverbände steigt, ein wirtschaftsfreundlicheres Klima geschaffen wird und die Maßnahmen, die die Verbände der deutschen Wirtschaft für notwendig erachteten, positiv gesehen würden.[13]

Zunächst war es nicht die Aufgabe der INSM, sich über die konkrete Umsetzung von Reformvorhaben Gedanken zu machen.[14] Inzwischen erstellt die INSM nicht nur Studien und Vorschläge zu konkreten Reformen, sondern bekämpft auch offensiv politische Vorhaben wie die Einführung eines Mindestlohns und die Umsetzung des Erneuerbare-Energien-Gesetzes (EEG). Dabei greift sie auch auf Wissenschaftler aus ihrem Bestand an Botschaftern und Beratern zurück.

Als Aufgabe formuliert die INSM auf ihrer Internetseite sich für marktwirtschaftliche Reformen einzusetzen und Reform-Mehrheiten zu gewinnen. Dabei nimmt die INSM Bezug auf Ludwig Erhard und betont vor allem die »Eigenverantwortung« und den »Wettbewerb«. Tatsächlich setzt die INSM damit auch auf eine entsprechende Strategie der Entstaatlichung und der Privatisierung. Wettbewerb und Marktmechanismen werden als positive Ordnungsinstanzen dargestellt. In den verschiedenen Bereichen der Sozialpolitik setzt sich die INSM für eine Stärkung der Privatvorsorge oder gar das Ersetzen staatlicher Sozialversicherungssysteme durch private Versicherungen ein.[15]

In zahlreichen Anzeigen und Beiträgen, auf deren Natur in diesem

---

[12] vgl. Müller, Albrecht: »Lohnt es sich, die SPD zu ruinieren?« in: Süddeutsche Zeitung vom 18. Juni 2004, S. 2

[13] vgl. Speth, Rudolf: Die politischen Strategien der Initiative Neue Soziale Marktwirtschaft, S. 7f

[14] vgl. ebd. S. 8

[15] vgl. https://web.archive.org/web/20130520140411/http://www.insm.de/insm/ueber-die-insm/FAQ.html (22.08.2021)

Buch näher eingegangen wird, setzt sich die INSM für weniger Staat und mehr Markt ein. Der Bevölkerung sollen marktförmige Lösungen nahegebracht und die Staatsgläubigkeit ausgetrieben werden.[16] Dabei verweist die INSM auf das Modell der »Sozialen Marktwirtschaft« nach Ludwig Erhard. Überhaupt wird in den Kampagnen ein sehr positiver Bezug auf Ludwig Erhard und damit auch auf den Gründungsmythos der Bundesrepublik, nämlich das Wirtschaftswunder, genommen. Im Jahr 2007 startete die INSM auch die Anzeigenkampagne »Ludwig Erhard schreibt wieder« und richtete ein Weblog mit gleichem Namen ein.[17] Inzwischen wird über die Internet-Adresse des »Ludwig-Erhard-scheibt-wieder«-Blogs zum »Ökonomenblog« der INSM umgeleitet.[18] Zudem werden bereits schon seit Jahren die »Ludwig-Erhard-Lectures« veranstaltet, was erneut die enge Anlehnung der INSM an den Mythos Ludwigs Erhards als dem »Erfinder« der Sozialen Marktwirtschaft unterstreicht.

Allgemeiner Aufbau

In Werbeanzeigen betont die *Initiative Neue Soziale Marktwirtschaft*, sie sei »eine überparteiliche Reformbewegung von Bürgern, Unternehmen und Verbänden für mehr Wettbewerb und Arbeitsplätze in Deutschland«. Verwiesen wird auch auf das Internet-Angebot der INSM unter http://www.insm.de/.

Auf den Internet-Seiten der INSM erfährt der interessierte Betrachter, daß die Initiative vor allem erst einmal eine Gründung der Arbeitgeberverbände der Metall- und Elektroindustrie und daß sie von diesen finanziell komplett abhängig ist. Der Initiative steht jährlich ein Budget von ca. 8.32 Mio. Euro nach Abzug von Steuern zur Verfügung.[19] Seit 2010 ist dieser Betrag leicht gekürzt worden und beträgt »nur« noch 6.97 Mio. Euro.[20] In einzelnen Veröffentlichungen war in den ersten zehn Jahren der INSM von ca. 10 Mio. Euro pro Jahr die Rede, was daran lag, daß die Autoren den Betrag vor Steuern zugrunde legten.

Auch im Jahr 2014 wurde die Laufzeit der INSM erneut verlängert. Laut Homepage der INSM beträgt der Etat der Initiative im Jahr

---

[16] vgl. Speth, Rudolf: Die politischen Strategien der Initiative Neue Soziale Marktwirtschaft, S. 8

[17] vgl. https://web.archive.org/web/20100125101938/http://www.ludwig-erhard-insm.de/ (22.08.2021).

[18] vgl. http://www.insm-oekonomenblog.de/ (22.10.2021)

[19] vgl. http://web.archive.org/web/20101217030238/http://insm.de/insm/ueber-die-insm/FAQs.html (22.08.2021)

[20] vgl. https://web.archive.org/web/20130520140411/http://www.insm.de/insm/ueber-die-insm/FAQ.html (22.08.2021)

2015 sieben Millionen Euro. Dieser Betrag ist auch noch im Jahr 2021 auf der Homepage der Initiative nachzulesen und hat sich somit über die Jahr nicht verändert.[21] Im Geschäftsbericht der Arbeitgeberverbände der Metall- und Elektroindustrie für das Jahr 2019/20 werden die Aktionen und Anzeigenkampagnen der INSM im Rahmen eines »Spezials« zur Sozialen Marktwirtschaft gemeinsam mit eigenen Aktionen des Verbandes der Metallarbeitgeber ausgewiesen.[22]
Im Umfeld des Beschlusses zur erneuten Verlängerung der Finanzierung der INSM wurde der Internet-Auftritt der Initiative neu gestaltet. Die Startseite ist jetzt weniger textlastig und verweist statt dessen mit zahlreichen Links auf die Positionen der INSM. Zugleich ist es schwieriger geworden, auf Anhieb die Informationen über die INSM zu finden, die ebenfalls überarbeitet wurden.
Seit ihrer Gründung im Jahr 1999 hat die INSM zahlreiche Aktivitäten entwickelt, die sich unter anderem in verschiedenen Angeboten im Internet niederschlagen, in Kooperationen mit Zeitungen und diversen Veröffentlichungen. Wissenschaftlich begleitet wird die INSM vom Institut der deutschen Wirtschaft Köln (IW), einer interessengebundenen Ideenagentur der Arbeitgeberverbände. Eine der Arbeiten des IW für die INSM ist das Lexikon,[23] welches im Internet-Angebot der INSM für Schulen zu finden ist. Mit der Überarbeitung des Portals wirtschaftundschule.de wurde das Lexikon in den Lehrerbereich verschoben und die Bezeichnung in »Wirtschaftslexikon« geändert.[24] Zudem werden vom Institut der deutschen Wirtschaft oder ihm angeschlossenen Einrichtungen diverse Studien erstellt, darunter das »Merkelmeter« während der Regierungszeit der zweiten großen Koalition 2005 - 2009 (ab 2010: »Deutschland-Check«) und der »Bildungsmonitor«. Das »Merkelmeter«, beziehungsweise die Nachfolgestudie »Deutschland-Check« wurden im Laufe des Jahres 2014 eingestellt.
Ein zentrales Element der personellen Selbstdarstellung der INSM bildet der Kreis aus Kuratoren und Botschaftern. Eine Zeitlang wurden diese durch »Berater« ergänzt, jedoch wurde diese Funktion vor Jahren wieder abgeschafft und die Berater in den Kreis der Bot-

---

[21] vgl. http://www.insm.de/insm/ueber-die-insm/FAQ.html (22.08.2021)
[22] vgl. Gesamtmetall: Neustart. Deutschland im Strukturwandel stärken. Geschäftsbericht 2019/2020. S. 96ff
[23] vgl. https://web.archive.org/web/20110913104127/http://www.wirtschaftundschule. de/WUS/homepage/Lexikon.html (22.08.2021) und auch https://web.archive.org/web/20070822120512/http://www.insm.de/Lexikon.html (22.08.2021)
[24] vgl. http://www.wirtschaftundschule.de/lehrerservice/wirtschaftslexikon/ (22.08.2021)

schafter aufgenommen. In den ersten zehn Jahren trat weder das Kuratorium zusammen noch trafen sich die Botschafter. Inzwischen hat es ein Treffen der Botschafter gegeben, von dem auch zwei Photos auf der Seite der INSM mit der Liste der Botschafter vorhanden waren, die jedoch inzwischen wieder entfernt wurden. Für die Strategie der Initiative spielen die Botschafter jedoch nur als Aushängeschilder und Türöffner zu den Medien eine Rolle. Die Inhalte werden in der Strategiezentrale der INSM festgelegt.

Zum Kreis der Kuratoren und Botschafter zählen unter anderen aktive und ehemalige Politiker aller etablierten Parteien (mit Ausnahme der Linkspartei) sowie Wissenschaftler (vornehmlich Ökonomen), Publizisten, Verbandsvertreter der Arbeitgeberverbände und Unternehmensvorstände, beziehungsweise Aufsichtsratsmitglieder.[25]

Der Auftritt der INSM wird von einem Verbund von Firmen organisiert: Verantwortet wird die Kommunikationskampage der INSM von der Agentur berolino.pr in Köln, die als ein Tochterunternehmen des Deutschen Institutsverlags gegründet wurde, welcher wiederum zum Institut der Deutschen Wirtschaft gehört.[26] Die Agentur berolino.pr wurde eigens für die *Initiative Neue Soziale Marktwirtschaft* gegründet und wurde auch bis Ende 2006 auf der Seite der INSM im Impressum erwähnt. Inzwischen wurde die Agentur umbenannt und firmiert nun als *INSM Initiative Neue Soziale Marktwirtschaft GmbH.*

Den Wettbewerb um die Präsentation, der von der Agentur berolino.pr GmbH ausgeschrieben wurde, gewann die Agentur Scholz & Friends, deren Tochterunternehmen Aperto nicht nur den Internetauftritt der INSM gestaltet, sondern auch für die Inhalte verantwortlich zeichnet.[27] Insgesamt arbeiten bei Scholz & Friends inklusive Aperto ca. 40 Mitarbeiter an dem Auftritt der INSM.[28] Dabei ist hervorzuheben, daß die einschlägige Literatur über die INSM diese als eine Präsentation von Scholz & Friends darstellt, während auf der Internetseite der INSM der Sachverhalt so dargestellt wird, daß Scholz & Friends durch die INSM beauftragt wurden.[29]

Der Entstehungsprozeß läßt sich im Wesentlichen so zusammenfas-

---

[25] vgl. http://www.insm.de/insm/ueber-die-insm/Kuratoren-und-Botschafter.html (22.08.2021)

[26] vgl. Speth, Rudolf: Die politischen Strategien der Initiative Neue Soziale Marktwirtschaft. S. 31

[27] vgl. Speth, Rudolf und Thomas Leif: »Lobbying und PR am Beispiel der Initiative Neue Soziale Marktwirtschaft. S. 307

[28] vgl. Speth, Rudolf: Die politischen Strategien der Initiative Neue Soziale Marktwirtschaft. S. 9

[29] vgl. http://web.archive.org/web/20100928183903/http://insm.de/insm/ueber-die-insm/INSM-Historie.html (22.08.2021)

sen: Im Auftrag der Arbeitgeberverbände der Metall- und Elektroindustrie wird die Agentur berolino.pr GmbH als Tochterunternehmen des Deutschen Institutsverlags mit dem Ziel gegründet, die Akzeptanz in der Bevölkerung für Reformen im Sinne der Arbeitgeberverbände zu erhöhen und das Ansehen von Wirtschaft und Unternehmen zu steigern. Diese PR-Agentur berolino.pr veranstaltet einen Wettbewerb, den die Werbeagentur Scholz & Friends mit der Präsentation der *Initiative Neue Soziale Marktwirtschaft* gewinnt.

Der Internetauftritt, sowie die öffentlichen Äußerungen der INSM sind wesentlich durch berolino.pr und Aperto gestaltet, so daß der anfangs erwähnte Anspruch, eine überparteiliche Reformbewegung von Bürgern, Unternehmen und Verbänden zu sein, sich auf die Unternehmen und Verbände verkürzt: »Bei der INSM handelt es sich in erster Linie um eine umfassende PR-Kampagne der Arbeitgeber für marktwirtschaftliche Reformen und weniger um eine überparteiliche Reformbewegung«.[30]

Die INSM ist, wie auch zum Beispiel der *BürgerKonvent* in seinen Anfängen, eine »Kopfgeburt«, eine Bewegung der Eliten ohne Basis in der Bevölkerung.[31] Mit der Einrichtung des Fördervereins schien die INSM diesen Mangel beheben zu wollen, denn im »Mission-Statement« des Fördervereins heißt es:

> *»Der Förderverein Initiative Neue Soziale Marktwirtschaft e.V. ist strikt überparteilich und gemeinwohlorientiert. Er versteht sich als Anlaufstelle für alle Bürgerinnen und Bürger, die sich dem Gedanken der Sozialen Marktwirtschaft verpflichtet fühlen und sich aktiv für die Erneuerung unseres Wirtschafts- und Sozialsystems einsetzen wollen.«[32]*

Über die Seiten der INSM bestand auch die Möglichkeit, ein Mitgliedsformular herunterzuladen. Auf der Seite der Mitglieder des Fördervereins präsentierte die INSM indes nur prominente Mitglieder, was sich nahtlos in die Strategie der Vertretung der INSM in der Öffentlichkeit durch Botschafter einfügte.

Die Gründung des Fördervereins sollte für mehr Vertrauen sorgen

---

[30] Nuernbergk, Christian: Die PR-Kampagne der Initiative Neue Soziale Marktwirtschaft und ihr Erfolg in den Medien. Erste Ergebnisse einer Evaluationsstudie. S. 169

[31] vgl. Speth, Rudolf: Der BürgerKonvent - Kampagnenprotest von oben ohne Transparenz und Bürgerbeteiligung. S. 21

[32] http://web.archive.org/web/20070629044416/http://www.insm.de/Foerderverein.html (22.08.2021)

und den Anspruch der Überparteilichkeit betonen.[33] Zu den Gründern des Fördervereins zählten Friedrich Merz (CDU), Florian Gerster (SPD) und Prof. Dieter Lenzen, Präsident der FU Berlin.[34] Bereits im Jahr 2013 existierte die Seite des Fördervereins nicht mehr. Auch sonstige Nachweise der Existenz des Vereins konnten nicht gefunden werden. Offensichtlich wurde der Verein aufgelöst, so daß sich die INSM wieder allein auf die Finanzierung durch die Arbeitgeberverbände Gesamtmetall stützt.

Während der *BürgerKonvent* versuchte, durch die Gründung lokaler Konvente auch in der Bevölkerung Fuß zu fassen, blieb die INSM bis heute bei ihrer Strategie, die Arbeit über die Medien und über werbliche Maßnahmen fortzusetzen. Für die breite Bevölkerung wurde keine Möglichkeit eröffnet, Mitglied der Initiative zu werden oder gar deren Ausrichtung mitzubeeinflussen. Auch der Förderverein hatte keinen Einfluß auf die Aktionen der INSM.[35]

Bei der Vermittlung der Themen wird, wie schon angedeutet, auf Multiplikatoren zurückgegriffen. Darunter sind die Botschafter, Kuratoren und Berater der INSM zu verstehen, aber auch weitere Persönlichkeiten, die sich für einzelne Anzeigen zur Verfügung stellen. Darüber hinaus setzt die INSM auch auf Journalisten und Lehrer, um ihre Botschaften zu transportieren.

Hier bewegt sich die INSM in den Fahrwassern Friedrich August von Hayeks, der die Erziehung der Öffentlichkeit zu marktförmigen Verhaltensweisen bei privaten Stiftungen und Denkfabriken ansiedelt.[36] Gesetzt wird auf einen »elitäre[n] Diskurs von oben, der auf die ideologische Eroberung und Vereinnahmung der Intellektuellen zielt«.[37] Die »Zwischenhändler von Ideen« sind dann unter anderem Journalisten, Lehrer, Moderatoren in Funk und Fernsehen, Schauspieler, Schriftsteller und andere.[38] Im Fortgang der Betrachtungen wird sich zeigen, wie sehr sich die Strategie der INSM an diesen Überlegungen ausrichtet.

---

[33] vgl. Speth, Rudolf: Die zweite Welle der Wirtschaftskampagnen. S. 11

[34] vgl. http://web.archive.org/web/20101217055147/http://insm.de/insm/Community/F oerderverein/Gruendungsveranstaltung.html und http://web.archive.org/web/20070526113226/http://www.insm.de/Foerderverein/Mi tglieder_des_Foerdervereins.html (beide Internetadressen: 22.08.2021)

[35] vgl. Speth, Rudolf: Die zweite Welle der Wirtschaftskampagnen, S. 11f

[36] vgl. Ptak, Ralf: Grundlagen des Neoliberalismus. S. 76

[37] ebd. S. 77

[38] vgl. ebd. S. 77

Umzug nach Berlin

Im Juli 2009 teilte Gesamtmetall mit, daß die INSM um fünf weitere Jahre verlängert würde.[39] Die Pressemitteilung zur Fortsetzung der INSM läßt allerdings auch einige weitere Schlußfolgerungen hinsichtlich der Zukunft der Initiative zu.

Angekündigt wurde, daß sie künftig nur noch einen Geschäftsführer haben würde, nämlich den Sprecher des Hauptverbandes des Deutschen Einzelhandels (HDE) Hubertus Pellengahr. Er übernahm damit die Arbeit, die bislang Dieter Rath, der in den Ruhestand ging, und Max A. Höfer, der sich neuen Aufgaben zuwendete, geleistet wurde. Die berolino.pr GmbH wurde nun in die INSM *Initiative Neue Soziale Marktwirtschaft* umbenannt. Die INSM verfügt nun über eine Geschäftsstelle, deren Geschäftsführer Pellengahr ist. Ein festes Team kümmert sich nunmehr mit unterschiedlichen Zuständigkeiten um den Auftritt und die Strategie der INSM.[40] Auch ist es zum ersten Mal zu einem Treffen der Botschafter und des Kuratoriums der INSM gekommen, was in den ersten mehr als zehn Jahren durchweg nicht der Fall war.

Zudem wurden der Umzug der INSM nach Berlin sowie eine Straffung des Budgets angekündigt. Darüber hinaus sollte es im Herbst einen neuen Agenturwettbewerb geben. Gesamtmetall-Chef Kannegießer betonte die erfolgreiche Arbeit der INSM.

Mit dem Umzug nach Berlin folgt die INSM dem Weg vieler Interessenvertreter, die dort die Nähe zu Regierung und Parlament suchen. Die angekündigte Straffung und Umschichtung des Budgets der INSM bedeutet, daß der Initiative künftig nicht mehr 8.8 Mio. Euro im Jahr zur Verfügung stehen werden, um Kampagnen zur Bewußtseinssteuerung der Bevölkerung zu fahren. Insofern steht zu erwarten, daß Teile der Strategie der *Initiative Neue Soziale Marktwirtschaft* möglicherweise aufgegeben werden.

Bis Anfang 2011 wurde jedoch die Homepage der INSM diesbezüglich nicht aktualisiert. Hier war noch im Januar 2011 nachzulesen, daß die Initiative jährlich mit 8.32 Mio. Euro vom Arbeitgeberverband Gesamtmetall unterstützt wird.[41] Im Sommer 2011 wurde dieser Betrag korrigiert: Die INSM habe »nur« noch 6.94 Mio. Euro

---

[39] vgl. http://www.gesamtmetall.de/gesamtmetall/meonline.nsf/id/6A3E836F10F6B55 AC12575F900384C8F?open&ccm=080 (22.08.2021) Alle folgenden Ausführungen beziehen sich auf diese Pressemitteilung.

[40] vgl. http://www.insm.de/insm/ueber-die-insm/Das-Team.html (22.08.2021)

[41] vgl. http://web.archive.org/web/20101217030238/http://insm.de/insm/ueber-die-insm/FAQs.html (22.08.2021)

nach Steuern zur Verfügung.[42]

Daß es auch weiterhin Maßnahmen geben wird, die sich an die Öffentlichkeit wenden, kündigt allein schon dieser Satz an: »Gerade in der gegenwärtigen Krise müsse mit besonderer Kraft für den Erhalt unserer Wirtschaftsordnung geworben werden.«[43]

Offensichtlich war die Entscheidung auch von der Sorge getragen, daß die Menschen angesichts einer der schlimmsten Finanzkrisen der Geschichte auf die Idee kommen könnten, daß die »Soziale Marktwirtschaft« es eben doch nicht besser macht, wie die INSM in einer Kampagne behauptete.

Und auch hier bleibt sich Gesamtmetall in ihrer Presseerklärung treu: Die INSM wird nach wie vor als eine »überparteiliche Initiative«[44] bezeichnet, womit erneut auf die bereits in diesem Buch thematisierte Scheinpluralität verwiesen wird.

Mit dem Umzug wurde auch ein Wettbewerb für eine neue »Lead-Agentur« ausgeschrieben. Bisher hatte die Werbeagentur Scholz & Friends den Auftritt der INSM gestaltet. Dies ging zunächst an die Werbeagentur Serviceplan über. Die Gestaltung der Internetseiten liegt inzwischen auch nicht mehr in den Händen von Aperto, sondern wird von der Saint Elmo's Entertainment GmbH gewährleistet.[45]

Im Sommer 2012 kam es dann zu auch einem Wechsel an der Spitze des Kuratoriums der INSM: Nach zwölf Jahren als Vorsitzender des Kuratoriums verabschiedete sich Hans Tietmeyer und wurde durch den ehemaligen nordrhein-westfälischen Ministerpräsidenten und früheren Wirtschaftsminister der Regierung Schröder, Wolfgang Clement ersetzt. Stellvertretender Vorsitzender blieb der Präsident der Arbeitgeberverbände der Metall- und Elektroindustrie, Martin Kannegießer. Nach Kannegießers Rückzug als Präsident des Arbeitgeberverbandes Gesamtmetall wurde dessen Position auch bei der INSM durch dessen Nachfolger bei Gesamtmetall, Rainer Dulger, wahrgenommen, dessen Nachfolger wiederum der aktuelle Präsident des Arbeitgeberverbandes Gesamtmetall Dr. Stefan Wolf, wurde.[46]

Wolfgang Clement selbst war bereits während seiner Regierungszeit durch seine neoliberale Ausrichtung aufgefallen und trug als glühender Verfechter der Schröder'schen Agenda-Politik zu deren Durch-

---

[42] vgl. http://web.archive.org/web/20130805193804/http://insm.de/insm/ueber-die-insm/FAQ.html (22.08.2021) Unterpunkt: »Wer trägt die INSM?«

[43] vgl. http://www.gesamtmetall.de/gesamtmetall/meonline.nsf/id/6A3E836F10F6B55 AC12575F900384C8F?open&ccm=080 (22.08.2021)

[44] vgl. ebd.

[45] vgl. http://www.insm.de/insm/service/impressum.html (22.08.2021)

[46] vgl. http://www.insm.de/insm/ueber-die-insm/Kuratoren-und-Botschafter.html (22.08.2021)

setzung auch gegen innerparteilichen Widerstand bei.[47] Er war zuvor bereits Botschafter der INSM gewesen und wirkte auch im *Konvent für Deutschland* mit. Unter anderem war er auch Interviewpartner in der programmatischen Veröffentlichung »Mut zum Handeln« des Konvents.[48]

Mit Wolfgang Clement hat die INSM einen ehemaligen Minister der Regierung Schröder zu ihrem Kurator gemacht, der in seiner aktiven Zeit bereits jene Politik umsetzte, die die INSM von Anfang an forderte. Insbesondere setzte Clement die Hartz-Gesetze der Agenda 2010 um und deregulierte die Zeitarbeit. Er sorgte dafür, daß die Ausbildungsumlage, mit der ausbildungsunwillige Unternehmen zur Zahlung in einen Umlagetopf verpflichtet werden sollten, aus dem dann ausbildende Unternehmen gefördert werden sollte, durch freiwillige Selbstverpflichtungen der Wirtschaft ersetzt wurde. Legendär sind auch seine Ausbildungstouren als Ministerpräsident von Nordrhein-Westfalen, mit denen er belegen wollte, daß es zur Versorgung der Auszubildenden mit Ausbildungsplätzen keiner staatlichen Regulierung bedurfte.

Im hessischen Landtagswahlkampf 2008 kritisierte er die energiepolitischen Ziele der Spitzenkandidatin Andrea Ypsilanti und mußte sich anschließend in einem Parteiordnungsverfahren verantworten. Weil er die Rüge, die ihm für sein Verhalten erteilt wurde, als ungerecht empfand, trat er aus der SPD aus und vertrat weiterhin in der Öffentlichkeit wirtschaftsliberale Auffassungen und Ziele.

Im September 2020 verstarb Wolfgang Clement. Nach wie vor wird er bei der INSM unter dem Punkt »Das Kuratorium« geführt, jedoch mit dem Hinweis auf sein Versterben. Zu wichtig scheint der INSM seine Person als Symbol für die Agenda 2010 der Regierung Schröder zu sein.

Im Botschafterkreis gab es hingegen kaum Veränderungen. Hier kam lediglich die ehemalige Bundesministerin Kristina Schröder hinzu.[49]

Geändert hat sich auch die Selbstbeschreibung der INSM, die diese nunmehr im Impressum ihrer Veröffentlichungen abdruckt. Hier heißt es nicht mehr, daß die INSM »eine überparteiliche Reformbewegung von Bürgern, Unternehmen und Verbänden für mehr Wettbewerb und Arbeitsplätze in Deutschland« sei, sondern beschreibt sich als »ein überparteiliches Bündnis aus Politik, Wirtschaft und Wissenschaft«, das sich für die Grundsätze der Sozialen Marktwirt-

---

[47] vgl. Lieb, Wolfgang: Clement übernimmt Vorsitz des INSM-Kuratoriums – das soziale Trugbild wird enttarnt.

[48] vgl. Herzog, Roman u.a. (Hrsg.): Mut zum Handeln. S.175ff

[49] vgl. https://www.insm.de/insm/ueber-die-insm/kuratoren-und-botschafter (22.08.2021)

schaft werbe und Anstöße für eine moderne marktwirtschaftliche Politik gebe. Die neue Selbstbeschreibung ist genauso unzutreffend wie die alte, denn die Kampagnen und Strategien werden nicht in einem »Bündnis« festgelegt, sondern in der Kampagnenzentrale der INSM. Entstanden ist das »Bündnis« nicht dadurch, daß sich einige Leute zusammengefunden haben, um gemeinsame Ziele zu verfolgen, sondern zunächst wurde die Werbeagentur Scholz & Friends beauftragt, die sich die Initiative ausgedacht hat. Anschließend wurden die entsprechenden Persönlichkeiten angefragt, ob sie bei der Verfolgung der Ziele, die in der Kampagnenzentrale festgelegt und durch den Auftrag der Metallarbeitgeber bestimmt waren und sind, behilflich sein wollen.

Ausgewählt wurden diese Persönlichkeiten nach Übereinstimmung mit den Zielen der Initiative, so bleibt die Überparteilichkeit der Initiative eine Fata Morgana. Mitglieder und Botschafter sowie Werbemaskottchen folgen auch nach dem Umzug nach Berlin und der Umstrukturierung der INSM der neoliberalen Grundmelodie der Initiative. Dies schlägt sich auch in der Veröffentlichung »Das Deutschland-Prinzip« nieder, wie weiter unten noch zu sehen sein wird. Hier wurden ausschließlich Autoren ausgewählt, die sich politisch-inhaltlich in Übereinstimmung mit den Auffassungen und Zielen der Initiative befinden.

Die »Überparteilichkeit« der INSM ist nach wie vor rein formal, also geprägt durch unterschiedliche Parteimitgliedschaften der Botschafter und Werbemaskottchen. Gleichwohl verfolgt die INSM die Interessen der Arbeitgeberverbände und in diesem Rahmen einen neoliberal-marktwirtschaftlichen Kurs. Eine Offenheit bezüglich anderer politischer Konzepte besteht auch nach dem Umzug nach Berlin nicht.

Hinzugekommen zu den Informationen im Impressum der Veröffentlichungen der INSM ist der Hinweis, daß die Initiative durch die Arbeitgeberverbände der Metall- und Elektroindustrie finanziert wird. Jedoch steht dieser Hinweis unter den Ausführungen zur Überparteilichkeit, was den Eindruck erweckt oder auch erwecken soll, daß die Arbeitgeberverbände nur das Geld geben und keinen oder nur geringen Einfluß auf die Arbeit nehmen. Die Erwähnung der Kampagnen der INSM in den Geschäftsberichten von Gesamtmetall in den letzten Jahren spricht hier allerdings eine andere Sprache. Selbstverständlich wird hier durch die Arbeitgeberverbände Geld gegeben für eine Kampagne, von der sie sich Ergebnisse im eigenen Interesse versprechen. Auch deshalb ist der Anspruch der Überparteilichkeit der Initiative wenig glaubwürdig.

Strategiewechsel

In den Anfangsjahren der INSM spielten Katastrophenszenarien eine wesentliche Rolle bei den Botschaften der INSM. Um die Akzeptanz der aus der Sicht der INSM und ihrer Auftraggeber bei Gesamtmetall notwendigen Reformen zu erhöhen - und wohl auch um die rot-grüne Regierung entsprechend unter Druck zu setzen -, behauptete die INSM - wie auch andere vergleichbare Initiativen und Konvente -, daß wenn es nicht bald zu einschneidenden Reformen komme, Deutschland international abgehängt werde. Als Symbol für diese Katastrophenszenarien gilt das am Rheinufer zur Hälfte versenkte Plakat mit der Aufschrift »Höchste Zeit für Reformen«, während das Wort »Deutschland« zur Hälfte vom Wasser bedeckt wird.[50]

Jahre später, nach der Durchsetzung der Agenda 2010 mit ihren Reformen am Arbeitsmarkt, die viele Forderungen der Arbeitgeberverbände und auch der INSM erfüllten, zeichnete sich bei der INSM ein Strategiewechsel ab. Zum 10jährigen »Jubiläum« der Agenda 2010 verfaßte die INSM eine Würdigung der Agenda und erklärte, daß es Deutschland wegen der Durchsetzung dieser Reformen gut gehe. Nicht ganz zufällig erscheint da die Übernahme des Vorsitzes des Kuratoriums durch Wolfgang Clement, der an der Gesetzgebung der Agenda 2010 und damit auch an der Deregulierung der Zeitarbeit beteiligt war. Dieser Umstand dürft aus Sicht der INSM für Clement als Kurator gesprochen haben.

Überhaupt betonte die INSM auch bereits unmittelbar vor der Übernahme des Kuratoriumsvorsitzes durch Clement, daß es Deutschland gut gehe. Verbunden war diese Botschaft mit der Erklärung, daß dies auch auf die Agenda 2010 zurückzuführen sei, und der mehr oder weniger impliziten Warnung, diese nicht zurückzudrehen. Denn inzwischen setzte auch in Teilen der SPD eine Diskussion ein, ob die Agenda nicht zumindest teilweise zu korrigieren sei. Zwar wird diese Botschaft der INSM, daß es Deutschland wegen der Agenda 2010 gut gehe, regelmäßig mit Forderungen nach weiteren Reformen verbunden, gleichwohl aber wird Abstand genommen von radikalen Krisenszenarien. Somit geht es der INSM nunmehr nicht nur um neue, weitere Reformen, sondern auch um den Erhalt der bisherigen.

Mit dem Verzicht auf radikale Krisenszenarien geht einher, daß in einigen Bereichen hervorgehoben wird, wie gut alles doch in Deutschland funktioniere. Das neue Buch »Das Deutschland-Prinzip« fügt sich teilweise in diese Strategie ein, denn auch hier wird

---

[50] vgl. unter anderem hier: Nuernbergk, Christian: INSM: Reformpolitik auch ohne Wählerauftrag.

hervorgehoben, wie gut es »Deutschland« doch gehe. Gleichzeitig wird auch in diesem Werk der Mindestlohn und die Rente mit 63 Jahren kritisiert. In der Kampagne zu Werkverträgen wird betont, wie sehr diese Werkverträge den Vertragspartnern nützen und daß eventueller Mißbrauch bereits jetzt wirksam bekämpf werden könne. Ein Handlungsbedarf des Gesetzgebers sei somit nicht gegeben.[51] Diese Art der »Flexibilität« richtet sich, wie jedes Handeln der Initiative, an den Interessen der Auftraggeber, also der Arbeitgeberverbände der Metall- und Elektroindustrie aus. Wo es darum geht, erreichte Besitzstände zu wahren, werden die positiven Aspekte überbetont und von einem Krisenszenario abgesehen. Wo allerdings politische Forderungen durchgesetzt werden sollen, werden negative Aspekte übertrieben und verabsolutiert, wie im Rahmen der Kampagne gegen den Mindestlohn, die mit der Behauptung der Vernichtung von 570 000 Arbeitsplätze den Verzicht, beziehungsweise die Rücknahme dieser Maßnahme verlangt.[52]

Reformen wie die Einführung des flächendeckenden Mindestlohns oder der Rente mit 63 werden von der INSM mittlerweile offen politisch bekämpft. Auch diese Deutlichkeit, mit der in politischen Fragen Stellung genommen wird, stellt einen Strategiewechsel dar, nämlich weg von der alten Strategie, Reformen oder politische Programme nur grundsätzlich, jedoch nicht konkret, zu diskutieren. Wurden bisher allgemeine Forderungen gestellt, die die Politik in eine neoliberale Richtung lenken wollten, werden nunmehr konkrete politische Projekte eingefordert.

Des weiteren ist zu beobachten, daß die INSM nicht mehr in dem Ausmaß wie in den Anfangsjahren auf ganzseitige Anzeigen in Zeitungen und Magazinen setzt, sondern vermehrt die sogenannten »sozialen Medien« für die Vermittlung ihrer Botschaften in die Öffentlichkeit nutzt. Das ist zum einen preiswerter für die INSM, denn die Nutzung ist in der Regel kostenlos, soweit keine Anzeigen geschaltet werden, auf der anderen Seite kann die INSM damit neue und weitere Zielgruppen mit ihren Botschaften erreichen. Damit tritt die INSM auch an jüngere Zielgruppen heran, deren Erreichung der Initiative in den Anfangsjahren eher schwergefallen ist. Versuche gab es dennoch, wie zum Beispiel das Internetportal www.wassollwerden.de, das die INSM gemeinsam mit dem Musiksender MTV betrieben hat, und das Jugendliche bei der Entschei-

---

[51] vgl. http://www.insm.de/insm/kampagne/werkvertraege-und-zeitarbeit/interview-steinkuehler.html (22.08.2021)

[52] vgl. http://www.insm.de/insm/Publikationen/positionen/mindestlohn.html (15.10.2015)

dung für einen Ausbildungsplatz unterstützen sollte.[53] Heute wird die Internetadresse auf die Seite www.ichhabpower.de umgeleitet, dem Ausbildungsportal der Arbeitgeberverbände der Metall- und Elektroindustrie. Auch dieses Detail unterstreicht noch einmal den engen Zusammenhang zwischen INSM und Gesamtmetall.

Grundsätzlich werden zwar noch immer Anzeigen- und Plakataktionen durchgeführt wie jüngst zur Werbung für das Buch »Das Deutschland-Prinzip«, jedoch sind diese nicht mehr so häufig wie zu Beginn der Initiative. Dies mag auch mit dem gekürzten Budget zusammenhängen, aber eben auch mit dem grundsätzlichen Strategiewechsel in der Auswahl der Medien, die zum Transport der Botschaften genutzt werden.

Werfen wir zunächst einen Blick auf die Botschafter und Multiplikatoren der INSM und wenden wir uns anschließend den verschiedenen Methoden und Mitteln der INSM zu, ihre Botschaften unter die Bevölkerung zu bringen.

---

[53] vgl. Speth, Rudolf: Die politischen Strategien der Initiative Neue Soziale Marktwirtschaft. S. 25

Botschafter und Multiplikatoren der INSM

Ein wesentlicher Teil der Strategie der INSM besteht aus dem Einsatz von Botschaftern und Multiplikatoren. Hierbei geht die INSM in zwei Linien vor: Zum einen sollen die Botschafter und Werbemaskottchen den Anspruch Überparteilichkeit und Pluralität unterstreichen. Auf der anderen Seite sollen die Multiplikatoren die Botschaften der INSM an die Öffentlichkeit vermitteln ohne daß der direkte Zusammenhang mit der Initiative sichtbar wird. Beides soll den politischen Inhalten der INSM mehr Glaubwürdigkeit verschaffen.

Botschafter und Kuratoren

Ein Kernstück der INSM ist die Arbeit mit den sogenannten »Botschaftern«. Sie sollen den parteiübergreifenden Charakter der INSM betonen und durch zahlreiche Wissenschaftler - vornehmlich Ökonomen -, die als Botschafter und Berater auftreten, den Anspruch von Objektivität und Seriosität unterstreichen. Das Konzept, Botschafter als Multiplikatoren einzusetzen, stammt von der PR-Agentur Scholz & Friends.[54]

Zwar sollen die Botschafter den parteiübergreifenden Charakter der INSM betonen, doch ist diese Pluralität nur eine Scheinpluralität. Denn die Botschafter fühlen sich den ordnungspolitischen Positionen der INSM verbunden. Mehr noch: Die Verbundenheit mit den ordnungspolitischen Vorstellungen der INSM ist eine Voraussetzung für die Botschaftertätigkeit.

Die Botschafter treten unter anderem in öffentlichen lokalen Diskussionsveranstaltungen sowie in Fernseh-Talkshows auf und vertreten dort im Wesentlichen die Ziele der INSM.[55]

Zwar vertreten die Botschafter der INSM ihre eigenen Auffassungen, jedoch wird der Auftritt oder der Artikel mit der INSM koordiniert. Indes bleibt die Verteilung der Sprecherrollen der Botschafter durch die INSM in der Regel ungenannt und bleibt somit dem Zuschauer in der Regel verborgen.[56]

Die INSM setzt hier auf die Prominenz ihrer Botschafter und kann sich in der Regel darauf verlassen, daß bei Auftritten ihrer Botschafter zum Beispiel in Talk-Shows nicht auf die Funktion als Botschafter der INSM hingewiesen wird, sondern daß nur die jeweilige Funktion zum Beispiel Bernd Raffelhüschens als Universitätsprofes-

---

[54] vgl. Speth, Rudolf: Die politischen Strategien der Initiative Neue Soziale Marktwirtschaft. S. 20

[55] vgl. ebd.

[56] vgl. Nuernbergk, Christian: Die PR-Kampagne der Initiative Neue Soziale Marktwirtschaft und ihr Erfolg in den Medien. S. 170

sor oder Oswald Metzgers als Publizist verwiesen wird. Der SWR-Sprecher Wolfgang Utz bekannte im Zusammenhang mit dem Hintergrund Raffelhüschens als INSM-Berater offen, daß nicht alle Nebenbeschäftigungen eines Professors bei der Anmoderation genannt werden könnten.[57]

Die Eigenschaft als Botschafter der INSM ist zwar grundsätzlich öffentlich und über die Internetseiten nachschlagbar, jedoch wirft der mangelnde Hinweis auf die Koordination der Auftritte das Problem auf, daß dem Zuschauer damit eine wesentliche Information vorenthalten wird: Er ist von sich aus nicht in der Lage zu erkennen, daß der Auftritt einer bestimmten Person koordiniert ist und diese als Botschafter der INSM spricht, wenn die Journalisten oder Moderatoren dem Zuschauer diese Information vorenthalten. Hier wäre es die Pflicht der Journalisten, über die Hintergründe der Botschafter aufzuklären. Daß sie dieser Pflicht nur selten nachkommen, hat auch Christian Nuernbergk in seiner Studie »Die Mutmacher« herausgearbeitet. In einer Zusammenfassung seiner Ergebnisse läßt sich nachlesen, daß nur selten auf den arbeitgeberabhängigen Hintergrund der Initiative hingewiesen wird.[58]

Dies läßt sich zum Beispiel in der Sendung »Sabine Christiansen« nachweisen, in der die Botschafter der INSM nicht als solche vorgestellt wird. So wird Oswald Metzger in einer Sendung bei Sabine Christiansen mit dem Titel »Große Koalition - großes Chaos?« den Zuschauern als »ehemaliger grüner Bundestagsabgeordneter und Publizist« vorgestellt, ohne daß auf seine Tätigkeit für die INSM hingewiesen wurde, ebensowenig auf seine Tätigkeiten für den *Konvent für Deutschland* oder der Bertelsmann-Stiftung.[59]

Während also Oswald Metzger die Botschaften der INSM ohne Aufklärung über seinen Hintergrund als Berater der Initiative verbreiten konnte, wurde zum Beispiel Rudolf Hickel bei Sabine Christiansen sogleich als »linker Ökonom« ideologisch verortet.[60]

Bei den Botschaftern der INSM kommt zudem hinzu, daß Veranstaltungen und Medienauftritte für sie organisiert werden, auf die sie auch gezielt vorbereitet werden.[61]

Gleiches gilt für Veröffentlichungen der Botschafter in Zeitungen.

---

[57] vgl. Oppong, Marvin: »ARD überraffelhüscht« in: Die Tageszeitung (taz) vom 24. Juni 2009 S. 17, Nr. 8943 31. Jahrgang, 30. Woche

[58] vgl. Nuernbergk, Christian: Die PR-Kampagne der Initiative Neue Soziale Marktwirtschaft und ihr Erfolg in den Medien. S. 178

[59] vgl. Müller, Ulrich und Heidi Klein: Schaubühne für die Einflußreichen und Meinungsmacher, Studie von LobbyControl. S. 15

[60] vgl. ebd. S. 14

[61] vgl. ebd. S. 15

Auch wenn es hier zu koordinierten Beiträgen von Botschaftern für Zeitungen kommt, unterbleibt in der Regel der Hinweis auf eine vorhergehende Koordination. Damit wird nun endgültig für den Leser nicht unterscheidbar - sofern er sich dieses Problems überhaupt bewußt ist -, ob er journalistische Berichterstattung über ein echtes Ereignis oder eine erzeugte Kommunikation über ein Scheinereignis vor sich hat. Auch in diesem Bereich gilt das gleiche wie für die Fernsehauftritte der Botschafter der INSM.

So schrieb der INSM-Botschafter Ulrich van Suntum in der Süddeutschen Zeitung vom 30. Oktober 2006 einen Gastbeitrag mit dem Titel »Reichtum ist keine Schande« und sprach sich in diesem Beitrag gegen Umverteilung aus. Er betonte, daß der Reichtum durch Leistung erworben sei, daß Unternehmer und Freiberufler länger und härter arbeiteten als abhängig Beschäftigte und daß Leistungsanreize statt Umverteilung angezeigt seien.[62]

Dieser Artikel erschien auf einem der Höhepunkte der Debatte um Managergehälter, die durch die Wiederaufnahme des Mannesmann-Prozesses ausgelöst wurde. In der kurzen Erläuterung, wer van Suntum ist, nannte die Süddeutsche Zeitung zwar dessen Professorentätigkeit an der Universität Münster, jedoch nicht sein Engagement für die INSM.[63]

Beiträge von Botschaftern in Auftrag der INSM in den Medien sind deshalb so schwer zu erkennen, weil, wie Rudolf Speth in seiner Studie von 2004 feststellt, in den Medien der Zusammenhang mit der INSM bei den Gastkommentatoren oftmals nicht ausgewiesen wird.[64] Wer hier nicht selbst recherchiert, dem bleibt der interessengebundene Zusammenhang unerkannt. Möglich ist auch, daß teilweise den betroffenen Zeitungen der Zusammenhang mit der INSM selbst verborgen bleibt, weil die Botschafter mit ihren Gastbeiträgen an die Medien herantreten ohne ihren interessengebundenen Hintergrund offenzulegen.

Auf der anderen Seite stimmt der Umstand, daß die INSM zu der Zeit regelmäßig Anzeigen in zahlreichen Medien wie auch der Süddeutschen Zeitung schaltete, nachdenklich. Bei kleineren Regionalzeitungen käme es zu Kopplungsgeschäften, wie Dieter Rath von der INSM selbst einräumte: Es würde durch parallelgeschaltete Anzeigen die Kooperationsbereitschaft im redaktionellen Teil belohnt.[65]

---

[62] vgl. van Suntum, Ulrich: »Reichtum ist keine Schande« in: Süddeutsche Zeitung vom 30. Oktober 2006, Seite 18

[63] vgl. ebd.

[64] vgl. Speth, Rudolf: Die politischen Strategien der Initiative Neue Soziale Marktwirtschaft. S. 29

[65] vgl. Krauss, Dieter: Umarmung der Medien und Druck auf kritische Journalisten. S.

Nun ist zwar die Süddeutsche Zeitung keine kleine Regionalzeitung, doch die schlechten Zeiten durch die Wirtschaftskrise im Anzeigenbereich bekommen letztlich alle Printmedien zu spüren.[66] In diesem konkreten Fall betreten wir allerdings das Feld der Spekulation. Weil jedoch die INSM eben systematisch die Grenzen zwischen Journalismus und PR zu verwischen sucht,[67] bleibt ein gesundes Mißtrauen diesbezüglich notwendig.

Auch in anderen Bereichen äußern sich Botschafter der INSM zu Themen, die zu den Botschaften dieser Initiative gehören, ohne daß erkennbar wird, daß es sich um eine koordinierte Äußerung handelt. Die Sprechrollenbesetzung und die inhaltliche Zuspitzung werden dabei durch die Initiative vorgenommen.[68]

Bei den Botschaftern ist zuweilen auch eine Fluktuation festzustellen. So gaben verschiedene Politiker ihre Botschafterposten aus unterschiedlichen Gründen wieder auf, während andere über die Zeit hinzukamen. Letzter prominenter Abgang als Botschafter für die INSM war Paul Kirchhof, der sich nach der Bundestagswahl 2005 und seinem gescheiterten Versuch, Finanzminister in einer CDU-Regierung zu werden, als Botschafter der INSM zurückzog.

Ebenfalls ehemalige Botschafter der INSM sind Wolfgang Clement, Rainer Wend (beide SPD), Edmund Stoiber und Michael Glos (beide CSU), die sich aus verschiedenen Gründen als Botschafter zurückgezogen haben. Seit Wolfgang Clement nicht mehr Minister ist, unterstützt er die INSM jedoch bei verschiedenen Aktionen wieder verstärkt und wurde inzwischen, wie oben erwähnt, inzwischen als Kurator der Initiative tätig. Diese Position behielt er bis zu seinem Tod im Jahre 2020 inne. Seit dem ist der jeweilige Präsident des Arbeitgeberverbandes Gesamtmetall Kurator der Initiative. Im Jahr 2021 ist dies Dr. Stefan Wolf, Vorsitzender des Vorstandes der ElringKlinger AG.[69]

Sonstige Zugänge bei den Botschaftern waren seit Jahren nicht mehr zu verzeichnen bis auf eine Ausnahme: Die ehemalige Bundesfamilienministerin Dr. Kristina Schröder trat dem Kreis der Botschafter bei. Sie hatte einen Beitrag zur INSM-Veröffentlichung »Das Deutschland-Prinzip« geleistet und lag dabei in einer Weise auf der

---

111

[66] vgl. Speth, Rudolf und Thomas Leif: Lobbying und PR am Beispiel der Initiative Neue Soziale Marktwirtschaft. S. 309

[67] vgl. ebd.

[68] vgl. Nuernbergk, Christian: Die PR-Kampagne der Initiative Neue Soziale Marktwirtschaft und ihr Erfolg in den Medien. S. 170

[69] vgl. https://www.insm.de/insm/ueber-die-insm/kuratoren-und-botschafter (22.08.2021)

Linie der INSM, daß ihr Beitritt in den Botschafterkreis folgerichtig war.

Kristina Schröder ist eine konservativ-liberale CDU-Politikerin, die 2011 vor allem dadurch von sich reden machte, als sie eine »Demokratieklausel« für Vereine einführten, die sich gegen Rechtsextremismus einsetzen. In dieser Klausel mußten sie schriftlich ihr Bekenntnis zur freiheitlich-demokratischen Grundordnung abgeben, um staatliche Fördermittel zu erhalten. Kritiker der Klausel betonten, daß Schröder Antifaschisten damit pauschal unter den Verdacht des Linksextremismus stelle. Nach dem Wiedereintritt der SPD in die große Koalition wurde die Extremismusklausel unter Bundesfamilienministerin Manuela Schwesig Anfang 2014 wieder abgeschafft.[70]

Mit den Botschaftern wird nicht nur in der Öffentlichkeit der Anspruch der Überparteilichkeit vermittelt, sondern es wird auch die Nähe zur Politik gesucht. Dies unterscheidet die INSM zum Beispiel grundsätzlich vom *BürgerKonvent*, welcher eher auf Politikverdrossenheit abstellt und auf Distanz zur Politik geht, obwohl die Mitgründer Prof. Langguth und Prof. Miegel selbst langjährige politische Karrieren hinter sich haben.[71]

Die Botschafter stellen zugleich die öffentliche Aufmerksamkeit sicher. Daneben fällt auf, daß einige der Botschafter auch häufig im Zusammenhang mit anderen vergleichbaren Reform-Initiativen und Vereinen auftreten. Zu den rührigsten Personen hierbei zählt Oswald Metzger, der unter anderem auch Vorträge für den *BürgerKonvent* gehalten hat und Mitglied im Konventkreis des *Konvents für Deutschland* ist.[72] Inzwischen ist Metzger sogar hauptamtlich für den *Konvent für Deutschland* als dessen Geschäftsführer tätig,[73] ohne seine Botschafter-Funktion bei der INSM aufgegeben zu haben..

Dabei ist Oswald Metzger nicht die einzige Persönlichkeit, die sich in dieses Netzwerk von Initiativen, Konventen und Vereinen einbinden läßt.[74] Hier offenbart sich, daß es eben nicht nur isolierte einzelne Aktionen sind, sondern daß eine Art »Arbeitsteilung« zwischen den verschiedenen Initiativen, Konventen und Vereinen statt-

---

[70] vgl. von Bullion, Constanze: »Abkehr von der Extremismusklausel« in: Süddeutsche Zeitung vom 01. Februar 2014, S. 6

[71] vgl. Speth, Rudolf: Der BürgerKonvent – Kampagnenprotest von oben ohne Transparenz und Bürgerbeteiligung. S. 14

[72] vgl. https://web.archive.org/web/20150709114556/http://www.konvent-fuer-deutschland.de/deu/der_konventkreis/mitglieder/ (22.08.2021)

[73] vgl. http://www.konvent-fuer-deutschland.de/deu/medien_und_presse/pressemeldungen/home.asp?ID=1634 (15.10.2015)

[74] vergleiche hierzu auch: Müller, Albrecht: Machtwahn. S. 311f

findet.[75]

Zusammengefaßt läßt sich somit sagen, daß der Einsatz von Botschaftern durch die INSM im Wesentlichen dazu dient, die Themen der Initiative in die Öffentlichkeit zu bringen, ohne die Initiative selbst zum Thema zu machen. Denn in den Talk-Shows und weiteren öffentlichen Beiträgen werden die Botschafter und Kuratoren der INSM nur selten als solche vorgestellt, sondern verbleiben in der Regel mit Hinweisen auf ihre sonstigen Funktionen als Parteimitglieder, Universitätsprofessoren, Experten für dieses oder jenes oder in welcher Funktion sie ansonsten außerhalb der INSM tätig sind. Damit wird dem Zuschauer eine wesentliche Möglichkeit genommen, die Einlassungen der entsprechenden Personen politisch-inhaltlich zuzuordnen.

Auf der Internetseite der INSM werden die Botschafter, Kuratoren, Berater, Unterstützer und sonstige Zugehörige der INSM zwar namentlich aufgeführt, jedoch ist in der Regel nicht anzunehmen, daß ein breites Publikum über die Tätigkeit der dort genannten Personen als Botschafter, Kuratoren und sonstige Unterstützer der INSM informiert ist. Hier ist es eindeutig die Aufgabe der Journalisten und Talkshow-Moderatoren, über die Hintergründe ihrer Gäste aufzuklären.

Bezüglich der Verbindungen der einzelnen Botschafter, wie auch der finanziellen Abhängigkeit der INSM von den Arbeitgeberverbänden der Metall- und Elektroindustrie, sehen die Verantwortlichen der INSM offenbar eher eine »Holschuld« beim Zuschauer, der sich nach ihren Aussagen jederzeit auf der Homepage der INSM über die Zusammenhänge und Abhängigkeiten informieren könne.

Lehrer als Multiplikatoren

Zum 9. Januar 2014 ging die Verantwortung für das Lehrerportal wirtschaftundschule.de an die IW Medien über, die ein Tochterunternehmen des Instituts der deutschen Wirtschaft ist. Die IW Medien war bereits zu Zeiten der INSM für die Inhalte des Portals verantwortlich und führt dies in Eigenregie weiter. Bis zum Januar 2014 war die INSM für das Portal verantwortlich und band es in ihre Strategie der Vermittlung ihrer Botschaften ein. Deshalb soll auf die Ausführungen zu diesem Portal und die kostenlosen Materialien für Lehrer/innen, die für die zweite Auflage dieses Buches verfaßt wurden, auch in dieser dritten Auflage nicht verzichtet werden. Denn an diesem Beispiel läßt sich zum einen die Vorgehensweise der INSM hervorragend demonstrieren, und zum anderen findet mit dem Über-

---

[75] vgl. ebd. S. 310

gang der Verantwortung für dieses Portal an die IW Medien kein Richtungswechsel in der politisch-inhaltlichen Ausrichtung der Seiten statt.

Auf der Internet-Seite wirtschaftundschule.de wird darüber hinaus Lehrmaterial zur Verfügung gestellt, welches unter anderem gemeinsam mit dem Institut der Deutschen Wirtschaft in Köln erarbeitet wurde. Das Lehrmaterial ist vollständig aufbereitet und bietet Politik- und Sozialkunde-Lehrern die Möglichkeit, eine bestimmte Zahl von Unterrichtseinheiten mit diesem Material zu bestreiten. Neben den Aufgaben für die Schüler enthält das Material auch Hinweise zur Verwendung für die Lehrer - was durchaus nicht ungeschickt ist. Diese Strategie dürfte für die INSM vielversprechender sein als der Versuch, ihre Inhalte in Lehrbücher von Schulbuchverlagen zu transportieren.

So setzt die INSM darauf, daß die Materialien so übernommen werden wie sie angeboten werden. Mit dieser Einschätzung dürfte die INSM nicht daneben liegen: Lehrer werden dieses Material entweder unkritisch verwenden, weil sie einfach entweder aus Bequemlichkeit oder unter dem üblichen Streß und Zeitdruck, den der Schulalltag mit sich bringt, sich nicht weiter mit den Inhalten auseinandersetzen (können), oder sie verwenden die Materialien, weil sie mit der Grundtendenz ohnehin übereinstimmen.

Das Risiko, daß kritisch eingestellte Lehrer das Material verwenden, um die Schüler auf die Strategie der INSM aufmerksam zu machen, dürfte hier gering sein: Lehrer, denen das Material zu einseitig ist, werden es eher nicht verwenden statt es gegenüber den Schülern kritisch zu behandeln. Dieses Risiko wäre deutlich höher, wenn die INSM ihre Inhalte in gängige Schulbücher für den Politik- oder Sozialkundeunterricht schmuggeln würde.

Zudem kann die INSM mit der offenen Bereitstellung der Materialien darauf verweisen, daß die Lehrer, die diese herunterladen, wissen, was sie tun, und daß auf dieser Seite auch auf die Zusammenhänge der INSM verwiesen werde.

Auf der Seite www.wirtschaftundschule.de erfahren die Lehrer zum Beispiel im Download-Bereich der Materialien, daß das Material »Soziale Sicherung« am häufigsten heruntergeladen wurde.[76] An dieser Stelle soll auf einige Kostproben aus dem Material und der zugehörigen Unterrichtshilfe nicht verzichtet werden.

Einleitend zur Kurzinformation über das Material wird der Leser auf den Tenor dessen eingestimmt, was den Schülern vermittelt werden soll:

---

[76] vgl. Speth, Rudolf: Die zweite Welle der Wirtschaftskampagnen. S. 21

»Die drei wichtigsten Säulen der Sozialen Marktwirtschaft sind brüchig. Die Massenarbeitslosigkeit ist ein Dauerphänomen geworden, die Gesundheitskosten explodieren und bei der Rente hält der Generationenvertrag der demographischen Entwicklung nicht stand. Kontinuierlich steigen die Ausgaben für Soziales. Die öffentlichen Kassen sind gezwungen, Jahr für Jahr mehr auszugeben, als sie einnehmen. Gesellschaft und Politik müssen entscheiden: Ist der Staat zu sozial?«[77]

Auf dem ersten Arbeitsblatt für die Schüler wird dann auch in genau diesem Sinne erklärt. Zunächst wird noch einmal auf die drei Säulen der Sozialversicherung verwiesen und erklärt, daß sich die Menschen mit ihrer Hilfe über Wasser halten sollen. Daraufhin wird ausgeführt, daß das System in der Krise stecke, der Generationenvertrag wackele und die Massenarbeitslosigkeit zu einem Dauerphänomen geworden sei. Der Staat werde durch Sozialleistungen weiter belastet, es stehe ihm das Wasser bis zum Halse. Das komplette System müsse überdacht und »verträgliche« Lösungen gefunden werden.[78]

Die Krise des Sozialstaates wird anschließend als »Teufelskreis« dargestellt, in dem der Sozialstaat für die Arbeitslosigkeit verantwortlich gemacht wird. Diese eindimensionale Sicht zieht sich durch das ganze Arbeitsblatt. Angepriesen werden dann Konzepte der Aktivierung von Arbeitslosen und somit Konzepte, die der neoliberalen Ideologie entsprechen.

Arbeitslosigkeit wird nicht als strukturelles Problem dergestalt beschrieben, daß zu wenig Arbeitsplätze vorhanden seien, sondern das Problem wird individualisiert: Weil die Sozialleistungen angeblich zu üppig seien, hätten die Arbeitslosen keinen Anreiz, Arbeit (zu Niedriglöhnen) aufzunehmen.

Die ideologische Stoßrichtung dieses Papiers ist unübersehbar und schlägt sich am Ende auch in den Anweisungen für die Lehrer zur Umsetzung des Papiers im Unterricht nieder. Nachdem im Rahmen des Arbeitspapiers für die Schüler auch nach Lösungen für das Problem der Arbeitslosigkeit gefragt wird, werden die Lehrer im Lö-

---

[77] (19.08.2009). S. 1 - Dieses Dokument ist im Angebot von wirtschaftundschule nicht mehr vorhanden, jedoch über das Web-Archiv waybackmachine abrufbar: https://web.archive.org/web/20051108220952/http://www.wirtschaftundschule.de/servlets/downloadfile?d=file://material_download.%2FDownloads%2Fdateipool%2FHa_4.pdf (22.08.2021)

[78] vgl. ebd. S. 2

sungsbogen angeleitet, die Lösungssuche in eine bestimmte Richtung zu lenken:

> *»Sicherlich werden die Schüler nicht mit Generallö-sungen aufwarten. Jedoch wird vielleicht das Argument kommen, dass höhere Vergütungen genügend Anreiz sein könnten. Eine einseitige Belastung der Unternehmen kann es aber nicht sein. Vielleicht bringen Sie das Stichwort »Kombilohn« (Arbeitgebervergütung, die durch öffentliche Hilfe aufgestockt wird) ins Spiel, als bisher einzige praxiserprobte Mischvariante.«*[79]

Die Behauptung, daß der Kombilohn die einzig praxiserprobte Mischvariante sei, ist angesichts des Umstandes, daß nahezu alle europäischen Nachbarn Mindestlohnmodelle praktizieren, eine gezielte Desinformation der Schüler. Hier wird schlicht Werbung für das von der INSM präferierte Modell der Kombilöhne gemacht und unterschlagen, daß sich zahlreiche andere Länder für das Modell der Mindestlöhne entschieden haben.

Welche Verantwortung die Arbeitgeber für die Gesellschaft haben, wird nicht diskutiert. Statt dessen wird darauf verwiesen, daß die Arbeitgeber nicht weiter belastet werden dürfen.

Ebenfalls ausschließlich die Perspektive der Arbeitgeber wird in einer Übung zur Leiharbeit eingenommen, die den Titel » Faire Löhne in der Zeitarbeit? – eine kritische Betrachtung des Equal-Pay-Prinzips in der Arbeitnehmerüberlassung« trägt. Simuliert werden soll ein Geschäftsgespräch zwischen einem Geschäftsführer einer Leiharbeitsfirma, der aus Sorge um das schlechte Image der Leiharbeit die gleiche Bezahlung für die Leiharbeiter mit den Festangestellten in der Firma seines Kunden durchsetzen möchte (sogenanntes »Equal Pay«).[80] Im Rahmen eines Rollenspiels, das von den Schülern durchzuführen wäre, soll verdeutlicht werden, daß die Angleichung der Löhne der Zeitarbeiter mit denen des Stammpersonals die Kosten für die ausleihende Firma erhöht und damit Arbeitsplätze in der Zeitarbeit vernichtet würden. Die »kritische Betrachtung des Equal-Pay-Prinzips« bezieht sich einseitig auf die Kostenseite für die Arbeitgeber. Fragen der Gerechtigkeit, oder ob über die Zeitarbeit

---

[79] ebd. S. 6

[80] vgl. http://www.wirtschaftundschule.de/fileadmin/user_upload/unterrichtsmaterialie n/arbeitsmarkt_und_berufsorientierung/Unterrichtseinheit_Faire_Loehne_in_der_Z eitarbeit-kritische_Betrachtung.pdf (15.10.2015)

gar drastische Lohnsenkungen durchgesetzt würden, weil die Zeitarbeitnehmer besonders schutzlos seien, werden nicht diskutiert.

Überhaupt enthalten die Unterrichtsmaterialien, die von der INSM kostenlos für die Lehrer zur Verfügung gestellt werden, die ideologischen Botschaften, die sich an der neoliberalen Grundmelodie der Initiative überhaupt ausrichten. Der Einsatz dieser Unterrichtsmaterialien führt zu einer einseitigen Sicht auf die in den Materialien behandelten Probleme und somit der Vermittlung von Ideologie in der Schule, was eigentlich nicht zulässig ist.

Als letztes Beispiel soll eine Unterrichtseinheit zur Riester-Rente vorgestellt werden. Die Unterrichtsmaterialien verfolgen das Ziel, »die Schülerinnen und Schüler anhand eines Ausgangsbeispiels mit Hilfe von Gesetzesauszügen die Höhe der staatlichen Zulagen sowie die Art der Berechnung des Mindesteigenbeitrages im Rahmen der Riester-Förderung [zu, U. E.] erarbeiten und den Kunden in einem kurzen Informationsgespräch [zu, U. E.] informieren«.[81] Im Unterrichtsmaterial sollen die Schüler/innen an Gymnasien und Berufsschulen die Höhe der staatlichen Förderung zur Riester-Rente sowie die Berechnung des Mindesteigenbeitrages erarbeiten und in einem Informationsgespräch erklären können.[82] Als ökonomische Kompetenz soll unter anderem erlernt werden, die Mindesteigenbeiträge inklusive der staatlichen Förderung aus dem Gesetz abzuleiten und, extra noch einmal erwähnt, die staatlichen Zulagen zur Riester-Rente zu kennen.[83]

Das Arbeitspapier zu Altersvorsorgeprodukten sagt unter Punkt zwei, worum es geht. Die Lernenden sollen »[v]erstehen, dass sie jetzt Vorkehrungen treffen müssen, um im Alter einen gewünschten Lebensstandard zu erreichen/halten«.[84] Im Grundlagentext wird die Intention noch einmal deutlicher:

> *»Vor allem junge Menschen, die kurz vor dem Eintritt ins Berufsleben stehen, sowie Berufsanfänger erkennen die Problematik und Notwendigkeit der privaten Altersvorsorge in aller Regel noch nicht. Dabei ist besonders die jetzige Generation der Heranwachsenden von den Auswirkungen des demografischen Wandels auf die gesetzliche Rentenversicherung betroffen*

---

[81] http://www.wirtschaftundschule.de/unterrichtsmaterialien/haushaltegeld/unterrichtsentwuerfe/riester-rente/ (22.08.2021)
[82] vgl. Wirtschaft und Schule: Riester-Rente. S. 1
[83] vgl. ebd.
[84] Wirtschaft und Schule: Altersvorsorgeprodukte. S. 1

und muss verstärkt private Altersvorsorge betreiben,
um später nicht in Altersarmut zu leben.«[85]

Mit anderen Worten: Die Schüler/innen sollen sich nicht ein eigenes Bild machen, ob private, kapitalgedeckte Altersvorsorge oder die gesetzliche Umlagefinanzierung der Rente politisch wünschenswerter wäre, sondern sie werden mit dem geschlossenen, neoliberalen Weltbild konfrontiert, in der private Altersvorsorge unausweichlich erscheint und es nur noch darum geht, das »richtige« Produkt auszuwählen. Wird im Grundlagentext behauptet, daß die Schüler/innen die Vor- und Nachteile der privaten Vorsorgemöglichkeiten kennenlernen sollen,[86] ist damit nicht etwa ein Vergleich gegenüber der gesetzlichen Umlagefinanzierung gemeint, sondern es wird sich auf interne Vor- und Nachteile bezogen wie eine mögliche Versteuerung der Vorsorgeprodukte im Alter oder die mangelnde Möglichkeit zur Vererbung der Ansprüche.[87]

Die Unterrichtsmaterialien leiden unter dem gleichen Widerspruch, wie die Riester-Rente überhaupt. Wird der Anteil der staatlichen Förderung in Betracht gezogen, ist die private Riester-Rente gar nicht so privat. Während die INSM ansonsten für weniger Staat, weniger Subventionen und mehr Markt eintritt, soll in diesen Unterrichtsunterlagen gerade die hochsubventionierte Riester-Rente beworben werden.

Ebenfalls nicht im Unterricht behandelt werden soll die Frage, wer die eigentlichen Profiteure der Riester-Rente sind. Es handelt sich nämlich nicht um die Arbeitnehmer, sondern die Arbeitgeber, die sich an dieser privaten Rentenfinanzierung nicht zu beteiligen brauchen, als auch die Finanzbranche, die sich über die mit Milliarden aus Steuergeldern subventionierte Nachfrage nach Finanzprodukten freuen kann.[88] Von einer pluralistischen Gestaltung der Unterrichtsmaterialien kann also auch hier nicht die Rede sein. Ziel der Materialien ist statt dessen, die Jugendlichen zur Privatvorsorge anzuhalten.

Anzumerken ist noch, daß bei den kostenlosen Materialien für die Schule kein Impressum zu finden ist, sondern auf der jeweils letzten Seite der Hinweis steht: »WIRTSCHAFT UND SCHULE IST EIN PROJEKT DER INSM. WEITERE INFORMATIONEN UNTER www.insm.de/insm/ueber-die-insm/FAQ.html«.[89] Zwar verweist der

---

[85] ebd. S. 2
[86] vgl. ebd.
[87] vgl. ebd. S. 14, 19, 24
[88] vgl. Wehlau, Diana: Rentenpolitik unter Druck. S. 204f
[89] Wirtschaft und Schule: Altersvorsorgeprodukte S. 25 und Riester-Rente S. 10

Link direkt auf die Informationen zur INSM, unter denen unter anderem auch nachzulesen ist, daß die Initiative durch die Arbeitgeberverbände der Metall- und Elektroindustrie finanziert wird. Ehrlicher wäre jedoch gewesen, diese Information direkt auf die Schulmaterialien zu drucken, damit der interessengebundene Hintergrund der Herausgeber der Materialien für Lehrer, Eltern und Schüler sofort ersichtlich wird. Doch dies wollte die INSM bei den Schulmaterialien offenbar vermeiden. Bei den allgemeinen Broschüren und Studien ist dieser Hinweis in einem Impressum vorne oder hinten im Heft seit einiger Zeit vorhanden. Bei weiteren stichprobenartig ausgewählten Unterrichtsmaterialien war entweder gar kein Hinweis oder nur der oben genannte vorhanden.

Dies sind nur vier Beispiele aus dem Material, welches die INSM auf ihrer Seite www.wirtschaftundschule.de zur Verfügung stellt. Hier geht es im Wesentlichen darum, die Sichtweise der INSM in die Schulen zu tragen.

Inzwischen wurde das Portal wirtschaftundschule.de ausgebaut. Das Aussehen wurde modernisiert und die Unterrichtsmaterialien stärker nach Themenschwerpunkte sortiert. In einem Unterpunkt »über uns« informiert die INSM zwar in der üblichen Form darüber, daß sie durch die Arbeitgeberverbände finanziert wird, verzichtet indes nicht auf den Hinweis, daß es sich bei der INSM um ein »überparteiliches Bündnis aus Politik, Wirtschaft und Wissenschaft« handele, welches »Anstöße für eine moderne marktwirtschaftliche Politik« gebe.[90] Als Ziel gibt die INSM aus, »den Stellenwert der ökonomischen Bildung an den Schulen« erhöhen zu wollen.[91] Die angeboten Materialien orientierten sich an neuesten Bildungsstandards und seien praxiserprobt.[92] Daß eine ideologische Sichtweise mit den Materialien mitgeliefert wird, bleibt der Aufmerksamkeit des einzelnen Lehrers überlassen, der sich vor dem Unterricht kritisch mit den Materialien auseinandersetzt - oder eben nicht.

Das ist ein grundsätzliches Problem, wie die Bielefelder Soziologen Reinhold Hedtke und Lucca Möller in ihrem Arbeitspapier mit dem Titel »Wem gehört die ökonomische Bildung?« feststellen: Wirtschaftsliberale Initiativen, Stiftungen und sonstige Einrichtungen dominieren mit ihren Auffassungen die wirtschaftspolitische Diskussion in den Medien und hätten nun das Ziel, auch das Denken der Lehrkräfte, die Wirtschaft unterrichten, zu beeinflussen und damit

---

[90] vgl. https://web.archive.org/web/20130830035827/http://www.wirtschaftundschule.de/ueber-uns/ (22.08.2021)
[91] vgl. ebd.
[92] vgl. ebd.

eben auch das Denken und Urteilen der Schüler/innen.[93] Dabei sei ein wesentliches Problem, daß es in der ökonomischen Bildung vor allem Netzwerke arbeitgeber- oder unternehmensnaher Einrichtungen gebe, zu denen keine vergleichbaren Netzwerke alternativer Wirtschaftsideologien existierten. Somit könne von einem institutionellen Pluralismus in der ökonomischen Bildung keine Rede sein.[94] Unterrichtsmaterialien werden – wie auch im Fall des Internetportals wirtschaftundschule.de der INSM – kostenlos den Lehrern zur Verfügung gestellt oder leicht zugänglich gemacht.[95] Eine Übersicht über diverse Plattformen, auf denen Lehrern einschlägiges Unterrichtsmaterial zur Verfügung gestellt wird und bei denen zuweilen noch nicht einmal der Hinweis gegeben ist, daß sie von Arbeitgeberverbänden getragen wird,[96] befindet sich auf den Seiten 16 bis 18 der Studie von Hedtke und Möller.

Am 30. April 2013 veröffentlichte LobbyControl ein Diskussionspapier zum Einfluß von Lobbyisten in der Schule. Auch in dieser Veröffentlichung, die sich kritisch mit dem Einfluß und den Zielen von Wirtschaftslobbyisten in Schulen befaßt, wird die INSM mehrmals erwähnt.[97] LobbyControl kritisiert, daß der zunehmende Einfluß der Wirtschaft und ihrer Lobbyisten in den Schulen vor allem zum Ziel hat, frühzeitig treue Konsumenten an sich zu binden. Dabei geht es nicht nur um Produktwerbung und eine damit verbundene frühere Konsumentenbindung, sondern auch um eine frühzeitige Prägung politischer Einstellungen.[98] LobbyControl weist in ihrem Diskussionspapier darauf hin, daß die von der Initiative bereitgestellten Unterrichtsmaterialien eine einseitige Sichtweise der Arbeitgeber wiedergäben, die eine kontroverse und kritische Diskussion um diese Themen verhinderten.[99]

Diese Kritik wird von dem ZDF-Politikmagazin Frontal21 aufgegriffen und anhand eines Beispiels verdeutlicht, bei dem aus einer Broschüre der INSM zitiert wird, daß der Artikel 14 des Grundgesetzes, also Eigentum verpflichtet, zwar gut gemeint sei, jedoch kaum von einer freiheitlichen Wirtschaftsverfassung zeuge.[100] Darauf von den Autoren des Frontal21-Beitrags angesprochen, erklärte ein Sprecher

---

[93] vgl. Hedtke, Reinhold und Lucca Möller: Wem gehört die ökonomische Bildung? Eine Einführung. S. 7
[94] vgl. ebd. S. 12
[95] vgl. ebd. S. 16
[96] vgl. ebd. S. 17 Fußnote 13
[97] vgl. Kamella, Felix: Lobbyismus an Schulen. S. 5, 6, 8 und 12
[98] vgl. ebd. S. 4
[99] vgl. ebd. S. 6
[100] vgl. Bühren, Lisa, Werner Doyé und Ulrich Stoll: Schüler unter Einfluss - Lobbyisten im Klassenzimmer. S. 4

der Initiative, daß diese Formulierung sehr pointiert sei und klarstellen sollte, daß es zu diesem Punkt unterschiedliche Ansichten gebe - nur war in dieser Broschüre außer der Position der INSM keine weitere Ansicht zu finden.[101]

Die Forderung, Wirtschaft zu einem eigenständigen Fach an den Schulen zu machen, wird schon seit längerer Zeit erhoben. In ihrem Diskussionspapier stellt LobbyControl den Zusammenhang zwischen dieser Forderung und der Öffnung von Schulen für Lobbyisten in einen Zusammenhang. Denn weil es angebliche Lücken im Bereich der Wirtschaft gebe, solle dieses Fach eingeführt werden, fordert der Bankenverband.[102] Auch die INSM war in diesem Bereich tätig und beauftragte eine Studie, die zu dem Schluß kam, daß unternehmerisches und marktwirtschaftliches Handeln in den Schulbüchern nicht als das höchste Gut eingeordnet werde. Obwohl die Studie diese Aussage nicht hergab, verkündete die INSM dennoch in einer Pressemitteilung, daß Schüler nicht lernten, Unternehmer zu werden, und daß gerade dies wichtig sei für Wachstum und Beschäftigung.[103]

Hier zeigt sich, daß die Forderung nach der Einführung eines Schulfaches Wirtschaft zugleich mit der Forderung nach der Vermittlung bestimmter, wirtschafts- oder unternehmensnaher Inhalte verbunden wird. Als Mittel gegen diese Entwicklung sieht LobbyControl unter anderem ein konsequentes Werbeverbot an Schulen und mehr staatliche Finanzierung von Bildung, damit die Schulen nicht mehr auf die verlockenden Angebote von Privatfirmen angewiesen sind, die dort ihre Inhalte an die Schüler vermitteln möchten.[104]

Nicht verschwiegen werden soll an dieser Stelle, daß die Forderung nach einer Korrektur der Lerninhalte auch gerne noch etwas platter daherkommen kann als in den Beispielen, die von LobbyControl in ihrem Diskussionspapier aufgezeigt wurden. Unter dem Titel »Schulbücher hetzen gegen die Marktwirtschaft« darf der Politikwissenschaftler und Stipendiat der FDP-nahen Friedrich-Naumann-Stiftung, Gary Merrett, eine gekürzte Fassung eines Positionspapiers des Stiftungsrates unter die Leser bringen.[105] Hierin kritisiert Merrett, daß in den Lehrmitteln »ökonomischer Nonsens mit linkem Beigeschmack serviert - und unverblümt Parteipolitik«[106] gemacht werde. In dem Buch »Diercke Erdkunde 9« kritisiert Merrett, daß als Folge von Marktöffnungen Entlassungen von Arbeitnehmer/innen

---

[101] vgl. ebd. S. 4f
[102] vgl. LobbyControl: Lobbyismus an Schulen. S. 12
[103] vgl. ebd.
[104] vgl. ebd. S. 15
[105] vgl. Merrett, Gary: Schulbücher hetzen gegen die Marktwirtschaft.
[106] ebd.

genannt werde. Ausgeführt werde, daß der Freihandel beim Kaffee zu einem deutlichen Preisverfall und damit zur Verarmung der Kleinbauern in Ländern wie der Türkei und Mexiko geführt habe. Nur in einem kleinen Kästchen am Seitenrand werde darauf hingewiesen, daß 43.5% des Endverbraucherpreises aus Steuern und Abgaben bestünden. Statt nun also Protektionismus, Bürokratismus, Regulierung und Abgabenwahn als Ursachen für Armut anzuprangern, werde Fair Trade beworben.[107] Worin nun aber der Zusammenhang zwischen Steuern und Abgaben einerseits und die Ausbeutung der Kaffeebauern andererseits besteht, verschweigt Merrett. Auch verortet Merrett Parteipolitik in den Lehrbüchern, weil in ihnen auch betont wird, daß der Staat in das Marktgeschehen eingreifen und Marktergebnisse durch sozial- und verteilungspolitische Eingriffe korrigieren müsse.[108] Dies steht natürlich den neoliberalen Vorstellungen, daß Marktergebnisse nicht durch den Staat korrigiert werden dürften und Umverteilung zu unterbleiben habe, entgegen. Die Schlußfolgerung Merretts lautet:

> *»Angesichts dieser systematischen Hetzjagd gegen die freie Marktwirtschaft an deutschen Schulen sollte es nicht verwundern, dass immer mehr junge Menschen sich radikal antikapitalistischen Vereinigungen oder Globalisierungsskeptikern wie Attac anschließen, zu Staatsgläubigkeit neigen und umfassende Ansprüche an den Staat stellen.«[109]*

Merretts Kaffeebeispiel zeigt letztlich, daß offenbar auch in dem von ihm kritisierten Buch verschiedene Aspekte (Steuern auf Kaffee) aufgezeigt werden. Seine maßlose Kritik jedoch zeigt, daß er offenbar nicht für Vielfalt streitet, sondern daß er die aus seiner Sicht »sozialistischen« Inhalte in den Lehrbüchern durch neoliberale ersetzen möchte. Dabei sollte eigentlich außer Frage stehen, daß den Schüler/innen kein geschlossenes Weltbild vermittelt werden soll, weder von der einen noch von der anderen Seite.
Genau hierin liegt auch das Problem der Auftritte der Wirtschaftsunternehmen und wirtschaftsnaher Initiativen in Schulen. Denn es geht ihnen darum, den Schülern eine bestimmte Weltsicht zu vermitteln und dabei gegebenenfalls auch noch ihre Produkte zu bewerben oder zumindest positiv darzustellen.

---

[107] vgl. ebd.
[108] vgl. ebd.
[109] ebd.

Die INSM verkündet bereits in ihrer Selbstdarstellung, daß sie für »marktwirtschaftliche Reformen« eintrete, mehr »Eigenverantwortung«, private Vorsorge und weniger Staat anstrebe. Dieses Weltbild schlägt sich - wie gezeigt - in den Unterrichtsmaterialien nieder, die den Lehrer/innen kostenlos zur Verfügung gestellt werden. Die Wende in den Unterrichtsmaterialien, die Merrett namens der FDP-nahen Naumann-Stiftung fordert, wird durch die INSM also praktisch umgesetzt.

Inzwischen hat die INSM diesen Teil der Selbstbeschreibung dahingehend konkretisiert, daß sie sich für Reformen in unterschiedlichen Politikfeldern einsetze. Sie fordere keine Rentenpolitik auf Kosten der jungen Generation, was, wie weiter unten noch zu sehen sein wird, bedeutet, daß das Rentenniveau sinken und die Altersvorsorge weiter privatisiert werden soll. Die INSM setzt sich darüber hinaus für den Erhalt der Schuldenbremse und für mehr Vergleichbarkeit und Wettbewerb zwischen den Bildungsträgern ein.[110]

Die INSM kann, wie bereits ausgeführt, darauf verweisen, daß Lehrer, die Material von der Plattform wirtschaftundschule.de verwenden, es freiwillig tun und daß sie die Möglichkeit haben zu wissen, wessen Lied sie im Unterricht singen. Problematisch ist diese Vorgehensweise allemal, zumal die Schulen keine ideologischen Indoktrinationsveranstaltungen sein sollen, sondern die Schüler/innen im Idealfall befähigt werden sollen, Informationen kritisch zu bewerten und Interessen zu erkennen. Hier kommt den Lehrer/innen eine besondere Verantwortung zu, insbesondere die Verantwortung, keine interessenorientierten Materialien im Unterricht unkritisch zu verwenden und fragwürdigen Angeboten wie diesem nicht aufzusitzen.

Regierungsmitglieder als Werbemaskottchen

Immer wieder treten auch gerne Regierungsmitglieder auf Veranstaltungen der INSM auf und machen sich damit zu deren Werbemaskottchen oder Botschafter. Zu jenen Gästen zählen auch Angela Merkel, die nicht nur auf Veranstaltungen der INSM auftrat sondern auch im Bundestagswahlkampf 2005 demonstrativ ihre Nähe zur Initiative zeigte, sowie der ehemalige Bundeswirtschaftsminister zu Guttenberg und der seinerzeitige Wirtschaftsminister Sigmar Gabriel. Letzterer besuchte am 3. Juli 2015 die Veranstaltung zur Vorstellung des neuen Buches der INSM mit dem Titel »Das Deutschland-Prinzip«. Sein Auftritt bei dieser Buchpräsentation ist ein hervorragendes Beispiel dafür, wie wichtig der INSM solche Gäste sind, und in welcher Weise die Initiative die öffentliche Dar-

---

[110] vgl. http://www.insm.de/insm/ueber-die-insm/FAQ.html (22.08.2021)

stellung solcher Gelegenheiten zu steuern bemüht ist.

Nun ist eine solche Buchvorstellung mit dem Bundeswirtschaftsminister als Redner für die Medien deutlich interessanter als wenn dort nur das Personal der INSM und die Vorsitzenden der Wirtschaftsverbände reden würden.

Der Bundeswirtschaftsminister findet freundliche Worte für das Buch das INSM: »Es ist ein wirklich gutes Buch. Das ist nicht als Kompliment gemeint, sondern einfach eine Tatsachenbeschreibung«.[111]

Übereinstimmen ist in den Medien, die sich mit diesem Termin Gabriels bei der INSM befassen, zu lesen, daß Gabriel auch Kritik geübt habe, zugleich wird allerdings auch darauf verwiesen, daß Gabriels Auftritt bei der INSM auch eine programmatische Aussage hinsichtlich der SPD habe, nämlich die Absicht Gabriels, die Partei weiterhin auf dem Kurs der Agenda 2010 zu halten und Signale an die FDP zu senden.[112]

Für den Wirtschaftsminister Sigmar Gabriel besteht indes keine Pflicht, das neueste Buch der interessengebundenen Ideenagentur der Arbeitgeberverbände der Metall- und Elektroindustrie vorzustellen. Er könnte und sollte sich durchaus im Klaren darüber sein, daß er sich damit zum Botschafter der INSM, mindestens aber zu deren Werbemaskottchen macht.

Daran ändert auch der Umstand nichts, daß er sich nach Medienberichten bei dem Termin auch kritisch zur Initiative geäußert habe, dies jedoch wohl eher zwinkernd. Er freue sich, ließ Gabriel wissen, daß die Initiative ihr Geld nicht mehr dafür ausgebe, Krisenszenarien an die Wand zu malen sondern um hervorzuheben, was in Deutschland funktioniere.[113] Zum Buch läßt Gabriel wissen, daß er es im Politikunterricht einsetzen würde, wäre er noch Politiklehrer.[114] Diesen Passus und das Lob für das Buch stellte die INSM auch als Videosequenz auf ihrer Facebook-Seite ein. Die komplette Rede wurde erst Tage später veröffentlicht. Zudem verbreitete die Initiative noch am gleichen Tag ein »Werbebild« über die Sozialen Medien, auf dem Sigmar Gabriel während der Präsentation des Buches zu sehen und der folgende Begleittext zu lesen ist: »Wäre ich heute

---

[111] Medick, Veit: Gabriel trifft Clement: Als wäre nichts gewesen. In: Spiegel online.

[112] vgl. ebd. und: Gaschke, Susanne: Gabriel zu Gast beim abtrünnigen Genossen Clement. In: Welt online 03.07.2015

[113] vgl. Gaschke, Susanne: Gabriel zu Gast beim abtrünnigen Genossen Clement. In: Welt online 03.07.2015.

[114] vgl: Medick, Veit: Gabriel trifft Clement**Fehler! Textmarke nicht definiert.**: Als wäre nichts gewesen. In: Spiegel online.

noch Politiklehrer, würde ich das Buch im Unterricht einsetzten.«[115] Zweifelsfrei bemüht die sich die Initiative durchaus mit Erfolg, den Besuch Gabriels auf dieser Veranstaltung in ihrem Sinne zu nutzen. Bilder von der Veranstaltung und die Botschaft, daß Gabriel dieses Buch gefalle, wurden auch über die Medien transportiert, sowie über Facebook als »sozialen« Medium verbreitet. Fraglich ist jedoch, ob sich Regierungsmitglieder langfristig tatsächlich einen Gefallen tun, eine solche Nähe zu interessengebundenen Einrichtungen zu zeigen. Daß solche Termine immer wieder mal wahrgenommen und in der Öffentlichkeit nicht kritisch diskutiert werden zeigt, wie sehr sich der Lobbyismus nicht nur im politischen Betrieb festgesetzt hat, sondern wie weit sich auch Medien und Öffentlichkeit daran gewöhnt haben. Dies mag auch eine Erklärung dafür sein, warum der Charakter der INSM und vergleichbarer Einrichtungen in der Öffentlichkeit kaum noch kritisch diskutiert werden, und warum es der Initiative so leicht fällt, leitende Vertreter aus verschiedenen Bereichen für ihre Botschaften einzuspannen. Dies gilt bis hin zu den Kirchen, wie im nächst Kapitel zu sehen sein wird.

Die Kirche im Dienst der INSM

Welche Irrungen und Wirrungen auch immer die Schäflein Gottes auf die Leimrute der interessengebundenen Ideenagentur von Gesamtmetall gelockt haben mögen, bleibt im Nebel. Jedoch haben sich sowohl Vertreter der evangelischen als auch der katholischen Kirche von der INSM zur Steigerung der Glaubwürdigkeit ihrer Botschaften verwenden lassen. Letztlich zeigen auch die Bemühungen der INSM um Kirchenleute, daß sie sich bemüht, möglichst viele Bereiche der Gesellschaft zu umwerben und deren Vertreter in ihre Kampagnen einzubinden.

Bischof Lehmann hielt die erste »Ludwig Erhard Lectures« und auch der ehemalige Vorsitzende des Rates der evangelischen Kirche, Bischof Wolfgang Huber, hielt einen »Impulsvortrag« vor den Botschaftern der Initiative. Zudem konnte die INSM an einem Kirchenpapier mitwirken, welches anschließend vom Kurator Hans Tietmeyer für seine realistische Weltsicht gerade im Bereich des Sozialstaates gelobt wurde.[116]

Von den Internetseiten der INSM verschwunden sind inzwischen die Werbeanzeigen mit dem Abtprimas Notker Wolf, der sich für meh-

---

[115] Bild-URL: https://twitter.com/insm/status/616922456566169600/photo/1 (22.08.2021)

[116] vgl. Beucker, Pascal und Anja Krüger: Verlogene Politik. S. 69

rere Aktionen in den Dienst der Initiative stellte.[117] Wolfgang Lieb zitiert jedoch aus der INSM-Anzeige mit Notker Wolf, in der dieser in einem gestellten Interview erklärt, daß die Menschen zu sehr auf den Staat setzen und jeder einzelne gefragt werden müsse, ob er wirklich bereit sei, Arbeit anzunehmen, auch wenn sie schlecht bezahlt sei.[118]

Die Passagen in der INSM-Anzeige (die dem Autor vorliegt) stammen aus einem Stern-Interview mit dem Abtprimas, das im Juli 2006 auch im Internet veröffentlicht wurde. In diesem Interview erklärt Wolf, daß er Langzeitarbeitslosen weniger als den Regelsatz von Hartz IV geben würde.[119] Seiner Meinung nach sollte auch der 45jährige Maschinenschlosser für weniger Geld in eine Putzkolonne gehen: »Ja, es mag zynisch klingen, aber Veränderung birgt enorme Chancen«.[120] Wolf beklagt in dem Interview eine »fatale sozialistische Grundströmung im deutschen Denken«[121] und macht den Sozialstaat verantwortlich dafür, daß das Streben nach Arbeit und Leistung verhindert werde.[122] Der Staat solle nur noch dort helfen, wo wirkliche Not herrsche. Es gebe »kein Menschenrecht auf ein bequemes Leben und vier Wochen Urlaub«.[123]

Zur Einführung wird Notker Wolf als Chefrepräsentant des Benediktiner-Ordens vorgestellt, der in dieser Funktion jährlich 300 000 Flugkilometer zurücklege, viele Sprachen spreche und gerne E-Gitarre spiele. Seine Einnahmen aus seinen Vorträgen, Büchern und sonstigen Aktivitäten flössen dem Kloster zu.[124] Auch wenn es nicht erwähnt wird, ist indes davon auszugehen, daß der Abtprimas, der von den Menschen Verzicht und Risikobereitschaft fordert, über sein Kloster bis zum Lebensende abgesichert sein dürfte. Gleichwohl ist er mit seinen neoliberalen Einstellungen ein idealer Botschafter für die INSM.[125]

Nicht nur konnte die INSM den katholischen Bischof Lehmann für die erste »Ludwig Erhard Lecture« gewinnen, wie oben bereits erwähnt. Mit Hans Tietmeyer und Paul Kirchhof wurden durch Bischof Lehmann zwei Botschafter der INSM zu Beratern für das Impulspapier »Das Soziale neu denken. Für eine langfristig angelegte

---

[117] vgl. Lieb, Wolfgang: »Arbeit ist lebensnotwendig«
[118] vgl. ebd.
[119] vgl. Höfler, Norbert und Rolf Herbert Peters: »Im Käfig der Bequemlichkeit«
[120] ebd.
[121] ebd.
[122] vgl. ebd.
[123] ebd.
[124] vgl. ebd.
[125] vgl. Lieb, Wolfgang: »Arbeit ist lebensnotwendig«

Reformpolitik« ernannt.[126] Das führte dazu, daß sich das Impulspapier der Bischofskonferenz wie eine Verlautbarung der INSM las, in der »Reformstau« und das »Anspruchsdenken« beklagt wurde.[127] Anschließend lobte Tietmeyer das Kirchenpapier in der Zeitung *Die Welt* dafür, daß es die unsozialen Folgen des überzogenen Sozialstaates so klar benannt habe, ohne seine eigene und Kirchhofs Mitwirkung an dem Papier zu erwähnen.[128]

Auch für das Buch »Das Deutschland-Prinzip« haben Vertreter der katholischen Kirchen Beiträge verfaßt, nämlich die Erzbischöfe Stephan Burger und Rainer Maria Woelki sowie der Kardinal Reinhard Marx.

Die Einbindung der Kirchenvertreter, wie auch der Lehrer, Sportler, Journalisten, Wissenschaftler und weiter Multiplikatoren unterstreicht die Strategie der INSM, möglichst in alle Bereiche der Gesellschaft hineinwirken zu wollen. Die Botschaft der INSM soll umfassend über alle Bereiche vermittelt werden, denn je mehr Vertreter verschiedener gesellschaftlicher Gruppen sie transportieren, desto glaubwürdiger werden die ideologischen Äußerungen der Initiative. Gerade auch im Hinblick auf die »knappen« Mittel ist die INSM auch nach eigener Auffassung darauf angewiesen, ihre Botschaften über Multiplikatoren zu vermitteln. Auch an den Beispielen der Kirche zeigt sich, wie leicht dies der Initiative zuweilen gemacht wird.

---

[126] vgl. Beucker, Pascal und Anja Krüger: Verlogene Politik. S. 68
[127] vgl. ebd.
[128] vgl. ebd. S. 69

Politische Ziele der INSM

Im Großen und Ganzen ist der Auftrag der INSM damit umschrieben, in der Bevölkerung für ein wirtschaftsfreundlicheres Klima zu sorgen und die Bereitschaft zu Reformen im Sinne der Arbeitgeberverbände zu erhöhen. Zudem soll das Ansehen von Unternehmen und Wirtschaft in der Bevölkerung verbessert werden.[129] Dabei sollte sich die INSM nicht im originären Tätigkeitsbereich von Gesamtmetall, nämlich der Tarifpolitik, tätig werden. Eine detaillierte Ausarbeitung von Reformprojekten war ebenfalls nicht vorgesehen, wovon die INSM im Laufe der Zeit jedoch ein Stück weit abgekommen ist. So gibt es seitens der INSM unter anderem auch klare Forderungen an die zukünftige Gestaltung der Pflegeversicherung.

Kerngeschäft der INSM ist jedoch die öffentliche Werbung für Reformen im Sinne des Auftraggebers Gesamtmetall. Gegenüber Gesamtmetall ist die INSM auch insofern rechenschaftspflichtig. Nach den ersten fünf Jahren der Tätigkeit wurde die Initiative um fünf weitere Jahre verlängert und sollte somit nunmehr mindestens bis 2009 tätig sein. Inzwischen hat der Arbeitgeberverband der Metall- und Elektroindustrie beschlossen, das Budget der INSM weitere fünf Jahre bis 2014, wenn auch »gestrafft«, zu garantieren.[130] Mittlerweile scheinen die Arbeitgeberverbände von der INSM und Ihrer Wirkung in der Öffentlichkeit so begeistert zu sein, daß sie diese Initiative immer weiterführen – ein Ende ist zurzeit nicht in Sicht.

Dabei ist festzustellen, daß sich die INSM über die Jahre zunehmend deutlicher politisch positioniert. Die von Rudolf Speth in seiner ersten Studie zur INSM festgestellte Zurückhaltung bezüglich konkreter politischer Konzepte[131] hat sich über die Zeit dahingehend verändert, daß nun auch über die wissenschaftliche Expertise, die aus dem Institut der deutschen Wirtschaft in Köln, einer interessengebundenen Ideenagentur der Arbeitgeberverbände, kommt, konkrete politische Vorschläge gemacht werden. Diese werden in der Regel über die Internetseiten vorgestellt, ansonsten in der Öffentlichkeit in den Anzeigen eher allgemein beworben. Es wird dabei auch auf den Medienmix gesetzt und versucht, die Themen an verschiedenen Stellen immer wieder aufleuchten zu lassen.

Zudem wurde durch das Institut der deutschen Wirtschaft eine in-

---

[129] vgl. Speth, Rudolf: Die politischen Strategien der Initiative Neue Soziale Marktwirtschaft, S. 7f

[130] vgl. http://www.gesamtmetall.de/gesamtmetall/meonline.nsf/id/6A3E836F10F6B5 5AC12575F900384C8F?open&ccm=080 (22.08.2021)

[131] vgl. Speth, Rudolf: Die politischen Strategien der Initiative Neue Soziale Marktwirtschaft, S. 7f

haltliche Grundlage erstellt, auf deren Basis die INSM operiert. Diese Grundlage heißt »Vision D«.

»Vision-D«

Eine der zentralen Veröffentlichungen, die als programmatische Festlegung der INSM zu betrachten ist, ist die Studie Vision-D.[132] Sie wurde in den Jahren 2004 und 2005 durch das arbeitgebernahe Institut der deutschen Wirtschaft Köln (IW) erstellt.[133] Zuvor brachte Randolf Rodenstock im Jahr 2001 ein Buch mit dem Titel »Chancen für alle« heraus, welches kostenlos über die INSM vertrieben wurde und inzwischen vergriffen ist. Auch dieses Buch läßt sich als eine programmatische Aussage der INSM bewerten. Unter der Internet-Adresse chancenfueralle.de war die INSM in der Anfangszeit auch erreichbar gewesen. Inzwischen ist insm.de zur Hauptadresse geworden.

Die wesentlichen Defizite, die bei der Bestandsaufnahme für Vision-D gesehen werden, faßt die INSM tabellarisch zusammen. Zu ihnen gehören unter anderem sozialstaatliche »Fehlanreize«, ein kooperativer Föderalismus, hohe Kapital- und Arbeitskosten und rigide Arbeitsmarktregulierung.[134]

Vieles von dem, was in der Studie »Vision-D« gefordert wird, war bereits vor Erstellung der Studie als Forderungen der Arbeitgeberverbände bekannt.

In der Studie wird davon ausgegangen, daß eine angebotsorientierte Politik die Probleme in Deutschland löst. Zudem wird auf Wirtschaftswachstum gesetzt, welches nach Ansicht der INSM am besten durch die Verbesserung der Angebotsbedingungen erreicht werden kann.

Es wird in der Studie auf die »Reformdividende« verwiesen, von der alle Gesellschaftsgruppen profitieren würden, wenn die Vorschläge aus der Studie umgesetzt würden. Verlierer gebe es nicht.[135]

Zugrunde gelegt werden kapitalgedeckte Systeme wie die Gesundheitsprämie. Es wird die Auffassung vertreten, daß staatliche Sozialsysteme ineffektiv seien.[136] Hintergrund hierfür ist die in verschiede-

---

[132] http://web.archive.org/web/20090506031817/http://www.vision-d.de/ (22.08.2021)

[133] vgl. http://web.archive.org/web/20071014100827/http://www.vision-d.de/Hintergrund/Kooperationspartner.html (22.08.2021)

[134] vgl. http://web.archive.org/web/20071014100537/http://www.vision-d.de/Bestandsaufnahme/Content/Factsheet_Bestandsaufnahme/Illusionen_statt_Visionen__Das_verschenkte_Jahrzehnt.html?anchor=abs272 (22.08.2021)

[135] vgl. http://web.archive.org/web/20071014095815/http://www.vision-d.de/Die_Reformdividende/Content/Gewinner/Nur_Gewinner__keine_Verlierer.html?anchor=abs180 (22.08.2021)

[136] vgl. http://web.archive.org/web/20090511124045/http://www.vision-

nen Zusammenhängen von der INSM geforderte Trennung der sozialen Sicherungssysteme von den Arbeitskosten.

Damit sind auch schon die wesentlichen politischen Grundaussagen der INSM getroffen: Privat vor Staat. Die sozialen Sicherungssysteme sollen auf individuelle Kapitaldeckungssysteme umgestellt werden, wie zum Beispiel bei der Krankenversicherung, bei der die INSM die Reduzierung der Solidarversicherung auf eine Grundversorgung fordert, die mit einer privaten, kapitalgedeckten Versicherung zu ergänzen sei, oder bei der Pflegeversicherung, bei der im Sommer 2007 eine Kampagne zur Umstellung auf Kapitaldeckung und Abkopplung von den Arbeitskosten lief.[137]

»Die von der Initiative präsentierten Vorschläge und Themenangebote entsprechen aufgrund ihres marktwirtschaftlichen Plädoyers für Freiheit und Wettbewerb in erster Linie einer unternehmerfreundlichen Verbandspolitik, die gesellschaftlich keineswegs unumstritten ist.«[138]

Die Studie Vision-D wird seitens der INSM für das sogenannte »Merkelmeter« als Maßstab für die Reformmaßnahmen der Regierung verwendet und dient zur Unterstreichung des wissenschaftlichen Anspruchs des »Merkelmeters«.

»Chancen für alle«

Randolf Rodenstock ist Präsident des Verbandes der Bayerischen Metall- und Elektroindustrie (VBM) und Botschafter der INSM. Er veröffentlichte im Jahr 2001 eine weitere programmatische Schrift für die *Initiative Neue Soziale Marktwirtschaft* unter dem Titel »Chancen für alle«.[139] In der Anfangszeit der INSM wurde dieser Titel auch unter die Anzeigen gedruckt und spielte in der Selbstdarstellung der Initiative noch eine größere Rolle. Zu der Zeit war der Titel auch die Internetadresse der INSM (www.chancenfueralle.de).

Das Buch selbst enthält zehn Kapitel, in denen Randolf Rodenstock seine Sichtweise auf die deutsche Wirtschaft und deren Entwicklung darlegt. Es wurde über den Institutsverlag des Instituts der deutschen Wirtschaft vertrieben. Das Werk selbst ist inzwischen vergriffen,

---

d.de/Die_Reformdividende.html (22.08.2021)

[137] vgl. http://web.archive.org/web/20170702160225/http://www.insm.de/insm/Publik ationen/INSM-Studien/Zukunft-der-Pflege.html (22.08.2021)

[138] Nuernbergk, Christian: Die PR-Kampagne der Initiative Neue Soziale Marktwirtschaft und ihr Erfolg in den Medien, S. 168

[139] Um die Fußnoten in diesem Abschnitt nicht ausufern zu lassen, werden alle Zitate und Bezüge zu diesem Buch in Klammern im Text nachgewiesen, alle weiteren Zitate und Bezüge auf andere Quellen nach wie vor in Fußnoten. Somit beziehen sich alle Seitenangaben im Text auf das folgende Buch: Rodenstock, Randolf: Chancen für alle. Die Neue Soziale Marktwirtschaft.

über verschiedene Bibliotheken allerdings noch ausleihbar. Es gliedert sich in zehn Kapitel, die kurze Unterkapitel von meist circa einer Seite haben. Rodenstock betont im Vorwort, daß er literarischer Laie sei, und daß dieses Buch keine neuen akademischen Einsichten bringe und auch keine Kampfschrift gegen andersdenkende Sozialisten sei (vgl. S. 13.). Letzteres widerlegt er allein schon in der gleichen Einleitung wenige Seiten zuvor, als er schreibt, daß die Menschen im sozialistischen Tansania gleichgültig, freud- und lustlos seien, während im kapitalistischen Kenia die Leute freundlich seien, Freude an der Arbeit hätten und Lebensfreude versprühten (vgl. S. 11f).

Im Weiteren beschreibt Rodenstock die Begründung der sozialen Marktwirtschaft in Deutschland durch Ludwig Erhardt. Sein Mut, die Preise gegen den Widerstand der Besatzung freizugeben, habe zum Wirtschaftswunder geführt, preist Rodenstock die Identifikationsfigur der INSM (vgl. S. 15ff). Den Deutschen, betont Rodenstock, ginge es so gut wie nie zuvor: Alle zwei Jahre ein neues Auto und zweimal im Jahr in Urlaub fahren (vgl. S. 15) – das war schon 2001, als das Buch entstand, für viele Menschen in Deutschland nicht die Lebenswirklichkeit.

Konzeptionell stimmt Rodenstock in dem Buch auf viele Forderungen ein, die die INSM in den folgenden Jahren stellen und mit ihren Botschaftern und mit Hilfe von Anzeigen bewerben wird: Mehr Flexibilisierung, weniger Staat, dafür die Privatisierung der sozialen Risiken und Deregulierung am Arbeitsmarkt. Rodenstock befürwortet die Übernahme des unternehmerischen Risikos durch Arbeitnehmer in Form von gewinnabhängigen Löhnen oder Anteilen (vgl. S. 62), lehnt zugleich aber mehr Mitspracherechte und Ausweitung der Mitbestimmung für Arbeitnehmer ab (vgl. S. 80f). Das demokratische Prinzip passe nicht in die Wirtschaft (vgl. S. 81).

Auch im Bereich der sozialen Sicherungssysteme fordert Rodenstock mehr Privatvorsorge und Orientierung an den persönlichen Risiken der Versicherten (vgl. S. 91 und 98ff). Freiheit und Eigenverantwortung werden betont, beklagt wird indes, daß der Wohlstand zum Ausbau staatlicher Sicherungssysteme und damit zur Bevormundung der Bürger geführt habe (vgl. S 29). Hierin findet sich eines der üblichen neoliberalen Klischees: Freiheit wird in erster Linie als Freiheit vom Staat verstanden, kollektive Sicherungssysteme werden als »Bevormundung der Bürger« diffamiert.

Unterstützung durch den Staat solle an letzter Stelle stehen, vorher müsse sich erst mal der Betroffene selbst helfen, beziehungsweise dessen Familie, die Nachbarn, und so weiter, einspringen (vgl. S. 26).

Zwei Wege gebe es, Anreize zur Arbeitsaufnahme zu geben, nämlich die Möglichkeit, Sozialleistungen zu kürzen oder aber die Einstiegslöhne zu erhöhen (vgl. S. 60f). Letzteres verbiete sich indes aus ökonomischen Gründen (vgl. ebd.). Die Forderung nach Senkung von Sozialleistungen, beziehungsweise Lohnersatzleistungen als Anreiz zur Arbeitsaufnahme bleibt ein dauerhaftes Motiv bei der INSM, welches auch zu einem Kriterium des sogenannten »Merkelmeters« wird.[140] An dieser Stelle wird auch die Idee des Kombilohns eingeführt, für den sich die INSM dauerhaft und nachhaltig einsetzt (vgl. S. 61).

Arbeitgeberfreundliche Lohnpolitik

Überhaupt beklagt Rodenstock, daß die Löhne in Deutschland zu hoch seien. Würde zum Beispiel der Lohn für das Fensterputzen gesenkt, würden sich vielleicht mehr Menschen überlegen, ihre Fenster putzen zu lassen, anstatt dies selbst zu tun (vgl. S. 64). In diesem Bereich sieht Rodenstock offenbar Spielraum für neue Arbeitsplätze. Dabei sieht er den Arbeitsmarkt wie jeden anderen Markt für Produkte: Der Preis bestimme die Nachfrage. Ist der Preis (also der Lohn) zu hoch, entstehe keine Nachfrage. So müsse der Preis (Lohn!) sinken, bis Nachfrage entstehe (vgl. ebd.).
Mehrfach beklagt Rodenstock in seinem Buch, daß der Arbeitsmarkt zu starr sei. Er müsse geöffnet werden, damit die Gesetze des Marktes, also von Angebot und Nachfrage, herrschen könnten, also zum Beispiel eine Senkung der Löhne bei steigender Arbeitslosigkeit durchzuführen (vgl. S. 53f). Überzogene Mitbestimmung und überzogener Kündigungsschutz bremsten die Dynamik und hinderten die Unternehmen daran, ihren Personaleinsatz den Erfordernissen der Märkte anzupassen (vgl. S. 53). Mit dieser blumigen Formulierung ist das gemeint, was landläufig als »Heuern und Feuern« bezeichnet wird.
Des Weiteren betont Rodenstock in seinem Buch die Notwendigkeit zur Öffnung von Tarifverträgen und gesetzlichen Regelungen, die Untergrenzen festlegen. Auch die Gewerkschaften würden einsehen, daß es in der Krise besser sei, Mehrarbeit zum gleichen Lohn oder Lohnsenkungen vorzunehmen, statt den Arbeitsplatz zu verlieren (vgl. S. 62f). Überhaupt seien die Menschen gebildeter und bedürften nicht mehr des Schutzes durch kollektive Vereinigungen wie die Menschen der 1950er Jahre (vgl. S. 31). Sie könnten und wollten für sich selbst entscheiden, wann und wieviel sie arbeiten wollten (vgl. S. 55). Im Gegenteil werden kollektive Vereinigungen und Vereinba-

---

[140] vgl. Scharnagel, Benjamin und Carsten Seim: Zur Methodik des »Merkelmeters«

rungen - gemeint sind dabei insbesondere die Gewerkschaften und Tarifverträge - als Instrumente der Bevormundung der Menschen betrachtet (vgl. S. 63). Die Sichtweise der Gewerkschaften, daß sich die Menschen nicht selbst schützen könnten, sei falsch und nicht mehr zeitgemäß (vgl. ebd.).

Bei solchen Ausführungen sollte der geneigte Leser im Hinterkopf behalten, daß der Autor dem Arbeitgeberlager angehört, welches die Gewerkschaften als lästig betrachtet und natürlich das Interesse hat, lieber mit den einzelnen Arbeitnehmern direkt zu verhandeln. Arbeitnehmer, die nicht in kollektiven Vereinigungen, also Gewerkschaften, organisiert sind, die deren Interessen vertreten, sind leichter erpreßbar und leichter gegeneinander auszuspielen. Diese Erkenntnis führte überhaupt zur Gründung der Gewerkschaftsbewegung, die in ihrer Geschichte viele Rechte und Ansprüche für ihre Mitglieder erkämpfte, die zu verteidigen es sich auch heute noch lohnt.

Die soziale Verantwortung der Unternehmen erschöpfe sich indes in der Gewinnmaximierung (vgl. S. 22). Nur gewinnstarke Unternehmen dienten dem Gemeinwohl. Sie seien wagemutiger, kämen leichter an Kredite und schafften Arbeitsplätze. Das Gewinnstreben treibe den Unternehmer dazu an, im Wettbewerb immer bessere Produkte für die Kunden herzustellen (vgl. ebd.). Das ist eine eher romantische Sicht auf die Wirkungen von Gewinnstreben, denn in der Öffentlichkeit sind genügend Beispiele bekanntgeworden, wo Gewinnstreben eben dazu führte, daß Sicherheitsstandards mißachtet und zuweilen die Gesundheit der Kunden und auch der Mitarbeiter im Unternehmen geschädigt wurden. Solcherlei nachteilige Auswirkungen des Gewinnstrebens von Unternehmen kommen in der idealisierten Welt der Marktwirtschaft von Randolf Rodenstock jedoch nicht vor.

Bereits bis hierhin zeigt sich deutlich, daß die »Neue Soziale Marktwirtschaft«, die Rodenstock zeichnet, sich in erster Linie an den teilweise schon langjährigen Forderungen der Arbeitgeberverbände orientiert. Dies entspricht letztlich auch der Logik der INSM, denn der Auftraggeber dieser interessengebundenen Ideenagentur sind bekanntlich die Arbeitgeberverbände der Metall- und Elektroindustrie, deren Vertreter auch Rodenstock selbst ist.[141]

---

[141] Randolf Rodenstock bekleidet diverse Funktionen in verschiedenen Verbänden und Organisationen der deutschen Wirtschaft. Er ist unter anderem Präsident des Verbandes der bayerischen Metall- und Elektroindustrie. (vgl. Selbstdarstellung Rodenstocks bei der INSM: http://web.archive.org/web/20101217050101/http://insm.de/insm/ueber-die-insm/Kuratoren-und-Botschafter/Randolf-Rodenstock.html (22.08.2021)

Privatvorsorge statt Solidaritätsprinzip

Im Abschnitt über die Zukunft der Sozialversicherungen spricht sich Rodenstock gegen das Solidarprinzip aus und fordert eine Stärkung des Versicherungsprinzips sowie eine stärkere Berücksichtigung der individuellen Risiken. Am Beispiel der Krankenversicherung erklärt Rodenstock, daß kostenbewußtes Verhalten der Versicherten nicht belohnt würde – zum Beispiel durch Beitragsrückerstattung – sondern die Versicherten geradezu zur Verschwendung angestiftet würden (vgl. S. 41 und 70). Weil man Beiträge bezahle, wolle man auch das Maximale aus der Versicherung herausholen und steigere jede Befindlichkeitsstörung zu einer Krankheit, was zur Selbstausbeutung der Versicherten führe (vgl. S. 96 und 98).

Das politische Ziel dieser Ausführungen ist neben einer wettbewerblichen Gestaltung der Krankenversicherungen die Abkoppelung der Sozialversicherungsbeiträge von den Löhnen, sprich: die Beseitigung des Arbeitgeberanteils. Die Forderung, daß individuelle Risiken in der Krankenversicherung stärker zum Tragen kommen sollten, orientiert sich an der privaten Krankenversicherung. Diesem Konzept folgend spricht sich Rodenstock für eine Versicherungspflicht statt einer Pflichtversicherung aus. Jeder Versicherte solle eine Grundversorgung versichern müssen, darüber hinaus solle er selbst entscheiden können, welche Risiken er mitversichert (vgl. S. 98f). Hiermit wäre die solidarische Versicherung vollends beseitigt, in deren Rahmen jeder Bürger die optimale Krankenversorgung unabhängig von seinen finanziellen Möglichkeiten bekommen würde. Ein solches System ermöglicht die Absicherung von Krankheitsrisiken nach dem Ausmaß des Einkommens und öffnet die Tür zu einer Mehrklassen-Gesundheitsversorgung.

Hinsichtlich der Rentenpolitik begrüßt Rodenstock die rot-grünen Reformen in der Rentenversicherung (»Riester-Rente«), erklärt zugleich, daß der Anteil der privaten Vorsorge zu gering sei (vgl. S. 91f). Zugleich zeigt er sich erfreut darüber, daß im Privatvorsorgeteil der Rentenreform die Versicherten ihren Beitrag alleine tragen müssen, die Arbeitgeber also nicht mehr beteiligt sind (vgl. S. 92).

Auch in der Sozialpolitik werden in diesem Buch schon die Konzepte aufgezeigt, die die INSM weiterhin verfolgen wird. Zudem läßt sich feststellen, daß seit dem Erscheinen dieses Buches im Jahr 2001 auch durch die rot-grüne Koalition bereits zahlreiche Forderungen der INSM umgesetzt worden sind. Dies ist nicht zwingend auf die Lobbyarbeit allein der INSM zurückzuführen, jedoch dürfte diese Einrichtung ihren Anteil daran gehabt haben, die Diskussionen in die entsprechende Richtung zu lenken und dafür zu sorgen, bei der Politik den Eindruck zu erwecken, daß es sich bei diesen Konzepten um weithin akzeptierte handele.

Wettbewerb als universeller Ordnungsrahmen

Wenn man einen Hammer in der Hand hält, sieht auch jede Schraube wie ein Nagel aus. Nach dieser Philosophie empfiehlt auch Randolf Rodenstock in seinem Buch den Wettbewerb als Ordnungsrahmen für jeden gesellschaftlichen Bereich.

Mehr Wettbewerb würde zu effizienteren Lösungen führen, darum solle er soweit wie möglich die Dinge regeln. Mehr Wettbewerb im Sozialsystem, mehr Wettbewerb auch in der Bildung, also bei Universitäten und Schulen. Wettbewerb solle an den Universitäten auch zwischen den Studenten entfesselt werden, die nach Vorstellung Rodenstock zu gebührenzahlenden Kunden der Universitäten werden sollen (vgl. S. 167f). Auch die Einführung von Studiengebühren wird in der dem Buch folgenden Zeit ein Anliegen der INSM, die auch die Plattform Unicheck einrichtete mit dem Ziel, die Akzeptanz von Studiengebühren nach deren Einführung in einigen Bundesländern zu erhöhen.

Rodenstock räumt zwar ein, daß Studenten nach ihrem Studium höhere Steuern zahlen, weil sie entsprechend besser verdienen würden, schiebt diesen Aspekt jedoch sogleich wieder beiseite und betont, daß der Facharbeiter den Kindern reicher Eltern mit seinen Steuern das Studium bezahlen würde (vgl. S. 168). Daß nach der Einführung von Studiengebühren tatsächlich vorwiegend nur die Kinder reicher Eltern studieren könnten, und daß gerade das kostenlose Studium den Zugang zur Uni ohne Ansehen des Einkommens ermöglichen soll, wird ausgeblendet. Statt dessen sollen Studiengebühren nach der Auffassung Rodenstocks ein besseres Angebot der Universitäten bewirken und die Studenten anhalten, während des Studiums nicht zu »bummeln«. (vgl. S. 167). Absolventen sollen früher zu ihren Abschlüssen kommen, denn sie hätten mit 23 Jahren noch Energien, die ihnen mit 29 Jahren bereits fehlten (vgl. S. 169).

Der Wettbewerb führe zu besseren und effizienteren Lösungen. Als Beispiel zieht Rodenstock den Telephonmarkt heran und betont auch – wenngleich zurückhaltender – die Sparmöglichkeiten beim Strom nach der Deregulierung des Strommarktes (vgl. S. 35). Daß Rodenstock bezüglich der Stromversorgung nicht ganz so enthusiastisch schreibt, dürfte darauf zurückzuführen sein, daß die öffentliche Debatte über die Abkassiererei der Stromkonzerne und der Bildung von monopolartigen Strukturen im Bereich der Energieversorgung inzwischen auch von Unternehmen kritisiert wurde.

Daß wettbewerbliche Lösungen sich nicht für alle Lebensbereiche eignen, wird in diesem Buch nicht erwogen. Im Wesentlichen spiegelt Rodenstocks Werk auch in diesem Bereich die Sicht der Arbeitgeberverbände wider. Abschließend betont Rodenstock den Fortschrittsglauben und beschreibt die Chancen, die auch in Risikotechnologien lägen (vgl. S. 185f).

Programmatische Äußerung der INSM

In der Gesamtschau stellt das Buch »Chancen für alle« eine programmatische Äußerung der INSM dar. Es ist in einer auch für wirtschaftspolitische Laien verständlichen Sprache geschrieben und stellt den Versuch dar, den Leser auf die Seite der von der INSM befürworteten Reformen zu ziehen.

Zahlreiche Projekte und Forderungen, die in diesem Buch beschrieben und gestellt sind, wurden in der Folgezeit von der INSM im Rahmen ihrer Kampagnen verfolgt. Hervorzuheben ist insbesondere die Forderung, die Sozialversicherungsbeiträge von den Lohnkosten zu trennen, mehr Privatvorsorge in den Sozialversicherungen zu organisieren, wie überhaupt die Forderung nach Entstaatlichung und Bevorzugung privatwirtschaftlicher Lösungen. Auch die Forderung nach einer Flexibilisierung des Arbeitsmarktes findet sich immer wieder in den Aktionen und Kampagnen der Initiative wieder, wie auch die Forderung nach Subventionsabbau.

Zugrunde liegt auch der Gedanke der Ökonomisierung aller Lebensbereiche. Universitäre Bildung wird als ein »ökonomisches Gut« bezeichnet, der Student als Kunde, der dieses entsprechend seiner Bedürfnisse nachfrage (vgl. S. 167). Auch im Bereich der Gesundheit wird ökonomisch argumentiert.

Zehn Jahre nach Erscheinen dieses Buches läßt es sich mehr noch als zum Zeitpunkt seines Erscheinens als ein programmatischer Entwurf für den Kurs der INSM in den Folgejahren begreifen. Dabei richtet es sich, wie gesagt, nicht an ein Fachpublikum, sondern stellt eine allgemeinverständliche Beschreibung der Ziele der INSM dar, jedoch ohne die Interessen zu nennen, die hinter diesen Zielen stehen.

»Die Wohlstandsfrage«

Im Frühjahr 2012 gab die *Initiative Neue Soziale Marktwirtschaft* das Buch »Die Wohlstandsfrage«[142] heraus, welches kostenlos über die Homepage der INSM zu beziehen ist.[143] Die Autoren der sechs Beiträge in dem Buch sind die INSM-Botschafter Ulrich van Suntum, Eberhard von Koerber, Karl-Heinz Paqué und Michael Hüther sowie Christoph M. Schmidt mit Nils aus dem Moore und Kerstin Andreae.

Auch dieses Buch ist als eine programmatische Äußerung der INSM zu werten, zumal es sich die laufende Wachstums- und Wohlstandskampagne der Initiative einfügt. Dieses Buch versteht sich im Wesentlichen als eine Erwiderung auf die Wachstumskritik und möchte unter anderem klarstellen, daß sich Wachstum und Ökologie nicht widersprächen. Es wird gar behauptet, daß ökologisches Bewußtsein nur in der Folge wirtschaftlicher Entwicklung entstehen könne.[144] Das Wachstum in den Entwicklungs- und Schwellenländern verschärfe das Klimaproblem, schreibt Paqué in seinem Beitrag, aber nur hinreichender Wohlstand biete die Chance, diese Länder an der Klimaschutzstrategie zu beteiligen. Bis dahin heiße es, sich in Geduld zu üben.[145] Gepflegt wird darüber hinaus die Legende, daß ambitionierte Programme im Bereich erneuerbarer Energien in Deutschland zu höheren Strompreisen führten und dem Land dadurch Wettbewerbsnachteile bescherten.[146] Also: Auf der einen Seite plädiert Paqué dafür, die Entwicklungs- und Schwellenländer die gleichen Fehler machen zu lassen, die die entwickelten westlichen Länder während ihrer Industrialisierung gemacht haben, weil mit steigendem Wohlstand auch das Umweltbewußtsein entstehe. Auf der anderen Seite sieht er in ambitionierten Programmen für umweltschonende Energien einen Übereifer, der zu höheren Kosten und Wettbewerbsnachteilen führe. Was also als eine scheinbar nachhaltige Wachstumsstrategie daherkommt, ist an dieser Stelle nichts weiter als ein wortreiches Plädoyer für ein ungebremstes »weiter so«.

Auch an anderen Stellen dieses Buches treffen wir auf altbekannte Positionen der INSM: Ulrich van Suntum spricht sich bezüglich von

---

[142] Initiative Neue Soziale Marktwirtschaft - INSM GmbH (Hrsg.): Die Wohlstandsfrage

[143] vgl. http://www.insm.de/insm/Publikationen/Print/Themenuebergreifende-Publikationen/Die-Wohlstandsfrage.html (15.10.2015)

[144] vgl. Paqué, Karl-Heinz: »Warum Wachstum? Sechs Gründe für eine gute Sache« S. 44

[145] vgl. ebd.

[146] vgl. ebd. S. 43

Einkommensunterschieden zwischen Männern und Frauen gegen Quoten und statt dessen für »marktkonforme Lösungen« aus.[147] Bei der Einstellung von Frauen bestünden unterschiedliche Kosten, Risiken und Erwartungen, und es sei allemal besser, die unterschiedlichen Arbeitsmarktchancen dadurch zu beheben, daß die Kosten ausgeglichen würden.[148] van Suntum diagnostiziert, daß Unterschiede im Lohnniveau zwischen Männern und Frauen keineswegs Systemfehler der Marktwirtschaft seien, sondern ökonomische Gründe hätten wie »mangelhafte Vereinbarkeit von Kindererziehung und Beruf, geschlechtsspezifisch unterschiedliche Ausbildungsprofile oder unterschiedliches Verhalten von Männern und Frauen, etwa was die Annahme von Teilzeitstellen oder die Bereitschaft zur Kindererziehung betrifft.«[149] Durch die Blume will uns van Suntum also mitteilen, daß das Problem ungleicher Löhne nicht etwa eines der Unternehmen, sondern der Gesellschaft sei. Wenn er anschließend nebulös darüber philosophiert, daß diese Kosten *ausgeglichen* werden müßten, ist davon auszugehen, daß einmal mehr die Unternehmen aus ihrer gesellschaftlichen Verantwortung entlassen werden und die Problematik der Vereinbarkeit von Kindererziehung und Beruf wahlweise von den Betroffenen oder durch den Staat gelöst werden sollen.

Kritik wird am Konzept der relativen Armut geübt, auf das auch zahlreiche internationale Organisationen beim Armutsvergleich zurückgreifen. Wer in Deutschland als arm gelte, sei woanders reich, kritisiert van Suntum und unterlegt diese Behauptung mit einer Graphik, auf der dargestellt wird, wie sich die Armutsrisikoschwelle in Deutschland im Vergleich zu den mittleren Jahresnettoeinkommen in anderen Ländern verhält.[150] »Würde sich das Einkommen aller Menschen in Deutschland verdoppeln, so bliebe die Armutsquote dennoch gleich hoch«,[151] kritisiert van Suntum. Dies ist allerdings eine rein theoretische Denkfigur, die von der Realität in keiner Weise gedeckt wird. Während in anderen europäischen Ländern die Reallöhne gestiegen sind, sind sie in Deutschland in den vergangenen beiden Jahrzehnten gesunken.[152] Überdies führt auch die Gegenüberstellung der relativen Armutsschwelle in Deutschland mit denen anderer Länder in die Irre, wenn man sich anschließend, wie es die

---

[147] vgl. van Suntum, Ulrich: »Wohlstand durch Wachstum in der Marktwirtschaft« S. 20

[148] vgl. ebd.

[149] van Suntum, Ulrich: »Wohlstand durch Wachstum in der Marktwirtschaft« S. 20

[150] vgl. ebd. S. 22

[151] ebd. S. 21

[152] vgl. Berger, Jens: Streßtest Deutschland. S. 110 und 124f

INSM gerne tut, auf die absoluten Zahlen bezieht. Ausgeblendet wird bei den absoluten Zahlen, die van Suntum in der Graphik auf Seite 22 verwendet, daß die Lebenshaltungskosten in den verschiedenen Ländern unterschiedlich sind.

Zur Kritik an der relativen Armut stellte die INSM auf ihrer Internet-Seite »Wohlstandsbilanz Deutschland 2009« die Armutsschwellen verschiedener Länder gegenüber. In Deutschland sei diese relativ hoch, befindet die INSM auf der Internet-Seite und zeigt, daß in Deutschland diese Armutsschwelle bei 9370 Euro liege und in Polen zum Beispiel bei 3138 Euro. Van Suntums Argument wird auch dort im Begleittext angeführt.[153]

Daß die auf deutsche Verhältnisse umgerechnete Armutsschwelle in Polen deutlich niedriger liegt als in Deutschland, hängt damit zusammen, daß das gesamte Einkommensgefüge in Polen niedriger ist als in Deutschland. Der armutsgefährdete Pole steht mit seinen umgerechneten 3138 Euro im gleichen Verhältnis zum Rest des polnischen Einkommensgefüges wie der armutsgefährdete Deutsche mit 9370 Euro zum Rest des deutschen Einkommensgefüges. Somit erscheint der Vergleich der Armutsschwellen verschiedener Länder als fragwürdig.

Das Werk fügt sich in die Wohlstands- und Wachstumskampagne der INSM ein. Ein Kapitel behandelt verschiedene Möglichkeiten, Wohlstand zu messen. Dabei wird vor allem auch auf mehrdimensionale Meßverfahren verwiesen, die verschiedenen Aspekte von Wohlstand und Lebensqualität messen. Diese verdrängen zumal die wesentlichen Verteilungsfragen, die sich ja für Anhänger neoliberaler Ideen ohnehin nicht stellen. Denn sie glauben, daß die Verteilung von Vermögen durch die Märkte optimal erledigt wird und eine staatliche Nachjustierung sich als illegitimer Eingriff in die Märkte verböte. Hieraus erklärt sich der auch von der INSM immer wieder unternommen Versuch, hervorzuheben, daß der Wohlstand einer Gesellschaft nicht nur vom Einkommen abhänge, obwohl dieses gerade in kapitalistischen Gesellschaften eine wesentliche Bedingung für Teilhabe darstellt.

---

[153] vgl. http://www.wohlstandsbilanz-deutschland.de/armutsschwelle-relativ-hoch.html?freischalten=1 (15.10.2015) Die Seite wurde inzwischen von der INSM aufgegeben und wird von einem anderen Betreiber genutzt.

»Das Deutschland-Prinzip«

Die Veröffentlichung des Buches »Das Deutschland-Prinzip« wurde von der INSM als ein großes Projekt bereits im März 2015 beworben, obgleich die Veröffentlichung erst Anfang Juli stattfand. Es enthält zahlreiche Bilder, meist Photographien der Autoren, mit kurzen Texten. Bundeswirtschaftsminister und SPD-Parteichef Sigmar Gabriel stellte dieses Buch auf einer Veranstaltung der *Initiative Neue Soziale Marktwirtschaft* vor und verhalf damit der INSM zu der von ihr gewünschten öffentlichen Aufmerksamkeit.

Statistiken zum Buch »Das Deutschland-Prinzip«

Zunächst eine Übersicht über ein paar Zahlen zu »Das Deutschland-Prinzip«. »Das Deutschland-Prinzip« ist kein Buch, das man sich zum Lesen auf den Nachttisch legen kann: Es ist größer und dicker als ein Diercke-Weltatlas. Das Buch hat das Format 34x26.1 cm (21 x 29.7 cm entspricht DIN A 4) und ist auf phototauglichem Papier gedruckt, was die Herstellungskosten erheblich in die Höhe getrieben haben dürfte. Der Ladenpreis des Buches liegt somit bei € 68.00 und dürfte das Buch nicht gerade massentauglich machen. Also wäre sich auch mit der Frage zu beschäftigen, wer eigentlich die Zielgruppe dieses Buches ist. Bestimmte Anhaltspunkte, die noch zu erläutern sein werden, deuten darauf hin, daß es in erster Linie der Selbstvergewisserung dient und sich somit vor allem an die eigene Klientel, sprich, Vertreter der Wirtschaft, mittelständische Unternehmer und der INSM geneigte Politiker richtet.

Um einen Überblick darüber zu gewinnen, welche Autoren an dem Buch beteiligt waren und aus welchen gesellschaftlichen Gruppen sie kommen, war es zunächst notwendig, Kategorien zu bilden, denen diese Autoren zugeordnet werden können. Anschließend kann gezeigt werden, welche Gruppen zu welchem Anteil nach Auffassung der INSM das »Deutschland-Prinzip« verkörpern.

In der Kategorie »Wirtschaft« wurden folgende Personen zusammengefaßt: Geschäftsführer, Gesellschafter, Vorstände und Vorstandsvorsitzende, Unternehmensgründer und -eigentümer sowie Verbandsfunktionäre der Arbeitgeberverbände.

Die Kategorie »Politik« umfaßt alle aktiven Politiker, also Mitglieder des Bundestages, Minister, Ministerpräsidenten und Parteifunktionäre.

Die Kategorie »Wissenschaft« umfaßt Universitätsprofessoren, Professoren und wissenschaftliches Personal in Ideenagenturen und Privatunternehmen. Hierunter fällt unter anderem auch Michael Hüther vom Institut der deutschen Wirtschaft.

Die Kategorie »Medien« umfaßt Journalisten und Redakteure von Zeitungen. Herausgeber unterfallen der Kategorie »Wirtschaft«, weil diese im wirtschaftlichen und nicht im journalistischen Bereich der Medien tätig sind.
Unter »öffentliche Verwaltung« sind Personen der Bundesverwaltung, der europäischen Zentralbank und der Bundesbank erfaßt.
Die Kategorie »Kultur« enthält Personen aus dem Bereich Musik, Film und Fernsehen.
Der Bereich der »Kirche« enthält die Funktionsträger der - in diesem Fall nur katholischen - Kirche.
Die Kategorie »Sport« enthält Sportler aus dem originären Bereich des Sports, also der körperlichen Ertüchtigung, also nicht etwa des »Denksports«. Wie in der Politik werden hier nur aktive Sportler gewertet, deshalb fällt der Boxer Henry Maske in dieser Statistik nicht in die Kategorie Sport, weil hier seine Karriere beendet ist, sondern in die Kategorie Wirtschaft, weil er derzeit als Franchisenehmer für McDonald's tätig ist.[154] Die weiteren Kategorien sind selbsterklärend. Danach ergibt sich zunächst einmal die folgende Verteilung:

Kategorie	Anzahl	Prozent
Wirtschaft	92	51.4
Politik	39	21.8
Wissenschaft	20	11.2
Medien	9	5.0
öffentliche Verwaltung	5	2.8
Internationale Botschafter	4	2.2
Kultur	3	1.7
Kirche	3	1.7
Sport	1	0.6
Arbeitnehmer/Facharbeiter	2	1.1
Gewerkschaft	1	0.6
Total	179	100.0

Eigene Auswertung der im Buch »Das Deutschland-Prinzip« aufgeführten Personen nach den dort angegebenen Biographien sowie in Einzelfällen eigener Recherche in Zweifelsfällen bei der Zuordnung.

---

[154] vgl. Clement, Wolfgang (Hrsg.): Das Deutschland-Prinzip. S. 448

Bei Parteienvertretern ergibt sich die folgende Bild (die prozentualen Anteile beziehen sich auf die Gesamtzahl der Parteienvertreter):

Partei	Anzahl	Prozent
CDU/CSU	29	63.0
SPD	6	13.0
FDP	8	17.4
Grüne	3	6.5
Linkspartei	0	0.0
Total	43	100.0

Eigene Auswertung nach der im Buch angegebenen Parteizugehörigkeit, sowie eigener Recherche in den Fällen, in denen zwar eine Mitgliedschaft einer Partei angedeutet aber nicht präzisiert war.

Der Grund, aus dem sich bei der Parteizugehörigkeit mehr Personen ergeben als in der Kategorie »Politik« liegt darin, daß unter jener nur die aktiven Parteipolitiker zusammengefaßt sind. Wer in der Politik war und zum Zeitpunkt des Erscheinens des Buches »Das Deutschland-Prinzip« zum Beispiel als Lobbyist für die Wirtschaft tätig ist (wie Dirk Niebel, FDP), fällt hier unter die Kategorie »Wirtschaft«. Zwar mag argumentiert werden, daß die INSM bei Personen wie Niebel auf deren Bekanntheit als Politiker gesetzt haben mögen, gleichwohl aber müssen solche Kategorien klar sein und keinen Spielraum für Spekulationen lassen. Bevor Dirk Niebel in den Bundestag gewählt wurde, arbeitete er im Arbeitsamt, also der öffentlichen Verwaltung. Somit deckt er im Grunde drei Kategorien ab: Öffentliche Verwaltung, Politik und Wirtschaft. Weil für die Kategorisierung eine Entscheidung zu treffen war, wurde er somit nach seiner aktuellen Tätigkeit zugeordnet. Bei allen anderen Personen wird ebenso verfahren.

Die einzige Arbeitnehmerin in diesem Buch, die selbst zu Wort kommt, ist die Konditorin Rebecca Schreiber, die mehrere Wettbewerbe gewonnen hat, was der Anlaß für ihre Aufnahme in das »Deutschland-Prinzip« gewesen sein dürfte: sie verkörpert das Prinzip Wettbewerb, welches für die neoliberale INSM von großer Bedeutung ist und stets betont wird.

Als Facharbeiter durfte der Entwicklungsingenieur Jürgen Seekircher einen Beitrag verfassen. Die Gewerkschaften werden vertreten durch den Vorsitzender des Vorstandes der IG Bergbau, Chemie und Energie, Michael Vassiliades, was letztlich darauf zurückzuführen sein dürfte, daß die IG Bergbau, Chemie und Energie als eine eher konservative Gewerkschaft gilt. Ohnehin stehen diesem einen Gewerkschaftsfunktionär 31 aktive und ehemalige Funktionäre der Arbeitgeberverbände gegenüber. Siebzehn Autoren sind Botschafter der INSM.

Im Bereich der Wissenschaften handelt es sich in erster Linie um Ökonomen, nämlich bei fünfzehn der zwanzig dem Bereich Wissenschaften zugeordneten Personen, davon drei vom ifo-Institut, das auch das weiter unten noch vorzustellende Gutachten im Auftrag der INSM zum Mindestlohn erstellt hat.

Bemerkenswert ist also auch, welche Personen und Personengruppen in diesem Buch nicht vertreten sind, also von der INSM nicht als Aushängeschilder des »Deutschland-Prinzips« betrachtet werden. Die große Gruppe der abhängig Beschäftigten wird allein durch die Konditorin vertreten - somit jene Gruppe von Menschen in Deutschland, die durch ihre tägliche Arbeit die eigentlichen Werte schaffen, mit denen sich die Unternehmen auf den Märkten behaupten. Darüber hinaus gibt es keinen Vertreter der Linkspartei, keinen Vertreter der großen Gewerkschaften wie Ver.di oder IG Metall, keinen Vertreter einer Arbeitsloseninitiative, keinen Vertreter aus dem Bereich Verbraucherschutz wie auch keinen Vertreter zahlreicher weiterer Gruppen der Gesellschaft. Letztlich geht es der INSM mit dem Buch »Das Deutschland-Prinzip« um die Definition dessen, was aus Sicht der INSM Deutschland ausmacht: die von der INSM schon seit je her vertretenen Werte Wettbewerb, Eigenverantwortung, Unternehmertum, Selbständigkeit und Entstaatlichung. Dies schlägt sich letztlich auch in den Beiträgen nieder, die die Autoren in dem Buch hinterlassen haben, und es spiegelt sich eben besonders deutlich in den Anteilen, in denen ausgewählte gesellschaftliche Gruppen in dem Buch vertreten sind. Dies zeigt auch die Verteilung der Beitragsschreiber auf die Parteien. Genauso wie die Arbeitgeber- und Unternehmensvertreter überproportional an dem Buch - gemessen am Anteil in der Gesellschaft - vertreten sind, sind auch die Vertreter der CDU/CSU in der übermäßigen Mehrzahl. Und die FDP stellt zwei Schreiberlinge mehr als die Sozialdemokraten.

Allein schon diese Zahlen bilden für sich eine inhaltliche Aussage und zeigen, wohin die Reise mit dem Buch »Das Deutschland-Prinzip« auch inhaltlich gehen soll. Der Blick auf die am Buch Beteiligten zeigt, daß hier in erster Linie ein Diskurs der Wirtschaftseliten mit ausgewählten Vertretern der Eliten von Politik, Kirche und Kultur stattfindet. Es werden ausschließlich die Sichtweisen derer gezeigt, die zu den oberen Klassen der Gesellschaft gehören. Das schließt auch die hohen Vertreter der katholischen Kirche ein, die sich in dem Buch äußern.

Die breite Bevölkerung und deren Lebenserfahrungen sind im Buch der INSM hingegen nicht repräsentiert und somit offensichtlich in den Augen der Initiative nicht Teil des »Deutschland-Prinzips«. Das Buch dient in erster Linie zur Selbstvergewisserung und richtet sich an die Eliten. Dies legt auch der Preis von 68 Euro und das große Format nahe, welches für ein Buch, das sich an die breite Masse der Bevölkerung richtet, eher ungeeignet ist. Zugleich dient das Buch und die Artikel als Steinbruch für die Veröffentlichung einzelner Beiträge zur inhaltlichen Positionierung, die auch auf der Facebook-Seite der INSM immer wieder dargeboten und zur Vermittlung der eigenen Botschaften verwendet werden.

Die Struktur des Buches »Das Deutschland-Prinzip«

Das Buch gliedert sich fünf Abschnitte mit unterschiedlichen Grundthemen. Das Vorwort wurde von Wolfgang Clement verfaßt. Zur Einstimmung werden anschließend die der INSM wichtigsten Stationen der deutschen Geschichte unter dem Titel »Die erfolgreichen Jahre« zusammengefaßt: Wiederaufbau nach dem Krieg mit dem Wirtschaftswunder, das Ludwig Erhard zugeschrieben wird, die Wiedervereinigung als Sieg des Kapitalismus über den Kommunismus und die Agenda 2010 als eine »Modernisierung« der »Sozialen Marktwirtschaft«.[155] Dabei wird das Gewicht auf die Erfolge des Kapitalismus gelegt und die Mißerfolge wie die Stillegung ostdeutscher Betriebe nach der Vereinigung auf deren Unwirtschaftlichkeit zurückgeführt, ohne die eigentlichen Ursachen und Probleme zu diskutieren. Auf den wenigen Seiten dieser Zusammenfassung der für die INSM wichtigen Stationen der deutschen Geschichte geht es darum, die Marktwirtschaft als Erfolg darzustellen, wobei der für die INSM typische Rückbezug auf Ludwig Erhard nicht fehlen durfte. Mit dieser Zusammenfassung versucht die INSM eine Linie des Erfolges der Marktwirtschaft von Ludwig Erhard bis zur Agenda 2010 zu ziehen.

Der Artikel über die Agenda 2010 der Regierung Schröder gerät zu einer inbrünstigen Ode an diese Sozialstaatsreform, die den Arbeitgebern mehr Flexibilität, weniger Lohnnebenkosten und den Arbeitnehmern die Möglichkeit gebracht hätte, ihre Arbeitskraft flexibler einzusetzen. Das deutsche Jobwunder sei international vorbildlich und habe zu zahlreichen neuen auch sozialversicherungspflichtigen Arbeitsverhältnissen geführt.[156]

Wie auch bei allen anderen Kampagnen werden hier Erfolge zum einen einseitig aus Sicht der Arbeitgeberverbände definiert und gesehen, zum anderen werden einzelne Erfolge besonders hervorgeho-

---

[155] vgl. Clement, Wolfgang (Hrsg.): Das Deutschland-Prinzip. S. 12ff
[156] vgl. ebd. S. 22f

ben und nachteilige Entwicklungen unterschlagen oder kleingeschrieben. Daß zum Beispiel das Minijobwesen eine Aufwertung erfahren habe,[157] betrachtet die INSM als Erfolg. Für die Betroffenen, die nach der Deregulierung in diesem Bereich erfahren mußten, daß auch Vollzeiten in Minijobs aufgespalten wurden und eine entsprechende sozialversicherungspflichtige Vollzeitbeschäftigung schwerer zu erhalten war, könnte es kein Erfolg gewesen sein, was von der INSM jedoch nicht thematisiert wird.

Die Agenda 2010, so befindet die INSM, habe Deutschland wettbewerbsfähiger gemacht. Daß dies vor allem von Arbeitnehmer/innen bezahlt wurde, die nun in prekären Beschäftigungsverhältnissen zum Beispiel als Zeitarbeiter für die gleiche Arbeit schlechter bezahlt wurden als die Stammbelegschaft, fällt für die INSM unter Lohnkostensenkung und Flexibilisierung des Arbeitsmarktes und wird von der Initiative begrüßt. Die Sicht der Betroffenen wird in diesem Zusammenhang nicht eingenommen. Abschließend zu dieser Einführung hebt die INSM hervor:

> *»Die Agenda gilt für viele als Hauptgrund der neu freigesetzten wirtschaftlichen Stärke. Die Herausforderung, den freien Markt optimal wirken zu lassen und dabei gleichzeitig die Sozialgerechtigkeit zu erhalten, sei geglückt - Deutschland ist den Anforderungen im Zeitalter der Globalisierung gewachsen.«[158]*

Hier verdeutlicht sich erneut die marktoptimistische neoliberale Einstellung der INSM, die Grundlage und Leitideologie der Initiative ist. Im Juli 2012 wurde, wie oben bereits beschrieben, Clement Kuratoriumsvorsitzender. Zum zehnjährigen »Jubiläum« der Agenda 2010 im März 2013 verfaßte die INSM ein Positionspapier zur Agenda und führte eine Kampagne zu den vermeintlichen Erfolgen der marktliberalen Politik, die mit der Agenda 2010 der Regierung Schröder verstärkt wurde.

Zurück zur Struktur des Buches. An diesen Beitrag schließen sich die fünf Kapitel des Buches an, die sich jeweils in gleicher Weise aufbauen: die Kapitel werden mit einem statistischen Teil eröffnet, der die Erfolge der »Sozialen Marktwirtschaft« unterstreichen soll. Diesen Statistiken folgt jeweils ein Beitrag über die der INSM wichtigen Projekte eines Bundeskanzlers, und zwar sogleich im ersten

---

[157] vgl. ebd. S. 22
[158] ebd. S. 23

Kapitel jenes von Ludwig Erhard, auf dessen Tradition der »Sozialen Marktwirtschaft« sich die INSM bei jeder Gelegenheit beruft. In Kapitel 2 folgen der Statistik die INSM-Schwerpunkte der Kanzlerschaft Willy Brandts, in Kapitel 3 wird über die Kanzlerschaft Helmut Schmidts geschrieben. Es folgt Konrad Adenauer in Kapitel 4 und Gerhard Schröder in Kapitel 5, wo dieser als »Agenda-Setter« bezeichnet wird.[159]

An diese aus Sicht der INSM wichtigen Ereignisse aus den jeweiligen Kanzlerschaften schließen sich die kurzen Beiträge der 178 Autoren an, die neben Wolfgang Clement (der in der Statistik oben mitgezählt wurde) kurze Meinungsbeträge verfaßten. Die Autoren sind je Kapitel in alphabetischer Reihenfolge sortiert und werden unterbrochen von kurzen Berichten über Personen oder Firmen, die von der Initiative für Innovativ gehalten werden und als Vorbilder dienen sollen.

In den Meinungsbeiträgen werden die Themen der Kapitel durch die Persönlichkeiten aus den oben genannten gesellschaftlichen Bereichen aufgegriffen. Wie schon in den Statistiken zu »Das Deutschland-Prinzip« gezeigt, überwiegen bei weitem die Vertreter der Wirtschaft aus dem Bereich der Geschäftsführer, Unternehmensgründer und –vorstände sowie Aufsichtsratsmitglieder und Arbeitgeberverbandsfunktionäre. Bei allen Beiträgen werden bestimmte Passagen besonders hervorgehoben, indem sie noch einmal in größerer Schrift abgedruckt werden. Diese Auszüge aus den Beiträgen sind bei einigen Autoren in Handschrift abgedruckt, was wohl die Authentizität der Beiträge erhöhen soll - hier wurde das Original des Beitrags mit der Hand geschrieben!

Bereits die Auswahl der Persönlichkeiten, die für dieses Buch die in der Regel zwischen ein und eineinhalb Seiten langen Beiträge verfaßten zeigt, wohin die Reise gehen soll. Sie stellen einen Chor dar, der die Botschaften der INSM in immer neuen Varianten singt. Wolfgang Clement beschreibt die Autoren als »kluge Köpfe« und betont, das Buch »versammelt viele derjenigen, die gebraucht werden, wenn es gilt, auf die ins Haus stehenden Herausforderungen zu antworten«.[160]

Hervorgehoben werden durch die Autoren in erster Linie Unternehmergeist, freie Wirtschaft, Wagemut, Ideenreichtum und Selbständigkeit. Es ist vor allem die Welt der Selbständigen, Unternehmer, Aufsichtsräte, Ökonomen und der ihnen ideologisch verbundenen Politiker, die in diesem Buch zur Geltung kommt. Die Inhalte orien-

---

[159] vgl. ebd. S. 408
[160] vgl. Clement, Wolfgang (Hrsg.): Das Deutschland-Prinzip. S. 9

tieren sich an den Interessen der Unternehmen und folgen ideologisch dem Neoliberalismus, sprich: der Staat soll möglichst freies Unternehmertum ermöglichen und möglichst nicht regulierend oder steuernd eingreifen. Hierzu nun ein paar Einblicke in die Beiträge der 179 »klugen Köpfe«.

Ausgewählte Zitate der Autoren in »Das Deutschland-Prinzip«

Das Buch ist in fünf Kapitel gegliedert, die übertitelt sind mit »Wohlstand entsteht aus Wirtschaftskraft«, Wirtschaftskraft entsteht aus Innovation«, »Innovationen brauchen Freiheit«, »Freiheit wächst mit Europa und der Welt« und »Die Soziale Marktwirtschaft macht unser Land gerecht«.
Schon die Texte zur Einstimmung auf das Thema des Kapitels sind im obengenannten Sinn verfaßt. Im ersten Kapitel soll gezeigt werden, wie sehr Wirtschaftskraft den Wohlstand steigert. Entsprechend schreiben die Autoren des ersten Kapitels darüber, was aus ihrer Sicht den Erfolg ausmacht - und was eben nicht. »Erfolg braucht Neugier und Tatendrang« findet Wim Abbing, Geschäftsführer der PROBAT-Gruppe, und diagnostiziert: »Aktuell scheint mir der Wunsch nach Veränderung im Arbeitsleben zu stark sozialpolitisch motiviert zu sein. Auf Landes- und Bundesebene wird fleißig an Konzepten gebastelt, die gefühlte Ungerechtigkeiten im Arbeitsleben reduzieren sollen. Im Ergebnis verkomplizieren und verteuern sie aber die in unserem Land geleistete Arbeit und schwächen somit unsere Position im weltweiten ökonomischen System«.[161] Eigenverantwortlichkeit und Eigeninitiative stünden an erster Stelle der »Sozialen Marktwirtschaft«, findet der ehemalige Geschäftsführer des Leitz-Firmenverbandes und frühere VDMA-Präsident Dieter Brucklacher.[162] »Der Erfolg eines Unternehmens beruht aber letztlich auf dem Erfolg der im Unternehmen arbeitenden Menschen. Sie sind das wichtigste *Betriebskapital*«.[163] Die Arbeitnehmer werden zunächst hervorgehoben um dann als »Betriebskapital« zum Objekt degradiert zu werden. Dies charakterisiert ohnehin das »Deutschland-Prinzip«: hier räsonieren die Eliten, die Arbeitnehmer/innen bleiben außen vor. Sie sind »Betriebskapital«, müssen zu mehr Eigenverantwortung oder gar zu unternehmerischem Denken motiviert werden. Dieses Buch hat nicht den Dialog zum Ziel, sondern hier sprechen Eliten über die Gesellschaft wie über ihren Betrieb.
Wie schon Abbing schreiben auch weitere Autoren despektierlich

---

[161] ebd. S. 36
[162] vgl. ebd. S. 43
[163] ebd., Hervorhebung U.E.

über den Sozialstaat. »Heute lehnen wir uns in Deutschland leider wieder zurück und ruhen uns auf dem Erreichten aus. Wir setzen auf staatliche Umverteilung und Eingriffe ins Marktgeschehen. Unternehmertum, Flexibilität und unternehmerische Freiheit werden eingeschränkt«,[164] findet Alfred Gaffal, Präsident der bayerischen Metall- und Elektroarbeitgeber. Die ehemalige Bundesfamilienministerin sieht soziale Gerechtigkeit als Gleichmacherei an und betont, daß eine Gesellschaft, in der auch der am schlechtesten Gestellte mindestens 60% des Durchschnittseinkommens verdiene, mit einer »Sozialen Marktwirtschaft« kaum vereinbar sein.[165] Eingeleitet wurde diese Feststellung Kristina Schröders mit den Worten:

> *»Wir beobachten dieses Streben nach Gleichheit - im Politiker-Sprech: »soziale Gerechtigkeit« - etwa in der Debatte um Vermögens- und Erbschaftssteuer. Oder in der regelmäßig stattfindenden Armutsdebatte, in der auch Vertreter meiner Partei kritiklos einen Armutsbegriff benutzen, der Armut als weniger als 60 Prozent des Durchschnittseinkommens definiert und damit nicht Armut, sondern Ungleichheit misst.«*[166]

Die CDU-Politikerin schließt damit nahtlos an die bei der INSM populäre Kritik am Konzept der relativen Armut an.

Während Andrea Nahles gerne immer wieder mal als Beispiel für jemanden, der direkt von der Uni in die Politik gegangen ist, herhalten muß, bleibt Kristina Schröder von solcher Kritik bemerkenswerterweise weitgehend verschont. Dabei ist auch sie direkt von der Universität in den Bundestag gelangt. In ihrer Biographie, die neben ihrem Beitrag abgedruckt ist, betont sie überdies, daß sie bis 2009 »berufsbegleitend« eine Promotion fertiggestellt habe.[167] Berufsbegleitend meint in diesem Fall neben ihrem Bundestagsmandat, das sie seit 2002 innehat. Nun ist die Abgeordnetentätigkeit eine anspruchsvolle Arbeit, aber kein Beruf. Anspruchsvoll soll indes ihr Wirken an ihrer Doktorarbeit nicht gewesen sein. Die Arbeit über die Übereinstimmung von Wertvorstellungen der CDU-Bundestagsabgeordneten mit denen der CDU-Mitglieder wurde unter tatkräftiger Mithilfe Dritter erstellt: Die Mitglieder der CDU-Bundesgeschäftsstelle hätten die Parteimitglieder ausgewählt und ihnen die Fragebö-

---

[164] ebd. S. 59
[165] vgl. ebd. S. 313
[166] ebd.
[167] vgl. ebd. S. 312

gen zugeschickt, die anschließend von einer wissenschaftlichen Hilfskraft ihres Doktorvaters Jürgen Falter, die dieser auf 400-Euro-Basis beschäftigte, ausgewertet wurden.[168]
Die Kritik am Sozialstaat und an sozialem Ausgleich, die in den bisher angeführten Beiträgen zum Ausdruck kommt, tritt in verschiedenen Beiträgen in verschiedenen Varianten und Intensitäten wieder auf. Zwar loben einige der Autoren grundsätzlich den Sozialstaat, gleichwohl aber überwiegt im Detail die Kritik. Der Staat wird eher als Dienstleister betrachtet, der den Unternehmen eine gute Verkehrs- und Bildungsinfrastruktur zu stellen hat.[169] Zuweilen drängt sich der Eindruck auf, daß das Lob auf den Sozialstaat eher instrumentellen Charakter hat, so wie das Lob des ehemaligen BDA-Präsidenten Dieter Hundt auf die Tarifautonomie. In seinem Beitrag betont er die Bedeutung der Aushandlung von Lohn und Arbeitsbedingungen zwischen Arbeitgebern und Gewerkschaften, die auch mit Schwierigkeiten verbunden sein können, aber dennoch »ein Beleg für die gelebte Sozial- und Vertrauenspartnerschaft«[170] sei. Das mögliche Motiv für die Lobeshymne kommt am Ende des Beitrags, nämlich die Kritik am Mindestlohn und weiteren staatlichen Regulierungen der Arbeitsbeziehungen.[171]
Ein weiterer wesentlicher Aspekt des Buches ist die Betonung von Freiheit, die in erster Linie als unternehmerische Freiheit verstanden wird.
Freiheit von Regulierung wünscht sich der Vorstandsvorsitzende der Axel Springer SE, Mathias Döpfner, im Hinblick auf die Digitalisierung. »Es bedarf neuer Impulse im Kartell-, Urheber-, und Datenschutzrecht. Bestehende Wettbewerbsnachteile der hiesigen Unternehmen gegenüber Tech-Monopolen aus Übersee müssen beseitigt werden. Gesetzgeber wie Behörden müssen den wirtschaftlichen Wert der Daten erkennen, die wie nie zuvor von Smartphones, Apps und auf Webseiten gesammelt werden«.[172] Deutlich ausgedrückt soll der Datenschutz dem Sammeln von Daten und deren wirtschaftlicher Verwertung untergeordnet werden.
Deutschland brauche mehr Unternehmergeist und Mut, findet Henning Krumrey, der stellvertretende Chefredakteur der Wirtschafts-Woche, die auch in der Vergangenheit bereits zahlreiche Medienkooperationen mit der INSM eingegangen war, so zum Beispiel beim

---

[168] vgl. Denkler, Thorsten: Club der akademischen Schönfärber. Süddeutsche.de am 17.02.2011.
[169] vgl. Clement, Wolfgang (Hrsg.): Das Deutschland-Prinzip. S. 59
[170] ebd. S. 73
[171] vgl. ebd.
[172] ebd. S. 167

»Merkelmeter«. In den Schulen werde die Sehnsucht nach Sicherheit statt Wirtschaftswissen und Aufbruchsstimmung vermittelt und dies von unkündbaren Lehrern.[173] Mut zum Risiko fordert auch der Gründer und Geschäftsführer von TWINKIND, Timo Schaedel, ein, der die Auffassung vertritt, daß man einfach loslegen solle, wenn man eine gute Idee habe. Angst vor dem Scheitern werde durch eine »Dann starte ich eben das Nächste«-Mentalität abgefedert.[174]
In die gleiche Kerbe schlägt auch Hubert Lienhard, Vorsitzender der Konzerngeschäftsführung Voith GmbH. Unternehmerischer Mut sei das Gebot der Stunde. Hierauf sollte aufgebaut werden »anstatt unserer Volkswirtschaft mit Themen wie Mindestlohn, Rente mit 63, Frauenquote, Arbeitsstättenverordnung Fesseln anzulegen«.[175] Einmal mehr wird hier die Freiheit als unternehmerische Freiheit gedeutet, als Freiheit von staatlicher Regulierung, wie auch bei der Bundesvorsitzenden des Verbandes DIE JUNGEN UNTERNEHMER. »Unsere wirtschaftliche Freiheit wird erstens durch überbordende Bürokratie und starke Regulierung immer weiter eingeschränkt«,[176] findet Lencke Steiner.
Auch der Verweis auf den Mut zum freien Unternehmertum darf in ihrem Beitrag nicht fehlen. »Eine echte Gründerrepublik sind wir zweitens erst dann, wenn wir die Angst vor dem Scheitern verlieren. In Amerika fällt man auf die Nase und steht wieder auf.«[177]
Um Mißverständnissen vorzubeugen: natürlich soll an dieser Stelle das Unternehmertum nicht pauschal verdammt werden. Gleichwohl aber ist die Mentalität, die hier bei einigen der Autoren, die es geschafft haben, problematisch, denn im Gegensatz zu deren Annahmen eignet sich nicht jeder zum Unternehmer und zudem kann das Scheitern die komplette Vernichtung der Existenz des Scheiternden bedeuten. Solche Überlegungen werden von den Autoren weitgehend als »German Angst« oder Bedenkenträgerei abgetan. Wie jedoch jemand, der nach einer gescheiterten Existenzgründung vor einem gewaltigen Schuldenberg steht, eine »dann mache ich einfach das Nächste«-Mentalität entwickeln soll, bleibt offen. Probleme hierbei und die Verzweiflung vieler, die es nicht geschafft haben, werden von den Autoren schlicht übergangen und als eine zu überwindende »Angst vor dem Scheitern« abgetan.
Das zweite starke Motiv ist, wie gezeigt, die Behauptung, die unternehmerische Freiheit werde durch zu viel Regulierung eingeengt.

---

[173] vgl. ebd. S. 195
[174] vgl. ebd. S. 217
[175] ebd. S. 201
[176] ebd. S. 230
[177] ebd.

Nach den zahlreichen Deregulierungsrunden zuletzt mit der Agenda 2010 der Regierung sollte das Wehklagen der Unternehmensverbände und deren Vertreter jedoch ein Ende gefunden haben, was offensichtlich nicht der Fall ist. Dies legt letztlich auch nahe, daß Sigmar Gabriel das Buch der INSM zumindest nicht vollständig gelesen hat, bevor er es öffentlich präsentierte. Denn während der Vorstellung des Buches betonte Gabriel, daß er es gut fände, daß die INSM hervorhebe, was in Deutschland funktioniere, statt gegen den Mindestlohn und die Rente mit 63 zu wettern.[178] Hätte er das Buch vollständig gelesen, wäre ihm aufgefallen, daß dies eben nicht der Fall ist, und daß die INSM auch in dieser Veröffentlichung gegen den Mindestlohn und die Rente mit 63 Jahren polemisiert, beziehungsweise von den Autoren schreiben läßt.

Willy Brandt als Zeuge der INSM?

An dieser Stelle soll es nicht zu einer kompletten Inhaltsangabe des Buches der INSM kommen. Deshalb werden im Folgenden Schwerpunkte gesetzt, die zum einen inhaltliche Positionen der INSM herausstellen sollen, sowie die Strategie nachvollziehen sollen, mit der diese Botschaft transportiert werden. Zu dieser Strategie gehört, herausragende Persönlichkeiten für sich zu vereinnahmen, die eigentlich für die Politikentwürfe des politischen Gegners stehen. So vereinnahmt die INSM in diesem Buch Willy Brandt für sich und ihre Ziele, obgleich die Politik Brandts das genaue Gegenteil der Ziele der INSM umsetzte und nicht selten machen Neoliberale die Brandt-Ära verantwortlich für die Arbeitslosigkeit und die wirtschaftlichen Probleme der 1980er, 1990er und frühen 2000er Jahre. Der Sozialstaat, der unter Brandt ausgebaut worden war, hätte zu den Problemen jener Zeit geführt, behaupteten Neoliberale gerne wenn es darum ging, die Verantwortung für die Folgen von Deregulierung, Privatisierung und Sozialabbau von sich zu schieben. Die INSM hingegen versucht in diesem Buch, Willy Brandt für sich zu vereinnahmen. Hier wird Brandt posthum für die Ziele der INSM eingespannt. Die Funktion einer solchen Strategie liegt darin, dem politischen Gegner die Symbolfiguren zu nehmen und ihn somit zu schwächen. Dabei ist ausgesprochen zweifelhaft, ob Willy Brandt, lebte er noch, sich tatsächlich als INSM-Botschafter hätte verwenden lassen. Das Gegenteil ist deutlich wahrscheinlicher.
Dabei hebt die INSM bei der Beschreibung der Kanzlerschaft Willy Brandts vor allem dessen Anstrengungen im Bereich der Bildung

---

[178] vgl. Video der INSM: https://www.youtube.com/watch?v=GP47vsEc37g, ab 0:23 Minuten.(22.08.2021)

hervor. Daß Brandt auch den Sozialstaat ausbaute, wird nur in einem Nebensatz am Rande erwähnt.[179] Der Beitrag erweckt den Eindruck, daß Willy Brandt die Teilhabe der Menschen primär durch die Bildungsreformen erreichen wollte und verschweigt, daß es in Brandts Regierungszeit nicht nur zu einem Ausbau des Sozialstaates kam, sondern auch zu Tarifabschlüssen mit Lohnerhöhungen im zweistelligen prozentualen Bereich. Zu den Leistungen Brandts gehörte, daß sich die Schere zwischen den Arbeitseinkommen und den Einkommen aus Vermögen sich verkleinerte, also die gegenläufige Entwicklung der letzten Jahrzehnte nahm. Der Anteil der Arbeitnehmer am Bruttoinlandsprodukt erreichte unter der Kanzlerschaft Brandts den Rekordwert von 71.4%.[180]

Hier jedoch wollte die INSM die Bildung voranstellen, weil sie der Aspekt der Kanzlerschaft Brandts ist, der in das Weltbild der Initiative paßt. Im Gefolge betonen Autoren die Bedeutung von Bildung und Innovation für das Land. Diese werden wiederum mit neoliberalen Forderungen nach zum Beispiel mehr Freiheit für und Wettbewerb an den Universitäten verbunden.[181]

Willy Brandt wurde von der INSM auch im Vorfeld der Veröffentlichung des Buches als Werbemaskottchen mißbraucht, indem in Berlin ein Bus mit seinem Gesicht und dem Zitat aus dem Buch versehen sowie weitere Plakate mit diesem Motiv verbreitet wurden. Willy Brandt, der gerade in den Teilen der Bevölkerung hohes Ansehen genießt, die die politischen Ansätze der INSM ablehnen, sollte auf diese Weise zum Zeugen und zum Aushängeschild für die neoliberalen Ziele der Initiative gemacht werden.

Zusammenfassung und Bewertung

Die Inhalte des Buches der INSM dürften wohl nur für die Wenigsten eine Überraschung gewesen sein. Die Autoren wurden selbstverständlich so ausgesucht, daß sie die Forderungen und Ziele der INSM unterstützen und teilen. Die Vorgehensweise gleicht der bei der Auswahl der Botschafter der Initiative. Zugleich sollte durch die Präsentation der vielen offenbar erfolgreichen Menschen öffentlich der Eindruck entstehen, daß deren Forderungen und Ziele zu mehr Wohlstand für alle führen. Dabei spiegelt sich in dem Buch ein einseitiger Elitendiskurs um unternehmerische Freiheit und Innovation wider, der mit der Alltagsrealität der meisten Menschen in Deutschland nichts zu tun hat. Entsprechend dürfte sich das Buch auch ange-

---

[179] vgl. ebd. S. 145
[180] vgl. Müller, Albrecht: Meinungsmache. S. 88f
[181] vgl. Clement, Wolfgang (Hrsg.): Das Deutschland-Prinzip. S. 155

sichts seines Formates und Preises eher an die eigene Klientel als Selbstversicherung richten denn an eine breite Leserschaft in der Bevölkerung.

Strategisch wird versucht, die positiven Aspekte des Lebens und der Politik in Deutschland für sich und die eigenen Ziele zu vereinnahmen. Entsprechend des Auftrags der INSM soll das Buch dazu beitragen, ein positives Klima für Reformen und Unternehmertum in dem Sinne zu schaffen, wie Rudolf Speth es bereits in seiner Studie von 2004 beschrieb.[182]

Bei den in das Buch eingefügten Statistiken setzt die INSM weitgehend auf Durchschnittszahlen, was für die Initiative charakteristisch ist. Dabei stellen Durchschnittszahlen die Wirklichkeit in der Regel nicht realitätsnahe dar. Ein Beispiel: Die INSM hebt hervor, daß die Wohnfläche pro Einwohner im Zeitraum von 1991 bis 2012 von 46.6m² auf 57.4m² gestiegen sei. Mit der wachsenden Wirtschaft steige auch der Einkommen und der Lebensstandard der Menschen insgesamt - was allerdings fraglich ist angesichts der sinkenden Einkommen von Menschen in prekären Beschäftigungsverhältnissen.

Die Verwendung von Durchschnittszahlen ist nicht geeignet, die Lebenswirklichkeit der Menschen wiederzugeben. Nehmen wir an, zwei Menschen wohnen in je einer Wohnung von je 50 m². Dann betrüge die Wohnfläche pro Einwohner im Durchschnitt 50 m². Nun zieht der eine der beiden in eine Wohnung mit 60 m², der andere in eine Wohnung mit 40 m². Der Durchschnitt beträgt noch immer 50 m². Nun verliert der eine seine Arbeit und muß die Wohnung aufgeben, weil sie nach den Maßgaben von Hartz IV zu teuer sei, und zieht in eine 20 m² Wohnung, während der andere eine Erbschaft macht und in ein Haus mit 200 m² zieht. Nun steigt die Wohnfläche pro Einwohner geradezu explosionsartig auf 110 m² pro Person, obwohl sich die Wohnverhältnisse drastisch auseinanderentwickelt haben. Auch in anderen Bereichen können die Zuwächse weniger die Verluste oder die Abnahmen bei vielen überkompensieren. Zudem besteht gerade im Bereich der Vermögensforschung das Problem, daß zuverlässige Informationen über die Vermögensbestände der wirklichen Reichen kaum zur Verfügung stehen.[183] Auch dies trägt dazu bei, die Statistiken zu trüben oder gar zu verfälschen.

Wie auch die Veröffentlichung »Mut zum Handeln« des Konvents für Deutschland, an der Wolfgang Clement seinerzeit ebenfalls beteiligt war, repräsentiert »Das Deutschland-Prinzip« einseitig die unter-

---

[182] vgl. Speth, Rudolf: Die politischen Strategien der Initiative Neue Soziale Marktwirtschaft. S. 7

[183] vgl. Berger, Jens: Wem gehört Deutschland? S. 22

nehmerische Sichtweise auf das Land. Ebenfalls wie bei »Mut zum Handeln« bringen die Unternehmensvertreter teils ihre lobbyistischen Forderungen an die Politik vor und haben darüber hinaus die Gelegenheit, ihr Unternehmen positiv darzustellen. Gerade letzteres soll aus der Sicht der Initiative den Erfolg des »Deutschland-Prinzips« dokumentieren.

In der Bilanz ist das Buch eine programmatische Äußerung der Initiative und sollte auch als solche bewertet werden. Es beschreibt die Ziele, die von der INSM und ihrem Auftraggeber, nämlich den Arbeitgeberverbänden der Metall- und Elektroindustrie, angestrebt werden. Eine Berücksichtigung anderer berechtigter Interessen in der Gesellschaft wie zum Beispiel von Arbeitnehmer/innen, Arbeitslosen und Gewerkschaften findet in dem Buch nicht statt. Einen breiten Raum nehmen dafür die Forderungen nach mehr unternehmerischer Freiheit, weniger Regulierung und mehr Unternehmergeist ein. Damit knüpft das Buch inhaltlich an die Veröffentlichung »Chancen für alle« von Randolf Rodenstock an, dessen Inhalt und Sichtweise sich gleichfalls einseitig auf die Interessen und Forderungen der Unternehmer und ihrer Verbände beschränkt.

INSM und die Corona-Pandemie

Auch während der Corona-Pandemie pries die INSM die soziale Marktwirtschaft. Sie habe, so die Werbung der INSM, die Menschen schnell und effektiv mit den notwendigen Dingen auch in der Krise versorgt.

Die Alltagserfahrung der Menschen war allerdings eine andere. Sie war geprägt von Engpässen bei Mehl, Nudeln, Reis und Fertigspeisen sowie bei Hygieneartikel und Desinfektionsmittel. Wochenlang kam es zu leeren Regalen in den Geschäften. Besonders betroffen war Toilettenpapier, das über längere Zeit nur schwer zu bekommen war und deshalb durch die Geschäfte zeitweise auch rationiert wurde. Ebenfalls wochenlang waren kaum Desinfektionsmittel und Handschuhe zu bekommen. Inzwischen stiegen auch die Preise für Desinfektionsmittel und Handschuhe. Im Vorfeld der Einführung der Maskenpflicht waren auch diese nur schwer und zum Teil überteuert zu bekommen. Über viele Monate verlor die Politik insbesondere die Empfänger von Arbeitslosenhilfe II aus den Augen, die, wie der Rest der Bevölkerung auch, die Pflicht zum Tragen von Masken hatten, deren Regelsatz aber trotz der zusätzlichen Belastungen nicht erhöht wurde.

Als der Impfstoff vorgestellt wurde und die Vorbereitungen für die Impfung der Bevölkerung liefen, warb die INSM in ganzseitigen Anzeigen mit der Botschaft »Impfstoff made by Sozialer Marktwirtschaft«.[184] Im Text zu der Anzeige heißt es: »Freiheit und Wettbewerb sind Grundpfeiler der Sozialen Marktwirtschaft. Sie sorgen dafür, dass Forscher und Unternehmen innovative Produkte entwickeln, die allen nutzen: ein Impfstoff gegen Corona! Die Mainzer BioNTech SE hat der weltweiten Pandemiebekämpfung damit zu einem großen Durchbruch verholfen.«[185]

Auch auf der Internetseite betont die INSM zunächst die große Leistung der Unternehmen und betonen: »**Wo stünden wir in dieser Pandemie, wenn es Gewinnstreben und Wettbewerb um den ersten und besten Impfstoff nicht geben würde?**«[186] und weiter: »Was der Staat, was Einzelne, was Lenkung nie vermag, gelingt, wenn jedem Menschen die Freiheit gelassen wird, nach Glück zu streben«.[187]

Nachdem dann der Staat für unfähig erklärt wurde, einen solchen Impfstoff zu erzeugen, heißt es einen Absatz später: »Ohne **staatliche Mitwirkung** wäre dieser Impfstoff-Erfolg nicht möglich gewesen. Erfolgreiche Soziale Marktwirtschaft braucht den erfolgreichen Staat. Dieser organisiert, was sich Marktprozessen entzieht. Zum Beispiel Schutzmaßnahmen in der Pandemie, und er finanziert die Forschung von Grundlegendem«.[188]

In einem Beitrag von Panorama am 21. Januar 2021 werden die Verhältnisse indes anders dargestellt. Tatsächlich stammt die Grundlagenforschung, auf die der Impfstoff aufbaut, überwiegend aus nicht profitorientierten staatlichen Universitäten. Auf diese Grundlagenforschung hat das Unternehmen BioNTech aufgebaut und hieraus den Impfstoff entwickelt.[189] Das Prinzip sei durchaus üblich. Die Grundlagenforschung wird an staatlichen Instituten geleistet, aus denen kleine Unternehmen gegründet werden, die zum Beispiel einen Impfstoff weiterentwickeln. Komme es zur Möglichkeit, diese Impfstoffe am Menschen zu testen, stiegen die Pharma-Unternehmen ein oder kaufen die Ausgründungen aus den Instituten komplett auf.[190]

Hier zeigt sich, daß das Verhältnis, das die INSM so sehr zugunsten

---

[184] u.a. in: Süddeutsche Zeitung, 07. Dezember 2020, S. 7 und 08. Dezember 2020, S. 5.

[185] ebd.

[186] https://www.insm.de/insm/themen/soziale-marktwirtschaft/impfstoff-made-in-sozialer-marktwirtschaft (22.08.2021) Hervorhebung im Original.

[187] ebd.

[188] ebd., Hervorhebung im Original

[189] vgl. https://www.daserste.de/information/politik-weltgeschehen/panorama/videosextern/panorama-vom-21-januar-2021-100.html (22.08.2021)

[190] vgl. ebd.

der privaten Wirtschaft deutet, eher umgekehrt ist. Denn tatsächlich ist es eher so, daß die Unternehmen ohne die staatliche finanzierte Grundlagenforschung nicht in der Lage wären, solche Leistungen zu erbringen. Dabei gehört es zur neoliberalen Grundideologie der INSM, die Leistungen der Privatwirtschaft zu übertreiben und jene des Staates kleinzureden. Auch die Probleme bei der Lieferung der vereinbarten Dosen relativieren das Heldenepos der INSM im Hinblick auf die private Wirtschaft.

Ebenfalls verschwiegen wird durch die INSM, daß gerade die Soziale Marktwirtschaft verhindert, daß Menschen mit selten Krankheiten wirksame Medikamente bekommen, weil sich die Entwicklung und der Vertrieb solcher Medikamente für die private Wirtschaft nicht lohnt. Genau dieses Streben nach Gewinn, welches nach Meinung der INSM für immer bessere Medikamente sorgt, verhindert gegenwärtig, daß neue Antibiotika auf den Markt kommen, weil sich deren Entwicklung für die Unternehmen nicht rechnet.

Somit zeigt sich, daß sich die INSM in der Lage sieht, auch die Corona-Pandemie als Vehikel für ihre Botschaften zu verwenden.

INSM im Bundestagswahlkampf 2021

In den Bundestagswahlkampf 2021 griff die INSM mit mehreren Anzeigen in überregionalen Zeitungen ein. Angesichts der Corona-Krise und des Klimawandels dürfte die Bundestagswahl 2021 eine Richtungsentscheidung sein auch im Hinblick auf die Industriepolitik.

Besonders betroffen hiervon könnten die Unternehmen sein, die durch den Metallarbeitgeberverein Gesamtmetall vertreten sind. Hierzu zählt auch die Automobilindustrie, die gerade im Hinblick auf die Elektromobilität und dem Ausstieg aus der Verbrennungsmotor-Technologie vor besonderen Herausforderungen steht. Inzwischen hat auch die EU-Kommission angekündigt, daß in Europa ab 2035 keine Autos mehr zulassen zu wollen, die einen Verbrennungsmotor haben. Somit bleiben der Automobilindustrie für den Umstieg auf die E- und Wasserstoff-Mobilität nur noch rund vierzehn Jahre.

Auf der anderen Seite plädieren Parteien wie Union und FDP dafür, die CO_2-Neutralität technologieoffen zu erreichen und Lösungen wie die Herstellung synthetischer Kraftstoffe zu ermöglichen, die weiterhin in Verbrennungsmotoren eingesetzt werden aber trotzdem klimaneutral sein könnten. SPD, Grüne und Linke. sind hingegen für einen Ausstieg aus der Verbrenner-Technologie und für eine Umstieg auf die Elektro-Mobilität.

Die INSM konnte angesichts dieser Debatten nicht untätig bleiben.

Mit einem Programm zum »Neustart« nach der Bundestagswahl präsentierte die INSM eine Reihe von Forderungen, die zum Teil alles andere als neu sind. Darüber hinaus griff die Initiative die Kanzlerkandidatin der Grünen, Annalena Baerbock, in einer Zeitungsanzeige direkt an. Die Motivation blieb dabei nach wie vor, politisch und gesellschaftlich eine Marktordnung durchzusetzen, die in erster Linie die Interessen der Financiers der INSM wahrte.

Der »Neustart« der INSM

Das »Programm zur Bundestagswahl« der INSM beinhaltet 15 Vorschläge, die beschreiben, wie sich die INSM die künftige Regierungspolitik im Sinne einer »Sozialen Marktwirtschaft« nach der Lesart der Initiative vorstellt. Hierbei werden einige altbekannte Vorschläge der Initiative neu aufgewärmt. Die INSM setzt sich insbesondere dafür ein, daß keine Abkehr von der Agenda 2010 und dem Hartz-IV-System der Regierung Schröder stattfindet. Bereits im ersten Vorschlag betont die INSM, daß die Bezugsdauer des Arbeitslosengeldes I nicht verkürzt werden dürfe, weil dies die Suchaktivität Erwerbsloser mindere. Hervorgehoben wird, daß die Verkürzung des Bezugs von Arbeitslosengeld im Rahmen der Agenda-Reformen den Wiedereinstieg in den Arbeitsmarkt beschleunigt habe.[191] Gemeint ist, daß bei einem längeren Bezug von Arbeitslosengeld I sich die Menschen mehr Zeit lassen würden, eine neue Arbeitsstelle zu finden, und daß dem damit entgegengewirkt werden könne, wenn ihnen nach einem möglichst zügigen Auslaufens des Arbeitslosengeldes I der Absturz in das Hartz-IV-System drohe. Dies führe dazu, daß Arbeitslose auch schneller bereit sind, schlechtere Arbeitsbedingungen zu akzeptieren. Der Druck auf die Arbeitslosen begünstigt somit schlechte Löhne, die im Interesse der Arbeitgeber stehen.

Des weiteren fordert die INSM vom Staat eine entschlossene Digitalisierungsstrategie an den Schulen sowie Vergleichsarbeiten und die Evaluation computer- und informationsbezogener Kompetenzen der Schüler. Hierfür sollten nach Berechnungen des arbeitgeberfinanzierten Instituts der deutschen Wirtschaft 1.5 Milliarden Euro aufgewendet werden.[192] In dieser Frage vertraut die INSM auf den Staat, der die Digitalkompetenz der Kinder fördern (und dies selbst-

---

[191] vgl. https://www.insm.de/insm/themen/soziale-marktwirtschaft/ideen-fuer-den-neustart/deutschland-faehrt-besser-mit-einer-guten-arbeitslosenversicherung (22.08.2021)

[192] https://www.insm.de/insm/themen/soziale-marktwirtschaft/ideen-fuer-den-neustart/deutschland-faehrt-besser-mit-einer-digitalisierung-der-schulen (22.08.2021)

verständlich aus Steuergeldern finanzieren) soll.

Zugleich findet die INSM, daß Deutschland besser ohne Steuererhöhungen fahre. Auf Steuererhöhungen solle also verzichtet werden, alle Einkommensgruppen entlastet und der Solidaritätszuschlag komplett abgeschafft werden.[193] Begründet wird dies damit, daß Steuererhöhungen die Entwicklung von Konsum und Investitionen bremsen und die hohen Steuersätze in Deutschland die internationale Wettbewerbsfähigkeit bremsen würden.[194] Auch diese Argumentation ist nicht neu und wird schon seit Jahrzehnten bemüht, um Steuersenkungen insbesondere für Besserverdienende und Vermögende zu fordern.

Gleichwohl sind staatliche Investitionen, die aus Steuern getätigt werden, auch wirksame Nachfrage nach Gütern und Dienstleistungen, die der Wirtschaftsentwicklung nutzen. In einem weiteren Punkt fordert die INSM zugleich das grundsätzliche Festhalten an der Schuldenbremse.[195] Dies alles übersieht gerade dieser Punkt, daß eben auch staatliche Investitionen notwendig sind, um zum Beispiel Bildung und Infrastruktur zu stärken, sowie neue Nachfrage zu generieren. Hinzu kommt, daß es wenig glaubwürdig ist, 1.5 Milliarden an Investitionen in die Digitalisierung durch den Staat zu fordern und gleich im nächsten Atemzug Steuererhöhungen abzulehnen.

Weitere Forderungen werden erhoben wie ein Verzicht auf das Homeoffice-Recht, das Aussetzen der Vorbeschäftigungsverbotes für sachgrundlos befristete Beschäftigte sowie eine Umstellung auf wöchentliche Höchstarbeitszeiten,[196] die ermöglichen, Menschen am laufenden Tag längere Zeit ohne die heute geltenden gesetzlichen Erholungsphasen zu beschäftigen, also zum Beispiel jemanden, der mit seiner Arbeit um 7:00 Uhr morgens begonnen hat, erst um Mittenach nach Hause schicken zu können, wenn ansonsten über die Woche die Regelarbeitszeit eingehalten wird.

Unter diesem Punkt zeigt sich auch, wie die INSM mit Zahlen umgeht. Am Ende des Artikels verweist sie darauf, daß vor der Corona-Krise 87 Prozent der Erwerbstätigen nie im Home-Office gearbeitet hätten und verlinkt eine Statistik der Statistik-Behörde Destatis.[197] Diese verweist jedoch auch darauf, daß es Berufe gibt, in de-

---

[193] vgl. https://www.insm.de/insm/themen/soziale-marktwirtschaft/ideen-fuer-den-neustart/deutschland-faehrt-besser-ohne-steuererhoehungen (22.08.2021)

[194] vgl. ebd.

[195] vgl. https://www.insm.de/insm/themen/soziale-marktwirtschaft/ideen-fuer-den-neustart/deutschland-faehrt-besser-mit-einer-soliden-haushaltspolitik (22.08.2021)

[196] vgl. https://www.insm.de/insm/themen/soziale-marktwirtschaft/ideen-fuer-den-neustart/deutschland-faehrt-besser-mit-einem-flexibleren-arbeitsmarkt (22.08.2021)

[197] vgl. ebd.

nen Anwesenheit erwartet wird, und daß hier eben der Anteil jener, die in Homeoffice arbeiten, gering ist.[198] Zudem gibt es zahlreiche Berufe, in denen die Homeoffice schon aufgrund der Tätigkeit komplett undenkbar wäre, wie bei Pflegekräften, dem überwiegenden Teil von Handwerkern oder vergleichbare Berufe, die der Anwesenheit des Erwerbstätigen am Erfüllungsort erfordert. Hingegen stellte das Statistische Bundesamt fest, daß unter den Wissenschaftlern 33.5 Prozent im Home-Office arbeiten, was in diesem Bereich einfacher und technisch möglich ist.

Daß die INSM sich hingegen auf die Zahl aller Erwerbstätiger bezieht, die nie im Home-Office gearbeitet haben, um einen entsprechenden Anspruch der Arbeitnehmer auf Home-Office nicht nur abzulehnen sondern quasi als überflüssig zu erklären, ist manipulativ und ignoriert die Berufsgruppen, in denen dies nicht nur leicht möglich sondern von den Betroffenen auch gewünscht wird.

Die Studie der gewerkschaftsnahen Hans-Böckler-Stiftung, auf die die INSM ebenfalls verweist, weist aus, daß im Sommer 2020 71 Prozent der Befragten davon ausgingen, daß Home-Office eine größere Rolle spielen wird. Gleichwohl fordert die INSM den Verzicht auf das Home-Office-Recht, denn was der beste Arbeitsmodus sei, solle tariflich geregelt werden.[199]

In der Rentenpolitik setzt die INSM nach wie vor auf eine Absenkung des Rentenniveaus in der gesetzlichen Rente und auf die Stärkung der Privatvorsorge.[200] Auch dies ist nicht neu, sondern wird von der INSM bereits seit geraumer Zeit vertreten. Auch plädiert die INSM, wie ebenfalls schon seit Jahren, für den Freihandel. Handelsbarrieren sollen abgebaut werden.[201]

Insgesamt weisen die »Ideen für den Neustart« der INSM eine arbeitgeberfreundliche Ausrichtung aus, die mehr Wettbewerb und marktwirtschaftliche Lösungen fordert. Der Staat soll möglichst wenig in das Marktgeschehen eingreifen, zugleich aber in Bildung und Digitalisierung investieren. Die Handschrift der Agenda 2010 der Regierung Schröder mitsamt ihres langjährigen INSM-Kurators Wolfgang Clement findet sich in dem Programm an mehreren Stel-

---

[198] vgl. https://www.destatis.de/DE/Themen/Arbeit/Arbeitsmarkt/Qualitaet-Arbeit/Dimension-3/home-office.html (22.08.2021)

[199] vgl. https://www.insm.de/insm/themen/soziale-marktwirtschaft/ideen-fuer-den-neustart/deutschland-faehrt-besser-mit-einem-flexibleren-arbeitsmarkt (22.08.2021)

[200] vgl. https://www.insm.de/insm/themen/soziale-marktwirtschaft/ideen-fuer-den-neustart/deutschland-faehrt-besser-mit-einem-demografiefesten-rentensystem (22.08.2021)

[201] vgl. https://www.insm.de/insm/themen/soziale-marktwirtschaft/ideen-fuer-den-neustart/deutschland-faehrt-besser-ohne-handelskonflikte (22.08.2021)

len wieder. Hier läßt sich einmal mehr belegen, daß die INSM eben keine überparteiliche Initiative ist, die sich am Gemeinwohl orientiert, sondern einzig die Interessen ihrer Auftraggeber vertritt, nämlich der Arbeitgeberverbände der Metall- und Elektroindustrie.

Annalena Baerbock als Moses

Nachdem auch CDU und Grüne ihre Kanzlerkandidat/innen nominiert hatten, schaltete die INSM eine ganzseitige Anzeige, auf denen die drei Kanzlerkandidat/innen Armin Laschet, Annalena Baerbock und Olaf Scholz in ausgeschnittenen Fragezeichen zu sehen waren und titelten: »Das Land hat Fragen. Die Soziale Marktwirtschaft hat Antworten«.[202] Im Text werden die Kanzlerkandidat/innen aufgefordert, die Fragen Corona, Klima, Digitalisierung und Demographie nicht mit Bürokratie, staatlicher Lenkung und Verboten zu lösen, sondern mit Zutrauen in die Menschen und Unternehmen und mehr Soziale Marktwirtschaft.[203]

Konkreter wurde die Initiative später in einer Anzeige, die sich gegen die Kanzlerkandidatin Annalena Baerbock von den Grünen richtete. In der Anzeige ist Annalena Baerbock als Moses zu sehen, die zwei Marmor-Tafeln in den Armen hält, die wie folgt beschriftet sind:

1) Du darfst kein Verbrenner-Auto fahren.

2) Du darfst nicht fliegen.

3) Du darfst nicht am Freihandel teilnehmen.

4) Du darfst nicht schöner wohnen.

5) Du darfst noch weniger von deinem Geld behalten, obwohl du jetzt schon hohe Steuern zahlst.

6) Du darfst bei der Rente keine Rücksicht auf deine Kinder und Enkel nehmen

7) Du darfst dich nicht in erster Linie auf dich verlassen. Der Staat weiß besser, was richtig für dich ist.

8) Du darfst deine Arbeitsverhältnisse nicht frei aushandeln.

9) Du darfst nicht hoffen, dass der Staat vernünftig mit deinen

---

[202] u.a. Süddeutsche Zeitung vom 21.April 2021, S. 5
[203] vgl. ebd.

Steuern umgeht.

10) Du darfst nicht mal daran denken, dass mit 10 Verboten Schluss ist...[204]

Die Überschrift zu dieser Anzeige lautet: »Wir brauchen keine Staatsreligion« und im Text heißt es: »Die Verbote der Grünen lähmen unser Land. Das Gebot der Stunde aber ist der kreative Wettbewerb um die besten Ideen. Dafür braucht es Raum für Freiheit und Verantwortung. Das ist der Kern von Sozialer Marktwirtschaft. Verbote haben noch nie ins gelobte Land geführt«.[205]

Auf der Homepage der INSM werden die einzelnen Punkte genauer begründet, und hier zeigt sich, daß bei der INSM offensichtlich die Sorge umging, daß die Grünen nach der Bundestagswahl tatsächlich die Kanzlerin stellen und einen echten Politikwechsel in den genannten Bereichen einleiten würden. Insbesondere bestand offenbar die Sorge, daß die bisher weitgehend unregulierten Bereiche insbesondere bei Wohnen und Arbeit einen gesetzlichen Rahmen bekommen würden, der die Interessen von Mieter/innen und Arbeitnehmer/innen stärker wahren und die Gewinne und Einnahmen von Unternehmen und aus der Vermietung von Wohnungen einschränken könnten.

Mit dem Bezug auf Wettbewerb und Marktwirtschaft bekräftigte die INSM einmal mehr ihre langjährige Grundposition, nämlich die Lösung der gesellschaftlichen Probleme dem Markt zu überlassen und staatliche Eingriffe und Regulierung zurückzudrängen.

Statt ein generelles Verbot für Verbrenner-Autos ab 2030 festzulegen, sollte ein offener Wettbewerb um die beste Technologie für eine klimafreundliche Zukunft stattfinden.[206] Dabei entsteht durchaus der Eindruck, als handele es sich hier um eine neue Aufgabe. Daß die Debatte um Wechsel von der Verbrenner-Technologie auf Elektromobilität schon seit Jahrzehnten läuft und es der »offene Wettbewerb« bislang noch nicht geschafft hat, flächendeckend massentaugliche Elektro-Autos oder Fahrzeuge mit sonstigen alternativen umweltfreundlichen Antrieben zu erschwinglichen Preisen anzubieten, wird verschwiegen. In der Kritik an diesem Punkt des Wahlpro-

---

[204] https://www.insm.de/fileadmin/insm-dms/bilder/soziale-marktwirtschaft/Moses_Annalena/371x528_AZ_Annalena_Website.jpg (22.08.2021)

[205] vgl. ebd.

[206] vgl. https://www.insm.de/insm/themen/soziale-marktwirtschaft/gruene-verbote (22.08.2021)

gramms der Grünen dürfte auch ein erheblicher Anteil von Angst mitschwingen, daß der bisher große Einfluß der Automobilindustrie auf die Politik schwinden und andere Ziele und Interessen Oberhand gewinnen könnten.

Auch in der Frage des Luftverkehrs monierte die INSM Verbote und hebt hervor, daß der europäische Flugverkehr bereits über den Europäischen Emissionshandel bepreist wird. Nachtflugverbote, Verminderung von Langstreckenflügen und das Ziel, Kurzstreckenflüge durch den Ausbau der Bahn überflüssig zu machen, werden als »moralisches Vollverbot« bezeichnet.[207] Hier empfiehlt die INSM globale Vereinbarungen, wohl wissend, daß solche Verhandlungen eher nicht zum Ziel führen, oder aber jedoch sehr lange dauern würden.

Die INSM betont die Bedeutung des Flugverkehrs für den Freihandel und leitet damit zum nächsten Punkt über, nämlich daß die Grünen die Teilnahme am Freihandel verbieten wollen. Die Durchsetzung von Freihandel und entsprechenden Abkommen war seit je her ein Ziel der INSM. Daß die Grünen hier nun Beschränkungen durchsetzen und insbesondere private Schiedsverfahren verhindern wollen,[208] stößt offenbar auf die entschlossene Kritik der INSM.

Ebenso lehnt die INSM eine Mietobergrenze ab und will auch diesen Bereich weiterhin dem Markt überlassen.[209] Der Staat solle diesen mit Entbürokratisierung und Anreizen fördern. Daß genau dieses System schon seit Jahrzehnten praktiziert wird und die Lage auf dem Mietwohnungsmarkt überhaupt erst in diese problematische Lage geführt hat, wird weiterhin ausgeblendet.

Weiterhin setzt sich die INSM gegen höhere Steuern für Vermögende und für eine weitere Privatisierung der Rentenversicherung ein sowie für eine Erhöhung des Renteneintrittsalters.

Unter Punkt sieben hebt die INSM hervor, daß der Staat nicht nur in der Corona-Krise wichtige Aufgaben habe sondern für Rechtssicherheit in der Marktwirtschaft zu sorgen und Lebensrisiken wie Krankheit und Arbeitslosigkeit abzusichern habe. Er selbst dürfe aber nicht Akteur auf dem Markt werden.[210] Hiermit schafft die INSM sogleich die Überleitung zur nächsten Behauptung, die Grünen wollten verhindern, daß die Menschen ihre Arbeitsverträge frei aushandelten. Dabei kritisieren sie den Mindestlohn von 12 Euro sowie die Abschaffung sachgrundloser Befristungen und die Lohnangleichung von Leiharbeit. Hier werden tatsächlich genuine Arbeitgeberinteres-

---

[207] vgl. ebd.

[208] vgl. Bundestagswahlprogramm 2021 Die Grünen, S. 80

[209] vgl. https://www.insm.de/insm/themen/soziale-marktwirtschaft/gruene-verbote (22.08.2021)

[210] vgl. ebd.

sen sehr unverhohlen vertreten, nämlich niedrige Löhne und den Aufbau auf den »Erfolgen« der Agenda 2010. Wie an anderer Stelle zu sehen ist, versteht die INSM hierunter sogenannte »Einstiegslöhne«, also Niedriglöhne und entsprechenden Druck auf die Arbeitslosen, wenn diese »zumutbare« Arbeit ablehnen. Dies unterstreicht die INSM noch einmal im vorletzten Punkt, in dem sie die Garantiesicherung für Hartz-IV-Empfänger und die Abschaffung von Sanktionen und Vermögensprüfung kritisiert.

Die gesamte Anzeige sowie die Erläuterungen auf der Homepage der INSM dokumentieren den Charakter der Initiative als interessengebundene Ideenagentur der Arbeitgeberverbände. Hier äußert sich eine Initiative, die gerne möchte, daß sich trotz des Klimawandels an der vorherrschenden Politik nichts ändert. Die Umstellung der Wirtschaft auf die Herausforderungen des Klimawandels wird die Auftraggeber der INSM, also die Metall- und Elektroindustrie, besonders treffen und ihr besonders viel abverlangen. Die Automobilindustrie ist in diesem Zusammenhang bereits erwähnt worden. Die Anzeige im Vorfeld des Parteitages der Grünen, auf dem das Wahlprogramm verabschiedet werden sollte, zeigt, daß hier versucht wird, politischen Einfluß dahingehend zu nehmen, daß die Unternehmen der Metall- und Elektroindustrie möglichst wenig Lasten zu tragen haben.

Wer diese Anzeige liest, muß sich vor Augen führen, daß es den Initiatoren nicht um die Gesellschaft als Ganze geht, sondern allein um die Interessen ihrer Auftraggeber.

Insofern stellte auch die Deutsche Presseagentur dpa in einem auf den Seiten der Tagesschau veröffentlichten Faktencheck fest, daß die Aussagen der INSM ungenau bis falsch seien.[211]

Es wird darauf verwiesen, daß die Grünen keine Neuzulassungen für Autos mit Verbrennungsmotoren ab dem Jahr 2030 erlauben wollten, was kein Verbot bestehender Fahrzeuge sei. Kurzstreckenflüge sollten überflüssig gemacht werden und Nachtflugverbote aus Lärmschutzgründen eingerichtet werden. Auch stellten sich die Grünen nicht grundsätzlich gegen Freihandelsabkommen, sondern wollten diese so gestalten, daß sie dem Wohlstand aller Menschen und dem Umwelt- und Klimaschutz dienten, während die INSM allein neue rechtliche Standards für den Investitionsschutz schaffen wolle.[212]

In einer Erwiderung weist die INSM die Ausführungen der dpa zurück und beharrt darauf, die Ziele der Grünen richtig dargestellt zu

---

[211] vgl. Ungenau bis falsch. https://www.tagesschau.de/faktenfinder/insm-wahlkampf-gruene-101.html (22.08.2021)
[212] vgl. ebd.

haben.[213]

Im Rahmen der Kampagne wurde der INSM vorgeworfen, mit der Anzeige antijüdische Stereotype bedient zu haben. Der Berliner Antisemitismusbeauftragte kritisierte, daß die Moses-Analogie und der Verweis auf die strenge Gesetzesreligion sowie der Begriff der »Staatsreligion« antijüdische Stereotype weckten.[214]

Die INSM wies dies zurück und hatte eine entsprechende Erklärung auch auf die Seite vor den Erläuterungen zu den einzelnen Punkten gesetzt. Die Initiative bedauere, wenn sie religiöse Gefühle verletzt habe. Mit der motivischen Anlehnung an die Moses-Darstellung antisemitische Verschwörungsmythen bedient zu haben, wird zurückgewiesen.[215]

Daß die Initiative mit dem Motiv keine antisemitischen Stereotype bedienen wollte, ist ihr abzunehmen. Ihr Ziel war, wie oben beschrieben, eine stärker regulatorische Politik als »Staatsreligion« abzuqualifizieren und deren Anhänger als Personen darzustellen, die einfach ohne jede rationale Grundlange an den Staat glauben. Der Initiative könnte somit im Gegenzug entgegengehalten werden, daß sie einer »Marktreligion« anhänge. Argumentativ gewonnen wäre dadurch ebensowenig.

Dies alles sollte den Blick nicht auf das obengenannte verstellen, nämlich daß die INSM namens ihrer Auftraggeber dafür kämpft, im Rahmen einer wirksamen Klimaschutzpolitik nicht belastet zu werden. Genau dieses Motiv dürfte auch noch weitere Anzeigen leiten, die die INSM im Verlauf des Wahlkampfes noch verbreiten wird.

---

[213] vgl. https://www.insm.de/insm/themen/soziale-marktwirtschaft/unsere-antwort-auf-den-dpa-faktencheck (22.08.2021)

[214] Ungenau bis falsch. https://www.tagesschau.de/faktenfinder/insm-wahlkampf-gruene-101.html (22.08.2021)

[215] vgl. https://www.insm.de/insm/themen/soziale-marktwirtschaft/gruene-verbote (22.08.2021)

Neoliberalismus als Leitideologie

Mit der im Rahmen der von Bundeskanzler Gerhard Schröder vorgestellten Agenda 2010 bekam die Debatte über neoliberale Konzepte in der Öffentlichkeit einen neuen Aufschwung. In der öffentlichen Wahrnehmung zeichnet sich diese ideologische Strömung durch soziale Kälte aus, so daß der Begriff einer »neoliberalen Politik« mehr und mehr für den Abbau solidarischer Sicherungssysteme steht.

Statt solidarischer Sicherungssysteme schlägt diese Ideologierichtung die Stärkung der sogenannten »Eigenverantwortung« vor, was zum Beispiel bedeutet, daß die Absicherung sozialer Risiken in solidarischen Systemen allenfalls noch als Grundversorgung stattfindet und jeder Bürger vorzugsweise kapitalgedeckte Eigenvorsorge zu treffen hat. Dem liegt die Auffassung zugrunde, daß der Markt der beste Regelungsmechanismus für alle gesellschaftlichen Fragen und staatlichen Lösungen allemal überlegen ist. Im Gegenteil wird der Staat als Störung der effizienten marktwirtschaftlichen Mechanismen betrachtet.[216]

Die neoliberale Sichtweise auf den Sozialstaat ist im Wesentlichen geprägt durch den Wunsch, die kollektiven Systeme der sozialen Sicherung in (kapitalgedeckte) private Individualvorsorge zu überführen. Im Zentrum des neoliberalen Projektes steht die Entlastung der Unternehmen von Sozialkosten durch Privatisierung, Deregulierung und Flexibilisierung der sozialen Sicherungssysteme und des Arbeitsmarktes.[217] Das Versicherungsprinzip soll die solidarische Ausrichtung der Sozialversicherungen ersetzen. Diese Anforderung stellt die INSM unter anderem auch bei den Prüfsteinen wie dem »Merkelmeter« auf, wie in dem Kapitel über die Rankingstudien noch zu sehen sein wird.

Die Sozialpolitik soll dem Willen der Neoliberalen nach keine eigenständigen, gesellschaftlich gestalterischen Ziele verfolgen, sondern ihren Beitrag zur Haushaltskonsolidierung leisten.[218]

Hinsichtlich der Krankenversicherung fordert die Initiative demzufolge eine Grundversorgung für alle, die nur die medizinisch notwendigen Risiken absichert. Darüber hinaus soll der Bürger »eigenverantwortlich« entscheiden können, ob er eine »Vollkasko-Versicherung« wünsche oder bestimmte Risiken selber tragen wolle.[219]

---

[216] vgl. Nicoll, Norbert: »Die ökonomische Rationalität in die Öffentlichkeit tragen.«
S. 92ff

[217] vgl. Pilz, Frank: Der Sozialstaat. Ausbau – Kontroversen – Umbau. S. 68

[218] vgl. ebd. S. 69

[219] vgl. https://web.archive.org/web/20130820093027/http://insm.de/insm/Publikation

Dies würde auch eine Entlastung der Arbeitgeber bedeuteten, weil diese nur die Grundversorgung mittragen müßten, während die zusätzlichen Risiken von den Betroffenen entweder privat abgesichert oder einfach so getragen werden müßten.

Insgesamt werden auch dem Gesundheitswesen mehr Wettbewerb und Eigenverantwortung zur Lösung der Probleme anempfohlen. Darunter wird insbesondere verstanden, daß das Kostenbewußtsein der Versicherten gestärkt und mehr Selbstbeteiligung ins System eingeführt werden soll. Effizienz wird hier in erster Linie als wirtschaftliche Effizienz verstanden, die auf allen Ebenen durch Wettbewerb und die Möglichkeit, Verträge zwischen den Trägern im Gesundheitswesen abzuschließen, gewährleistet werden soll.[220]

Auch bei der Pflegeversicherung setzt sich die INSM für eine Umstellung der Pflegeversicherung auf das Kapitaldeckungsverfahren ein. Schon vor Jahren warb die INSM mit einem Plakat, auf dem Bundesarbeitsminister Blüm abgebildet ist, auf dessen Hinterkopf ein Bumerang zufliegt, und dessen Titel lautet: »Die Pflegeversicherung war sein größter Wurf«.[221]

Nicht nur im Bereich der Sozialversicherungen, sondern grundsätzlich setzt sich die INSM für weniger Staat ein. Dies schlägt sich auch in den entsprechenden Werbemotiven nieder, zum Beispiel in einem Anzeigenmotiv, welches den ehemaligen Grünen-Bundestagsabgeordneten Oswald Metzger zeigt und dessen Leitspruch »Weniger Staat bringt mehr Netto« lautet, und auf dem ein Kurzinterview mit Metzger abgedruckt ist, in dessen Rahmen er sich für weniger Steuern einsetzt.[222]

Während der 1970er und 1980er Jahre gewann die neoliberale These des »Staatsversagen« an Bedeutung. Kritik wurde an der überbordenden Bürokratie und der mangelnden Effizienz staatlicher Tätigkeit geübt.[223] Diese Kritik findet sich auch in den Beiträgen der Autoren der INSM-Veröffentlichung »Das Deutschland-Prinzip«. Insbesondere kritisiert die Initiative Maßnahmen als bürokratisch, die dem Schutz der Arbeitnehmer/innen dienen wie zum Beispiel die genaue Dokumentation geleisteter Arbeitsstunden im Rahmen der Gesetzgebung zum Mindestlohn. So kritisiert die INSM in ihrer

---

en/Dossiers/Soziales/INSM-Dossier-Gesundheit/Mut-zu-mehr-Wettbewerb-und-mehr-Eigenverantwortung.html (22.08.2021)

[220] vgl. ebd.

[221] http://www.insm.de/Downloads/PDF_-_Dateien/Anzeigen/Anzeigenmotiv_Pflegeversicherung.pdf (20.08.2009)

[222] http://www.insm.de/Downloads/PDF_-_Dateien/Anzeigenarchiv/anz_wenigerstaat.pdf (20.08.2009)

[223] vgl. Ptak, Ralf: Grundlagen des Neoliberalismus. S. 68f

Position zum Mindestlohn: »Das Gesetz bürdetet Unternehmen unnötige Bürokratie auf. Es schreibt vielen Betrieben vor, die Arbeitszeit ihrer Beschäftigten penibel zu dokumentieren«.[224] Diese Regelung soll dafür sorgen, daß der Mindestlohn nicht durch unbezahlte Mehrarbeit unterlaufen wird und liegt somit im Interesse der betroffenen Arbeitnehmer/innen.

Welche Einstellung die INSM insgesamt zum Sozialstaat hat, zeigte sie am 1. Mai 2003, dem Tag der Arbeit, als sie »in Berlin-Mitte mehrere hundert Plakate mit dem Slogan »Weniger Sozialstaat bringt mehr Jobs« geklebt«[225] hat.

Der Aachener Politikwissenschaftler Norbert Nicoll weist darauf hin, daß der Begriff des Neoliberalismus an sich nicht klar umrissen sei. In seiner Studie zur INSM hebt Nicoll hervor, daß es unterschiedliche Interpretationen des Begriffes gebe, die INSM jedoch als neoliberale Einrichtung zu verorten sei.[226] Die INSM habe sich auch zum Neoliberalismus bekannt, wenngleich halbherzig.[227]

Hier zeigte die INSM jedoch einen Strategiewechsel. Im Laufe des Jahres 2006 versuchte die INSM, das Wort »Neoliberalismus« positiv zu belegen bis hin zu einem Test, den man auf der Seite der INSM absolvieren konnte, mit dem Titel »Wie neoliberal sind Sie?«. Wenn sich jemand dabei als besonders neoliberal zeigte, wurde ihm ein Beitritt in den Förderverein der INSM nahegelegt, der, wie oben bereits erwähnt, sich mittlerweile in Luft aufgelöst hat. Auch dieser Test ist inzwischen wieder von der INSM-Homepage verschwunden. Die Versuche, den Begriff »Neoliberalismus« positiv zu belegen, wurden mittlerweile wieder aufgegeben. Statt dessen wird der Begriff der »Sozialen Marktwirtschaft« wieder in den Vordergrund gestellt.

In seiner Studie stellt Nicoll überdies fest, daß der Neoliberalismus über diverse Strömungen verfügt, die über verbindende Grundprinzipien verfügen.[228] Daraus ließe sich direkt die Frage ableiten, ob gegenüber einem solchen ideologischen Konstrukt die INSM sich überhaupt anders als unverbindlich positionieren könnte.

Die Motivation für eine solche Unverbindlichkeit könnte eine andere Ursache haben als in den Unzulänglichkeiten der neoliberalen Ideo-

---

[224] vgl. http://www.insm.de/insm/Publikationen/positionen/mindestlohn.html (15.10.2015)

[225] Nuernbergk, Christian: Die PR-Kampagne der Initiative Neue Soziale Marktwirtschaft und ihr Erfolg in den Medien. S. 174

[226] vgl. Nicoll, Norbert: »Die ökonomische Rationalität in die Öffentlichkeit tragen« S. 94

[227] vgl. ebd. S. 86

[228] vgl. ebd. S. 92

logie. Als interessengebundene Ideenagentur wählt die INSM im Sinne Gellners wissenschaftliche Erkenntnisse nach ihrer Nützlichkeit für ihre Tendenzkoalition aus.[229] Dies kann ohne Weiteres auch auf ideologische Kategorien bezogen werden. Wie in diesem Buch nachzuweisen sein wird, orientiert sich die INSM an den Interessen der Arbeitgeberverbände, vornehmlich jener der Metall- und Elektroindustrie als ihre Auftraggeber. Insofern ist es erwartbar, daß die INSM sich in erster Linie an jenen Erkenntnissen und Auffassungen orientieren wird, die ihrem Auftrag am nächsten kommen.

Weil aber der Neoliberalismus den Interessen der Arbeitgeberverbände entgegenkommt, verwundert es nicht, daß sich die INSM positiv zu dieser Ideologie positioniert und die Durchsetzung der Grundannahmen unterstützt.

Zu diesen Grundannahmen gehört auch die Verbreitung des Marktmechanismus in alle Bereiche der Gesellschaft. Der Neoliberalismus ist in dieser Hinsicht nicht einfach nur als eine Wirtschaftstheorie zu begreifen, die ausschließlich auf den Wirtschaftsbereich anzuwenden ist, sondern sollte als ein umfassendes Gesellschaftsprojekt verstanden werden, welches auch in nicht-wirtschaftliche Bereiche hineinwirken möchte. Dabei verfügt der Neoliberalismus über unterschiedliche Strömungen, die jedoch einen gemeinsamen Kern haben.[230]

Betroffen davon ist auch die Demokratie. Anhängern des Neoliberalismus sind die Mehrheitsentscheidungen in der Demokratie grundsätzlich suspekt, weil diese letztlich dazu führen können, daß die Ergebnisse der Märkte korrigiert werden könnten. Entsprechende demokratische Mehrheiten könnten beschließen, »die Grundpfeiler der marktwirtschaftlichen Ordnung, Privateigentum und Wettbewerb, in ihre Schranken zu weisen oder gar zu überwinden«,[231] wenn in der demokratischen Gesellschaft der entsprechende Konsens besteht. Weil aber die (Verteilungs-)Entscheidungen der Märkte im Neoliberalismus als Ergebnis eines Prozesses gelten, der nicht zu korrigieren ist, werden solche Eingriffe in die Märkte als illegitim betrachtet, gar als eine Gefahr, die das Gleichgewicht durcheinanderbringen kann und damit zu weiteren Problemen führen muß.

Ein vermeintliches Argument für die Legitimation des Marktmechanismus hat der INSM-Botschafter Michael Hüther in Sendung von Anne Will am 1. Februar 2012 in der ARD vorgetragen. In der Sendung, in der die Frage diskutiert wurde, ob »unten gearbeitet und oben kassiert« werde, also der Aufschwung an den arbeitenden Men-

---

[229] vgl. Gellner, Winand: Ideenagenturen für Politik und Gesellschaft. S. 25f
[230] vgl. Nicoll, Norbert: Neoliberalismus (2009). S. 14f
[231] Ptak, Ralf: Grundlagen des Neoliberalismus. S. 69

schen vorbeigehe, verwies Hüther auf die Insolvenz der Drogeriemarktkette Schlecker und erklärte, daß die Menschen solches Arbeitgeberverhalten nicht duldeten. Nun folgte das Argument, mit dem der Marktmechanismus mit demokratischen Entscheidungen gleichgesetzt werden sollte: Die Kunden hätten abgestimmt mit den »Wahlscheinen«, die sie von der EZB (Europäische Zentralbank) bekommen hätten. Die Kaufentscheidung an der Kasse wird auf diese Weise mit der Wahlentscheidung bei einer politischen Wahl gleichgesetzt. Hüther brachte dieses »Argument« während der Sendung ein weiteres Mal vor und betonte zudem, daß nur der Wettbewerb die Legitimation hätte, jemanden zu enteignen.

Mit dieser Argumentation, also der Gleichsetzung des demokratischen Wahlprozesses mit der Kaufentscheidung, soll die Legitimation wettbewerblicher und marktförmiger Entscheidungen erhöht, beziehungsweise überhaupt erst geschaffen werden. Indem so getan wird, als verfüge die Kaufentscheidung an der Kasse den gleichen legitimatorischen Charakter wie Wahlen, soll die Politik zugleich delegitimiert werden, diese doch so »urdemokratischen« Entscheidungen, die im Rahmen des Kaufverhaltens der Menschen getroffen werden, zu korrigieren oder in einer sonstigen Weise zu beeinflussen.

Der Idee, daß der Kaufakt an der Kasse mit dem Wahlakt in der Wahlkabine gleichzusetzen sei, steht allein schon das Demokratieprinzip entgegen, daß jeder Wähler und jede Wählerin nur eine Stimme hat. Die Abschaffung des Ständewahlrechts wurde gerade dadurch erreicht, daß das Ausmaß des Einflusses auf das Parlament nicht mehr vom sozialen Status des Wählenden abhing. Mit der Einführung des Frauenwahlrechts wurde der Mißstand abgeschafft, daß die Entscheidung über die politischen Verhältnisse im Parlament allein bei den Männern lag. Auch hier wurde ein Fortschritt zugunsten der Gleichheit der Wahl erreicht. Niemandes Stimme sollte mehr Wert sein als die Stimme eines anderen.

Die Behauptung, an den Kassen Deutschlands fänden jeden Tag demokratische Entscheidungen statt, führt zurück in die Zeit des Ständewahlrechts, bei dem die Reichen mehrere Stimmen und die Armen - wenn überhaupt - nur eine Stimme hatten. Denn das Vermögen - nach Hüther also die »Wahlzettel der EZB« - sind ungleich verteilt und allein schon deshalb ist der Kaufakt kein demokratischer Akt im Sinne einer Wahl zu einem Verfassungsorgan.

Gleichwohl spielt auch dieses Argument, also die Gleichsetzung der Kaufentscheidung mit dem Wahlakt, im Neoliberalismus eine wichtige Rolle. Die Marktsetze seien eine tägliche oder sogar stündliche

Demokratie, erklärte der Ordoliberale Franz Böhm.[232] Genau dieser Argumentation schloß sich Michael Hüther bei Anne Will an.

Ein weiteres wesentliches Anliegen des Neoliberalismus liegt in der verbindlichen Verankerung seiner Annahmen: Es sollen Institutionen oder institutionelle Vorkehrungen geschaffen werden, die »marktkonformes Handeln befördern und die Möglichkeit von Marktkorrekturen zumindest beschneiden oder gar beseitigen«.[233] Beispiele hierfür wären unter anderem die sogenannte »Schuldenbremse«, für deren Aufnahme in die Verfassung sich sowohl die INSM als auch der *Konvent für Deutschland* aussprachen und im Hinblick auf die europäische Fiskalunion auch heute noch aussprechen. Auch sprach sich Roman Herzog, der der Vorsitzende des Konventkreises des *Konvents für Deutschland* war, dafür aus, verbindlich auch für folgende Regierungen festzulegen, welchen Anteil die Sozialausgaben am Staatshaushalt ausmachen dürften.[234] Es geht somit um den Ausschluß politischer Gestaltungsmöglichkeiten, die von den neoliberalen Grundannahmen abweichen.

Die INSM setzt sich öffentlich seit Beginn der kritischen Diskussion um das Handelsabkommen zwischen Europa und den USA (TTIP) für den Abschluß des Abkommens ein und beton auf ihrer Internetseite und in einer Borschüre gleichen Inhalts, daß Investorenschutz wichtig sei und Arbeitsplätze sichere. Überdies stellt die INSM fest: »Investitionsschutzverträge schützen ausländische Investoren vor politischen Risiken.«[235] Gemeint damit dürften die staatsunabhängigen Schiedsgerichte sein, vor denen Investoren gegen Staaten klagen könnten, wenn diese durch Gesetzgebung die in Aussicht genommenen Gewinne einer Investition gefährdeten.

Handelsabkommen wie das TTIP-Abkommen, in denen Staaten miteinander verbindlich vereinbaren, auf welcher Grundlage die gegenseitigen Wirtschaftsbeziehungen gestellt werden, können auch als verbindliche Festschreibungen politischer Ziele im neoliberalen Sinne gesehen werden. Letztlich könnte der Investorenschutz über nichtstaatliche Schiedsgerichte im Ergebnis auch künftige gewählte Regierungen dazu zwingen, von Gesetzesvorhaben Abstand zu nehmen, die die unternehmerische Freiheit zugunsten sozialer Standards oder des Umweltschutzes einschränken, weil ansonsten hohe Schadensersatzforderungen der betroffenen Unternehmen geltend gemacht werden könnten.

---

[232] vgl. ebd. S. 70f

[233] Ptak, Ralf: Grundlagen des Neoliberalismus. S. 81

[234] vgl. Focus-Online: Roman Herzog will Fünf-Prozent-Hürde reformieren.

[235] vgl. http://www.insm.de/insm/Themen/Soziale-Marktwirtschaft/12-fakten-zu-ttip.html#fakt11 (22.08.2021)

Dies dürfte weiteren Druck auf die Parlamente ausüben, Entscheidungen zugunsten der Wirtschaft an sich oder eben einzelner Zweige der Wirtschaft zu treffen. Der Handlungsspielraum der Politik würde weiter eingeschränkt und der Prozeß der Zurückdrängung des Primates der Politik zugunsten der Wirtschaft gefördert. All dies wäre ausgesprochen unerfreulich und könnte dazu führen, daß demokratische Entscheidungen in größerem Ausmaß zugunsten wirtschaftlicher Interessen beeinflußt oder diesen gar untergeordnet wären. Parlamente sind der Hort der Demokratie. Sie sind direkt durch die Bevölkerung gewählt und dazu bestimmt, für alle Menschen in ihrem Wahlbereich verbindliche Entscheidungen zu treffen. Freihandelsabkommen mit Schiedsgerichten würde die ungute Entwicklung fortsetzen und verstärken, in deren Rahmen der Einfluß auf Entscheidungen von Parlamenten zunehmend von der wirtschaftlichen und finanziellen Macht der Einflußnehmer abhinge. Dies allerdings wäre das Ende der Demokratie.

Gleichwohl fügt sich der Einsatz für den Freihandel in die politischen Ziele der INSM ein, die Freiheit vor allem als unternehmerische Freiheit begreift.

Die INSM und die Politik

Ein ebenfalls nicht zu verachtender Faktor ist die Verbindung der INSM mit der Politik. Im Gegensatz zum *BürgerKonvent* und anderen vergleichbaren Einrichtungen betreibt die INSM nicht einen offensiven Kurs gegen Politiker und/oder Parteien, sondern nutzte Politiker auch als Botschafter, letztlich auch, wie im Kapitel zu den Botschaftern gesehen, um die Überparteilichkeit der Initiative zu unterstreichen. Es läßt sich phasenweise gar konstatieren, daß die INSM eine ausgesprochene Nähe zur Politik sucht.

Dabei sollte jedoch nichts darüber hinwegtäuschen, daß die INSM trotzdem einen klaren politischen Kurs fährt, der eben nicht überparteilich ist, sondern im Wesentlichen von liberal-konservativen Politikern geteilt wird. Auch die Politiker von SPD und Grünen, die sich für die INSM als Botschafter verwendeten, gehören und gehörten innerparteilich eher den rechten oder liberalen Flügeln der Partei an. Bei Oswald Metzger wurde dies letztlich auch dadurch offenkundig, daß er inzwischen von den Grünen zur CDU gewechselt ist. Und es hat seinen Grund, daß dem Kreis der Botschafter der INSM keine Politiker aus der Linkspartei angehören, und zwar nicht einmal solche, die in der Öffentlichkeit als sogenannte »Realos« dargestellt werden.

Daß die INSM vor allem liberal-konservative Politiker auf ihrer Seite hat, zeigt sich auch in den Kampagnen der INSM sowie in der

Veröffentlichung »Das Deutschland-Prinzip«. Hier dominieren die Vertreter insbesondere der CDU/CSU. Aber auch die FDP stellt in dem Buch mehr Autoren als die SPD. Dies unterstreicht, daß die INSM einem klaren politischen, (nämlich neoliberalen) Konzept nahesteht und nicht etwa, wie sie ständig behauptet, eine überparteiliche Initiative ist, die für Anhänger verschiedener politischer Richtungen offen ist und ihnen einen offenen Diskurs über die politischen Ziele ermöglicht.

INSM-Kanzlerin Merkel?

Als die Bundeskanzlerin Angela Merkel nach den Bundestagswahlen 2009 bei den Gewerkschaften sprach und versicherte, daß die neue schwarz-gelbe Regierung keine Kampfansage an die Gewerkschaften plane, titelte Markus Sievers am 14.10.2009 in der Frankfurter Rundschau: »Die Gewerkschafts-Kanzlerin« und beschrieb, wie sehr sich doch Angela Merkel gewerkschaftlichen Zielsetzungen verbunden fühle.[236] Verwundert über diese Schlagzeile konstatierten die NachDenkSeiten zwei Tage später, daß die Kanzlerin noch so oft mit der INSM paktieren könne, sobald sie sich nur einmal gewerkschaftsfreundlich zeige, werde sie zur »Gewerkschafts-Kanzlerin«.[237]

Der Verweis der NachDenkSeiten ist in der Tat zutreffend. Angela Merkel ist tatsächlich viel eher die »INSM-Kanzlerin« als die »Gewerkschafts-Kanzlerin«. In ihrem sogenannten »Kompetenz-Team«, also dem Schattenkabinett für die Bundestagswahl 2002, befanden sich zwei Personen, bei denen Angela Merkel besonders darauf hinwies, daß sie von der *Initiative Neue Soziale Marktwirtschaft* ausgezeichnet worden seien: Paul Kirchhof, als »Reformer des Jahres« und Peter Müller - zu der Zeit Ministerpräsident im Saarland - als »Ministerpräsident des Jahres«. Daß dererlei Auszeichnungen der INSM unter dem Aspekt verabreicht werden, daß die Ausgezeichneten sich in ideologischer Übereinstimmung mit der INSM befinden und deren Ziele teilen und verfolgen, blieb am Rande der Vorstellung des »Kompetenz-Teams« ebenso unerwähnt wie die Finanziers der INSM. Wichtig war der Verweis auf die Auszeichnung in Verbindung mit der »Sozialen Marktwirtschaft«, die Angela Merkel stets hochhält.

Auch war Angela Merkel gerne Gast auf Veranstaltungen der INSM, was nach einer Veranstaltung vom 2. Juni 2009 (Bundestagswahlkampf für den Herbst 2009) auch entsprechend von der INSM im

---

[236] vgl. Sievers, Martin: »Die Gewerkschafts-Kanzlerin«
[237] vgl. http://www.nachdenkseiten.de/?p=4266#h04 (22.08.2021)

Internet dokumentiert wurde.[238] Ein Auszug aus der Rede Angela Merkels mit INSM-Logos im Hintergrund und dem entsprechend Schild vor dem Rednerpult schaffte es bis in die Fernsehnachrichten. In ihren Botschaften auf ihrer Homepage, den Video-Podcasts, kündigte Angela Merkel ihren Termin bei der *Initiative Neue Soziale Marktwirtschaft* fast schon wie einen Staatsbesuch an.[239] Ein Artikel mit dem Titel »Die Arbeitgeber-Kanzlerin« wurde trotzdem nicht bekannt, obwohl Angela Merkel eine demonstrative Nähe zu den Zielen der INSM zeigte.

Zu dem Termin bei der INSM nahm sie auch ihren Wirtschaftsminister zu Guttenberg mit, der ebenfalls auf dem Forum der INSM eine Rede hielt.

Nun mag die Frage erlaubt sein, was denn dagegen spreche, wenn sie der Einladung einer interessengebundenen Ideenagentur folgt, wie sie auch der Einladung der Gewerkschaften folgte. Grundsätzlich sicher nichts, doch letztlich zeigt auch der stolze Verweis auf die Auszeichnung der Mitglieder ihres »Kompetenz-Teams«, daß hier nicht nur ein Termin wahrgenommen wurde, sondern daß hier auch eine maßgebliche inhaltliche Nähe zu diesen Positionen besteht. Der Verweis auf die INSM ohne Erläuterung der Hintergründe dieser Einrichtung ist auch in diesem Bereich wie in den Medien überhaupt problematisch: Die Auszeichnung von Kirchhof und Müller durch die INSM sind klare politische Aussagen, die jedoch nicht ohne Eigenrecherche für das Publikum erkennbar sind. Überdies verfolgt Angela Merkel eher die Politikansätze der arbeitgeberabhängigen *Initiative Neue Soziale Marktwirtschaft* als jene der Gewerkschaften. Allein schon ihre ständige demonstrative Nähe zur INSM demonstriert ihre Verbundenheit mit deren Zielen, zumal sie keine vergleichbare Nähe zu den Gewerkschaften zeigt.

Im Umfeld der Bundestagswahl 2005 trat auch der ehemalige Präsident des Bundes der deutschen Industrie und Gründer des »*Konvents für Deutschland*«, Hans-Olaf Henkel, an die Bundeskanzlerin heran und erläuterte ihr, daß für eine bessere Durchsetzungsfähigkeit der vermeintlich notwendigen Reformen an dem politischen Entscheidungssystem unseres Staates einiges geändert werden müsse. Nach

---

[238] vgl. http://www.flickr.com/photos/insm/3588017467/ (22.08.2021) Die Angabe bei Flickr, daß das Photo am 1. Januar 2003 aufgenommen worden sei, dürfte ein technischer Fehler der Kamera gewesen sein. Die Veranstaltung »Erfolg Made in Germany: Die soziale Marktwirtschaft« fand am 2. Juni 2009 statt. Siehe auch hier: http://www.insm.de/insm/Presse/Pressemeldungen/INSM-diskutiert-ueber-die-Lehren-aus-der-Krise.html (22.08.2021)

[239] http://www.bundeskanzlerin.de/nn_707282/Content/DE/Podcast/2009/2009-05-30-Video-Podcast/2009-05-30-video-podcast.html (15.10.2015)

seinen Aussagen hörte ihm Angela Merkel dabei interessiert zu.[240]
Auch der *Konvent für Deutschland* kann als Interessenvertretung der Arbeitgeber betrachtet werden, der zumal wesentlich von Wirtschaftsunternehmen und Banken finanziert wird. Daß Vertreter solcher Einrichtungen offensichtlich einen direkten Zugang zur Kanzlerin haben, ist insofern problematisch für die Demokratie, als daß hier eine Schieflage in der Interessenvertretung stattfindet. Wenn Angela Merkel für ihren Wahlkampf hervorhebt, daß ihre Schattenminister durch die INSM als Reformer oder Ministerpräsidenten »des Jahres« ausgezeichnet werden, dann signalisiert dies eine inhaltliche Nähe zu diesen Interessenorganisationen, die im Regierungsauftrag so nicht inbegriffen ist, und auch mit dem Amtseid nicht mal am Rande etwas zu tun hat. Angela Merkel ist die Bundeskanzlerin des ganzen Volkes und nicht nur bestimmter interessengebundener Ideenagenturen.
Natürlich ist jede Regierung ideologisch gebunden und holt sich Rat und Empfehlung bei ihnen ideologisch nahestehenden Einrichtungen. Aber hierauf muß in jedem Falle ein kritisches Auge geworfen werden können, zumal von den Wähler/innen, die bei Wahlen darüber entscheiden sollen, wer die Geschicke des Landes leitet.
Daß Angela Merkel so betonten Wert auf die Auszeichnungen der INSM legt und sich zudem mit weiteren Interessenvertretern der deutschen Wirtschaft, wie jene aus dem »*Konvent für Deutschland*« umgibt, ist auch deshalb ein Problem, weil andere gesellschaftlichen Gruppen offenbar nicht einen dermaßen leichten Zugang zur Kanzlerin haben. Es ist zudem auch eine programmatische Aussage, die in der deutschen Öffentlichkeit viel zu wenig wahrgenommen wird.
Denn in den Medien wird Angela Merkel eher als undogmatisch und pragmatisch dargestellt. Im Grunde, so der Tenor, sei Merkel ideologiefrei und könne sowohl mit der SPD, der FDP und vielleicht demnächst auch mit den Grünen zusammen regieren. Daß Angela Merkel einen konsequenten neoliberalen Kurs verfolgt und vor allem die Interessen der Arbeitgeber im Auge hat, wird in den Medien nur selten - wenn überhaupt - thematisiert. Dies mag daran liegen, daß sie ihre Nähe zu den Bossen der Wirtschaft nicht so plump offen zur Schau stellt wie ihr Amtsvorgänger Gerhard Schröder, der die Bezeichnung »Genosse der Bosse« wohl eher als Kompliment verstanden hat. Gleichwohl nimmt die Bevölkerung nach einer ARD-Umfrage anläßlich der Bundestagswahl 2009 mehrheitlich wahr, daß die CDU - und damit auch Kanzlerin Angela Merkel - die Interessen der Arbeitnehmer vernachlässige.[241] Hierzu paßt ihre freundschaftliche

---

[240] vgl. Henkel, Hans-Olaf: Der Kampf um die Mitte. S. 16f
[241] vgl. http://www.tagesschau.de/wahl09/umfragen/deutschlandtrend826.html

Verbindung mit der INSM.

Daß der Lobbyismus und der Einfluß bestimmter Interessengruppen auf die Politik zugenommen haben, zeigt sich nicht nur an diesem Beispiel. Betroffen davon ist auch nicht nur die Kanzlerin, denn auch der ehemalige Bundespräsident Horst Köhler hat sich mit den Interessenvertretern des *Konvents für Deutschland* zum Ideenaustausch über die vermeintlich notwendige »Reform der Reformfähigkeit« getroffen, wie Hans-Olaf Henkel in seinem Buch »Rettet unser Geld!« betont.[242] Man kennt sich ohnehin von früher: Hans-Olaf Henkel saß mit Horst Köhler zusammen im Verwaltungsrat der Treuhandanstalt.[243]

Dies ist jedoch nur ein Teilaspekt eines grundsätzlicheren Problems des Lobbyismus und der Interessenvertretung, dessen Diskussion den Rahmen dieses Buches sprengen würde. Verwiesen sei an dieser Stelle auf die Internetseiten von LobbyControl, ein gemeinnütziger Verein, der sich regelmäßig mit diesen Themen befassen, sowie auf die Internetseiten von Abgeordnetenwatch und Transparency International, die ebenfalls das Thema Lobbyismus bearbeiten.[244]

Die CDU und der Mindestlohn

An dieser Stelle sei noch einmal das Thema Mindestlohn aufgegriffen, das zum Jahresende 2011 einen Aufschwung erlebte, der auch die INSM nicht untätig bleiben lassen konnte. Die Initiative kam aus einer Richtung, aus der sie eigentlich nicht zu erwarten war, nämlich aus der CDU. Dabei handelte und handelt es sich nicht um einen gesetzlichen Mindestlohn, sondern um eine »marktkonforme Lösung«, nach der die Tarifparteien »weit weg vom Staat« eine bundesweite Lohnuntergrenze aushandeln sollten, die bundesweite Gültigkeit erlangen sollten.[245]

Am gleichen Tag, an dem die Meldung in der Süddeutschen Zeitung über die Wende in der CDU erschien, erklärte die INSM ihre kategorische Ablehnung des Vorhabens: Ein Mindestlohn sei unsozial und die Pläne der Union verletzten marktwirtschaftliche Regeln.[246] In der Folge schaltete die INSM sogleich drei Anzeigen unter anderem in

---

(15.10.2015)

[242] Henkel, Hans-Olaf: Rettet unser Geld!

[243] vgl. ebd. S. 164

[244] http://www.lobbycontrol.de/ - https://www.abgeordnetenwatch.de/ -
https://www.transparency.de/ (alle: 21.08.2021)

[245] vgl. Süddeutsche Zeitung 31. Oktober 2011/01. November 2011: »Jetzt will auch
die CDU den Mindestlohn«. S. 1

[246] vgl. https://web.archive.org/web/20170702173239/http://www.insm.de/insm/Presse
/Pressemeldungen/Mindestlohn-ist-unsozial--Pressemitteilung-der-INSM.html
(22.08.2021)

der Süddeutschen Zeitung, mit der sie ihre Position zum Mindestlohn darlegte: Am 12.11.2011 erschien die erste Anzeige, in der die Frage: »Was ist der Effekt von Mindestlöhnen auf die Zahl der Arbeitsplätze?« als eine stufenartige Kurve, die auf- und abstieg, in der Tendenz jedoch nach unten wies, auf blauem Millimeterpapier dargestellt wurde.[247] Am 14.11.2011 erschien in der Süddeutschen Zeitung - unter einem Interview mit der saarländischen Ministerpräsidentin Annegret Kramp-Karrenbauer zur Lohnuntergrenze der CDU - die zweite Anzeige, in der wiederum ein Satz so dargestellt wurde wie in der ersten, diesmal jedoch mit aufsteigender Tendenz: »Schauen Sie mal, so wirken marktwirtschaftliche Reformen auf die Zahl der Beschäftigten«.[248]

Schließlich, um sicherzustellen, daß die Leser/innen auch verstünden, was mit marktwirtschaftlichen Reformen gemeint war, folgte am 15.11.2011 der dritte und letzte Teil der Anzeigenserie: Wiederum in der gleichen Weise wie bisher wird mit aufsteigender Tendenz die Frage gestellt: »Wie wirken Zeitarbeit, Einstiegslöhne und Flexibilität auf die Zahl der Arbeitsplätze?«[249] Anzumerken sei an dieser Stelle, daß der Begriff der »Einstiegslöhne« den Versuch der INSM darstellt, einen Euphemismus für die in der Öffentlichkeit negativ belegten »Niedriglöhne« zu finden. Verbunden war diese Wortschöpfung abermals mit einer Studie zum Niedriglohnsektor, in dem die Behauptung vertreten wurde, daß niedrige Löhne zum Wiedereinstieg in den Arbeitsmarkt dienen und viele Niedriglöhner schon bald ein Durchschnittseinkommen hätten.[250] Die Verankerung des Begriffs »Einstiegslöhne« in der öffentlichen Diskussion mißlang jedoch. Politik und Medien griffen diese Bezeichnung nicht auf. Inzwischen hatte die CDU allerdings ihre Vorstellungen einer Lohnuntergrenze modifiziert: Während sich Bundeskanzlerin Merkel dafür ausgesprochen hatte, daß regionale und branchenbezogene Kommissionen aus Arbeitgebern und Arbeitnehmern jeweils regionale und branchenbezogene Lohnuntergrenzen aushandelten, wollte die Gegenseite innerhalb der Partei den Mindestlohn an den Tarifabschlüssen in der Zeitarbeit orientieren und bundesweit zur Geltung bringen. Der Kompromiß, der sich daraus ergab, war eine bundesweite Kommission, die bei der Festlegung von Lohnuntergrenzen

---

[247] vgl. Süddeutsche Zeitung am 12. November 2011. S. 8

[248] vgl. Süddeutsche Zeitung am 14. November 2011. S. 5

[249] vgl. Süddeutsche Zeitung am 15. November 2011. S. 5; alle drei Motive lassen sich auch über die Internet-Seite der INSM betrachten: http://www.insm.de/insm/ueber-die-insm/INSM-Anzeigen/Arbeitsmarkt-flexibilisieren.html (22.08.2021)

[250] vgl. http://www.insm.de/insm/Themen/Arbeit/Statement-Hubertus-Pellengahr.html (22.08.2021)

auch Rücksicht auf regionale Unterschiede nehmen kann.[251]
Wesentlich für die CDU war, daß der Mindestlohn nicht »politisch« festgelegt würde, sondern »weit weg vom Staat«. Tatsächlich gewollt wird offensichtlich sowohl von den Befürwortern als auch von den Gegnern der ursprünglichen Konzeption, daß es weiterhin Löhne geben kann, von denen die Menschen nicht leben können. Gleichwohl wird mit der Einrichtung einer Kommission aus Arbeitgeber- und Arbeitnehmervertretern die politische Verantwortung für künftige Niedriglöhne ebenfalls von der Politik wegdelegiert.

Die Probleme einer Lösung, die zwischen Gewerkschaften und Arbeitgebern ausgehandelt werden, wurden bereits oben im Exkurs zu den Mindestlöhnen beschrieben. Das trifft auch auf die sogenannten »Lohnuntergrenzen« zu, soweit sie zwischen Arbeitgebern und Arbeitnehmern ausgehandelt werden sollen. Die Stärke der jeweiligen Seite hängt dabei auch von der konjunkturellen Entwicklung ab. Bei hoher Arbeitslosigkeit sind Arbeitnehmer und ihre Vertreter strukturell bei solchen Verhandlungen benachteiligt. Dies würde sich im Modell der CDU auch auf die Höhe der auszuhandelnden Lohnuntergrenze niederschlagen.

Daß die INSM auf den Vorstoß der CDU, der mit einem gesetzlichen Mindestlohn nicht einmal etwas am Rande zu tun hat, sogleich mit einer Anzeigenkampagne reagierte, zeigt, wie sehr die INSM einen gesellschaftlichen Konsens fürchtet, der einen Mindestlohn der Beibehaltung oder dem Ausbau von Kombilohnmodellen vorzieht.

Gleichwohl zeigt der Einsatz der Kanzlerin für die völlige Aufweichung von Lohnuntergrenzen, daß sie politisch-inhaltlich der INSM noch immer verbunden ist, wenngleich sie seit geraumer Zeit nicht mehr die offene Nähe zu dieser arbeitgeberfinanzierten Einrichtung zeigt, die sie im Umfeld des Wahlkampfes 2005 noch zur Schau getragen hatte.

In der großen Koalition nach 2013 mußte die CDU/CSU allerdings der SPD das Zugeständnis machen, einen flächendeckenden Mindestlohn in Höhe von € 8.50 einzuführen. Gleichwohl machte auch die SPD Zugeständnisse und verzichtete auf die direkte Einführung des Mindestlohns. Statt dessen wird der Mindestlohn in zwei Stufen eingeführt: Zum Januar 2015 gilt der flächendeckende Mindestlohn für alle Branchen, die keine tariflichen Vereinbarungen über einen Mindestlohn haben. Ein solches Instrument ist bereits seitens der SPD auf die Zeitarbeit angewendet worden, bei der die Möglichkeit, die gleiche Bezahlung wie bei Festangestellten durch einen ungün-

---

[251] vgl. »Vier und eine frühe Antwort« in: Süddeutsche Zeitung am 14. November 2011. S. 5

stigeren Tarifvertrag zu unterlaufen, geschaffen wurde.

Erst im Jahr 2017 soll dann der flächendeckende Mindestlohn für alle eingeführt werden, als auch für die Branchen, die bislang (ungünstigere) tarifliche Vereinbarungen haben. Der Termin der zweiten Stufe war insofern bemerkenswert, als im Jahr 2017 ein neuer Bundestag gewählt wurde. Welche Einflüsse das auf die endgültige Einführung des Mindestlohns haben und welche Rolle der Mindestlohn im Wahlkampf 2017 spielen würde, blieb abzuwarten, zumal Bundesarbeitsministerin Andrea Nahles in der Vergangenheit bereit war, Ausnahmeregelungen zuzustimmen.

Bei seiner Einführung wurde der Mindestlohn durch die INSM engagiert bekämpft. Die Kampagne gegen den Mindestlohn bildete seit dessen Einführung einen der Grundpfeiler in der Öffentlichkeitsarbeit der INSM. Sie richtete eigens einen »Mindestlohnticker« ein, der Beispiele zeigen sollte, wo der Mindestlohn schade.[252] Auch weitere Projekte der Regierung wurden scharf kritisiert, wie die Einführung der Rente mit 63, die die Initiative unter dem Gesichtspunkt kritisiert, daß sie sich für eine Ausweitung der Lebensarbeitszeit über 67 Jahre hinaus einsetzte. Eine weitere, neue Kampagne der INSM beschäftigte sich mit Werkverträgen, die durch deren Mißbrauch in die Kritik geraten waren. Das Ziel dieser Kampagne war recht offensichtlich: die INSM wollte verhindern, daß gesetzliche Maßnahmen die Vertragsform der Werkverträge stärker regulierten, um zu verhindern, daß mit Hilfe der Werkverträge der Mindestlohn umgangen würde.[253]

Weil indes die Kampagnenführung der INSM in diesem Buch über ein eigenes Kapitel verfügt, soll es an dieser Stelle mit dem Verhältnis von INSM und Medien weitergehen.

---

[252] vgl. http://www.insm.de/insm/kampagne/mindestlohn/mindestlohn-fail-ticker.html (15.10.2015)

[253] vgl. http://www.insm.de/insm/kampagne/werkvertraege-und-zeitarbeit/interview-steinkuehler.html (22.08.2021) Der von der INSM interviewte Fachanwalt für Arbeitsrecht verneint die Notwendigkeit, bestehende Gesetze zu ändern. Daß es dazu kommt, dürfte eine der Hauptsorgen der INSM sein.

Der Umgang der Medien mit der INSM

Um ihre Botschaften zu transportieren, greift die INSM gerne auf die Medien zurück. Nicht selten werden die Medien dabei zu Partnern der INSM, wodurch sie sich zu Transporteuren der interessengeleiteten Botschaften der INSM machen. Daß Medienvertreter hiermit zuweilen kein Problem haben, zeigt auch der Blick in die Veröffentlichung »Mut zum Handeln« des *Konvents für Deutschland*. Aber auch in der INSM-Veröffentlichung »Das Deutschland-Prinzip« melden sich Vertreter der Medien zu Wort und haben offenbar kein Problem damit, ihre politische Nähe zu dieser Initiative zu zeigen. Dabei sollten die Medien als »Wächter der Demokratie« einen gesunden Abstand zu Politik und Interessengruppen haben, um eben gerade die verschiedenen Interessen offenzulegen und einer breiten Diskussion in der Öffentlichkeit zugänglich zu machen. In dieser Hinsicht sind die Veröffentlichungen »Mut zum Handeln« des Konvents für Deutschland und »Das Deutschland-Prinzip« der INSM, aber auch die Kampagne »Du bist Deutschland« Negativbeispiele dafür, wie Journalisten und Medien sich unkritisch für politische Ziele einsetzen lassen.

Das Problem: PR und Interessenvertretung im Journalismus

Ein immer wiederkehrendes Problem ist der Auftritt von Lobbyisten und Interessenvertretern in den Medien. Bevor nun ein Blick darauf geworfen werden soll, wie die INSM mit den Medien kooperiert und wie sie selbst in den Medien auftritt, beziehungsweise auf Berichte über ihre Verhaltensweisen reagiert, nun ein kleiner Spaziergang durch die Thematik des PR-Journalismus, insbesondere des Auftritts von Lobbyisten in den Medien, betrachtet am Fall des Meinhard Miegel.

Idealerweise erkennt man auf den ersten Blick, ob ein Zeitungsartikel oder ein Fernsehbericht eine journalistische Meldung, ein journalistischer Kommentar oder Meinungsbeitrag ist oder ob es sich schlicht um Werbung handelt. Eine jüngere Entwicklung ist jedoch, daß die Grenzen zwischen Öffentlichkeitsarbeit und Journalismus verwischen.

Teilweise von PR-Agenturen selbstgeschriebene Artikel werden unkritisch wörtlich oder mit nur wenigen Änderungen übernommen, ohne daß der Absender genannt wird. Hier wurde ein Einfallstor geschaffen, um auch für Ideologien zu werben. Wirtschaftliche und politische Interessen werden im Rahmen scheinbar objektiver Berichterstattung beworben, wobei die *Initiative Neue Soziale Markt-wirtschaft* hierbei eine prominente Stellung einnimmt.[254] Geringe Honorare besonders bei den Printmedien führen dazu, daß Journalisten sich zunehmend ein zweites Standbein im PR-Bereich schaffen. Ein weiteres Problem ist der Personalabbau in den Redaktionen, der immer weniger Raum für Recherche läßt.[255]

Auch bei den Fernsehmedien wird die freie Mitarbeit immer mehr üblich. Dies reduziert die Bindung an den Sender an sich und sorgt wiederum dafür, daß der Betroffene sein Einkommen möglicherweise aus mehreren Quellen speisen muß. Es ist ein Risiko, wenn ein Journalist von seiner Arbeit seinen Lebensunterhalt nicht bestreiten kann. Doch gerade dies ist eine übliche Tendenz bei freien Mitarbeitern, die von den Redaktionen für ihre Arbeit extrem schlecht bezahlt werden.[256]

Ein weiteres Problem ergibt sich, wenn die Redaktionen aus Geldmangel oder schlicht aus Sparsamkeit darauf verzichten, ihnen angebotene Beiträge hinreichend auf PR zu prüfen. Auch dies ist ein Einfallstor für Schleichwerbung und PR-Journalismus.

Ein weiteres Problem stellen die »Doppelagenten« unter den Journalisten dar, also solche, die neben ihrer Arbeit als Journalisten auch Werbemaskottchen für die Privatwirtschaft sind, wie zum Beispiel Reinhold Beckmann und Nina Ruge, die für die Versicherungsgruppe WWK warben und in einer Talk-Show Beckmanns den ehemaligen Arbeitsminister Norbert Blüm in die Zange nahmen.[257]

Sonderbeilagen, wie zum Beispiel die Sonderseite »Wein aus Österreich« in der Süddeutschen Zeitung erwecken den Eindruck, ein redaktioneller Beitrag zu sein. Tatsächlich sind sie jedoch Öffentlichkeitsarbeit ohne eindeutige Kennzeichnung.[258]

»Während die Zahl hauptberuflicher Journalisten leicht rückläufig ist, hat sich die der Öffentlichkeitsarbeiter fast verdoppelt«.[259] Weil auch viele Journalisten vom Journalismus in die Public Relations gewechselt sind, wird auch die Inszenierung von Pseudo-Ereignissen immer professioneller und orientiert sich zunehmend an den Bedürfnissen der Medien.[260]

---

[254] vgl. https://netzwerkrecherche.org/wp-content/uploads/2014/08/NR-Positionspapier_PR_Journalismus.pdf (22.08.2021)

[255] vgl. ebd.

[256] vgl. Schnedler, Thomas: Getrennte Welten? Journalismus und PR in Deutschland. S. 18

[257] vgl. ebd. S. 13

[258] vgl. ebd. S. 15

[259] ebd. S. 16

[260] vgl. ebd.

Indes ist die mangelnde Trennung zwischen Journalismus und Öffentlichkeitsarbeit nicht nur ein Problem einzelner Journalisten. Auch an verschiedenen Fachhochschulen wird die Trennung zwischen Journalismus und PR nicht mehr so besonders ernst genommen.

So bieten unter anderem die Fachhochschulen in Gelsenkirchen, Köln und Magdeburg-Stendal Studiengänge an, in denen Journalismus und PR verknüpft oder verbunden werden, gar als ein gemeinsamer Studiengang angeboten werden.[261]

Auch im Deutschen Journalisten-Verband (DJV) wird die Trennung zwischen PR und Journalismus nicht ernstgenommen. Für Michael Konken, Vorsitzender des DJV, arbeiten auch PR-Schaffende journalistisch.[262] Nach seiner Auffassung sei es sinnvoll, beide Berufsgruppen, also die des Journalisten und die des PR-Schaffenden, unter dem Begriff des Journalisten zusammenzufassen.[263]

Ein weiteres Einfalltor für PR in den Journalismus ist zudem der Umstand, daß nicht nur bei den privaten Sendern, sondern auch beim öffentlich-rechtlichen Rundfunk immer mehr Produktionen außerhalb der Sender in Auftrag gegeben werden. Dabei ist für die Zuschauer in der Regel nicht so ohne weiteres erkennbar, ob es sich bei der jeweiligen Sendung um eine Produktion des Senders handelt oder ob eine private Produktionsgesellschaft die Sendung erstellt hat und diese dann nur im Fernsehen ausgestrahlt wird.[264]

Auf diese Weise verschwimmt mehr und mehr die Trennung zwischen journalistischer Medienberichterstattung und bestellter, inszenierter Berichterstattung, in deren Rahmen Interessen und Weltanschauungen beworben werden. Der Kostendruck der Sender führt zudem dazu, daß anspruchsvolle Produktionen seltener werden und preiswerte Formate wie zum Beispiel Polit-Talkshows immer weiter zunehmen. Mit dieser Entwicklung geht einher, daß letztlich auch die Bedeutung von »Zitatenkönigen« zunimmt, also Experten, die sich für besonders geeignet halten, im Fernsehen befragt zu werden.[265]

Ein weiteres Problem, welches in diesem Zusammenhang genannt werden muß und im Kapitel über die Kooperation der INSM mit den Medien vertieft wird, ist die Zusammenarbeit von Medien mit interessengebundenen Ideenagenturen wie der INSM oder auch dem *Konvent für Deutschland*. Letzterer hat ein Buch herausgegeben, in

---

[261] vgl. ebd. S. 21
[262] vgl. ebd. S. 29
[263] vgl. ebd. S. 30
[264] vgl. Müller, Albrecht: Meinungsmache. S. 395f
[265] vgl. Gellner, Winand: Ideenagenturen für Politik und Öffentlichkeit. S. 30f

dem Vertreter des Konvents durch Journalisten interviewt wurden. Dabei taten sich die Medienvertreter in erster Linie als Stichwortgeber für die Mitglieder des Konventkreises und des Trägervereins hervor. Mitgemacht haben in diesem Buch »Mut zum Handeln«[266] sowohl Journalisten aus öffentlich-rechtlichen wie auch privaten Medien. Neben den sogenannten Leitmedien waren auch leitende Journalisten aus den Wirtschaftsmedien vertreten. Durch die Bank haben sich auch Chefredakteure in dieses Buchprojekt des Konvents einbinden lassen, deren Zeitungen auch mit der INSM kooperieren, darunter WirtschaftsWoche, Focus und FAZ.

Vollends jede kritische und journalistische Distanz zu den Interessenvertretern des Konvents gab der seinerzeitige Chefredakteur des *SPIEGEL*, Stefan Aust, auf, als er sich von Konventskreismitglied Klaus von Dohnanyi mit den Worten verabschiedete: »Ich denke, wir hatten ein aufklärendes Gespräch, und ich wünsche dem Konvent weiterhin gute Arbeit. Vielleicht können wir ja mal wieder etwas gemeinsam machen. Anstöße für Reformen brauchen wir immer.«[267]

Genau darin liegt jedoch das Problem: Wenn Medien sich mit Einrichtungen wie dem *Konvent für Deutschland* zusammentun und gemeinsam Kampagnen durchführen, verlieren sie die notwendige kritische Distanz und werden zu unkritischen Hofberichterstattern, die die Botschaften solcher interessengebundenen Ideenagenturen ungefiltert und ohne eigene Recherche an das Publikum weiterreichen. Sie verlassen damit ihre eigentliche Funktion als kritische Instanz und machen sich zu Handlangern von Interessen. In seinem Buch »Meinungsmache« kritisiert Albrecht Müller auch genau diese Tendenz und verweist darauf, daß es in den Medien eine Entwicklung zum Kampagnenjournalismus gibt. Die Medien beteiligen sich an Manipulation und Meinungsmache und verbünden sich dabei mit den wirtschaftlich und politisch Mächtigen.[268] Als eine der Ursachen für diese Entwicklung sieht Müller die zunehmende Konzentration in den Medien, also die Beherrschung des Medienmarkts durch wenige Konzerne.[269]

Doch auch insgesamt schrecken die Medien zunehmend weniger vor tendenziöser Berichterstattung zurück und sehen offenbar kein Problem darin, sich auf solche Kooperationen wie jenen mit INSM oder *Konvent für Deutschland* einzulassen. Daß sie dabei einen Teil ihrer Unabhängigkeit in der Berichterstattung aufgeben, wird offensicht-

---

[266] vgl. Herzog, Roman et.al. (Hrsg.): Mut zum Handeln.
[267] Herzog, Roman, et.al.: Mut zum Handeln. S. 77
[268] vgl. Müller, Albrecht: Machtwahn. S. 359
[269] vgl. ebd. S. 361ff

lich billigend in Kauf genommen.

Die Süddeutsche Zeitung zeigt hierbei ein ambivalentes Bild: Zwar äußern sich auch dort regelmäßig Botschafter und sonstige Maskottchen der INSM zu wirtschaftspolitischen Themen mit Gastbeiträgen, was offenbar auch mit den entsprechenden Werbeanzeigen der INSM bei der Süddeutschen Zeitung honoriert wird. Auf der anderen Seite hat sich die Süddeutsche Zeitung nicht vom Konzern Aldi einschüchtern lassen, als dieser auf eine kritische Berichterstattung zum Umgang des Konzerns mit der Gründung von Betriebsräten in München mit der Drohung reagierte, keine Anzeigen mehr bei der Süddeutschen Zeitung zu schalten. Die Süddeutsche Zeitung setzte ihre Berichterstattung über die Schwierigkeiten der Aldi-Betriebsräte in München fort und der Konzern stellte seine Werbung für ein Jahr bei der Süddeutschen Zeitung ein. Eine solche Unabhängigkeit wäre auch gegenüber Einrichtungen wie der INSM wünschenswert.

INSM und die Journalistenschule

Ein Beispiel für die vom Journalisten Thomas Schnedler beschriebene Problematik bei der Vermischung von Journalismus und Öffentlichkeitsarbeit ist der Vorfall, der sich im Jahre 2004 ereignet hat. Dort ließ die *Initiative Neue Soziale Marktwirtschaft* von Schülern der Kölner RTL-Journalistenschule ihre Image-Broschüre vom Herbst 2004 erstellen und bescheinigte ihnen im Editorial hervorragende Recherche-Qualitäten.[270] In dieser Broschüre wurden im Wesentlichen die neoliberalen Positionen der INSM beschrieben. Die Direktorin der Schule zeigte sich entsetzt. Sie hätte die Zustimmung zur Drucklegung verweigert, wenn sie die Zeitung vorher zu Gesicht bekommen hätte.[271]

INSM-Geschäftsführer Tasso Enzweiler meinte jedoch, daß in der beruflichen Zukunft der Schüler, die an der Broschüre gearbeitet hatten, nichts schiefgehen könnte.[272] Die Broschüre erschien letztlich auch noch als Beilage in der Oktober-Ausgabe der Verbandszeitung des Deutschen Journalistenverbandes, dem »Journalist«,[273] dessen Vorsitzender Konken bereits im Interview mit Thomas Schnedler erklärt hatte, daß er Öffentlichkeitsarbeiter auch für Journalisten halte.[274] Einmal mehr zeigt sich, wie dringlich dieses Problem ist, und wie notwendig es ist, daß ein Bewußtsein dafür entsteht, daß PR

---

[270] vgl. Speth, Rudolf: Die zweite Welle der Wirtschaftskampagnen. S. 18

[271] vgl. Krauss, Dietrich: Umarmung der Medien und Druck auf kritische Journalisten. S. 116

[272] vgl. ebd.

[273] vgl. ebd. S. 116f

[274] vgl. Schnedler, Thomas: Getrennte Welten? S. 29

und Journalismus nicht vermischt werden dürfen.

Die »Rentenlüge«: Meinhard Miegel

Seit geraumer Zeit befindet sich die Rente im Visier starker Interessengruppen, welche inzwischen auch maßgeblich die Politik davon überzeugt haben, einen Paradigmenwechsel zugunsten eines Mehrsäulenmodells durchzuführen.[275] Im Rahmen dieses Paradigmenwechsels kam es zur Einführung der sogenannten »Riester-Rente«, also einer kapitalgedeckten, privaten Säule in der Rentenversicherung.

Dieser Paradigmenwechsel ging mit der Behauptung einher, daß die staatliche, umlagefinanzierte Rente nicht ausreiche, die Rente angesichts des demographischen Wandels sicherzustellen, ohne zu Beitragserhöhungen zu führen, die wiederum die Arbeit verteuern und zu mehr Arbeitslosigkeit führen würde. Notwendig sei eine Privatvorsorge, die jeder individuell zu erbringen habe.

Einer der rührigsten Lobbyisten der Privatvorsorge ist Prof. Meinhard Miegel, der in diversen Publikationen nicht müde wird, dieses Modell der Rentenversicherung zu predigen. Das macht ihn auch zu einem beliebten Gast in Talk-Shows, die sich um das Rententhema drehen.

Darüber hinaus wurde im Jahr 2006 im öffentlich-rechtlichen Fernsehen die Dokumentation »Die ewige Rentenlüge« ausgestrahlt, bei der Meinhard Miegel als Experte auftrat. Zu diesem Zeitpunkt war Meinhard Miegel auch noch als wissenschaftlicher Berater auf der Homepage des Deutschen Instituts für Altersvorsorge (DIA) aufgeführt, deren Gesellschafter unter anderem die Deutsche Bank und die Deutsche Herold AG sind, also Gesellschaften, die selbst auch Vorsorgeprodukte in diesem Bereich anbieten.

Die lobbyistische Verknüpfung Miegels wurde in dem Filmbeitrag nicht offengelegt. Statt dessen wurde er nur mit seinem akademischen Titel angesprochen und als Experte eingeführt. Als solcher empfahl er den heute 40jährigen, 8% ihres Einkommens in die Privatvorsorge zu stecken.

Der Beitrag an sich hob die demographische Entwicklung hervor, die prognostiziert wird, und stellt die umlagefinanzierte staatliche Rente als unfähig dar, diese Probleme zu lösen. Die Botschaft des Beitrags ist eindeutig: Jeder, der sein Alter finanziell gesichert wissen möchte, muß privat vorsorgen. Alternative Auffassungen oder Hin-

---

[275] zum Wechsel vom Sozialversicherungsparadigma zum Mehrsäulenparadigma ausführlich: Bönker, Frank: Der Siegeszug des Mehrsäulenparadigmas in der bundesdeutschen Rentenpolitik in: Zeitschrift für Sozialreform, Heft 4/2005

weise auf die Risiken kapitalgedeckter Altersvorsorge oder sonstige weitere alternative Sichtweisen fehlten in diesem Filmbeitrag komplett.

Nach dem Beitrag, der im Sommer 2006 auch auf Phoenix ausgestrahlt wurde, schrieb Stephanie Wieland eine E-Mail an den Sender und bat darum, daß wenn dieser einem Lobbyisten wieder mal eine Bühne geben würde, bitte auch klargestellt würde, wessen Interessen er vertrete. Der Sender reagierte mit einer Formalie: Man habe den Beitrag vom Bayerischen Rundfunk übernommen, bei weiteren Fragen solle sie sich an den BR wenden.

Auf erneute Nachfrage Stephanie Wielands, ob die Beiträge vor der Ausstrahlung nicht durch den Sender redaktionell geprüft wurden, verwies Phoenix darauf, daß die Beiträge ja bereits in anderen öffentlich-rechtlichen Sendern ausgestrahlt wurden und eine juristische (!) Prüfung nicht notwendig sei. Dies war zwar nicht die Frage, die Stephanie Wieland an den Sender gerichtet hatte, jedoch zog sich Phoenix auch mir gegenüber als Reaktion auf ein weiteres Anschreiben auf diese Position zurück und verwies mich an den Bayerischen Rundfunk.

Dieser antwortete prompt auf mein Anschreiben und teilte mit, daß es zwar zutreffend sei, daß Prof. Miegel auch für die Versicherungswirtschaft und im *BürgerKonvent* tätig sei, dies jedoch nichts daran ändere, daß er zusammen mit Kurt Biedenkopf bereits vor 30 Jahren auf die kommenden Probleme der Umlagefinanzierung der Rente hingewiesen habe. Kein »ernstzunehmender Zeitgenosse« würde die Probleme, die sich aus der demographischen Entwicklung ergäben, bestreiten. Es sei konsequent gewesen, diesen »renommierten Rentenexperten« (gemeint ist Miegel) als roten Faden durch die Sendung zu ziehen. Andere Experten würden sicher zu ähnlichen Schlußfolgerungen kommen. Den Vorwurf der Werbesendung weist der Bayerische Rundfunk zurück.

Hier zeigt sich eine doppelt erschreckende Haltung. Zum einen ist keinerlei Problembewußtsein bezüglich PR-Journalismus vorhanden, zum anderen wird eine vermeintliche Mehrheitsmeinung schlicht als gegeben hingenommen und jene, die es gar wagen anderer Meinung zu sein, abgesprochen, ernstzunehmende Zeitgenossen zu sein. Der Auftritt Miegels wird verteidigt, jede Kritik an der Einseitigkeit des Beitrags wird zurückgewiesen.

Im Januar 2007 lief im ZDF eine Serie mit dem Titel »Aufstand der Alten«, in der wiederum das Thema der Altersvorsorge dramatisiert wurde. In dieser Serie, die in der Zukunft spielt, ging es um einen rätselhaften M-Faktor. In der Beschreibung zum Film hob das ZDF hervor, daß die Journalistin, die die Hauptrolle in dem Film spiele, echten investigativen Journalismus betreibe.

Weniger investigativ war leider das ZDF in Bezug auf das Drehbuch zu dem Film, denn die Botschaft, die dieser Film in verschiedenen Sequenzen transportierte, war klar und eindeutig: Wer nicht privat vorgesorgt hatte, dem würde es in der Zukunft schlecht gehen. Der rätselhafte »M-Faktor« entpuppte sich als »Minimal-Faktor«, nachdem alte Menschen möglichst kostengünstig auf einem fabrikähnlichen Gelände versorgt, um nicht zu sagen, »gelagert« werden konnten. Auch in dieser dreiteiligen Serie hatte Meinhard Miegel einen kurzen Auftritt als warnende Stimme.

Im Umfeld der Serie fanden weitere Beiträge zum Themenschwerpunkt Rente beim ZDF statt, der wiederum von sehr einseitig ausgerichteten Experten bestritten wurde, die entweder Verbindungen zur Versicherungswirtschaft oder auch zur INSM hatten, wie zum Beispiel der INSM-Berater Bernd Raffelhüschen, der als Experte für private Vorsorge beim ZDF-Magazin WISO auftreten durfte.[276]

Am 28. Januar 2007 trat Meinhard Miegel dann wiederum im Presseclub der ARD als Experte zum Thema Rente auf. In der Folgesendung »Presseclub nachgefragt« wollte ein Zuschauer auf Miegels Verbindung zur Versicherungswirtschaft hinweisen. Die Moderatorin Monika Piel wiegelte den Versuch ab:

> *Zuschauer: »[...] Genauso bin ich der Meinung, daß sie in dieser Runde auch hergehen sollten und den Meinhard Miegel vorstellen sollten, und was bei ihm für Interessen dahinterstehen. [...]«*
>
> *Monika Piel an Meinhard Miegel: »[...] Aber Sie sind kein Finanzdienstleister möchte ich an dieser Stelle deutlich machen.«*
>
> *Meinhard Miegel (lachend): »In der Tat. Bekomme auch keine Policen.«*
>
> *Monika Piel (lachend): »Auch keine Versicherung.«[277]*

Der Einwurf des Zuschauers, der auf die lobbyistische Verstrickung Miegels hinweisen wollte, wurde hier von der Moderatorin ins Lächerliche gezogen. Offensichtlich sollte vermieden werden, daß der als Experte eingeführte Miegel als Interessenvertreter der privaten Versicherungswirtschaft vorgeführt wird.

---

[276] vgl. http://www.lobbycontrol.de/blog/index.php/2007/01/zdf-themenschwerpunkt-demographie-als-buhne-der-lobbyisten/ (22.08.2021)

[277] Transkript der Aufzeichnung der Sendung »Presseclub Nachgefragt« vom 29. Januar 2007 um 7:58 Uhr auf Phoenix.

Bei der Sendung Phoenix-Runde wenige Tage später erging es Albrecht Müller, der ebenfalls wie Meinhard Miegel Gast der Sendung war, bei dem Versuch, auf Miegels interessenorientierten Hintergrund hinzuweisen, nicht viel besser als dem Zuschauer beim »Presseclub nachgefragt«. Erneut das Transkript des Vorfalls:

> *Albrecht Müller: »Und Herr Miegel - also das finde ich ja besonders apart - Herr Miegel ist ein typischer Vertreter der Versicherungswirtschaft. Sein Institut bekommt Aufträge von einem Deutschen Institut für Altersvorsorge, das wiederum zur Deutschen Bank gehört im Wesentlichen, und ist auch sonst von der Wirtschaft im Wesentlichen abhängig. Das finde ich ja nicht schlimm, man sollte es aber auch wissen.«*
>
> *Meinhard Miegel: »Das doch richtigstellen. Es macht doch keinen Sinn solche Sachen in die Welt zu setzen. [Albrecht Müller: »Wieso nicht?«] Wir haben im Laufe von zehn Jahren...«*
>
> *Albrecht Müller: »Ich bin jetzt dran gewesen...«*
>
> *Moderatorin Gaby Dietzen: »Also ich finde, jetzt ist die Richtigstellung schon angebracht, wenn wir solche Sachen in die Welt setzen, müssen wir auch die Antwort zulassen!«*
>
> *Meinhard Miegel: »Das Institut für Altersvorsorge hat uns in zehn Jahren zwei wirklich kleine Aufträge gegeben, die vielleicht im Promille-Bereich das Institut finanziert haben. Sie stellen sich hin und schreiben und sagen, ein Drittel unserer Mittel stammt von diesem Institut, das ist abwegig.«*
>
> *Albrecht Müller: »Ich war ja erst am Anfang. Sie sind tätig für die Finanz...«*
>
> *Moderatorin Gaby Dietzen: »Darf ich erinnern, daß wir eine Gesprächsrunde machen zu fünft - und ich wollte eine Frage an Sie stellen. Es wird immer wieder gesagt: Der Staat, der Staat, der Staat...«*
>
> *Albrecht Müller: »Nein...«*
>
> *Moderatorin Gaby Dietzen: »Nee, jetzt machen wir hier bitte mal wieder weiter in der Runde.«*[278]

---

[278] Transkript der Aufzeichnung der Sendung »Phoenix-Runde« vom 1. Februar 2007 um 22:14 Uhr auf Phoenix.

Ganz offensichtlich hatte die Moderatorin Gaby Dietzen kein Interesse daran, den lobbyistischen Hintergrund Miegels durch Albrecht Müller aufdecken zu lassen. Interessant ist auch, darauf sei noch einmal hingewiesen, daß Meinhard Miegel zum Zeitpunkt der Sendung noch als wissenschaftlicher Berater auf der Homepage des Deutschen Instituts für Altersvorsorge geführt wurde, wo er doch nur »zwei kleine Aufträge im Promille-Bereich« von dem Institut bekommen haben will. Inzwischen ist sein Name von der Homepage des DIA verschwunden (21. August 2007).

Das ficht jedoch Gaby Dietzen nicht an, sie unterbindet recht ruppig die Aufklärung über die Verbindungen Miegels zur Finanzwirtschaft. Das wiederum paßt hervorragend zu dem Vorgang bei »Presseclub nachgefragt«.

Es ist, wie Albrecht Müller sagt: Selbstverständlich können auch Lobbyisten zu solchen Diskussionen eingeladen werden, jedoch sollten die Verbindungen offengelegt werden, die diese speziellen Gäste zu den Bereichen haben, für die sie tätig sind. Sicher, die Offenlegung der eigenen Rolle als Lobbyist der Finanzwirtschaft hätte einiges von dem relativiert, was Miegel in den Diskussionen gesagt hatte, jedoch hätten die Zuschauer sich ein klareres Bild machen können, wie sie die Äußerungen Miegels einzuordnen hätten.

Aus welchen Gründen sich die öffentlich-rechtlichen Sender daran beteiligen, den lobbyistischen Zusammenhang ihres Talk-Gastes Miegel zu verschleiern, läßt sich nur im Rahmen von Spekulationen beantworten.

Auf der anderen Seite kommt der öffentlich-rechtliche Rundfunk gerade bei diesen beiden Sendungen, die einen journalistischen Anspruch haben, seiner Aufklärungspflicht über seine Gäste nicht nach. Damit wird verhindert, daß sich die Zuschauer tatsächlich, wie es im Anspruch von Phoenix heißt, »das ganze Bild« machen, nämlich auch von dem lobbyistischen Hintergrund des Renten-Experten Prof. Meinhard Miegel. Auch der Umstand, daß er Sprecher des *Bürger-Konvents* ist, wurde zu keinem Zeitpunkt thematisiert.

Das Beispiel Meinhard Miegel wurde für diesen Exkurs gewählt, weil es besonders deutlich zeigt, daß in den Medien nicht nur bezüglich lobbyistischer Verbindungen weggeschaut wird, sondern daß diese Verbindungen teilweise mit verschleiert werden. Es ist ein besonders deutliches Beispiel, wie öffentliche Aufklärung über Interessenverknüpfungen nicht nur nicht geleistet, sondern gar aktiv verhindert wird.

Ein weiterer Teil der Problematik ist der systematisch »verzerrte Pluralismus« in Diskussionssendungen wie Sabine Christiansen. In ihrer Studie »Schaubühne für die Einflußreichen und Meinungsmacher« stellt LobbyControl fest, daß die Besetzung der Sendungen einen solchen »verzerrten Pluralismus« ausweist. Dies führt LobbyControl unter anderem auf die Problematiken zurück, die bereits bezüglich der Botschafter der INSM diskutiert wurden. Das Verschweigen der lobbyistischen Beziehungen der Gäste findet indes nicht nur bei den Botschaftern der INSM statt. Während bei den eingeladenen Politikern grundsätzlich auf den Parteienproporz geachtet wird, zeigt sich die Schlagseite bei den sonstigen Gästen.[279] Die Sendung Christiansen »bot vor allem denjenigen ein Forum, die sich für eine neoliberal geprägte Reform des Sozialstaats einsetzen«.[280]

Die Studie betont überdies, daß der verzerrte Pluralismus nicht durchgängig, in der Gesamtschau jedoch sehr wohl ein Übergewicht der Unternehmer und Wirtschaftsverbände gegenüber Vertretern der Gewerkschaften vorhanden sei. Ebenso seien mehr Marktliberale und Sozialstaatskritiker gegenüber den Befürwortern des Sozialstaates oder Vertretern linker Positionen zu Gast.[281] Das wesentliche Problem hierbei sei, so die Studie, daß die Zuschauer nur sehr selektiv über die Hintergründe der geladenen Gäste informiert würden.[282] Nun jedoch ist es Zeit, wieder zur INSM zurückzukehren.

»Integrierte Kommunikation«

Ein weiteres wesentliches Standbein der INSM sind vielfältige Kooperationen mit Medien. Dabei verfolgt die INSM die Strategie der »integrierten Kommunikation«. Darunter wird die Abstimmung verschiedener kommunikativer Maßnahmen auf ein bestimmtes Ziel verstanden. Verschiedene Maßnahmen und Möglichkeiten werden optimal aufeinander abgestimmt, um die entsprechende Botschaft zu transportieren.[283] Hier spielt auch die Koordination mit den Botschaftern eine Rolle.

Es werden unterschiedliche Möglichkeiten genutzt, nicht nur die Vermittlung von Botschaftern in Talkshows, sondern auch Gastbeiträge der Botschafter für Zeitungen und Zeitschriften oder deren Auftritte im Radio sowie die Beteiligung an Produktionen für das Fernsehen. Dabei ist die »Märchen-Reihe« ein besonders hervorstechendes Beispiel, jedoch auch der Kauf von Dialogen in der Vor-

---

[279] vgl. Müller, Ulrich und Heidi Klein: Schaubühne für die Einflußreichen und Meinungsmacher. S. 7
[280] ebd. S. 17
[281] vgl. ebd. S. 14
[282] vgl. ebd.
[283] vgl. Speth, Rudolf: Die politischen Strategien der Initiative Neue Soziale Marktwirtschaft. S. 24f

abendserie »Marienhof«.

Die »Märchen-Reihe«

Daß die »Märchen-Reihe« von Günter Ederer zum Dreiteiler wurde, haben Autor und Hessischer Rundfunk (HR) der *Initiative Neue Soziale Marktwirtschaft* zu verdanken, auf deren ordnungspolitischen Vorstellungen der Beitrag ohnehin beruht hatte. Er wurde zwar vom HR in Auftrag gegeben, aber nur der Umstand, daß die Agentur berolino.pr, welche die Verantwortung für die INSM-Kampagne trägt, die Videorechte für ca. 66.000 Euro erwarb, machte es möglich, den dritten Teil zu produzieren: Der Betrag floß bereits im Vorfeld in die Kalkulation für die Produktion ein.[284] So entstanden dann »Das Märchen von der gerechten Steuer«, »Das Märchen von der sicheren Rente« und »Das Märchen vom blühenden Arbeitsmarkt«.

Nun muß an dieser Stelle noch einmal eindeutig klargestellt werden, wie die Verteilung der Zuständigkeiten war, denn das Muster gleicht dem der Botschafter: Der Autor Günter Ederer, beauftragt vom öffentlich-rechtlichen Rundfunksender HR, verfaßte die »Märchen-Serie«. Die INSM kommt erst zu dem Zeitpunkt ins Spiel, als es um die Produktion der Serie geht. Sie hat weder den Autor ausgesucht noch die Inhalte in Auftrag gegeben, erwarb jedoch die Rechte, die Serie als Videocassetten zu vertreiben und ermöglichte mit der Zahlung für die Rechte am Vertrieb die Produktion des dritten Teils der Serie, deren Inhalte auf der Linie der politischen Aussagen der INSM lag.

Der Vergleich mit den Botschaftern liegt nahe, denn auch sie vertreten grundsätzlich ihre Positionen, die sich mit der politisch-inhaltlichen Ausrichtung der INSM deckt. Auch hier wurde der Beitrag nicht explizit von der INSM in Auftrag gegeben. Jedoch wurde dieser Beitrag gefördert, was besonders kritisch mit Blick auf den dritten Teil der »Märchen-Serie« ist, die ohne diese Förderung wohl nicht entstanden wäre. So konnte mit Hilfe der INSM die ideologische Berieselung des Publikums im öffentlich-rechtlichen Fernsehen auf eine günstige Sendezeit gesetzt werden, und letztlich profitierte die INSM auch noch von dem Verkauf der Videocassetten,[285] für den sie die Rechte erworben hatte.

Hier manifestiert sich auch einmal mehr das Verständnis von Unabhängigkeit, welches die INSM auf ihren Seiten vertritt. Sie sei, so kann man es auf den Internetseiten der INSM nachlesen, unabhängig von ihrem Geldgeber, den Arbeitgeberverbänden der Metall- und

---

[284] vgl. Lilienthal, Volker: Drittmittelfernsehen.
[285] vgl. Lilienthal, Volker: Drittmittelfernsehen

Elektroindustrie. Auch Ederer erklärte, daß ihm bei der Produktion und Gestaltung der Märchen-Reihe seitens der INSM nicht reingeredet worden sei - »Wozu auch, wenn man einer Meinung ist?«[286] Gleiches gilt für die Botschafter der INSM. Auch hier handelt es sich um Personen, die Positionen vertreten, die sich ohnehin mit denen der INSM decken. Insofern kann man durchaus auch deren Unabhängigkeit proklamieren. Problematisch indes sind die bereits oben ausgeführten Absprachen, die es mit den Botschaftern der INSM gibt. Ebenso verhält es sich mit diesem Beitrag, dessen dritter Teil ohne die Geldspritze der INSM nicht entstanden wäre. Eine problematische Finanzierung durch Fremdmittel wird durch den öffentlich-rechtlichen Rundfunk, also in diesem Falle den HR, nicht gesehen.[287]

Marienhof

Ein weiterer problematischer Fall, der inzwischen auch in der Öffentlichkeit einschlägig diskutiert wurde, war der Kauf von Dialogen in der Vorabend-Serie »Marienhof«. Die INSM kaufte in mehreren Folgen Dialoge, was verboten ist, denn eine weltanschauliche Werbung ist im öffentlich-rechtlichen Fernsehen nicht gestattet.

In einem Interview mit der Netzzeitung gibt INSM-Geschäftsführer Dieter Rath ohne Umschweife zu, daß man im »Marienhof« bestimmte Themen plazieren und positiv belegen wollte, nämlich die Themen Zeitarbeit, Senkung von Steuern und Abgaben (im Originalton Raths: »Der Staat kassiert bei uns zu viel ab, und dann bleibt netto zu wenig übrig um zum Beispiel privat vorzusorgen«), und die Einführung von Wirtschaft als Schulfach.[288]

In dem Interview hebt Dieter Rath auch hervor, daß der INSM nicht bekannt gewesen sei, daß es sich bei dieser Themenplazierung um einen Verstoß gegen das Rundfunkgesetz gehandelt habe; die Vermittlungsagentur habe betont, daß die Aktion im Einklang mit dem Rundfunkgesetz gestanden habe.[289]

Eine Studie von LobbyControl befaßt sich eingehender mit dem Vorgang um die Marienhof-Dialoge. Demnach ließ die INSM in sieben Folgen der Vorabendserie im Jahr 2002 Dialoge plazieren und bezahlte dafür 58 670 Euro.[290] In einer Stellungnahme räumte die INSM grundsätzlich zwar einen Fehler ein, verteidigte jedoch zugleich die Dialoge als »ideologiefrei« und als eine »Vermittlung aktueller Informationen«, die durchaus dem Bildungsauftrag der

---

[286] Lilienthal, Volker: Drittmittelfernsehen
[287] vgl. ebd.
[288] Netzzeitung am 21.09.2005: INSM: Werbung im »Marienhof« war »Fehler«.
[289] vgl. ebd.
[290] vgl. LobbyControl: INSM und Marienhof - Eine kritische Bewertung. S. 1

öffentlich-rechtlichen Fernsehanstalten entsprochen hätten. Später wurde auf die Behauptung verzichtet, daß die Themenauswahl ideologiefrei gewesen sein soll.[291]

Ein Beispiel der Dialoge zeigt, daß es tatsächlich um den Transport der Botschaften der INSM ging:

> *»Folge 1962 (29.7.2002)*
> *Toni: »Ich könnte auch schwarz für sie arbeiten! Sie würden eine Menge Geld sparen! Wie z. B. die ganzen Sozialabgaben und das Urlaubsgeld und ich weiß nicht was noch alles!"*
> *Fechner ergänzt: »Lohnfortzahlung im Krankheitsfall, 13. Monatsgehalt. ja, [sic!] ja!"*
> *Toni: »Das sind über 450 Euro im Monat!" Fechner überlegt: »Klingt verlockend!"*
> *[Später in der Sendung entscheidet sich Fechner dagegen – mit folgender Begründung:]*
> *Fechner: Auf den ersten Blick klingt ihr Angebot wirklich vielversprechend bei den hohen Lohn-Zusatzkosten wie soll man das alles bezahlen und dabei noch rentabel arbeiten?!*
> *Aber trotzdem, ich kann sie nicht schwarz beschäftigen! Wenn die Behörden davon Wind bekommen, muss ich eine deftige Strafe bezahlen oder sie machen mir sogar den Laden dicht!"[292]*

In ihrer Stellungnahme erklärte die INSM, daß es hier um das Thema Schwarzarbeit ginge, tatsächlich jedoch wird vor allem die angeblich zu hohe Steuer- und Abgabenlast thematisiert, während die Schwarzarbeit eher ein Nebenschauplatz bleibt, der als Vehikel für die Kritik an der Steuer- und Abgabenpolitik verwendet wird.[293]

Der Gordische Knoten

»Der Gordische Knoten« ist die Geschichte einer Unterlassung. Sie zeigt, wie auch durch Fahrlässigkeit Interessengruppen das Einsickern in die Medien ermöglicht wird.

Am 6. März 2006 berichtete die Süddeutsche Zeitung über die Föderalismus-Reform. Begleitet wurde einer der Berichte auf Seite 2 der Ausgabe vom 6. März 2006 mit einem Photo, auf dem junge Leute,

---

[291] vgl. ebd.
[292] zitiert nach: ebd. S. 4
[293] vgl. ebd. S. 5

die jeweils ein Länderwappen auf einem weißen Hemd trugen, an einem großen Knoten zogen. Dies sollte sinnbildlich zeigen, wie hoffnungslos verknotet der deutsche Föderalismus sei.

Daß es sich bei der Veranstaltung um keine spontane Demonstration handelt, konnte man sich denken. Was aus dem Bild und auch aus dem Begleittext nicht hervorging war, daß es sich um eine Aktion der *Initiative Neue Soziale Marktwirtschaft* handelt.

Auf der Internet-Seite der INSM war die Aktion ebenfalls mit Photos dokumentiert, nur daß hier eben auch ein Transparent zu sehen war, auf dem neben der Forderung »Föderalismus-Reform jetzt!« auch das Logo und der Name der INSM sichtbar war. Auf dem Photo, welches in der Süddeutschen Zeitung veröffentlicht und dessen Quelle mit dpa angegeben wurde, war dies nicht zu sehen. Das dpa-Photo war so aufgenommen, daß der Knoten das Transparent verdeckte.[294]

Auf Nachfrage erklärte die Süddeutsche Zeitung, daß sie das Photo so aus dem Bilderdienst der dpa übernommen habe, welches den folgenden Begleittext hatte:

> *»Demonstration zur Föderalismusreform*
> *Junge Leute ziehen am Donnerstag (16.02.2006) vor*
> *dem Reichstagsgebäude in Berlin an einem großen*
> *gordischen Knoten. Die Demonstration fand anläss-*
> *lich der Tagung der Föderalismuskommission im*
> *Parlamentsgebäude statt. Die größte Staatsreform seit*
> *1949 soll am 10. März erstmals im Bundestag beraten*
> *werden. Foto: Bernd Settnik dpa/lbn + + +(c) dpa -*
> *Bildfunk+ + +«*[295]

Eine weitere Nachfrage bei dpa brachte den Anruf eines Mitarbeiters des Pressedienstes, der erklärte, daß offensichtlich der Photograph nicht mitgeteilt hätte, wer diese Aktion inszeniert hatte. Das Photo sei dann mit der fehlenden Information über den Hintergrund weitergeleitet worden und so in den Medien aufgetaucht. Dies sei, den Worten des dpa-Mitarbeiters nach, ein Unfall gewesen, der ärgerlich sei. Ausdrücklich betonte der dpa-Mitarbeiter, daß es selbstverständlich notwendig gewesen wäre, auf die Urheberschaft der INSM für diese Aktion im Begleittext des Bildes hinzuweisen. Zugleich äu-

---

[294] vgl. Föderalismusreform: INSM-Foto in der SZ
   http://www.lobbycontrol.de/blog/index.php/2006/03/foderalismusreform-insm-foto-in-der-sz/ (22.08.2021)
[295] E-Mail von der Süddeutschen Zeitung vom 25.04.2006

ßerte er sich überrascht, daß dieses Bild so oft in den Medien aufgetaucht sei.[296]

Sicher handelte es sich hier nur um eine Fahrlässigkeit, jedoch um eine, die der INSM große Freude bereitet haben dürfte: Sie konnte ihre Botschaft (»Föderalismus ist furchtbar verknotet und behindert sich selbst«) transportieren, ohne daß der lobbyistische Hintergrund der Urheber der Aktion in den Medien genannt wurde. Ein weiteres Photo von dieser Aktion tauchte wenig später noch einmal auf den Internet-Seiten des ZDF auf.[297]

Dies zeigt noch einmal eindringlich, wie berechtigt die Kritik des Netzwerks Recherche ist. Tatsächlich werden immer mehr Meldungen und auch Bilder unhinterfragt übernommen. Dies macht es Interessengruppen leicht, ihre Inhalte zu transportieren, wenn sie nur mediengerecht aufgemacht sind, so wie das Photo vom Gordischen Knoten.

Das zeigt eine weitere wesentliche Strategie der INSM, um ihre Botschaften zu transportieren: Die Erzeugung eingängiger Bilder, die dann von den Medien aufgegriffen werden. So versenkte die INSM am Ufer des Bundespressestrandes in Berlin zur Hälfte ein Plakat mit der Aufschrift »Höchste Zeit für Reformen – Deutschland steht das Wasser bis zum Hals«, welches schließlich zum Aufmacher eines Artikels des SPIEGELs wurde.[298]

Vergleichbar mit der Schaffung solcher Bilder sind auch der Aufbau von Hürden vor dem Bundesrat, mit denen die INSM auf die ihrer Meinung nach bestehenden Hürden zum Eintritt in den Arbeitsmarkt aufmerksam machen wollten,[299] sowie das das »Verschleudern« von Plastik-Gehirnen durch einen Hamburger Marktschreier, eine Aktion, die auf die Abwanderung von Spitzenkräften aus Deutschland aufmerksam machen sollte.[300]

---

[296] vgl. auch »dpa gesteht Fehler bei INSM-Foto ein«
http://www.lobbycontrol.de/blog/index.php/2006/05/dpa-gesteht-fehler-bei-insm-foto-ein/ (22.08.2021), eigenes telephonisches Gespräch mit einem Mitarbeiter der dpa.

[297] INSM-Foto auf ZDF-Webseite
http://www.lobbycontrol.de/blog/index.php/2006/06/insm-foto-auf-zdf-webseite/ (22.08.2021)

[298] vgl. Nuernbergk, Christian: Die PR-Kampagne der Initiative Neue Soziale Marktwirtschaft und ihr Erfolg in den Medien, S. 174. Das Bild ist zu sehen bei: Nuernbergk, Christian: INSM: Reformpolitik auch ohne Wählerauftrag.

[299] http://www.einstieg-in-arbeit.de/eia/Die-Kampagne/Aktionen/Huerdenlauf/Bildergalerie.html (20.08.2009) Die Seite wurde inzwischen gelöscht und die Adresse http://www.einstieg-in-arbeit.de/ leitet zur Kampagne für die Zeitarbeit um (15.10.2015).

[300] vgl. Nuernbergk, Christian: Die PR-Kampagne der Initiative Neue Soziale Marktwirtschaft und ihr Erfolg in den Medien, S. 174

Pflegeversicherung

Anfang Juli 2007 tauchte unter anderem in der Süddeutschen Zeitung eine ganzseitige Anzeige der INSM zur Pflegeversicherung auf. Es handelt sich dabei um das sogenannte »Manifest zur Pflegeversicherung«. Wesentliche Forderung dieses Manifests war die Privatisierung des Pflegerisikos in einer kapitalgedeckten Versicherung. Grundlage für die Forderungen der INSM stellte eine Studie, die in ihrem Auftrag zur Pflegeversicherung angefertigt wurde, dar.[301]

Daß die Regierung bei der Reform der Pflegeversicherung, die zu dieser Zeit auf dem politischen Programm stand, den Wechsel zur Kapitaldeckung nicht vollzogen hat, führte bei der INSM auch im Rahmen des »Merkelmeters« (siehe unten) zu drastischen Punktabzügen.

Hier sind also schon zwei Stellen markiert, an denen die politische Botschaft der INSM gesendet wurde: Zum einen in der Form der ganzseitigen Anzeige, zum anderen durch die entsprechende Erwähnung in der Pressemitteilung zum »Merkelmeter« und auf der entsprechenden Homepage dieser »wissenschaftlichen Dauerstudie«.

Am letzten Wochenende im Juli 2007 erklärte Bernd Raffelhüschen in der Frankfurter Allgemeinen Sonntagszeitung (FAS), daß der Pflegebeitragssatz drastisch steigen und die Arbeit verteuern werde, und daß der Ausweg in der Umstellung der Pflegeversicherung auf die Kapitaldeckung ist.

Weder im Bericht der FAS online, noch in der Kurzmeldung, die die Süddeutsche Zeitung am folgenden Montag drauf von der Presseagentur AP übernahm,[302] wurde darauf verwiesen, daß Bernd Raffelhüschen zum einen Berater der INSM,[303] zum anderen eng mit der Finanzwirtschaft verwoben war, unter anderem als Aufsichtsrat in der ERGO-Versicherungsgruppe.[304] Zudem war er Vorstand in der Stiftung Marktwirtschaft,[305] die die gleiche ordnungspolitische Ausrichtung wie die INSM verfolgt.

Statt dessen wird Bernd Raffelhüschen als »Finanzexperte« bezeichnet. In seiner Biographie bei der INSM und der Stiftung Marktwirtschaft verschweigt er seinen Aufsichtsratsposten bei der ERGO-

---

[301] vgl. https://web.archive.org/web/20160811082659/http://www.insm.de/insm/Publi kationen/INSM-Studien/Zukunft-der-Pflege.html (22.08.2021)

[302] »Teure Pflege erwartet« in: Süddeutsche Zeitung, 30. Juli 2007, S. 6.

[303] vgl. http://web.archive.org/web/20100928192930/http://insm.de/insm/ueber-die-insm/Kuratoren-und-Botschafter.html (22.08.2021)

[304] vgl. https://web.archive.org/web/20160401114618/https://lobbypedia.de/wiki/Bern d_Raffelh%C3%BCschen (22.08.2021)

[305] vgl. https://www.stiftung-marktwirtschaft.de/inhalte/die-stiftung/team/vorstand-der-stiftung-marktwirtschaft/ (22.08.2021)

Gruppe, verweist statt dessen auf seine Mitgliedschaft in der Rürup-Kommission sowie seine akademischen Funktionen und Funktionen im Verein für Socialpolitik.

Nachdem die FAS zusammen mit der INSM in der Vergangenheit bereits den sogenannten »Reformer des Jahres« gewählt hat, liegt der Verdacht nahe, daß es sich bei dieser Auskunft Raffelhüschens gegenüber der FAS und die entsprechende Plazierung in der Zeitung, beziehungsweise im Internetangebot, um eine durch die INSM koordinierte oder vermittelte Veröffentlichung handelt. Zumal, nachdem die INSM einen knappen Monat zuvor bereits das gefordert hat, was Raffelhüschen in diesem Beitrag nunmehr als notwendig erklärte.

Doch selbst wenn dies nicht so wäre: Die Verbindungen Raffelhüschens mit der Arbeitgeberlobby INSM und der Stiftung Marktwirtschaft sowie mit der Versicherungswirtschaft sind wichtige Informationen für die Leser, die ihnen helfen, die Äußerungen Raffelhüschens politisch einzuordnen. Wird jedoch nur auf seinen akademischen Grad verwiesen und der lobbyistische Hintergrund weggelassen, entsteht das gleiche schiefe Bild, welches bereits in Bezug auf Meinhard Miegel beschrieben wurde.

Die ganzseitigen Anzeigen der INSM

Das wohl machtvollste Instrument der INSM sei ihr Anzeigenetat stellt Hajo Schumacher fest und führt aus: »Im sicheren Wissen, dass Blätter, die ganzseitige Anzeigen drucken, daneben wohl kaum einen kritischen Beitrag plazieren, schüttet die Initiative [Neue Soziale Marktwirtschaft, U.E.] in Zeiten sinkender Anzeigenumsätze ein Füllhorn von Reklamegeldern über das Land.«[306]

Ganzseitige Anzeigen sind ein weiteres Mittel der INSM, um zum einen ihre Botschaften unter die Menschen zu bringen, zum anderen aber auch um Zeitungen zur Kooperation anzuregen. Unverhohlen erklärte INSM-Geschäftsführer Dieter Rath gegenüber dem epd, daß ganzseitige Anzeigen auch ein Mittel seien, um die Kooperationsbereitschaft von Zeitungen im redaktionellen Teil zu belohnen.[307] So kann es kommen, daß die Initiative gleich zweifach in einem Medium vertreten ist, »einmal über eine bezahlte Anzeige, das andere Mal über kostenlos bereitgestellte Inhalte«.[308]

Einer ihrer ganzseitigen Anzeigen verdankt es die INSM auch, daß Edmund Stoiber und Michael Glos ihren Botschafterstatus bei der

---

[306] Schumacher, Hajo: »Die ewig netten Herren« Berlin ist die Hauptstadt eines wild wachsenden Lobbyismus. S. 85

[307] vgl. Krauss, Dietrich: Umarmung der Medien und Druck auf kritische Journalisten. S. 111

[308] Speth, Rudolf und Thomas Leif: Lobbying und PR am Beispiel der INSM. S. 309

INSM aufgegeben haben: Durch eine Kampagne gegen Subventionen für die Landwirtschaft wurden die beiden CSU-Politiker dermaßen verärgert, daß sie ihre Zusammenarbeit mit der INSM einstellten.[309]

Mit einer Anzeigenkampagne hat sich die INSM zu Beginn in der Öffentlichkeit bekannt gemacht. Entworfen werden die Anzeigenkampagnen von der Agentur Scholz & Friends.[310]

Die Anzeigenkampagne lief unter dem Titel »Soziale Marktwirtschaft macht's besser« und wurde nicht ganzseitig geschaltet, sondern als kleinere Motive, die zum Beispiel in der Süddeutschen Zeitung vom 9. Juni 2009 zu je zwei Motiven auf den Seiten 18 und 19 (Wirtschaftsteil) gesetzt wurden.[311]

Im Rahmen dieser Kampagne sind Unterstützer der INSM zu sehen, zu denen unter anderen auch Wolfgang Clement gehört, der sich nach seinem Abtritt als Wirtschaftsminister wieder stärker für die INSM engagiert, aber auch der Meteorologe Jörg Kachelmann (Spruch: »Soziale Marktwirtschaft macht's besser, weil sie ein Wachstumsklima und keine Klimakatastrophe schafft.«) oder die Springreiterin Meredith Michaels-Beerbaum (Spruch: »Soziale Marktwirtschaft macht's besser, weil sie mit Einsatz und Fairplay große Sprünge ermöglicht.«).

Auch bei diesen Anzeigen wird nicht darauf verzichtet, die INSM als überparteiliche Reforminitiative zu präsentieren. Der Verweis auf die Abhängigkeit der Initiative von den Arbeitgeberverbänden der Metall- und Elektroindustrie wird einmal mehr ausgelassen, doch hierzu soll im Kapitel zur Transparenz nur im Internet näher eingegangen werden.

Die INSM als Objekt der Berichterstattung

Nun soll ein Blick auf die INSM in den Medien geworfen werden, also die INSM als Objekt der Berichterstattung.

Sind Sie von Attac bezahlt?

Die INSM selbst möchte nach Möglichkeit nicht Objekt einer kritischen Berichterstattung sein. Diesen Eindruck gewinnt zumindest, wer sich mit dem Gebaren der INSM gegenüber kritischen Journalisten befaßt.

Dies erfuhr auch das ARD-Magazin Plusminus, als sie kritisch über

---

[309] vgl. Speth, Rudolf: Die politischen Strategien der Initiative Neue Soziale Marktwirtschaft. S. 21
[310] vgl. ebd. S. 22f
[311] Süddeutsche Zeitung vom 9. Juni 2009, S. 18 und 19.

den INSM-Botschafter Oswald Metzger und das System der Botschafter an sich in der Sendung vom 30.08.2005 berichtete. Während die anderen Beiträge dieser Sendung im Internet als Transkript nachzulesen waren, wurde der Beitrag über die INSM wieder herausgenommen.

Die Redaktion zog sich diesbezüglich in einer Mail an einen Zuschauer darauf zurück, daß der O-Ton eines Sprechers der Arbeitgeberverbände nicht als Archiv-Material gekennzeichnet gewesen und der Beitrag deshalb angreifbar gewesen sei.[312] Zuschauer hätten diesen Beitrag für ein aktuelles Statement halten können, eben weil dieser nicht als Archiv O-Ton gekennzeichnet war.

Folgt man der Berichterstattung zu diesem Thema, drängt sich eher der Verdacht auf, daß sich die Redaktion durch die Arbeitgeber-Lobby hat einschüchtern lassen: Nach der Ausstrahlung des Beitrags des SWR-Redakteurs Dietrich Krauss erging ein Schreiben der INSM an die Intendanz.[313] Schon im Beitrag fragte ein sichtlich genervter Oswald Metzger den Journalisten, ob er denn von Attac bezahlt werde für seine kritischen Fragen unter anderem nach dem Gehalt, welches er für seine Vorträge bekomme.[314] Auch dies ist eine beliebte Strategie bei der INSM überhaupt: Mit der Unterstellung von Gewerkschafts- oder Parteinähe will die INSM die Glaubwürdigkeit kritischer Journalisten in Frage stellen.[315]

In dem Bericht Dietrich Krauss' wurde auch die Strategie thematisiert, Botschafter in Talk-Shows zu plazieren. Ebenso wurde darauf hingewiesen, daß der Arm der INSM mit Paul Kirchhof (»Reformer des Jahres«) und Peter Müller (»Ministerpräsident des Jahres«) bis ins Kompetenzteam der Kanzlerkandidatin Angela Merkel reichte.

Eine Folge des Anschreibens der INSM an die Intendanz dürfte die Herausnahme des Transkriptes des Beitrags der Sendung vom 30.08.2005 aus dem Internetangebot von Plusminus gewesen sein. Damit entfällt auch die Möglichkeit für Interessierte im Internet, die Inhalte diese Sendung nachzulesen.[316]

Schon vor dem Interview mit Oswald Metzger wollte der damalige Geschäftsführer Tasso Enzweiler vom Autoren Dietrich Krauss wissen, ob er einen kritischen Bericht mache. Nach dem Interview im Juli 2005 drohte dann Oswald Metzger dem Autor Dietrich Krauss unverhohlen: »Ich werde herausbekommen, wie sie an diesen Auf-

---

[312] vgl. http://www.heise.de/tp/foren/go.shtml?read=1&msg_id=9358431&forum_id=88698 (22.08.2021)

[313] vgl. Otte, Nicole: »Die Medien einschüchtern«.

[314] vgl. ebd.

[315] vgl. ebd.

[316] Auszüge aus dem Beitrag sind noch in Weblogs dokumentiert.

trag gekommen sind!«[317]

Die Beschwerden der INSM bei den Intendanten sollen bewirken, daß sich die Redaktionen bei den nächsten Berichten stärker zurückhalten, wenngleich die INSM das bestreitet: Die INSM wolle nur auf unzutreffende Berichterstattung aufmerksam machen.[318]

Am 13.10.2005 berichtete auch das ARD-Magazin Monitor kritisch über die INSM. Ein Interview im Vorfeld des Berichtes lehnte die INSM jedoch ab, obwohl sie Krauss zuvor vorgeworfen hatte, nicht das Gespräch gesucht zu haben.[319]

Das Gespräch mit der INSM suchte die freie Journalistin Brigitte Baetz, die zum Thema Lobbyismus recherchierte. Die INSM-Geschäftsführer Rath vertröstete sie zunächst und versuchte anschließend, sie zu bedrängen: Sie sollte ihren Beitrag zur Abnahme vorlegen und sich überlegen, daß sie als freie Journalistin ja schließlich auch noch weitere Aufträge bekommen wolle.[320]

Weitere Fälle, in denen sich die Initiative gegen kritische Berichterstattung zur Wehr gesetzt hat, sind bekannt. So fragte sie beim Arbeitgeber von Nicole Otte nach, »ob er darüber informiert sei, dass sie journalistisch tätig sei«.[321]

Während die INSM dann kritische Berichte nicht verhindern kann, wenn die Redaktionen hinter ihren Journalisten stehen und sich gegen die Beschwerden verwahren, war die INSM beim PR-Magazin erfolgreich. Der Artikel des PR-Magazin-Autors Martin Bell wurde »um die kritischsten Stellen gekürzt und dem Autor dann wieder vorgelegt. Mit dem Hinweis, er möge sich doch bei seinen zukünftigen Recherchen zurückhalten.«[322]

Berichterstattung: Weitgehend unkritisch

Kritische Berichterstattung ist indes nur ein kleiner Ausschnitt in der gesamten Berichterstattung über die *Initiative Neue Soziale Marktwirtschaft*, welche überwiegend positiv oder neutral ausfällt.[323] Dies geht auch aus der Studie von Christian Nuernbergk hervor, in deren Rahmen er die Medienresonanz der INSM im Zeitraum von Septem-

---

[317] Krauss, Dietrich: Umarmung der Medien und Druck auf kritische Journalisten. S. 108

[318] vgl. Otte, Nicole: »Die Medien einschüchtern«

[319] vgl. ebd.

[320] vgl. Krauss, Dietrich: Umarmung der Medien und Druck auf kritische Journalisten. S. 120

[321] Speth, Rudolf: Die zweite Welle der Wirtschaftskampagnen. S. 19

[322] Krauss, Dietrich: Umarmung der Medien und Druck auf kritische Journalisten, S. 120

[323] Speth, Rudolf: Die zweite Welle der Wirtschaftskampagnen, S. 18

ber 2003 bis zum April 2004 verschiedenen Medien gemessen hat.[324] Die Medienberichterstattung über die INSM war im Untersuchungszeitraum wenig differenziert und erwies sich mehrheitlich als völlig unkritisch.[325] Im Untersuchungszeitraum der Studie gelang es der INSM »in den Medien eine insgesamt positive Auseinandersetzung mit ihren inhaltlichen Kernforderungen«[326] zu bewirken.

Bemerkenswert ist zudem, daß die Initiative mit ihren Aktionen zahlreiche Berichte über jene auslösen konnte, bei denen zusätzliche Recherchen der Redaktionen nicht erkennbar waren.[327] Letztlich gelang es der INSM im Untersuchungszeitraum der Studien Nuernbergks »überwiegend Gegenstand einer durch sie gesteuerten Medienberichterstattung«[328] zu sein.

Dies spiegelt sich auch in der Berichterstattung über den »Bildungsmonitor« der INSM wider, die oftmals vor allem darin besteht, die Ergebnisse dieser Dauerstudie der INSM zu referieren, ohne die zweifelhaften wissenschaftlichen Methoden zu hinterfragen, mit denen diese Studie erstellt wird.[329] Die mangelnde kritische Auseinandersetzung der Journalisten mit dieser Art der Veröffentlichungen der INSM führt in der Öffentlichkeit zu einem schiefen Bild bezüglich der Wissenschaftlichkeit der Studie,[330] was sich durchaus nicht nur auf den »Bildungsmonitor«, sondern auch weitere Studien der INSM beziehen läßt.

Die INSM im Internet

Zu Beginn startete die INSM mit der Internet-Adresse http://www.chancenfueralle.de/, auf der anfangs die Hauptseite lag. Heute leitet diese Domain direkt auf die Hauptseite http://www.insm.de/ um. Hier finden sich die wesentlichen Artikel der INSM und auch die entsprechenden Beiträge zur Selbstdarstellung der Initiative.

Neben dieser Hauptseite ist mit der Zeit ein verzweigtes Netz weiterer Seiten gewachsen, die teilweise auch Ausdruck der entsprechenden Kooperationen mit verschiedenen Medien sind.

Neben der Hauptseite sind für die Aktivitäten der INSM wesentlich die Seiten http://www.wirtschaftundschule.de/, sowie die Seite

---

[324] vgl. Nuernbergk, Christian: Die PR-Kampagne der Initiative Neue Soziale Marktwirtschaft und ihr Erfolg in den Medien. S. 178

[325] vgl. ebd.

[326] ebd. S. 179

[327] vgl. ebd. S. 180

[328] ebd.

[329] vgl. Kaphegyi, Tobias: Black Box Bildungsmonitor? S. 9f

[330] vgl. ebd.

http://www.wassollwerden.de/, die sich an Jugendliche und Studenten richtet.

Während auf der Seite wirtschaftundschule.de nicht nur die Urheberschaft, sondern auch die Verbindung der INSM mit den Arbeitgeberverbänden der Metall- und Elektroindustrie auf der Startseite klargestellt wird, findet sich auf der Seite wassollwerden.de, die zusammen mit dem Musik-Sender MTV betrieben wird, kein solcher Hinweis, sondern lediglich ein Verweis auf die INSM im Fuß der Seite.[331]

Im Jahr 2013 gibt es die Seite nicht mehr. Die Internetadresse wird umgeleitet zu einer Seite von Gesamtmetall, mit der Jugendliche für die Ausbildung in Metallberufen angesprochen werden sollen.[332]

wassollwerden.de ist mit vielen Bildern und kurzen Texten bestückt, enthält Angebote wie Bewerbungsmappe, Jobnews und Ähnliches,[333] während wirtschaftundschule.de textlastiger ist und sich an Lehrer als Multiplikatoren wendet, die hier aufbereitete Unterrichtsmaterialien finden, über die die INSM ihre Botschaften auch an den Schulen zu verbreiten versucht.[334]

»Transparenz« nur auf der Homepage

Die Netzzeitung *Politik & Kommunikation* veröffentlichte im Jahr 2005 ein Streitgespräch zwischen Vertretern und Kritikern der INSM. Für die INSM nahmen Dieter Rath und Tasso Enzweiler als Geschäftsführer von berolino.pr, beziehungsweise der INSM teil. Als Vertreter einer kritischen Betrachtung der PR-Aktionen der INSM traten Rudolf Speth, Autor verschiedener Studien zu Lobbygruppen und Think Tanks auf sowie Ulrich Müller von LobbyControl.

In diesem Streitgespräch betonten Rath und Enzweiler, daß es bei der INSM transparent zugehe. Auf den Vorhalt Ulrich Müllers, daß für den Betrachter der Plakate und Broschüren der INSM verdeckt bleibe, daß diese Organisation durch die Metallarbeitgeber finanziert würde, erwiderte Rath, daß die INSM auf ihrer Homepage alles offenlege, und zwar schon von Anfang an.[335]

Auf die Nachfrage Müllers, wieso die INSM dies nicht auch auf ihren Plakaten und in ihren Broschüren mitteilt, antwortet Enzweiler

---

[331] vgl. http://web.archive.org/web/20120207010700/http://www.wassollwerden.de/ (22.08.2021)

[332] vgl. http://www.ichhabpower.de/ wird inzwischen auf die Seite https://www.ausbildung-me.de/ umgeleitet, wendet sich aber nach wie vor an Jugendliche. (22.08.2021)

[333] vgl. Speth, Rudolf: Die politischen Strategien der Initiative Neue Soziale Marktwirtschaft, S. 25

[334] Speth, Rudolf: Die zweite Welle der Wirtschaftskampagnen S. 21f

[335] vgl. Politik & Kommunikation April 2005: »Sie werben ja nicht für Persil«. S. 37f

eher ausweichend, daß dies in der Medienbranche nicht üblich sei, zudem ja die Betrachter direkt auf die Homepage gestoßen würden, wo sie alles nachlesen könnten.[336] Daß natürlich nicht jeder, der eine Anzeige, Plakat oder Broschüre sieht, sich über den Hintergrund der INSM via Internet informieren wird, wird mit dieser Argumentationslinie beiseitegeschoben. Statt dessen wird hier eine »Holschuld« beim Betrachter verortet. Dies ist das besondere Verständnis der INSM von Transparenz, welches auch bei den Botschaftern zum Tragen kommt, die in der Regel, wie beschrieben, eben nicht als solche vorgestellt werden, wenn sie auftreten.

Auf diese Weise wird nach außen der Anspruch aufrechterhalten, eine »parteiübergreifende Reformbewegung« zu sein, während Kritiker des lobbyistischen Hintergrunds auf die Transparenz verwiesen werden, die ja auf der Homepage der INSM herrsche.

In einer Studie untersuchte Christian Nuernbergk die Wahrnehmung der INSM in den Medien. Dabei untersuchte er sowohl jene Nennungen der INSM, die sich mit der Initiative als solche befaßten, als auch jene, in denen die Inhalte der INSM transportiert wurden inklusive der Medienkooperationen der INSM.

Im Rahmen seiner Magisterarbeit stellte Nuernbergk fest, daß die Berichte wesentlich durch die INSM gesteuert sind und nur selten der Verweis auf die Hintergründe als Arbeitgeber-Initiative gegeben wird.[337]

Hier schlägt sich auch nieder, daß die Botschafter der INSM Gastbeiträge für Zeitungen schreiben, ohne daß hier bezüglich der Verbindung zur INSM Transparenz hergestellt wird. Die Botschafter werden mit ihren sonstigen Funktionen und Stellungen im politischen oder gesellschaftlichen Betrieb benannt, ohne daß die Verbindung zur INSM und über diesen Umweg zu den Arbeitgeberverbänden offenkundig wird. Daß das Publikum der Medien in der Regel kein Quellenstudium betreibt, wenn die Medien ihnen die Einordnung der Absender der Nachrichten vorenthalten, dürfte bei den Machern der INSM bekannt sein.[338]

Der Hinweis auf die Finanzierung der Initiative durch die Arbeitgeberverbände befindet sich auch auf der neugestalteten Homepage, sofern die Betrachter etwas weiter unten auf den entsprechenden Link clicken. Somit fällt dieser Hinweis beim Besuch der Homepage nach wie vor nicht ins Auge. Gleichwohl wird dieser Hinweis zwar

---

[336] vgl. ebd. S. 38
[337] vgl. Nuernbergk, Christian: INSM: Reformpolitik auch ohne Wählerauftrag.
[338] vgl. Krauss, Dietrich: Umarmung der Medien und Druck auf kritische Journalisten. S. 110

auch in das Impressum der Broschüren der Initiative gedruckt, jedoch gemeinsam mit dem den Charakter der Initiative verschleiernden Hinweis, es handele sich bei der INSM um »ein überparteiliches Bündnis aus Politik, Wirtschaft und Wissenschaft«.[339] Es wird mit dieser Selbstbeschreibung der Eindruck erweckt, als handele es sich bei der INSM um eine Art Verein, bei dessen Ausrichtung verschiedene Gruppierungen mitreden, was, wie in diesem Buch bereits deutlich beschrieben wurde, nicht der Fall ist.

Soziale Netzwerke und Internetdienste

In den letzten Monaten und Jahren wird die INSM auch zunehmend in sozialen Netzwerken aktiv, beziehungsweise verwendet populäre Internetdienste wie flickr, Facebook, YouTube und Twitter. Auch über diese Kanäle verbreitet die INSM kontinuierlich ihre Botschaften. Der Vorteil liegt für die INSM darin, daß diese Einrichtungen überwiegend kostenlos angeboten werden und insbesondere mit Facebook ein breites Publikum erreicht werden kann. Dies dürfte ein weiterer Baustein in der Strategie der INSM sein, über Multiplikatoren eine möglichst breite Öffentlichkeit zu erreichen. Insbesondere können hier auch wiederum Jugendliche angesprochen werden, für die die Verwendung von Facebook und vergleichbaren Plattformen zur Normalität geworden ist.

Auf der Facebook-Seite der INSM werden unter anderem auch Photos von Veranstaltungen der Initiative präsentiert sowie Artikel verlinkt, die sich mit ihren Themen und Botschaften befassen. Hier besteht auch für Facebook-Nutzer die Möglichkeit, mit den Redakteuren der Facebook-Seite der INSM zu diskutieren.

Wie auch in allen anderen Bereichen ist es jedoch Dritten über die Facebook-Seite der INSM nicht möglich, Einfluß auf die Aktionen der Initiative zu nehmen oder solche überhaupt anzustoßen. Auch in den Diskussionen auf der Facebook-Seite zeigt sich, daß diese Seite vor allem der Vermittlung der Botschaften der INSM dienen soll und nicht etwa einer Diskussion, bei der die Positionen der Initiative in Frage stehen. Wichtiger als die Diskussionen auf der Seite dürfte der INSM die Möglichkeit von Facebook-Nutzern sein, die Artikel, Bilder und Filme, die die INSM auf Facebook veröffentlicht, mit anderen zu teilen und somit für deren Verbreitung zu sorgen. Hier wird die Werbung für die Ziele der INSM mittels interessierter Multiplikatoren kostenlos für die Initiative.

---

[339] u.a. in: Initiative Neue Soziale Marktwirtschaft (Hrsg.): Die Wohlstandsfrage. S. 158

Die Ranking-Studien der INSM

Eine weitere Art der Kooperation mit den Medien sind die verschiedenen Ranking-Studien, die die INSM in Zusammenarbeit mit großen wirtschaftsnahen oder konservativen Zeitungen betreibt, wie das Städte-Ranking, das Länder-Ranking oder der »Reformer des Jahres«. Weitere Aktionen werden auch ohne direkte Kooperationen betrieben wie zum Beispiel der »Bildungsmonitor«, dessen Ergebnisse als Pressemitteilung veröffentlicht werden und von den Zeitungen unterschiedlich bewertet werden.

Dabei fällt nicht selten unter den Tisch, was die INSM ist und wer hinter der INSM steht. Hinweise darauf, daß es sich bei dem Bildungsmonitor um eine Auftragsarbeit der arbeitgebernahen INSM handelt, werden in einigen Zeitungen wie der Leipziger Volkszeitung oder Chemnitzer Morgenpost einfach unter den Tisch fallen gelassen. Das Interesse der Arbeitgeber am Bildungsmonitor, also dem Versuch, hier einen Wettbewerb zwischen den Bildungsministern zu inszenieren, wird nicht erwähnt.[340]

Die Studien sind somit offenbar ein effektives Mittel, den Zugang der INSM zur Berichterstattung zu erleichtern, die im Rahmen der Medienkooperation überwiegend undifferenziert ausfällt. Alternative Bewertungen würden von den Medien bei der Berichterstattung über die Studien nicht angeboten. Damit liege der Schluß nahe, daß die Studien und Umfrageergebnisse ohne eine inhaltliche Auseinandersetzung durch die Redaktionen der kooperierenden Medien an die Leserschaft weitergegeben werden.[341]

Mit der Bundestagswahl 2005 und der folgenden Regierungsbildung im Rahmen einer großen Koalition mit der CDU-Politikerin Angela Merkel als Bundeskanzlerin hat die INSM das »Merkelmeter« in Kooperation mit der WirtschaftsWoche in Auftrag gegeben.[342] Hier wird mit einem wissenschaftlichen Anspruch die Leistung der Regierung Merkel bezüglich Reformen in den Bereichen Arbeitsmarkt, Steuer & Finanzen, Governance und soziale Sicherung bewertet.[343] Durch die Kooperation mit der WirtschaftsWoche wird neben dem

---

[340] vgl. http://www.lobbycontrol.de/2006/08/presse-echo-zu-bildungsmonitor-der-insm/ (22.08.2021)

[341] vgl. Nuernbergk, Christian: Die PR-Kampagne der Initiative Neue Soziale Marktwirtschaft und ihr Erfolg in den Medien, S. 179

[342] vgl. http://www.merkelmeter.de/ (17.08.2007) wird umgeleitet zu: http://www.handelsblatt.com/themen/Merkel,%20Angela (15.10.2015) Die Merkelmeter-Adresse ist nach wie vor registriert, aber leer. Die Themenseite des Handelsblattes zu Angela Merkel ist unter der Adresse nicht erreichbar. (22.08.2021)

[343] vgl. Scharnagel, Benjamin und Carsten Seim: Zur Methodik des »Merkelmeters«.

wissenschaftlichen Anspruch auch ein journalistischer Anspruch betont. Diverse Links auf der Seite des »Merkelmeters« verweisen auf weitere Seiten der INSM und der WirtschaftsWoche.
Über diese Art der Kooperation sind die Medien selbst in die Erstellung der Studien einbezogen und haben daher wenig Interesse daran, die Ergebnisse der Studien oder auch nur die Kriterien oder Gewichtungen, die zu den Ergebnissen geführt haben, kritisch zu beleuchten oder zu hinterfragen.[344] Aber »[i]nsbesondere das Zustandekommen der Medienkooperationen erfordert eine schlüssigere redaktionelle Begründung und Darlegung. Der Journalismus droht ansonsten durch ein dauerhaft einseitiges und prädisponiertes Handeln in Glaubwürdigkeits- und Legitimationsprobleme zu geraten.«[345]

»Merkelmeter«[346]

Das »Merkelmeter« war nach eigenem Bekunden der INSM das »wissenschaftliche Leistungszeugnis der Bundesregierung« - mit der Archivierung des »Merkelmeters« heißt es nunmehr: »Die wissenschaftliche Politikanalyse des Instituts der deutschen Wirtschaft Köln (IW) im Auftrag von *Initiative Neue Soziale Marktwirtschaft* (INSM) und WirtschaftsWoche«.[347] Zur Methodik hieß es:

»Den Gesetzgebungsprozess in Berlin vergleichen die Ökonomen [des Instituts der deutschen Wirtschaft Köln, U.E.] mit einem Reformplan, den sie vor der Bundestagswahl 2005 entworfen hatten. Das ist die theoretisch erreichbare 100-Prozent-Zielmarke. Diese wissenschaftliche Handlungsagenda fußt unter anderem auf Erkenntnissen aus der INSM-Studie Vision D. Diese Untersuchung analysierte erfolgreiche Reformkonzepte anderer Industrieländer und deren mögliche Übertragung auf Deutschland. Die Handlungsagenda fußt außerdem auf Simulationsmodellen des Rats zur Begutachtung der Gesamtwirtschaftlichen Entwick-

---

[344] vgl. Krauss, Dietrich: Umarmung der Medien und Druck auf kritische Journalisten. S. 113

[345] Nuernbergk, Christian: Die PR-Kampagne der Initiative Neue Soziale Marktwirtschaft und ihr Erfolg in den Medien, S. 182

[346] Die folgenden Ausführungen fußen auf dem Kapitel »Merkelmeter« meiner Masterarbeit »Die INSM zwischen interessengebundener Ideenagentur und Lobbygruppe« (2009)

[347] Scharnagel, Benjamin und Carsten Seim: Zur Methodik des »Merkelmeters«. (15.10.2015)

lung (Wirtschaftsweise).«[348]

Die INSM erstellte überdies einen Katalog von Kriterien, an denen die Maßnahmen der Regierung Merkel, also der großen Koalition, die von 2005 bis 2009 regierte, gemessen werden sollte. Als Handlungsfelder, die in die Studie einflossen, wurden Arbeitsmarkt, soziale Sicherung, Steuern und Finanzen und Governance festgelegt. Die Kriterien sind im Detail als Anhang 3 am Ende dieses Buches zu finden. Der Übersichtlichkeit halber sollen hier jetzt nur die konkreten Bereiche und Hauptunterpunkte wiedergegeben werden:

»Arbeitsmarkt
1. *Deregulierung des Arbeitsmarktes*
2. *Abbau von Verzerrungen bei den Transferleistungen*
3. *Verbesserung der aktiven Arbeitsmarktpolitik*

Soziale Sicherung
1. *Gesetzliche Rentenversicherung*
2. *Gesetzliche Krankenversicherung*
3. *Soziale Pflegeversicherung*
4. *Lohnzusatzkosten*

Steuern und Finanzen
1. *Reduzierung der Steuerbelastung der Unternehmen*
2. *Reduzierung der Steuerbelastung der Bürger*
3. *Konsolidierung der öffentlichen Haushalte*
4. *Effizienz des Steuersystems*

Governance
1. *Bürokratieabbau*
2. *Föderalismus (Aufgabenerfüllung)*
3. *Fiskalföderalismus (Einnahmen und Ausgaben)«*[349]

Alle Hauptpunkte werden durch Unterpunkte konkretisiert, die im Wesentlichen Forderungen der Arbeitgeberverbände entsprechen

---

[348] ebd. - Bei der Archivierung des »Merkelmeters« im Deutschland Check wurde der Text an einigen Stellen verändert. Hier wird die alte Fassung des Textes zitiert, daher auch der Verweis auf das Webarchiv.

[349] Scharnagel, Benjamin und Carsten Seim: Zur Methodik des »Merkelmeters«.

oder eben der neoliberalen Ideologie folgen, darunter Senkung der Transferleistungen, Kürzung der Transferdauer, Einführung des Versicherungsprinzips bei den Sozialversicherungen und Stärkung der betrieblichen Ebene,[350] also der Möglichkeit, Flächentarifverträge durch betriebliche Absprachen zu ersetzen. Im Bereich der »Governance« (des Regierens) verfolgt die INSM Ziele, die sich weitgehend mit jenen des *Konvents für Deutschland* decken, insbesondere hinsichtlich des Aufbaus eines »Wettbewerbsföderalismus«. Gemeint ist hiermit, daß die Bundesländer untereinander stärker konkurrieren und in diesem Rahmen mehr Entscheidungsbefugnisse direkt auf die Länder übertragen werden, darunter auch die Stärkung der Steuerautonomie der Gebietskörperschaften.

Die Kompetenzen sollen eindeutiger zugeordnet werden, was bedeutet, daß die Zahl der Gesetze, die sowohl von Bundestag als auch Bundesrat verabschiedet werden müssen, reduziert werden sollen.[351] Damit würde die vertikale Gewaltenteilung (Gewaltenteilung zwischen Bund und Ländern) beschränkt, beziehungsweise reduziert. Auch dies ist eine zentrale Forderung des *Konvents für Deutschland.*

Dies war also der Maßstab, der an die Regierungstätigkeit der Regierung Merkel, also der großen Koalition, die von 2005 bis 2009 regiert hat, angelegt wurde. Die Bewertung der Regierung folgt in Form von Prozentpunkten, die für Kabinettsbeschlüsse, Regierungserklärungen, Gesetzentwürfe und Gesetze der Bundesregierung vergeben werden. Ausgangspunkt ist der Amtsantritt 2005 mit dem Wert null, während im Idealfall 100 Prozent am Ende der Wahlperiode erreicht werden konnten.[352] Anhand von Auszügen aus dem neunten bis elften »Merkelmeter« soll hier die Funktionsweise erläutert werden, die hinter dieser Konzeption steckt, und die letztlich auch den Ranking-Studien der INSM zugrunde liegen.

Das »Merkelmeter« selbst erschien in unregelmäßigen Abständen. Es wurde im Auftrag der INSM und der WirtschaftsWoche durch das arbeitgebernahe Institut der deutschen Wirtschaft (IW) erstellt. Die zugrundeliegende Konzeption des »Merkelmeters« ist eine auf Wachstum ausgerichtete Politik.[353]

Bezüglich des Arbeitsmarktes führt die INSM in den Erläuterungen zum »Merkelmeter« aus, soll der Produktionsfaktor Arbeit gegenüber anderen Produktionsfaktoren verbilligt und ein flexiblerer Einsatz ermöglicht werden.[354] Im sozialen Sicherungssystem wird eine

---

[350] vgl. ebd.
[351] vgl. Scharnagel, Benjamin und Carsten Seim: Zur Methodik des »Merkelmeters«.
[352] vgl. ebd.
[353] vgl. ebd.
[354] vgl. ebd.

zunehmende Belastung durch die demographische Entwicklung, Ausgabenbelastung und eine Aushöhlung des Versicherungsprinzips diagnostiziert, der unter anderem mit einer – wie oben schon erwähnt – Stärkung des Versicherungsprinzips entgegengetreten werden soll.[355] Die Stärkung des Versicherungsprinzips bedeutet vor allem die private Absicherung sozialer Risiken nach den Prinzipien der Risikoäquivalenz und der Kapitaldeckung. Am Beispiel der Krankenversicherung bedeutet eine höhere Risikoäquivalenz, daß sich der Krankenversicherungsbeitrag stärker am individuellen Risiko orientieren soll. Wer kränker ist, zahlt mehr. Wer ein höheres Risiko hat, krank zu werden, weil zum Beispiel in der Familie eine Veranlagung für Diabetes besteht, zahlt höhere Beiträge zur Krankenversicherung. Es handelt sich um das System der privaten Krankenversicherung, bei der die Versicherten nach dem individuellen Risiko beurteilt werden und entsprechende Beiträge zahlen müssen.

Der Gegenentwurf ist das Sozialversicherungsprinzip, nach dem die Versicherten den Beitrag entsprechend ihrer Leistungsfähigkeit, als zum Beispiel der Höhe des Einkommens, zahlen, und zwar ohne Gesundheitsprüfung oder Berücksichtigung der individuellen Gesundheitsrisiken. Ziel einer solchen Sozialversicherung ist der Zugang aller Menschen zur medizinischen Versorgung ohne Rücksicht auf ihr Einkommen.

Kapitaldeckungsverfahren bedeutet, daß zum Beispiel bei der Rente nicht mehr in ein Umlagesystem eingezahlt wird, wie es heute noch überwiegend der Fall ist, sondern daß eine individuelle Rentenversicherung abgeschlossen wird, deren Einzahlungen verzinst werden und damit von den Schwankungen des Kapitalmarktes abhängig ist.

Die Abkopplung der Sozialversicherungen von der Arbeit – in der Sprache von INSM und anderen neoliberalen Einrichtungen die Entlastung oder Befreiung der Arbeitskosten von den Sozialversicherungen – bedeutet, daß die paritätische Finanzierung der Sozialversicherungen, also zur Hälfte von Arbeitnehmern und Arbeitgebern, aufgegeben wird und der Beitrag zu den Sozialversicherungen überwiegend oder komplett von den Arbeitnehmern geleistet werden soll. Solche Forderungen gehen üblicherweise mit den obengenannten Forderungen nach Privatisierung der Sozialversicherungen einher. Die Folge: Beitragssteigerungen führen zur alleinigen Belastung der Arbeitnehmer, deren Kompensation allenfalls in Tarifverhandlungen erreicht werden könnte.

Zurück zum »Merkelmeter«: Eine weitere wesentliche Ergänzung zur Methodik ist der Hinweis, daß die Bewertung auf volkswirt-

---

[355] vgl. ebd.

schaftlichen Theorien beruhe und im Einzelfall durch ordnungspolitische Bewertungen ergänzt werde.[356] Mit dieser Festlegung läßt sich die INSM – wie wir noch sehen werden – eine Hintertür offen, um bei der Bewertung einzelner Entscheidungen der Regierung Merkel von ihrem Kriterienkatalog abweichen zu können.

Im elften »Merkelmeter« vom 4. Februar 2009 wurde die Regierung Merkel ausgesprochen positiv bewertet. Insbesondere im Bereich Steuern und Finanzen durfte sich die Regierung 7.3 Pluspunkte gutschreiben. Die schlechte Bewertung der Neuverschuldung (- 11.9) wurden unter anderem durch die Absetzbarkeit von Vorsorgeaufwendung (+ 5.9) und Senkung des Eingangssteuersatzes sowie die Erhöhung des Grundfreibetrags (+ 5.9) und die Erhöhung von Investitionen (+ 3.0) wieder wettgemacht.[357]

Besonderes Augenmerk sollte indes auf die Arbeitsmarktpolitik gerichtet werden: Für die Verlängerung der Bezugsdauer von Kurzarbeitergeld von 12 auf 18 Monate, sowie die hälftige Übernahme der Sozialversicherungsbeiträge darf sich die Regierung 2.0 Pluspunkte zurechnen lassen![358] Dies ist insofern inkonsequent, als daß die INSM in ihren Kriterien für das »Merkelmeter« eigentlich doch die Kürzung der Laufzeiten von Transferleistungen – hier Lohnersatzleistungen – fordert, während die Verlängerung des Kurzarbeitergeldes doch eindeutig das ist, was es sagt: Eine Verlängerung. Hier drückt die INSM ein Auge zu, denn die Kurzarbeiterregelung kommt den Arbeitgebern insofern zugute, als daß sie ihren Arbeitnehmern während der Krise weniger Lohn zu zahlen brauchen und mindestens die Hälfte des Arbeitgeberanteils der Sozialversicherungen erlassen wird.[359] So konnten die Arbeitgeber die Mitarbeiter halten, argumentiert die INSM weiter, und mußten sie nicht in die Arbeitslosigkeit entlassen.[360]

Der andere Teil der Wahrheit, den die INSM nicht erwähnt, ist, daß die Arbeitnehmer das Kurzarbeitergeld versteuern mußten und im Folgejahr eine teilweise kräftige Steuernachzahlung zu leisten hatten. An dieser Stelle zeigte sich besonders deutlich, daß die INSM im Zweifel auch bereit war, ihre eigenen Kriterien ein wenig zu dehnen, wenn es um die Interessen der Arbeitgeber ging. Kurzarbeitergeld ist selbstverständlich eine Lohnersatzleistung in dem Sinne, wie sie die INSM unter 2.1. bei den Unterpunkten unter die Arbeitsmarktpolitik

---

[356] vgl. ebd.
[357] vgl. Scharnagel, Benjamin: Konjunkturpakete – Mit dem Zweiten hilft man besser! S.9
[358] vgl. ebd.
[359] vgl. ebd. S. 6
[360] vgl. ebd.

beschreibt.[361]

Unter dem bezeichnenden Titel »Blauer Brief für die Bundesregierung – noch ein Jahr Zeit zum Nachsitzen« firmiert das zehnte »Merkelmeter« vom 1. September 2008. Hier verteilt die INSM besonders in der Arbeitsmarktpolitik Minuspunkte (- 4.9), weil die Bundesregierung bei der Novellierung des Entsendegesetzes und des Gesetzes über die Mindestarbeitsbedingungen die Differenzierung der Mindestentgelte nach Art der Tätigkeit, Qualifikation und Region ermöglicht hat, sowie ein Vorschlagsrecht von Bund und Ländern über die Höhe der Mindestlöhne eingeführt hat.[362] Bereits im achten »Merkelmeter« mußte die Bundesregierung im Bereich der Arbeitsmarktpolitik für ihre Pläne beim Mindestlohn Abzüge von 7.8 Punkten hinnehmen.[363]

Hierin schlägt sich die politische Gegnerschaft der INSM gegen Mindestlöhne nieder. Zwar erfolgt die Bewertung dieser Entscheidungen nach den Kriterien, die sich die INSM für diese »Studie« gegeben hat, doch auch die sind politisch von den Zielen der INSM bestimmt. Zusammen mit dem Punktabzug aus dem 8. »Merkelmeter« zieht die INSM der Regierung Merkel im Bereich der Arbeitsmarktpolitik 12.7 Punkte allein für die Pläne zum Mindestlohn ab. Hier zeigt sich auch die Fragwürdigkeit des wissenschaftlichen Anspruches des »Merkelmeters«: Weil eben auch ordnungspolitische Vorgaben (des Neoliberalismus) eine Rolle spielen, bewegt sich die Bewertung zumindest in der Grauzone zwischen Wissenschaft und Ideologie. Ob sich Mindestlöhne nachteilhaft auf Wachstum und Beschäftigung auswirken, ist in der Wissenschaft umstritten. Im »Merkelmeter« wird indes so getan, als sei dies ein Faktum.

Auch im neunten »Merkelmeter« überwiegt die Kritik der INSM an der Politik der Regierung Merkel: Für die Verlängerung der Bezugsdauer des Arbeitslosengeldes I für ältere Arbeitnehmer (- 5.9), sowie für die Reform der Erbschaftssteuer (- 3.0) gab es deutliche Punktabzüge.[364]

Hinsichtlich der Verlängerung der Bezugsdauer von Arbeitslosengeld I für ältere Arbeitslose kritisiert die INSM, daß diese Maßnahme nicht geeignet sei, ältere Arbeitslose schneller in den Arbeitsmarkt zurückzuführen. Die Argumentation lautet, daß durch den längeren Bezug der (höheren) Lohnersatzleistung ALG I der Anreiz

---

[361] vgl. http://web.archive.org/web/20131207132944/http://2005-2009.deutschland-check.de/ueberdiemethodikderstudie.html (22.08.2021)

[362] vgl. Scharnagel, Benjamin: Blauer Brief für die Bundesregierung – noch ein Jahr Zeit zum Nachsitzen. S. 7

[363] vgl. ebd. S. 9

[364] vgl. Scharnagel, Benjamin: Rolle rückwärts in Berlin. S. 6

sinke, sich schnell wieder eine neue Arbeit zu suchen. Zudem biete diese Neuregelung ein Anreiz zur Frühverrentung und konterkariere die Bemühung, ältere Arbeitnehmer länger im Arbeitsleben zu halten.[365]

Ausgeblendet wird indes, daß ältere Arbeitnehmer es schwerer haben, einen Arbeitsplatz zu finden, weil die Arbeitgeber überwiegend eher junge Mitarbeiter einstellen. Die Neuregelung trug diesem Umstand insofern Rechnung, als daß die Bezugszeiten von Arbeitslosengeld I für über 50jährige in drei Stufen – abhängig vom Alter – verlängert wurde. Damit sollte verhindert werden, daß über 50jährige, die es ohnehin schwerer haben, auf dem ersten Arbeitsmarkt eine Anstellung zu finden, bereits nach zwölf Monaten auf das niedrige Niveau des Arbeitslosengeldes II fallen.

Die Argumentation der INSM, daß dadurch der Anreiz genommen würde, sich schnell wieder eine Arbeit zu suchen, fußt letztlich auf der Annahme, daß die Arbeitnehmer – bedroht von Hartz IV mit entsprechend niedrigen Sätzen und der Anforderung, eventuell bestehendes Vermögen zunächst zu verbrauchen – schneller bereit seien, auch schlecht entlohnte Arbeit anzunehmen. Das wird hier zwar nicht so deutlich formuliert, ist jedoch in der Behauptung, daß längerer Bezug höherer Lohnersatzleistungen die schnelle Rückführung in den Arbeitsmarkt verhinderte, enthalten. Die Unterstellung in dieser Behauptung ist, daß jemand, der die entsprechende Lohnersatzleistung länger erhält, nicht in gleicher Weise unter Druck steht, irgendeine Stelle schnell anzunehmen, sondern sich bei der Auswahl eines möglichen Arbeitsplatzes Zeit läßt.

Bei der Erbschaftssteuer kritisiert die INSM insbesondere die Bedingungen, die an einen Teilsteuererlaß im Falle von Erbe oder Schenkung eines Unternehmens gekoppelt sind. Sie würden in die unternehmerische Selbstbestimmung eingreifen.[366] Wenn es zu einer Krise komme, könne es keine Beschäftigungsgarantie geben. Mitarbeiter könnten jedoch nicht entlassen werden, weil die Lohnsumme nicht unter 70% der letzten fünf Jahre vor dem Übergang des Unternehmens an den Erben liegen dürfe. Sinnvoller sei es gewesen, wenn die Regierung die Erbschaftssteuer im Jahr 2009 hätte auslaufen lassen.[367]

In seinem Urteil vom 17. Dezember 2014 erklärte das Bundesverfassungsgericht, daß der Gesetzgeber kleine und mittelständische Unternehmen zur Sicherung ihres Bestandes ganz oder teilweise von

---

[365] vgl. ebd. S. 8
[366] vgl. ebd. 15ff
[367] vgl. ebd. S. 4

der Erbschaftssteuer freistellen könne, daß dies jedoch tragfähiger Rechtfertigungsgründe bedürfe. Die zu der Zeit geltenden Regelungen seien indes in Anbetracht der eröffneten Gestaltungsmöglichkeiten und des Ausmaßes mit dem Gleichheitsgrundsatz in Art. 3 Abs. 1 GG unvereinbar.[368] Der Vorstellung der INSM einer kompletten Abschaffung der Erbschaftssteuer kam das Gericht somit nicht nach.

Gerade die Erbschaftssteuer wird von ihren Befürwortern als ein Mittel gesehen, mit dem eine zu große Auseinanderentwicklung der Vermögens- und damit auch der Machtverhältnisse innerhalb einer Gesellschaft verhindert werden kann. In diesem Sinne ist die Erbschaftssteuer »ein Beitrag zur Herstellung sozialer Chancengleichheit, die sich in einer freien Ordnung nicht von selbst herstellt«.[369] Die Richter/innen Reinhard Gaier, Johannes Masing und Susanne Baer des Bundesverfassungsgericht schreiben in ihrem Minderheitsvotum, das vom Urteil nicht abweicht sondern ihm nur weitere Gründe hinzufügt, darunter zu Recht, daß aus dem Sozialstaatsprinzip in Artikel 20 Abs. 1 GG die Verpflichtung des Staates folge, »für einen Ausgleich der sozialen Gegensätze und damit für eine gerechte Sozialordnung zu sorgen«.[370]

Aus dem Urteil folgt somit insgesamt, daß nicht nur die Erbschaftssteuer als solche mit der Verfassung vereinbar ist, sondern daß Ausnahmen aus der Erbschaftssteuerpflicht aus Gründen der Gleichbehandlung aller Steuerpflichtigen gut begründet sein wollen.

Letztlich zeigen diese Beispiele bei der Bewertung der Regierungspolitik deutlich, daß hier auch maßgebliche Interessen im Spiel sind. Dies spiegelt sich besonders deutlich bei der politischen Bekämpfung des Mindestlohns als auch bei der Forderung, die Erbschaftssteuer auslaufen zu lassen, wider.

Dies verweist darauf, daß das »Merkelmeter« weniger ein »wissenschaftliches Leistungszeugnis der Bundesregierung« ist, als daß die Politik der Regierung Merkel an den politischen Forderungen der INSM gemessen wird. Das ist legitim, sollte aber auch so gesagt werden, statt sich hinter einer Pseudo-Wissenschaftlichkeit zu verschanzen, die letztlich auch noch mit der Vergabe von Punkten mit einer Nachkommastelle unterstrichen werden soll. Die Vergabe dieser Punkte ist völlig intransparent und für den Leser aus den beigefügten Materialien – auch aus den ausführlicheren Beschreibungen,

---

[368] vgl. BVerfGE 138, 136, 137.

[369] BVerfG, 1 ByL 21/12 vom 17.12.2015 Abweichende Meinung der Richter/innen Gaier, Masing und Baer zum Urteil des Ersten Senats vom 17.12.2014. Rn. 2

[370] ebd. Rn. 5

die als PDF-Dokumente von der »Merkelmeter«-Homepage heruntergeladen werden konnten – nicht ersichtlich. Sie treffen allenfalls eine Aussage darüber, für wie weit entfernt oder nahe die INSM die Politik der Bundesregierung zu ihren eigenen Vorstellungen hält.

Der Anspruch des »Merkelmeters«, ein »wissenschaftliches Leistungszeugnis« der Bundesregierung zu sein, darf angesichts der Kriterien, mit denen die Politik bewertet wird, in Frage gestellt werden. Die von der INSM angewandten Kriterien entspringen der neoliberalen Ideologie, die nur eine Strömung unter vielen in den Wirtschaftswissenschaften darstellt. Wer in einem solchen Rahmen operiert, sollte dies jedoch offen sagen, statt an das Image objektiver Wissenschaften anzuknüpfen, das in großen Teilen der Bevölkerung vorhanden sein dürfte. Hier wurden im Sinne Winand Gellners wissenschaftliche Erkenntnisse nach deren Nützlichkeit für die eigene Tendenzkoalition ausgewählt.[371] Daß sich hieraus konkrete, für die ganze Gesellschaft sinnvolle Handlungsanweisungen ergeben, ist indes eine gewagte Annahme.

Der Deutschland-Check der INSM

Der »Deutschland-Check« ist die unmittelbare Nachfolgestudie des »Merkelmeters«. Nach wie vor wird er von der INSM und der WirtschaftsWoche betrieben. Jedoch hat sich die Methodik geändert. Beim »Deutschland-Check« werden nicht mehr Punkte entsprechend der Vorgaben des INSM-Konzeptes »Vision-D« vergeben, sondern es werden fünf Punkte in Form von Sternen, wie sie auch zum Beispiel bei Wordpress-Weblogs üblich sind, vergeben.[372]

Der »Deutschland-Check« teil sich in drei Bereiche auf, nämlich

> *»1. einen **Arbeitsmarkt- und Wachstumsindex** des IW Köln*
>
> *2. die **IW-Politikanalyse**, die volkswirtschaftlich relevante Gesetze und Entscheidungen der Bundesregierung bewertet. Die Bewertung erfolgt auf einer Skala von theoretisch 0 bis zu maximal fünf Bewertungspunkten - das bestmögliche Ergebnis.*
>
> *3. **Umfragen**.«*[373]

Bezug genommen wird auch auf den »IW-Politik-Check Deutsch-

---

[371] vgl. Gellner, Winand: Ideenagenturen für Politik und Gesellschaft. S. 25f

[372] vgl. https://web.archive.org/web/20140427173040/http://www.deutschland-check.de/ (22.08.2021)

[373] https://web.archive.org/web/20140826160752/http://deutschland-check.de/methodik-der-studie.html (22.08.2021) Hervorhebungen im Original.

land 2005-2009«, der in diesem Zeitraum unter dem Namen »Merkelmeter« betrieben wurde. Neu sind der Arbeitsmarkt- und Wachstumsindex sowie die Umfragen. Die Politikanalyse knüpft an das »Merkelmeter«, verzichtet dabei jedoch auf den Index, bei dem die Gesetze mit Punkten bewertet wurden, die bis auf eine Nachkommastelle präzisiert wurden. Welche Überlegungen dazu geführt haben, den Index aufzugeben und statt dessen 0 bis 5 Punkte zu vergeben, lassen sich nur vermuten: Das Index-System mit der Punktevergabe hatte den wissenschaftlicheren Anspruch, jedoch dürfte das neue Punktesystem der Bevölkerung leichter zu vermitteln sein. Das Punktesystem war ohnehin an sich intransparent und für den Betrachter nicht nachvollziehbar.

Indes dürfte der neuen Punktevergabe von 0 bis 5 die gleiche Grundlage gegeben sein wie dem Index: Grundsätzlich, so die INSM auf ihrer neuen Internetseite für den »Deutschland-Check« zu Punkt 2, werden nach wie vor die gleichen Politikfelder betrachtet wie im »Merkelmeter«, nur eben unter Verzicht auf den Index.[374] Dabei ist anzunehmen, daß bei der Bewertung der Gesetze nach wie vor die Konzepte der INSM-Studie »Vision-D« die Grundlage bilden, auch wenn dies nur implizit durch den Bezug auf das »Merkelmeter« eingeräumt wird.

Der Arbeitsmarktindex wird aus der Zahl der Arbeitslosen und der Zahl der offenen Stellen gebildet. Ein steigender Wert soll eine Verbesserung der Arbeitsmarktperformance darstellen.[375]

Der Wachstumsindex setzt sich zusammen aus

- »Produktion im verarbeitenden Gewerbe (saison- und kalenderbereinigt)
- Lageeinschätzung aus dem Ifo-Geschäftsklimaindex
- DAX-Performance-Index (Finanzmarktentwicklung)«[376]

Mit dem Rückgriff auf diese Werte ist der Wachstumsindex unvollständig, zumal die Wertschöpfung im Bereich des Dienstleistungssektors komplett ausgeblendet wird. Die Bedeutung und die Aussagekraft dieses Wachstumsindex' bleibt im Nebel.

Hinsichtlich der Umfragen bleiben die Auswahl der Themen und die Art der Fragestellung selbstverständlich im Bestimmungsbereich der

---

[374] vgl. ebd., zur Methodik des »Merkelmeters« das entsprechende Kapitel in diesem Buch.

[375] vgl. https://web.archive.org/web/20140826160752/http://deutschland-check.de/methodik-der-studie.html (22.08.2021)

[376] ebd.

INSM. Welche Themen über diese Art der Umfragen an die Öffentlichkeit gespült und beworben werden sollen, entscheidet nach wie vor die Kampagnenzentrale.

Bei den Umfragen unter den Professoren der Wirtschaftswissenschaften kann sich die INSM im Großen und Ganzen sicher sein, daß dort die neoliberale Linie der Initiative reproduziert wird, denn in den Wirtschaftswissenschaften hat sich diese Ideologie weitgehend durchgesetzt. Verwiesen sei an dieser Stelle auf die Studie von Lucca Möller und Reinhold Hedtke, in der diese feststellen, daß die ökonomische Bildung weitgehend von neoliberalen Ideen gleitet ist.[377]

Im Großen und Ganzen bleibt der »Deutschland-Check« wie auch schon das »Merkelmeter« ein Instrument zur Beeinflussung der Regierungspolitik, beziehungsweise der Versuch, durch öffentliche Bewertung Einfluß auf die Entscheider zu nehmen und den Grad der Umsetzung der Forderungen der INSM zu dokumentieren.

Im Jahr 2014 gab die INSM den »Deutschland-Check« auf. Offensichtlich verspricht sich die Initiative von anderen Dauerstudien mehr und nachhaltigeren Erfolg bezüglich ihrer Ziele als es bei »Merkelmeter« und »Deutschland-Check« der Fall war. Überdies verfügt die INSM seit dem elften Jahr ihres Bestehens über geringere finanzielle Mittel als in den ersten zehn Jahren, wenngleich sie nach der Reduktion noch immer üppig ausgestattet ist. Auch hierin kann ein Grund dafür liegen, daß die INSM künftig auf diese Form der Vermittlung ihrer Botschaften verzichten möchte.

Umfragen als Instrument der Meinungsmache

Auch bei Umfragen besteht die Möglichkeit, die Zielpersonen durch die Fragestellung zu beeinflussen. Patrick Schreiner legte in seinem Weblog dar, in welcher Weise die INSM auch Meinungsumfragen nutzt, um ihre Botschaften vermeintlich wissenschaftlichen zu bekräftigen.

In einer Pressemitteilung teilte die INSM mit, daß in der Bevölkerung der Schuldabbau populärer als gedacht sei. Eine Mehrheit von 90 Prozent fände dies wichtig.[378] Die Frage, die die INSM durch das beauftragte Meinungsforschungsinstitut stellen ließ, lautete:

> *»Wachsende Schulden sind eine potenzielle Gefahr für*
> *unseren Wohlstand und die Stabilität des Landes. Wie*

---

[377] vgl. Hedtke, Reinhold und Lucca Möller: Wem gehört die ökonomische Bildung?
[378] vgl. http://www.insm.de/insm/Presse/Pressemeldungen/Schuldenstopp-Umfrage.html (22.08.2021)

> *wichtig ist es ihnen, dass die weitere Verschuldung*
> *von Bund, Ländern und Kommunen gestoppt wird,*
> *auch wenn dies mit Einschnitten verbunden ist?«[379]*

Hier liegt eine Suggestivfrage vor, wie Schreiner im Weblog zutreffend analysiert. Die Behauptung, Schulden seien eine potentielle Gefahr für unseren Wohlstand, sei eine Meinung, die als Tatsache dargestellt würde.[380] Hinzu kommt, daß in dieser Frage zwei Aussagen miteinander verbunden werden, die der oder die Befragte bei der Antwort nicht voneinander trennen kann: nämlich die Bewertung, ob ein Schuldenstopp wichtig sei und die Frage, ob in diesem Rahmen auch Einschnitte hinzunehmen seien. Wer der Meinung ist, daß die Schulden gestoppt werden müßten, dies aber zum Beispiel durch Steuererhöhungen statt durch Einschnitte vorgenommen werden sollte, kann dies in seiner Antwort nicht zum Ausdruck bringen.

Gerne wird auch mal die eigene ideologische Sichtweise zur Grundlage der Frage gemacht, die dann so formuliert wird, daß sich der Befragte dieser tendenziösen Sichtweise nicht entziehen kann.

> *»Angenommen eine Partei würde ganz konkret ankündigen, ein Sparprogramm aufzulegen, damit keine neuen Schulden mehr aufgenommen werden müssten. Dies würde für sie persönlich Einschnitte bedeuten. Würden Sie …?«[381]*

Schreiner kritisiert, daß zum einen so getan werde, als führten Sparprogramme zu weniger Schulden. In Südeuropa sowie in der Vergangenheit Deutschland werde zurzeit der Beweis für das Gegenteil geliefert.[382] Zudem sei es fragwürdig, die Präferenz für eine Partei nur an einem Programmpunkt festmachen zu wollen.[383]

Bleiben Fragen an der Oberfläche, verzichten sie also, zu sehr ins Detail zu gehen, können durchaus auch erwünschte Ergebnisse erzielt werden.

Geradezu kennzeichnend für diese Strategie ist eine Umfrage, die die INSM in Auftrag gegeben hat, und in deren Rahmen die Menschen

---

[379] ebd.

[380] vgl. Schreiner, Patrick: »Initiative Neue Soziale Marktwirtschaft mit manipulativer Umfrage zum Schuldenabbau.

[381] http://www.insm.de/insm/Presse/Pressemeldungen/Schuldenstopp-Umfrage.html (22.08.2021)

[382] vgl. Schreiner, Patrick: »Initiative Neue Soziale Marktwirtschaft mit manipulativer Umfrage zum Schuldenabbau.

[383] vgl. ebd.

gefragt wurden, ob sie für Steuererhöhungen seien. Das Ergebnis bejubelt die INSM: Der Staat habe genug Geld - 91 Prozent seien gegen Steuererhöhungen![384] Gefragt wurde allerdings pauschal nach Steuererhöhungen, ohne diese zu spezifizieren. Auch wurde nach der eigenen Steuerbelastung gefragt und danach, ob Steuererhöhungen nach der Wahl eingesetzt würden, um mehr Gerechtigkeit zu schaffen. Überdies sollten die vorhandenen Einnahmen sinnvoller eingesetzt werden, statt Steuern zu erhöhen.[385] Aus diesen allgemeinen, wenig tiefschürfenden Fragen schlußfolgert die INSM lautstark, daß der Staat genug Geld habe. Dieses solle für Bildung eingesetzt statt für Sozialtransfers. Die hätte den Vorteil, daß künftige Sozialtransfers verhindert würden.[386]

Dabei gibt es durchaus Belege, daß die Bevölkerung Steuererhöhungen mehrheitlich befürwortet, wenn die Vorschläge für diese konkretisiert werden. Der ARD-Deutschlandtrend vom 04.04.2013 besagt, daß 58 Prozent der Befragten für die Pläne der SPD stimmen, den Spitzensteuersatz zu erhöhen und ihn ab einem Einkommen von 100 000 Euro für Ledige und 200 000 Euro für Verheiratete zu erheben.[387]

Unter der Schlagzeile »Bürger deutlich wirtschaftsfreundlicher als Politik« erfahren die Leser/innen, daß 46.7% der von IW Consult im Rahmen des Deutschland-Checks befragten Unternehmenslenker die Bürger/innen für wirtschaftsfreundlicher halten als die Politik. Nur 27.8% der Befragten Unternehmen hätten die regionale Politik mit »Gut« oder »Sehr gut« bewertet.[388] Gefragt wurde, wie wirtschaftsfreundlich das regionale Umfeld bewertet würde nach den Aspekten Politik, Verwaltung und Bevölkerung.[389] Diese Fragen sind zwar so allgemein gehalten, daß die Ergebnisse über praktisch keine Aussage verfügen. Es sind nicht einmal Kriterien formuliert, an denen die »Wirtschaftsfreundlichkeit« gemessen werden soll. Hier wurde schlicht ein Bauchgefühl der Unternehmenslenker abgefragt, aber dennoch war dies der INSM eine Schlagzeile auf ihrer Seite und eine Pressemitteilung wert.[390]

---

[384] vgl. http://www.insm.de/insm/Presse/Pressemeldungen/Der-Staat-hat-genug.html (22.08.2021)

[385] vgl. ebd.

[386] vgl. ebd.

[387] vgl. http://www.tagesschau.de/inland/deutschlandtrend1712.html (22.08.2021) und http://www.tagesschau.de/inland/deutschlandtrend1716.pdf (22.08.2021) S. 27

[388] vgl. http://www.insm.de/insm/Presse/Pressemeldungen/Umfrage-Buerger-wirtschaftsfreundlicher-als-Politik.html (22.08.2021)

[389] vgl. https://web.archive.org/web/20130824085149/http://deutschland-check.de/unternehmens-umfrage-im-april-20132.html (22.08.2021)

[390] vgl. http://www.insm.de/insm/Presse/Pressemeldungen/Umfrage-Buerger-

Weil Meinungsfragen durch die Art der Fragestellung beeinflußbar sind, sind sie letztlich als Beleg für die Mehrheitsfähigkeit ideologischer Lösungsansätze oder gar ganzer Weltbilder nicht geeignet. Die Umfrageergebnisse der ARD erscheinen schon daher glaubwürdiger, weil hinter ihnen kein interessengebundenes Erkenntnisinteresse steht, wie es bei den Umfragen im Auftrag der INSM der Fall ist. Die Initiative nutzt Umfragen in einem erheblichen Ausmaß zur Selbstvergewisserung und zieht sie als Beleg für die Mehrheitsfähigkeit ihrer Forderungen heran wie in den hier besprochenen Beispielen.

Überdies können Umfrageergebnisse auch so interpretiert werden, daß sich ihnen die Medienberichterstattung reproduziert. Daß mehr Investitionen in Bildung stattfinden sollten, geistert seit Jahren durch die Medien. Die INSM sieht hierin überdies ein Heilmittel gegen Armut und Sozialhilfebedürftigkeit. Gleichwohl liegt hierin ein fundamentaler Irrtum. Ein höheres Bildungsniveau mag für den Einzelnen eine Verbesserung der Chancen auf dem Arbeitsmarkt bedeuten. Als gesamtgesellschaftliche Strategie kann die Reduktion auf Bildung als Allheilmittel nur scheitern. Denn wenn das Bildungsniveau der gesamten Bevölkerung angehoben würde, konkurrierten alle auf einem höheren Bildungsniveau um die zu wenigen Arbeitsplätze.[391]

Solche differenzierten Sichtweisen von Problemen lassen sich mit einfachen und kurzen Umfragetexten kaum erfassen. Gerade bei quantitativen Umfragen, also solchen, in denen einer großen Zahl von Befragten Fragen mit vorgegebenen Antworten vorgelegt werden, die die Auswertung erleichtern sollen, werden differenzierte Probleme oft vereinfacht. Es fällt leicht, unerwünschte Antwortmöglichkeiten einfach wegzulassen oder negativ zu belegen, um so mit der Umfrage zum gewünschten Ergebnis zu kommen. Daß bei solchen Vorgehensweisen der tatsächliche Aussagewert gleich null ist, erschließt sich dabei auf den ersten Blick.

---

wirtschaftsfreundlicher-als-Politik.html (22.08.2021)
[391] vgl. Butterwegge, Christoph: Armut in einem reichen Land. S. 278

Der »Bildungsmonitor«

Eine weitere Dauerstudie der INSM ist der sogenannte »Bildungs-monitor«, die sich, wie auch das Städte- und Länderranking in Dynamik-Ranking und Bestands-Ranking aufteilt.[392]
Für diese Ranking-Studie werden 110 Einzelindikatoren herangezogen, aus denen 13 bildungspolitische Handlungsfelder gebildet werden.[393] Diese Handlungsfelder werden im Glossar der Internet-Seite beschrieben.[394] Bewertet werden demnach unter anderem die Betreuungsbedingungen, die Ausgabenpriorisierung, Internationalisierung, Schulqualität, Akademisierung und weitere. Eines der Handlungsfelder namens MINT untersucht, inwieweit den Bereichen Mathematik, Informatik, Naturwissenschaften und Technik Rechnung getragen wird, die von der INSM als entscheidend für die technologische Leistungsfähigkeit angesehen werden.[395]
So wird bei den Ergebnissen 2007 dem Bundesland NRW bescheinigt, daß es eine im Vergleich zum Bedarf der Wirtschaft geringe Ausbildungsleistung in den MINT-Fächern habe. Das ergibt dann einen Punktabzug, wenngleich Nordrhein-Westfalen im Vergleich zum Vorjahr besser abgeschnitten hat.[396]
An diesem Punkt zeigt sich besonders deutlich, daß es weniger um eine wissenschaftlich fundierte Studie geht als einmal mehr um die Interessen der Arbeitgeberverbände.
In der öffentlichen Diskussion stehen dabei die Ergebnisse der Dauerstudie im Vordergrund, während die Methoden und Hintergrunde weitgehend nicht diskutiert werden. Ohnehin sind Rankings zu der Zeit populär. Die INSM steht mit ihrem Faible für Rankings nicht alleine. So gab es unter anderem Vergleichsstudien über Universitäten, die auch in diversen Zeitschriften referiert wurden und den Anspruch hatten, Studenten bei der Entscheidung für eine Universität zu helfen. Hierum geht es der INSM jedoch nicht. Thema des Bildungsmonitors ist, eine Politik zu popularisieren, die den Interessen der Arbeitgeberverbände entspricht. Auch dieser Aspekt kommt in der Medienberichterstattung in der Regel zu kurz.

---

[392] vgl. https://web.archive.org/web/20130508014050/http://www.insm-bildungsmonitor.de/ (22.08.2021) Um die Grundlage dieses Kapitels zu erhalten, wird auf den Bildungsmonitor 2012 verwiesen.

[393] vgl. https://web.archive.org/web/20130924164322/http://insm-bildungsmonitor.de/2012_methodik.html (22.08.2021)

[394] vgl. https://web.archive.org/web/20130924155117/http://insm-bildungsmonitor.de/2012_glossar.html (22.08.2021)

[395] vgl. ebd.

[396] vgl. http://web.archive.org/web/20080309085605/http://www.insm-bildungsmonitor.de/dyn_nordrhein-westfalen.html (22.08.2021)

So berichtet zum Beispiel die Süddeutsche Zeitung am 22. August 2007 über den Bildungsmonitor in Bezug auf Bayern. In dem Artikel wird darauf hingewiesen, daß die Studie vom Institut der deutschen Wirtschaft im Auftrag der *Initiative Neue Soziale Marktwirtschaft* erstellt wurde, jedoch unterblieb diesmal der Hinweis auf den arbeitgeberabhängigen Hintergrund der INSM.[397] Darüber hinaus gibt der Artikel im Wesentlichen die Ergebnisse für Bayern wieder und beschreibt die politischen Reaktionen auf diese Studie, die alle jeweils eine hohe Akzeptanz der Ergebnisse des Bildungsmonitors ausweisen.

Ein weiteres Problem teilt der Bildungsmonitor mit anderen Studien der INSM: Die Vergabe der Punkte, beziehungsweise der Bewertungen der einzelnen Kriterien ist kompliziert und für den Leser, der sich nicht intensiver mit dem Ranking beschäftigt, kaum zu durchschauen. Im Vordergrund stehen jeweils die medial aufbereiteten Ergebnisse der Studie. Der Weg dorthin liegt oftmals zumindest im Nebel.

Diese Beobachtungen lassen sich grundsätzlich auf alle Ranking-Studien der INSM ausweiten, wenngleich das Ausmaß, in dem auf den lobbyistischen Hintergrund der INSM hingewiesen wird, variiert. Jedoch haben mit der Zeit diese Studien in der Öffentlichkeit eine gewisse Autorität entwickelt, die dafür sorgt, daß die Ergebnisse oft unhinterfragt diskutiert und akzeptiert werden.

Öffentliche Wahrnehmung des Bildungsmonitors 2011

Auch beim Bildungsmonitor 2011 zeigen sich grundsätzlich die gleichen Probleme wie bei den vorangegangenen: In der Medienberichterstattung wird weitgehend unkritisch auf die Ergebnisse des Monitors Bezug genommen und der eigentliche Hintergrund der INSM nicht erläutert. So schreibt die Süddeutsche Zeitung zwar, daß die INSM wirtschaftsnahe sei,[398] beschreibt damit jedoch nicht den arbeitgeberabhängigen Charakter dieser Einrichtung. Auch in diesem Bericht werden die Ergebnisse unkritisch referiert. Die Betonung der Bedeutung der sogenannten »MINT-Fächer« wird nur wiedergegeben und nicht kritisch hinterfragt.[399] Die Formulierung, daß Sachsen und Thüringen die »Kaderschmieden« sein, wird aus dem Bericht gar in die Schlagzeile des Artikels übernommen.[400]

---

[397] vgl. Burtscheidt, Christine: »Dämpfer für Bayern« in: Süddeutsche Zeitung vom 22. August 2007, S. 33

[398] vgl. Braun, Stefan: »‚Kaderschmieden‘ Sachsen und Thüringen« in: Süddeutsche Zeitung, 17. August 2011, S. 5

[399] vgl. ebd.

[400] vgl. ebd. und Erdmann, Vera, Axel Plünnecke, Ilona Riesen und Oliver Stettes:

Die FAZ spricht hinsichtlich der INSM ebenfalls von einer »arbeitgebernahen« Initiative,[401] statt auf die unmittelbare Finanzierung durch die Arbeitgeberverbände der Metallindustrie hinzuweisen. Wie auch in der Süddeutschen werden die Ergebnisse referiert und darüber hinaus die Reaktion des sächsischen Kultusministers dargestellt. Auf den Internetseiten der Kultusministerien der Länder ließen sich am 20. August 2011 bei fünf von sechzehn Bundesländern Pressemitteilungen zum Bildungsmonitor der INSM finden, allesamt ohne Hinweis auf den interessengebundenen Hintergrund dieser Ideenagentur. Vorgestellt worden war die Studie vier Tage zuvor.

Die nordrhein-westfälische Landesregierung sieht sich mit ihrer Bildungspolitik durch die Ergebnisse der Studie bestätigt, wenngleich die Ergebnisse auf einer Erhebung von 2009 fußen, also bevor die Regierung Kraft ins Amt kam.[402] Gemeint sein dürfte somit, daß die Landesregierung sich durch die Forderungen und Schlußfolgerungen der INSM bestätigt sieht. Dies wäre insoweit bemerkenswert, als daß die rot-grüne Regierung hier offensichtlich keine Scheu hat, sich von neoliberalen Ideenagenturen die Politik bestimmen zu lassen. Die NachDenkSeiten kritisierten am 27. Juli 2011 auf ihrem Weblog, daß die nordrhein-westfälische Landesregierung gemeinsam mit der Bertelsmann-Stiftung ein Projekt zu Unterrichtsmethoden aufsetzen möchte. Ministerin Löhrmann, so Albrecht Müller in seinem Artikel, beschädige sieben Jahre der Aufklärung über diese interessengebundene Ideenagentur.[403]

Das sächsische Kultusministerium widmet gar eine eigene Seite den verschiedenen Bildungsrankings, darunter auch den jährlichen Bildungsmonitoren der INSM.[404] Die Ergebnisse dieser Studie werden als Bestätigung der sächsischen Bildungspolitik gedeutet. Die Urheber der Studie werden in den neuen Berichten darüber nicht erwähnt. Erst weiter unten findet sich bei der Meldung über das Abschneiden beim Bildungsmonitor 2006 ein Hinweis, daß die Studie vom Institut der deutschen Wirtschaft erstellt wird. Weitere Details werden nicht genannt, schon gar nicht zum eigentlichen Auftraggeber, der INSM. Ebenfalls eine Erklärung zum Bildungsmonitor 2011 hat die Regierung in Rheinland-Pfalz abgegeben. Kultusministerien Doris Ahnen

---

Bildungsmonitor 2011. S. 189

[401] vgl. Schmoll, Heike: »Sachsen verteidigt Spitzenplatz« faz.net 16.08.2011

[402] vgl. https://land.nrw/de/pressemitteilung/ministerin-loehrmann-rot-gruen-hat-weichen-richtig-gestellt-bildungsmonitor (22.08.2021)

[403] vgl. Müller, Albrecht: Betr.: Krake Bertelsmann - Grün und Rot in NRW beschädigen die Aufklärungsarbeit von 7 Jahren

[404] vgl. http://web.archive.org/web/20130109001806/http://www.schule.sachsen.de:80/6622.htm (22.08.2021)

(SPD) freut sich darüber, daß das Bundesland unter den »Top 5« sei.[405] Auch wenn sie sich kritisch zur Datenauswahl und den Verrechnungsmethoden der Studie äußert, wird diese jedoch nicht grundsätzlich in Frage gestellt, und wie auch auf den anderen Seiten der Ministerien der interessengebundene Hintergrund der INSM nicht erwähnt.[406]

Genauso erfreut über die Ergebnisse von 2011 zeigt sich Bildungsministerin Wolff aus Sachsen-Anhalt. Auch sie wertet die Ergebnisse der Studie als Bestätigung ihrer Politik und hebt die Punkte hervor, in denen die Studie Fortschritte in Sachsen-Anhalt bescheinigt.[407] Wie auch bei den anderen Bundesländern werden hier die Vorgaben der INSM kritiklos akzeptiert und als Maßstab der eigenen Politik akzeptiert.

Wie auch schon in den bisher genannten Bundesländern herrscht auch in Bayern Freude über das Abschneiden beim Bildungsmonitor der INSM. In dieser Presseerklärung wird zwar betont, daß der Bildungsmonitor keine neuen Daten liefere, sondern nur vorhandene Daten unter wirtschaftlichen Aspekten auswerte, aber dennoch - oder gerade deshalb - zeigt sich der bayerische Kultusminister Spaenle über die Ergebnisse erfreut und sieht, wie auch seine Kollegen aus den anderen Bundesländern, die sich zu dieser Studie geäußert haben, seine Politik bestätigt.[408]

Was zeigt uns nun die kurze, stichprobenartige Reise durch die Pressemitteilungen der Ministerien und der Berichterstattung in überregionalen Zeitungen? Der Bildungsmonitor der INSM wird offensichtlich als eine seriöse Studie angenommen, die beachtens- und berichtenswerte Aussagen über das deutsche Bildungssystem macht. Die Erklärungen der Bundesländer, die sich zu der Studie geäußert haben, geben überwiegend her, daß man auch die Form des Rankings, also des Wettbewerbs und der Zuweisung von Plätzen nicht hinterfragt. Ebenso werden durchweg die Ausrichtung und die Methodik nicht kritisiert, außer, wie gezeigt, in leichten Ansätzen in der Erklärung der rheinland-pfälzischen Kultusministerin.

Allerdings ist bei der Recherche auch durchaus aufgefallen, daß

---

[405] vgl.
http://www.mbwwk.rlp.de/einzelansicht/archive/2011/august/article/bildungsmonit or-bescheinigt-rheinland-pfalz-hohe-schulqualitaet/ (15.10.2015)

[406] vgl. ebd.

[407] vgl. http://web.archive.org/web/20110921072554/http://www.asp.sachsen-anhalt.de/presseapp/data/mk/2010/082_2010_644e7b97c40b0347062cf5f72b0b0ed 9.htm (22.08.2021)

[408] vgl. http://www.km.bayern.de/pressemitteilung/7866/nr-192-vom-16-08-2011.html (22.08.2021)

einige Kultusministerien, die sich am 20. August 2011 (noch?) nicht geäußert hatten, dies zuweilen noch im vorigen Jahr getan haben. Die Gründe, warum sie sich in diesem Jahr nicht dazu geäußert haben, lassen sich nur vermuten.

Auch in den Medien wird weitgehend unkritisch berichtet. Im Internetangebot der taz waren hier nur Artikel zu früheren Bildungsmonitoren zu finden, die sich zwar ansatzweise kritisch zeigten, jedoch das Gesamtkonstrukt nicht in Frage stellten. Der taz-Artikel von Deborah Löffler vom 20.08.2010 betont zwar auch die Kritik an dem Bildungsmonitor, stellt jedoch den Monitor als solchen nicht in Frage.[409] Zu kurz kommt in den Berichten allemal, daß die Kriterien des Bildungsmonitors nach den Interessen der Auftraggeber ausgewählt und gewichtet sind. Praktisch komplett fällt unter den Tisch, daß die *Initiative Neue Soziale Marktwirtschaft* und das die Studie erstellende Institut der deutschen Wirtschaft interessengebundene Ideenagenturen sind, die die entsprechenden Interessen ihrer Auftraggeber verfolgen. Die Finanzierung der INSM durch Gesamtmetall ist ebenfalls kein Thema bei der Berichterstattung über diese Dauerstudie. Hier zeigt sich einmal mehr, wie sehr die Strategie der INSM aufgeht: Nicht nur wird der Bildungsmonitor als seriöse Studie akzeptiert, selbst die Abhängigkeit der Initiative von den Arbeitgeberverbänden findet keine oder kaum noch Erwähnung.

Öffentliche Wahrnehmung des Bildungsmonitors 2012

Auch im Jahr 2012 fand der Bildungsmonitor der INSM in der Medienöffentlichkeit wesentliche Beachtung. Bei der Berichterstattung wird zwar in der Regel darauf hingewiesen, daß die INSM wirtschaftsnahe, arbeitgebernahe oder eine Wirtschaftslobby sei, der Bildungsmonitor vor allem Bildungsökonomische Aspekte thematisiere, dennoch wird weitgehend ausführlich und über die genannten Aspekte hinaus unkritisch über die Dauerstudie der INSM berichtet. Trotz der Einschränkungen wird zuweilen der Eindruck erweckt, daß es sich bei den Ergebnissen um Maßstäbe handelt, an denen sich Bildung in Deutschland zu orientieren habe.

So schreibt ausgerechnet die taz, daß die bremische Bildungssenatorin in den Bildungsmonitor 2012 schauen solle, wo die schulische Wirklichkeit beschrieben sei.[410] Zwar wird in einem anderen Artikel des gleichen Autors der taz eingeräumt, daß die Studie als zu wirtschaftsnahe und die Indikatoren als nicht nachvollziehbar betrachtet

---

[409] vgl. Löffler, Deborah: »Von den Sachsen lernen« taz online. 20.08.2010
[410] vgl. Füller, Christian: »Drittelmittelboom im Bildungsgetto« taz online. 15.08.2012

würden.[411] Dennoch wird in mindestens drei Artikeln relativ ausführlich über den Bildungsmonitor berichtet und dieser zum Maßstab insbesondere für die bremische Bildungspolitik gemacht.[412]

Während in der taz wenigstens noch erwähnt wird, daß die Grundlagen des Bildungsmonitors umstritten sind, wird in dem Bericht bei *DIE ZEIT* online gerade mal erwähnt, daß die INSM arbeitgebernahe sei und die Studie das Bildungssystem besonders unter ökonomischen Aspekten begutachte.[413] Als Quelle für den Artikel wird die dpa genannt. Tatsächlich referiert ZEIT ONLINE vor allem die Pressemitteilung der INSM,[414] wobei natürlich nicht auszuschließen ist, daß dieses »Referat« zunächst bei der dpa erstellt und von ZEIT ONLINE übernommen wurde. Die einzige Eigenleistung, die im Artikel von ZEIT ONLINE erkennbar ist, stellt der Hinweis dar, daß mit der Kritik am Betreuungsgeld das Projekt der schwarz-gelben Koalition gemeint sei.[415]

Auch die Süddeutsche Zeitung entnimmt viele Informationen der Pressemitteilung der INSM, fügt aber auch Spuren von Informationen hinzu, die nicht von der INSM stammen, die sich allerdings nicht kritisch mit dem Bildungsmonitor befassen. Verwiesen wird auf den arbeitgeberabhängigen Hintergrund der INSM. Kritik an der Ausrichtung der Studie oder kritisches Hinterfragen der Indikatoren, die zu den Ergebnissen geführt haben, sind hier ebenfalls nicht zu finden.[416]

Gleiches läßt sich auch über den Stern sagen. Der einzige eigene Akzent in dem Artikel bei Stern.de ist der Hinweis, daß zu den Führungsrollen Sachsens und Thüringens kritisch angemerkt würde, daß durch rückläufige Schülerzahlen bei gleichbleibenden Lehrerzahlen sich das Schüler-Lehrerverhältnis naturgemäß verbessere.[417]

Alle Artikel verweisen auf den arbeitgebernahen Hintergrund der INSM, beziehungsweise auf deren Finanzierung durch Arbeitgeberverbände. Dies ist jedoch keine recherchierte Eigenleistung der Journalisten. Dieser Hinweis steht mittlerweile unter den Pressemittei-

---

[411] vgl. Füller, Christian: »Bayern stagniert, Bremen steigt auf« taz online. 15.08.2012

[412] vgl. neben den Artikeln der oben genannten Fußnoten: Füller, Christian: »Pisaschock nur halb verdaut« taz online. 14.08.2012

[413] vgl. ZEIT ONLINE: »Sachsen bietet die besten Bildungschancen« 15.08.2012.

[414] vgl. http://www.insm.de/insm/dms/insm/text/presse/pressemeldungen/2012/presse meldung-bildungsmonitor-2012/Pressemeldung%20Bildungsmonitor%202012.pdf (22.08.2021)

[415] vgl. ZEIT ONLINE: Sachsen bietet die besten Bildungschancen. 15.08.2012.

[416] Süddeutsche.de: Sachsens Bildungssystem ist spitze. 15.08.2012

[417] vgl. Stern.de: Wirtschaftslobby kürt Sachsen zum Bildungsspitzenreiter. 15.08.2012

lungen der INSM.[418] Daß die Journalisten diesen Hinweis nun aufgreifen und ihre Leser/innen darüber informieren, wer hinter der INSM steht, zeigt, wie bedeutsam solche Klarstellungen sind.

Auch wenn nun der Hintergrund der INSM in den Medienberichten häufiger erwähnt wird - eine fundierte kritische Auseinandersetzung mit den Kriterien des Bildungsmonitors findet nicht statt, obgleich es inzwischen auch hierfür eine wissenschaftliche Studie von Tobias Kaphegyi gibt, die im Folgenden diskutiert wird.

Der wissenschaftliche Anspruch des Bildungsmonitors in der Kritik

Wie auch das »Merkelmeter« erhebt der Bildungsmonitor einen wissenschaftlichen Anspruch. Schon in der Einleitung zum Bildungsmonitor 2011 werden die Schwerpunkte betont, die die Studie setzt, nämlich die dreizehn Handlungsfelder und zuvor die Hervorhebung der Bedeutung der MINT-Fächer (Mathematik, Informatik, Naturwissenschaften, Technik) für die Innovationskraft Deutschlands.[419] Darauf folgend werden das ökonomische Leitbild und die Handlungsfelder erläutert, die Ergebnisse für 2011 vorgestellt und im Anhang die Methodik erläutert.

In einer Studie der GEW-nahen Max Träger Stiftung zum Bildungsmonitor der INSM des Jahres 2010 setzt sich Tobias Kaphegyi kritisch mit diesem Bildungs-Ranking auseinander.[420] Im Folgenden soll hinsichtlich der Kritik am Bildungsmonitor und den grundsätzlichen Methoden zu dessen Erstellung auf Kaphegyis Studie Bezug genommen werden, zumal viele der Feststellungen, die er für den Bildungsmonitor des Jahres 2010 getroffen hat, sich auch auf den Bildungsmonitor des Jahres 2011 und der Folgejahre übertragen lassen.

Wesentliche Kritikpunkte an der Studie lauten: Der Blick des Bildungsmonitors auf die Bildung wird dergestalt verengt, daß nur die Auswirkung der Bildung auf das Wirtschaftswachstum in den Blick genommen wird. Dies werde zwar in der Studie selbst auch so erklärt. Zugleich aber erwecken die Pressemeldungen der INSM zur Veröffentlichung der Studie den Eindruck, daß das Bildungssystem als solches, also auch hinsichtlich pädagogischer Aspekte untersucht

---

[418] vgl. http://www.insm.de/insm/dms/insm/text/presse/pressemeldungen/2012/presse meldung-bildungsmonitor-2012/Pressemeldung%20Bildungsmonitor%202012.pdf (22.08.2021)

[419] vgl. Erdmann, Vera, et. al.: Bildungsmonitor 2011 S. 5ff

[420] Kaphegyi, Tobias: Black Box Bildungsmonitor? Ein Blick hinter den Reiz des Rankings. Analyse und Kritik des Bildungsmonitors 2010 der Initiative Neue Soziale Marktwirtschaft (INSM)

werde, was nachweislich des eigenen Anspruchs des Bildungsmonitors nicht der Fall ist.[421] Die Handlungsfelder des Bildungsmonitors beruhen weitgehend auf theoretische und ideologische Annahmen und sind empirisch nicht unterfüttert.[422] Nicht zuletzt steht die Wissenschaftlichkeit der Studie in Zweifel, weil die Herleitung der Punktwertungen für die Bundesländer nicht nachvollziehbar ist, weil die Herkunft der statistischen Daten nicht ausgewiesen wird. So bleibt die komplette Herkunft des zahlenmäßigen Datenmaterials im Dunkel und steht für eine Überprüfung nicht zur Verfügung.[423]

Kritisiert wird überdies, daß die Methode des Benchmarkings angewendet wird, ohne die konkreten Ziele genau zu benennen. Das Benchmarking stammt aus der Betriebswirtschaftslehre und sollte absatzschwachen Unternehmen helfen, zum Marktführer aufzuschließen.[424] Eingesetzt werde das Benchmarking im Bildungsmonitor, um steuernd auf die Bundesländer einzuwirken, über die der Initiator - also die INSM und das Institut der deutschen Wirtschaft - keine Macht haben.[425] Gerade der Umstand, daß die Medien weitgehend unkritisch über den Bildungsmonitor berichten, bringt die Gefahr mit sich, daß die INSM mit ihrer Wettbewerbsideologie zum Zuge kommt:

> *»Die Einschätzung der Rangordnung zwischen dem einen (vielleicht sogar dem eigenen) und dem abstrakten anderen Kollektiv (hier Bundesland) sind die wichtigsten Infos, die in allen Presseartikeln den größten Raum einnehmen. Die grundgesetzlich als hohes Gut verankerte Einheitlichkeit der Lebensverhältnisse (auf möglichst hohem Niveau) gerät in der veröffentlichten Diskussion oftmals zu Gunsten einer entsolidarisierenden, und sich vom Anderen abgrenzenden, Wettbewerbslogik aus dem Blick.«[426]*

Auch der verengte ökonomische Blick auf das Bildungssystem verursacht Schieflagen in der Bewertung, weil er vor allem auf die Schnelle wirtschaftliche Verwertbarkeit der in der Ausbildung erworbenen Kenntnisse abzielt. So wird im Handlungsfeld der Zeiteffizienz kritisiert, wenn Studenten vor dem Studium eine Ausbildung

---

[421] vgl. ebd. S. 14f
[422] vgl. ebd. S. 50
[423] vgl. ebd. S. 117
[424] vgl. ebd. S. 29ff
[425] vgl. ebd. S. 34
[426] Kaphegyi, Tobias: Black Box Bildungsmonitor? S. 29

machen. Die Ausbildung vor dem Studium sei Zeitverschwendung, weil sie den Eintritt in den Arbeitsmarkt verzögere.[427] Kritisch zu dieser Formulierung, die sich auch schon im Bildungsmonitor 2010 fand, merkt Kaphegyi an, daß der Bildungsmonitor die zusätzlichen Qualifikationen ausblende, die im Rahmen einer solchen Ausbildung erworben werde.[428]

Hinsichtlich der Bewertung der einzelnen Bundesländer entlang der Handlungsfelder und Indikatoren bleibt die Studie im Nebel. Kaphegyi kritisiert, wie oben angedeutet, daß die Herkunft der statistischen Werte nicht nachvollziehbar sei. Diese Nachvollziehbarkeit von Aussagen und das Nennen von Quellen ist jedoch Kern wissenschaftlichen Arbeitens.[429] Diesen Mangel teilt der Bildungsmonitor indes mit dem »Merkelmeter«, denn auch bei dieser Dauerstudie mit wissenschaftlichem Anspruch war die Vergabe der Punkte für die Gesetze der Regierung Merkel, die bewertet wurden, intransparent und für Außenstehende nicht nachvollziehbar.[430] Dies deutet darauf hin, daß mit diesen Studien in erster Linie Politik und nicht Wissenschaft gemacht werden soll.

Ein weiterer Kritikpunkt der lesenswerten Studie von Kaphegyi soll hier aufgegriffen werden, nämlich die Frage des innerstaatlichen »Braindrain«. Unter »Braindrain« wird die Abwanderung ausgebildeter Arbeitskräfte verstanden. Kaphegyi hebt hervor, daß mit den Aussagen des Bildungsmonitors über den Zusammenhang der Qualität der Ausbildung in einem Bundesland mit dessen Wirtschaftswachstum übersehen werde, daß es einen innerstaatlichen »Braindrain« gibt: Studenten, die in einem Bundesland ausgebildet werden, arbeiten anschließend in einem anderen Bundesland. Von diesem innerstaatlichen »Braindrain« profitierten insbesondere Bayern und Baden-Württemberg.[431]

Ohnehin sei es fraglich, ob der angenommene Zusammenhang zwischen einer Verbesserung der Ausbildung und einer Steigerung des Wirtschaftswachstums bestehe. Kaphegyi weist in seiner Studie nach, daß die Entwicklung des Wirtschaftswachstums in den Bundesländern nicht mit der Entwicklung der Punktzahlen im Bildungsmonitor korreliert.[432] Damit wäre dann der vom Bildungsmonitor behauptete Zusammenhang per se in Frage gestellt.

---

[427] vgl. Erdmann, Vera et.al.: Bildungsmonitor 2011 S. 70

[428] vgl. Kaphegyi, Tobias: Black Box Bildungsmonitor? S. 66

[429] vgl. ebd. S. 55

[430] vgl. Ehrich, Udo: Die INSM zwischen interessengebundener Ideenagentur und Lobbygruppe. S. 68

[431] vgl. Kaphegyi, Tobias: Black Box Bildungsmonitor? S. 46

[432] vgl. ebd. S. 24f

Welche Schlußfolgerungen lassen sich aus den Ausführungen Kaphegyis ziehen? Die wissenschaftliche Fundierung des Bildungsmonitors ist zweifelhaft. Die Herkunft der Statistiken, aus denen die Indikatoren hergeleitet werden, ist nicht nachvollziehbar, weil keine Quellen genannt werden. Überdies greift das Institut der deutschen Wirtschaft zur Erstellung des Bildungsmonitors weitgehend auf Studien aus wirtschaftsnahen oder wirtschaftseigenen Einrichtungen zurück.[433] In nicht unerheblichem Umfang werden gar Studien aus dem eigenen Hause verwendet.[434] Das erinnert an das »Merkelmeter«, als dessen wesentliche Grundlage ebenfalls die im Institut der deutschen Wirtschaft erstellte Studie »Vision D« verwendet wurde. Das führt dazu, daß bestimmte ideologische Vorannahmen die Ergebnisse der Studien bestimmen. Man könnte auch mit Winand Gellner sagen, daß das Institut der deutschen Wirtschaft wissenschaftliche Erkenntnisse im Hinblick auf die Nützlichkeit für die eigene Tendenzkoalition auswähle, um diese in die Öffentlichkeit einzuschleusen.[435]

Letztlich liegt dies auch nahe, denn es ist offensichtlich, daß das Hauptanliegen der wissenschaftlichen oder pseudowissenschaftlichen Studien der INSM die politische Einflußnahme ist. Hier führt Kaphegyi insbesondere hinsichtlich des Benchmarkings des Bildungsmonitors aus, daß es sich hier um eine Methode handele, mit der Einfluß genommen werden kann auf politische Einrichtungen, über die die Autoren solcher Studien eigentlich keine Macht haben.[436] Die Reaktionen der Kultusministerien, die oben angeführt wurden, zeigen, daß die Bundesländer diesen Wettbewerb, den die INSM ihnen überstülpen möchte, angenommen haben. Die von Kaphegyi beschriebene Strategie scheint somit aufzugehen.

Ein wichtiger Punkt ist die Öffentlichkeitsarbeit beim Bildungsmonitor. Wenngleich auch der Bildungsmonitor die Bildungssysteme ausschließlich in Hinblick auf ihre Wirkung auf das Wirtschaftswachstum untersucht, entsteht doch in der Öffentlichkeit der Eindruck einer umfassenden Bewertung des Bildungssystems. Dieser Eindruck wird von den Initiatoren offenbar billigend in Kauf genommen, wenn nicht gar gezielt erzeugt.[437]

Gleichzeitig bleiben viele Aspekte unbeachtet, wenn nicht gar bewußt ausgeblendet, wie zum Beispiel die privaten Ausgaben für

---

[433] vgl. ebd. S. 123
[434] vgl. ebd. S. 120
[435] vgl. Gellner, Winand: Ideenagenturen für Politik und Öffentlichkeit. S. 203
[436] vgl. Kaphegyi, Tobias: Black Box Bildungsmonitor? S. 34
[437] vgl. ebd. S. 14f

Bildung.[438] Würden diese berücksichtigt, wäre es möglich festzustellen, inwieweit der Rückzug des Staates aus der Bildungsfinanzierung bereits dazu geführt hat, diese Kosten auf die Familien abzuwälzen und damit die Abhängigkeit der Bildung vom sozialen Status der Eltern zu stärken.[439]

Nun soll noch ein letzter Aspekt hier aus der Kaphegyi-Studie hervorgehoben werden: Wiederholt wurde bereits darauf hingewiesen, daß die Operationalisierung der Indikatoren nicht nachvollziehbar ist, weil die INSM die entsprechenden Quellen der Statistiken, die verwendet werden, nicht ausweist. Ausweislich des Bildungsmonitors fließt aus der IGLU-Studie die Kompetenzen der deutschen Schüler in Lesen, Mathematik und Naturwissenschaften ein, wobei darauf verwiesen wird, daß die letzten Ergebnisse aus den Jahren 2001 und 2006 stammen.[440] Offenbar wurde auch für den Bildungsmonitor 2011 auf diese Ergebnisse zurückgegriffen. Hier hinterfragt Kaphegyi in seiner Studie, wie eigentlich in jedem Jahr ein neues Ranking - dazu noch ein sogenanntes »Dynamikranking« - veröffentlicht werden kann, wenn dabei immer auf die gleichen alten Werte zurückgegriffen wird.[441] Doch auch hier kann die Verwendung der Daten nicht überprüft werden, weil sie nicht offengelegt werden.[442]

Aufgefallen ist bei der Bearbeitung der Studie von Kaphegyi und des Bildungsmonitors 2011, daß viele Zitate aus dem Bildungsmonitor 2010 in der Kaphegyi-Studie sich auch im Bildungsmonitor von 2011 wiederfinden. Es ist offensichtlich, daß weite Passagen in der Studie von 2011 aus dem Jahr 2010 einfach so übernommen wurden. Lediglich die Seitenzahlen haben sich zuweilen leicht verschoben.

Die Studie von Kaphegyi umfaßt noch zahlreiche weitere Aspekte, die hier nicht diskutiert werden sollen, weil es den Rahmen dieses Kapitels sprengen würde. Mit seiner Studie legte Kaphegyi jedoch die wohl erste umfassende kritische Betrachtung des Bildungsmonitors vor. Dabei erschreckt vor allem die Erkenntnis, daß der Bildungsmonitor in seinem Aufbau und seinen Inhalten von den Medien weitgehend unkritisch wiedergegeben wird, wie auch die Beispiele in diesem Buch weiter oben zeigen. Hier wäre eine breitere kritische Diskussion in den Medien dringend erforderlich, vor allem im Hinblick auf die methodischen Fehlleistungen und Fragwürdigkeiten des Bildungsmonitors.

---

[438] vgl. Erdmann, Vera et.al.: Bildungsmonitor. S. 28
[439] vgl. Kaphegyi, Tobias: Black Box Bildungsmonitor. S. 56
[440] vgl. Erdmann, Vera et.al.: Bildungsmonitor 2011. S. 78f
[441] vgl. Kaphegyi, Tobias: Black Box Bildungsmonitor. S. 73
[442] vgl. ebd.

Die Problematik von Rankings im Bildungsbereich läßt sich auch an der Diskussion um das Hochschulranking des Centrums für Hochschulentwicklung (CHE) beobachten. Das CHE ist eine gemeinsame Einrichtung der Bertelsmann-Stiftung mit der Hochschulrektorenkonferenz (HRK).[443] Verschiedene Unis nahmen nach einiger Zeit an diesem umfangreichen Ranking, bei dem die einzelnen Fachbereiche anhand von Fragebögen, die an Studenten und Professoren verteilt wurden, ausgewertet wurden, nach einigen Runden nicht mehr teil.[444]

Die Kritik, die zum Beispiel von der Universität Kiel an dem Ranking geübt wird, läßt sich auch auf den »Bildungsmonitor« der INSM anwenden: Intransparente, beziehungsweise ungeeignete oder willkürliche Wahl von Kriterien, unklare wissenschaftliche Methodik und zunehmender Einfluß wirtschaftsnaher Stiftungen (Bertelsmann-Stiftung im Falle des CHE).[445] Aus der Universität Siegen wurde überdies der Verdacht geäußert, daß im Falle des CHE-Rankings die wirtschaftlichen Interessen des Bertelsmann-Verlages im Hintergrund stünden.[446]

Wie bei allen Ranglisten ist auch bei diesem Ranking das Ziel, einen Wettbewerb zwischen den Universitäten zu inszenieren. Zu diesem Zwecke müssen Kriterien generiert und operationalisiert werden, um eine entsprechende Liste guter oder schlechter Universitäten als Ergebnis zu haben. Das Problem ist bei den Kriterien, daß sie niemals umfassend sein können und irgendwelche Aspekte immer auf der Strecke bleiben. Es sei nun einmal schwierig, wenn nicht unmöglich, die Qualität von Forschung und Lehre in einer Weise zu messen, die am Ende eine Rangfolge ermögliche.[447] Clemens Knobloch, Professor der Universität in Siegen, stellt zur Intention dieser Rankings fest: »Jedes Hochschulranking stellt einen Versuch dar, die Hochschulen von außen, insbesondere durch kommerzielle Interessen, zu steuern.«[448]

Dies trifft auch auf den »Bildungsmonitor« zu, der letztlich auch das Ziel verfolgt, die politische Steuerung durch wettbewerbliche Steuerung zu ersetzen. In der Bildungspolitik verfolgen INSM und die Bertelsmann-Stiftung, beziehungsweise das durch die Bertelsmann-Stiftung gegründete CHE gleiche Ziele: Die Wettbewerbssteuerung im Bildungssektor, Einführung von Studiengebühren und wirtschaftlichere Orientierung der Hochschulen.

---

[443] vgl. Schuler, Thomas: Bertelsmannrepublik Deutschland. S. 150
[444] vgl. ebd. S. 172f
[445] vgl. ebd.
[446] vgl. ebd. S. 174
[447] vgl. ebd. S. 171
[448] zitiert nach: Schuler, Thomas: Bertelsmannrepublik Deutschland. S. 171

In diesem Buch wurde bewußt auf ein eigenes Kapitel zur Bertelsmann-Stiftung verzichtet, weshalb es bei dieser Erwähnung der Gemeinsamkeiten bleiben soll. Verwiesen werden soll an dieser Stelle allerdings noch auf das Buch von Thomas Schuler mit dem Titel »Bertelsmannrepublik Deutschland«, welches sich mit der Bertelsmann-Stiftung ausführlich befaßt.

Bildungsmonitor 2015

Wenngleich auch hier nur die Bildungsmonitore der Jahre 2011 und 2012 untersucht wurden, lassen sich die Feststellungen auch für jene der Folgejahre treffen. Die Berichterstattung über den Bildungsmonitor beschränkte sich auch im Jahr 2015 weitgehend auf das Referieren der Ergebnisse, maximal mit dem freundlichen Hinweis darauf, daß die INSM und das IW den Arbeitgebern naheständen. Ein kritisches Hinterfragen der Kategorien und wissenschaftlichen Grundlagen des Bildungsmonitors der INSM blieb auch im Jahr 2015 aus. Auch in diesem Jahr beschränkten sich die Medien in erster Linie darauf, die Ergebnisse der Dauerstudie der INSM zu referieren.

Nach wie vor bezogen sich auch die Landesministerien unkritisch auf den Bildungsmonitor und nahmen ihn gar als Beleg für eine erfolgreiche Politik oder als Maßstab für das, was weiterhin gemacht werden solle. Insbesondere die CDU wertet das gute Abschneiden der von ihr regierten Bundesländer als ein Hinweis auf die Richtigkeit ihrer Politik. Daß es sich um die Studie der interessengebundenen Ideenagentur INSM handelt, die sich an den Interessen der Auftraggeber der Initiative orientiert, wird auf der Seite der CDU nicht erwähnt. Gleichwohl werden die Ergebnisse als Munition gegen den politischen Gegner eingesetzt, wie hier nach der Veröffentlichung des Bildungsmonitors 2014 mit dem Verweis auf das Abschneiden von Brandenburg beim INSM-Bildungsmonitor.[449]

Der Bildungsmonitor 2015 brachte nach Auffassung der INSM und der mit der Erstellung der Dauerstudie betrauten Institut der deutschen Wirtschaft nur wenig Fortschritte. Insbesondere der Osten stagniere.[450]

---

[449] vgl. http://www.cdu.de/artikel/cdu-sichert-bildungschancen-fuer-alle (22.08.2021)
[450] vgl. Pressemitteilung der INSM vom 03.09.2015: Nur noch geringe Fortschritte - der Osten stagniert. http://web.archive.org/web/20160404023905/http://insm-bildungsmonitor.de/pdf/bildungsmonitor-15-bundesweit.pdf (22.08.2021)

Reaktionen in den Medien

Die Frankfurter Allgemeine Zeitung referiert eine Meldung der Deutschen Presseagentur (dpa) zum Bildungsmonitor, in der die Ergebnisse referiert werden, aber auch die Kritik der Gewerkschaft Erziehung und Wissenschaft (GEW) abgedruckt ist, die auf den geringen Erkenntniswert und die fragwürdigen, wissenschaftlichen Standards nicht standhaltenden Methoden des Bildungsmonitors hinweist.[451]

Die gleiche Pressemeldung der dpa referiert auch die Rheinische Post inklusive der GEW-Kritik an dem Bildungsmonitor.[452]

Die Süddeutsche Zeitung befaßt sich mit dem Aspekt des Bachelor-Studiums, bei dem die INSM herausgefunden haben will, daß er besser sei als sein Ruf. Gleichwohl bestünden insbesondere im Öffentlichen Dienst Vorbehalte, die nach Auffassung der INSM überwunden werden müßten. Hier stellt der Artikel der Süddeutschen Zeitung klar heraus, daß die Wahrnehmung der INSM eine andere sei als die der Handwerkskammern und der Praktiker an den Universitäten.[453]

Frei von kritischen Anmerkungen zum Bildungsmonitor ist indes der Bericht des Handelsblattes, der sich vor allem darauf beschränkt, die Ergebnisse der Studie, die zwar als INSM-Auftragsstudie beim Institut der deutschen Wirtschaft beschrieben wird, zu referieren. Kritische Anmerkungen zur Grundmelodie der Studie oder deren Methodik finden sich indes nicht.[454]

Insgesamt ist jedoch festzustellen, daß der Bildungsmonitor 2015 nicht mehr die öffentliche Aufmerksamkeit in den Medien genießt wie in den Anfangsjahren. Dies mag auch daran liegen, daß parallel zum Bildungsmonitor eine Studie zur Inklusion an den Schulen der Bertelsmann-Stiftung veröffentlicht wurde. Ein weiterer Grund dürfte sein, daß sich das Format des Bildungsmonitors ein wenig abgeschliffen hat. Daß bei der INSM der Abschied von den Vergleichsstudien bereits im Gange ist, wird weiter unten noch auszu-

---

[451] vgl. http://www.faz.net/agenturmeldungen/dpa/vergleichsstudie-kaum-fortschritte-bei-bildung-13783796.html (22.08.2021)

[452] vgl. http://www.rp-online.de/panorama/deutschland/bildungsmonitor-bundeslaender-machen-bei-der-bildung-kaum-fortschritte-aid-1.5363353 (22.08.2021)

[453] vgl. Osel, Johann: Laufbahn-Bremse, in: Süddeutsche Zeitung am 03. September 2015. S. 1; auch: Osel, Johann: Bachelor für den höheren Dienst. http://www.sueddeutsche.de/bildung/studium-bachelor-fuer-den-hoeheren-dienst-1.2631737 (22.08.2021)

[454] vgl. Gillmann, Barbara: Hohe Abbrecherquoten ausländischer Schüler, in: Handelsblatt online.

führen sein. Dies dürfte auch mit einem rückläufigen Medieninteresse an diesen Studien zusammenhängen, das sich in dem oben genannten Referieren von dpa-Meldungen manifestiert. Auch reagierten inzwischen vor allem nur noch jene Bundesländer auf den Bildungsmonitor, die in diesem gut abschnitten.

Die Bildungsministerien von fünf der sechzehn Bundesländer waren der Auffassung, den Bildungsmonitor der INSM kommentieren zu sollen, nämlich Baden-Württemberg, Bayern, Saarland, Sachsen und Thüringen. Dabei überrascht und befremdet, daß ausgerechnet das von der rot-rot-grünen Koalition regierte Bundesland Thüringen die Ergebnisse der Studie bejubelt (Thüringen: Platz 2) ohne den interessengebundenen Hintergrund von INSM und IW zu thematisieren oder die Kriterien der Studie zu problematisieren. Im Gegenteil, die Studie zeige, so findet Ministerin Birgit Klaubert, daß Thüringen auf dem richtigen Weg sei.[455]

Auch die Ministerien der anderen Bundesländer erwähnen zwar, daß die Studie für die Initiative Neue Soziale Marktwirtschaft beziehungsweise vom Institut der deutschen Wirtschaft erstellt wurde, kritische Anmerkungen zur Methodik finden sich jedoch nur mit einem leisen Anklang in der bayerischen Pressemitteilung. Die sich äußern Länder belegen die folgenden Plätze im Gesamtranking der INSM:

Sachsen: Platz 1
Thüringen: Platz 2
Bayern: Platz 3
Baden-Württemberg: Platz 4
Saarland: Platz 8

Alle Bundesländer, die sich zu der Studie der INSM äußern, sehen diese als Bestätigung ihrer Bildungspolitik und bringen zum Ausdruck, daß sie die Kriterien für sich annehmen. Bayern sieht die Ergebnisse des Bildungsmonitors als Bestätigung der Politik, kritisiert aber, daß das Kriterium der Zeiteffizienz wohl sehr an ökonomischen Erwägungen ausgerichtet sei.[456] Begründet sein dürfte diese Kritik darin, daß Bayern in der Zeiteffizienz »nur« den 13. Platz belegt. Daß ökonomische Erwägungen auch für alle anderen Kriterien der Initiative bestimmend sind, scheint dem Minister indes ent-

---

[455] vgl. http://thueringen.de/th2/tmbjs/aktuell/medienservice/mi/85953/index.aspx (15.10.2015)

[456] vgl. http://www.km.bayern.de/pressemitteilung/9716/nr-337-vom-03-09-2015.html (22.08.2021)

gangen zu sein. Denn daß es beim Bildungsmonitor - auch wenn in der Öffentlichkeit zuweilen ein anderer Eindruck entsteht - um eine rein ökonomische Sichtweise auf das Bildungssystem geht, wird im Forschungsbericht der INSM nicht einmal geleugnet.[457]

Der Tenor der Erklärungen der fünf Länder ist weitgehend ähnlich. Hervorgehoben werden die guten Ergebnisse zusammen mit der Feststellung, daß diese Bundesländer auf dem richtigen Weg seien. Eine tiefergehende Auseinandersetzung mit dem bildungsökonomischen Hintergrund der Studie findet - bis auf den erwähnten sanften Anklang in Bayern - nicht statt. Wie oben erwähnt überrascht dies insbesondere in Thüringen, wo nicht nur die Linkspartei mitregiert, sondern auch die zuständige Ministerin der Linkspartei angehört. Wird hier bereits unkritisch das Ergebnis dieser Dauerstudie der INSM bejubelt, ist in den anderen Bundesländern wohl erst recht eine kritische Auseinandersetzung mit den Ergebnissen dieser Studie nicht zu erwarten.

Bildungsmonitor 2016

Auch im Jahr 2016 hatten sich diverse Bildungsministerien der Bundesländer zum Bildungsmonitor der INSM geäußert, und zwar:

Baden-Württemberg (Rang 4)
Bayern (Rang 3)
Hamburg (Rang 5)
Hessen (Rang 10)
Mecklenburg-Vorpommern (Rang 11)
Saarland (Rang 6)
Sachsen (Rang 1)

Besonders kritisch setzte sich der Bildungsminister in Mecklenburg-Vorpommern mit der INSM-Dauerstudie auseinander. Bildungsminister Mathias Brodkorb kritisierte, daß die Bereitstellung von Ausbildungsplätzen in Mecklenburg-Vorpommern gut bewertet, das Wechseln der Auszubildenden zwischen den Stellen schlechte Noten nach sich ziehe, obwohl beides die gleiche Ursache habe. Der Bildungsmonitor, so Brodkorb, versuche aus wirtschaftlicher Sicht gesellschaftliche Rahmenbedingungen für Bildung darzustellen. Sein Urteil: Der Bildungsmonitor sei keine geeignete Grundlage, aus der Bildungsreformen abzuleiten seien.[458]

---

[457] vgl. Anger, Christina u.a.: Bildungsmonitor 2015. S. 5
[458] vgl. http://www.regierung-

Vorsichtige kritische Töne gab es in Bayern und Hessen. Dem bayerischen Bildungsminister gefiel die Einschätzung der INSM nicht, daß die Quote der Ganztagesbetreuung von Kindern zu niedrig sei und betonte die Wahlfreiheit der Eltern, nicht ohne auf das Landeserziehungsgeld und das Betreuungsgeld hinzuweisen.[459]

In Hessen mißfiel dem Ministerium, daß im Handlungsfeld Schulqualität alte Zahlen herangezogen werden, die zudem aus nur einer Studie stammten. Dies aber, so hieß es zugleich entschuldigend, sei der Methodik der Studie geschuldet. Bayern und Hessen ließen dennoch keinen Zweifel daran, daß die Studie für sie ein Maßstab für Bildungsqualität sei.[460]

Weitgehend wurde darauf hingewiesen, daß die Studie durch das Institut der deutschen Wirtschaft im Auftrag der Initiative Neue Soziale Marktwirtschaft erstellt wurde. Der Hinweis, daß diese durch die Arbeitgeberverbände der Metall- und Elektroindustrie finanziert werden, fand sich nur in der Presseerklärung des Saarlandes, die sich ansonsten die Ergebnisse der Studie zueigen machte.[461]

Die Bundesländer Berlin, Brandenburg, Bremen, Niedersachsen, Nordrhein-Westfalen, Rheinland-Pfalz, Sachsen-Anhalt, Schleswig-Holstein und Thüringen hatten in diesem Jahr 2016 auf eine Pressemitteilung zum Bildungsmonitor verzichtet.

In den Pressemitteilungen der Ministerien waren also auch im Jahr 2016 überwiegend unkritische Töne zu hören. Außer in Mecklenburg-Vorpommern wurde die Systematik der Studie nicht in Frage gestellt. Auch die hinter der Studie stehenden Interessen wurden deutlich nur in der Erklärung des mecklenburg-vorpommerschen Bildungsminister Brodkorb formuliert. Alle anderen Bildungsminister, die sich zu der Studie geäußert hatten, waren, wie auch in den vergangenen Jahren, bereit, die Studie als Maßstab für ihre Leistungen in der Bildung zu betrachten.

---

mv.de/Landesregierung/stk/Presse/?id=118744&processor=processor.sa.pressemitt
eilung (22.08.2021)

[459] vgl. http://www.bayern.de/sozialministerin-mller-unsere-anstrengungen-zeigen-wirkung-integration-in-bayern-funktioniert-bildungsmonitor-der-initiative-neue-soziale-marktwirtschaft/?seite=1579 (22.08.2021)

[460] vgl. https://www.hessen.de/presse/pressemitteilung/bildungsmonitor-ergebnisse-sind-bestaetigung-und-ansporn-zugleich-0 (22.08.2021)

[461] vgl. http://www.saarland.de/6767_214617.htm (21.08.2016)

Bildungsmonitor 2017

Zum Bildungsmonitor des Jahres äußerten sich erneut verschiedene Bildungsministerien, nämlich jene von:

Bayern (Rang 3)
Brandenburg (Rang 12)
Mecklenburg-Vorpommern (Rang 7)
Saarland (Rang 6)
Sachsen (Rang 1)
Schleswig-Holstein (Rang 13)

Hamburg (Rang 5) veröffentlichte keine eigene Erklärung, wies aber im Rahmen einer Presseerklärung zum Beginn des neuen Schuljahres darauf hin, daß mit zusätzlichen Pädagogen Hamburg pro Schüler die höchsten Finanzmittel pro Schüler aufgewendet hätten, wie auch der Bildungsmonitor ermittelt hätte.[462]
Für das bayerische Bildungsministerium betonte Bildungs- und Wirtschaftsminister Spaenle, daß Bayern auch im Bildungsmonitor 2017 in der Spitzengruppe rangiere. Das differenzierte und durchlässige Schulsystem Bayerns werde durch die Ergebnisse bestätigt.[463]
Während der Bildungsminister von Mecklenburg-Vorpommern 2016 mit der INSM-Dauerstudie kritisch ins Gericht gegangen war, wird in der Presseerklärung von 2017 darauf hingewiesen, daß sich das Bundesland im INSM-Ranking von Platz elf auf Platz sieben verbessert habe. Es wird betont, wo der Bildungsmonitor Handlungsbedarf sehe und erklärt, daß sich das Bildungsministerium für mehr Studierende im MINT-Bereich einsetzen wird.[464] Daß die Studie nunmehr im Bildungsministerium nicht mehr so kritisch gesehen wurde, dürfte nicht nur mit der Verbesserung des Bundeslandes im Ranking zusammenhängen, sondern auch mit einem personellen Wechsel im Ministerium: Mathias Brodkorb wurde inzwischen durch Birgit Hesse (beide SPD) abgelöst.
Kritische Töne gab es hingegen aus Brandenburg, daß im Ranking auf Platz zwölf stand. Hier wird auf die fragwürdige Methodik der Studie hingewiesen, die Schulqualität im Jahr 2017 mit Studien aus

---

[462] vgl. https://www.hamburg.de/pressearchiv-fhh/9410910/2017-08-29-bsb-schuljahresauftakt/ (22.08.2021)

[463] vgl. https://www.km.bayern.de/pressemitteilung/10863/nr-318-vom-17-08-2017.html (22.08.2021)

[464] vgl. https://www.regierung-mv.de/Landesregierung/bm/Presse/Aktuelle-Pressemitteilungen/?id=130313&processor=processor.sa.pressemitteilung (22.08.2021)

den Jahren 2011 und 2012 zu beurteilen.[465]
Im Saarland erwähnte die Presseerklärung zwar, daß die INSM durch die Arbeitgeberverbände der Metall- und Elektroindustrie finanziert wird. Ansonsten betonte Bildungsminister Ulrich Commerçon, daß das Saarland im Bildungsmonitor seit seinem Amtsantritt von Platz vierzehn auf Platz sechs aufgestiegen sei. Auch er fühlte sich in seiner Politik durch den Bildungsmonitor der INSM bestätigt.
In Sachsen freute sich Bildungsministerin Brunhild Kurth einmal mehre darüber, daß das Bundesland wieder an der Spitze des Bildungsmonitors lag. Hier wurde nicht direkt darauf hingewiesen, daß es sich um die Studie einer Interessengruppe handelt, wohl aber, daß das Institut der deutschen Wirtschaft (IW) diese im Auftrag der Initiative Neue Soziale Marktwirtschaft erstellt hatte. Der Zusammenhang mit den Arbeitgeberverbänden ließ sich somit durchaus hinzudenken.
Die Presseerklärung aus Sachsen war besonders ausführlich, hob die Erfolge des Bundeslandes in verschiedenen Einzelkategorien der Studie hervor und verwies auf die Studie als solche im Internet.[466]
Die Pressemitteilung aus Schleswig-Holstein hebt hervor, daß der Bildungsmonitor aus der Interessenlage der Wirtschaft heraus geschrieben sei und deshalb nicht die gesamte Leistungsstärke des Bildungssystems in Schleswig-Holstein wiedergebe. Gleichwohl aber wird der Hinweis auf angebliche Defizite in den MINT-Fächern aufgenommen und darauf hingewiesen, daß eine MINT-Offensive an allen Schulen gestartet werden solle, bei der besonders Mädchen und junge Frauen für diese Fächer begeistert werden sollten.[467]
Kritische Töne sind somit vor allem bei den Bildungsministerien zu lesen, deren Bundesländer im Bildungsmonitor schlecht abgeschnitten haben. Der Wechsel im Amt des Bildungsministers in Mecklenburg-Vorpommern verhinderte an dieser Stelle leider die Bewertung, ob der Bildungsminister seiner Meinung über die Studie geändert hätte, wäre er nach dem Aufstieg seines Bundeslandes noch im Amt gewesen. Es zeigt sich aber, daß tendenziell die Bundesländer, die gut abschneiden, sich in Presseerklärungen zum Bildungsmonitor äußern. Auch Bundesländer, die schlecht abschneiden, äußern sich, wie gezeigt, jedoch anteilsmäßig weniger als jene, die gut abschnei-

---

[465] vgl. https://mbjs.brandenburg.de/aktuelles/pressemitteilungen.html?news=bb1.c.53 0072.de (22.08.2021)

[466] vgl. https://www.medienservice.sachsen.de/medien/news/212846?page=4 (22.08.2021)

[467] vgl. https://www.schleswig-holstein.de/DE/Landesregierung/III/Presse/PI/2017_neu/August_2017/III_Bildungsmonitor.html (22.08.2021)

den. Der »Mittelbau« im Ranking äußert sich bevorzugt nicht.

Bildungsmonitor 2021

Nahezu routiniert erschien der Bildungsmonitor auch wieder im Jahr 2021, zog allerdings weniger Aufmerksamkeit in der Öffentlichkeit nach sich, zumal in der Zeit die Themen Corona-Krise, die Rückkehr der Taliban an die Macht in Afghanistan und die Folgen der Unwetterkatastrophen in Nordrhein-Westfalen und Rheinland-Pfalz im Vordergrund des politischen Interesses standen. Dennoch wurde die Veröffentlichung durchaus wahrgenommen und auch in den Medien zumindest kurz angesprochen.

Der INSM-Bildungsmonitor in den Medien

In der Süddeutschen Zeitung machte die Berichterstattung über den Bildungsmonitor nur einen kurzen Einspalter aus. Unter dem Titel »Sachsens Schulen vorn« referierte die Süddeutsche Zeitung eine dpa-Meldung zum Bildungsmonitor der als »wirtschaftsnah« beschriebenen INSM.[468] Diese Bezeichnung verschleiert allerdings die direkte Abhängigkeit der INSM von den Arbeitgeberverbänden der Metall- und Elektroindustrie, denn die INSM ist, wie bis hierhin schon gezeigt, keine »wirtschaftsnahe« Einrichtung, sondern sie wird direkt von den Arbeitgeberverbänden beauftragt und bezahlt und ist somit Teil der »Wirtschaft«.

In der Kurzmeldung wird beschrieben, daß die Schüler/innen Sachsens von einem leistungsfähigen Bildungssystem in dem Bundesland profitieren und Sachsen auf Platz eins vor Bayern, Hamburg und Thüringen stünde. Schlußlichter seien Bremen hinter Brandenburg, Sachsen-Anhalt und Berlin.[469]

Auch DIE ZEIT bezieht sich in ihrem Online-Angebot auf die Deutsche Presse-Agentur (dpa) und referiert die Ergebnisse des Bildungsmonitors für jedes Bundesland, gegebenenfalls mit Presseäußerungen der Ministerien der betroffenen Bundesländer.[470] Dabei wird am Ende der Artikel hervorgehoben, daß die INSM nach eigenen Angaben von den Arbeitgeberverbänden der Metall- und Elektroindustrie finanziert werde.[471] Hier wird also auch der arbeitgeberabhängige Aspekt der Initiative und damit indirekt auch des Bildungs-

---

[468] vgl. Sachsens Schulen vorn. Süddeutsche Zeitung, 19.08.2021, S. 7
[469] vgl. ebd.
[470] hier: Saarland: https://www.zeit.de/news/2021-08/18/studie-sieht-bildungsfortschritt-im-saarland (22.08.2021)
[471] vgl. ebd.

monitors betont.

Auch der SPIEGEL berichtet in seiner Online-Ausgabe über den Bildungsmonitor und erklärt dabei in einem eigenen Kasten, daß die INSM eine von den Metallarbeitgebern finanzierte Lobbyorganisation sei.[472] Der Artikel des Spiegels ist keine Übernahme von der dpa sondern von der Autorin Kathrin Fromm verfaßt. Sie hebt hervor, daß die INSM eine Umfrage unter Eltern und Lehrkräften zu den Folgen der Corona-Krise gemacht hatten und diese Unzufriedenheit und die Sorge wegen Lernrückständen zutage gefördert hätte.[473] Die INSM empfehle,

> *»- die Folgen der Pandemie im Bildungssystem zeitnah empirisch aufzuarbeiten.*
> *- Eine starke Förderinfrastruktur für Kinder und Jugendliche mit Förderbedarf an den Schulen und Kitas vor Ort aufzubauen.*
> *- Auf wesentliche Lerninhalte im Unterricht konzentrieren.*
> *- Gezielt gegen Schulverweigerung vorgehen und Schulabbrüche vermeiden.*
> *-Außerschulische Unterstützungsangebote für Kinder, Jugendliche und Familien stärken.«[474]*

Die Autorin verweist auf die Methodik der Studie, die eine bildungsökonomische Sichtweise einnehme und in deren Rahmen zwölf Handlungsfelder verglichen werden.[475] In einem Kasten wird auch die ökonomische Zielsetzung der Studie angesprochen und darauf hingewiesen, daß zu den Erkenntnissen, die gewonnen werden sollen, gehört, inwieweit das Bildungssystem zur Fachkräftesicherung beitrage.[476] Gemeinsam mit dem Hinweis, daß die INSM eine Lobbyorganisation der Arbeitgeberverbände sei, läßt sich somit erkennen, woher der Wind weht.

Der INSM-Bildungsmonitor aus Sicht der Bildungsministerien

Auch im Jahr 2021 hatten wieder einige Bildungsministerien der Bundesländer Presseerklärungen zum INSM-Bildungsmonitor und dem Abschneiden ihrer Bundesländer herausgegeben:

---

[472] vgl. Fromm, Kathrin: Sachsen und Bayern wieder mit Bestnoten. SPON, 18.08.2021.
[473] vgl. ebd.
[474] ebd.
[475] vgl. ebd.
[476] vgl. ebd.

Bayern (Rang 2)
Hamburg (Rang 3)
Mecklenburg-Vorpommern (Rang 9)
Saarland (Rang 5)
Sachsen (Rang 1)

Der bayerische Kultusminister Michael Piazolo hob hervor, daß die hervorragenden Ergebnisse der Vorjahre bestätigt würden und er sich angesichts der Corona-Pandemie über diesen guten Wert besonders freue.[477] Der Kultusminister betonte die Bereiche, in den Bayern laut Bildungsmonitor gut abgeschnitten habe und verwies insbesondere auf die Berufsausbildung in den IT-Bereichen und auf die Forschung.[478] Zwar wird in der Pressemitteilung erwähnt, daß der Bildungsmonitor durch das Institut der deutschen Wirtschaft im Auftrag der INSM erstellt wird,[479] aber ein weitergehender Verweis auf den lobbyistischen Hintergrund der Dauerstudie erfolgt nicht.

Auch in Hamburg freut sich der Bildungssenator Ties Rabe über das gute Abschneiden des Stadtstaates beim Bildungsmonitor der INSM. Dieser bestätige, daß Hamburg viel getan habe, um den 3. Platz im Ranking zu erreichen.[480] Rabe betonte die Verbesserungen bei den Lernleistungen in den Bereichen Lesen und Sprache. 99 Prozent der Grundschüler/innen seien in Fremdsprachen unterrichtet worden.[481] Der Hintergrund der Studie sowie der Charakter der INSM wurden in der Presseerklärung jedoch nicht gewürdigt. Hier wurde nicht einmal das Institut der deutschen Wirtschaft als Urheber der Studie erwähnt.[482]

Die Landesregierung von Mecklenburg-Vorpommern betonte in ihrer Presseerklärung, daß die Ergebnisse des Landes beim Bildungsmonitor zeigten, daß das Land die richtigen bildungspolitischen Schwerpunkte setze.[483] Darüber hinaus nutzte das Bildungsministerium des Landes den Anlaß der Veröffentlichung der Ergebnisse vor allem dazu, die eigenen Leistungen im Bildungsbereich hervorzustreichen wie die Zahl der Lehrer/innen, die neu eingestellt

---

[477] vgl. https://www.km.bayern.de/pressemitteilung/12013/nr-100-vom-18-08-2021.html (22.08.2021)

[478] vgl. ebd.

[479] vgl. ebd.

[480] vgl. https://www.hamburg.de/bsb/pressemitteilungen/15343400/2021-08-18-bsb-bildungsmonitor-2021/ (22.08.2021)

[481] vgl. ebd.

[482] vgl. ebd.

[483] vgl. https://www.regierung-mv.de/Landesregierung/bm/Presse/Aktuelle-Pressemitteilun-gen/?id=173064&processor=processor.sa.pressemitteilung (22.08.2021)

würden, und steigenden Investitionen des Landes sowie die Fortschritte bei der Digitalisierung der Schulen.[484] Als Urheber wird das Institut der deutschen Wirtschaft genannt. Eine Auseinandersetzung mit dem lobbyistischen Hintergrund der Studie, der Methodik oder der Zielsetzung findet auch hier nicht statt.

Auch Bildungsministerin Christine Streichert-Clivot aus dem Saarland sah sich durch die Ergebnisse des Bildungsmonitors in ihrem bildungspolitischen Kurs bestätigt und betonte, daß das Land im Bereich der Bildungsinvestitionen im Vergleich aller Länder an der Spitze stehe.[485] Wiederum wird das Institut der deutschen Wirtschaft als Urheber der Studie genannt, ohne auf den Hintergrund und die Zielsetzung einzugehen.[486]

Wie üblich in den letzten Jahren äußerte sich Sachsen besonders ausführlich zu seinem Abschneiden beim Bildungsmonitor und betonte, daß das Bundesland zum 16. Mal in Folge Platz eins belege.[487] Besonders stark sei das Bildungssystem Sachsens bei der Förderinfrastruktur und der Schulqualität. Die Schüler erreichten Bestwerte in Mathematik und Naturwissenschaften.[488] Kultusminister Christian Piwarz betonte die guten Werte in den einzelnen Bereichen und warnte davor, sich auf den Lorbeeren auszuruhen. Mit den Förderprogrammen zur Schließung der Lernlücken durch Corona seien die Empfehlungen des Bildungsmonitors aufgegriffen worden.[489] Als Urheber der Studie wird das Institut der Deutschen Wirtschaft im Auftrag der INSM genannt. Wiederum findet keine Auseinandersetzung mit der Methodik und Zielsetzung statt.[490] Das Hervorheben der Fähigkeiten der Schüler/innen in Mathe und Naturwissenschaften deutet im Gegenteil darauf hin, daß die bildungspolitische Schwerpunktsetzung der INSM voll übernommen und geteilt wird. Am Ende der Presseerklärung folgen noch zwei Links zu Lernangeboten des Bildungsministeriums.

---

[484] vgl. ebd.

[485] https://www.saarland.de/mbk/DE/aktuelles/medieninformationen/2021/08/PM-2021-08-18-bildungsmonitor-2021.html (22.08.2021)

[486] vgl. ebd.

[487] https://www.medienservice.sachsen.de/medien/news/256779 (22.08.2021)

[488] vgl. ebd.

[489] vgl. ebd.

[490] vgl. ebd.

Bilanz

Es zeigte sich, daß der Bildungsmonitor in den Medien und den Bildungsministerien weitgehend unkritisch gesehen wird. Obgleich den Akteuren der lobbyistische Hintergrund dieser Dauerstudie vor Augen steht, sind sie zugleich bereit, diese als Maßstab für gute Bildungspolitik anzuerkennen. Die Probleme, die in der Studie von Tobias Kaphegyis beschrieben werden, sind auch heute noch aktuell. Außer des seinerzeitigen Bildungsministers Mathias Brodkorb in Mecklenburg-Vorpommern 2016 setzte sich kaum einer der Bildungsminister kritisch mit der Methode und der Zielsetzung der Studie auseinander – außer wenn das Land schlecht abschnitt. Doch auch bei letzteren bestanden keine grundsätzlichen Zweifel daran, daß der Bildungsmonitor wichtige Maßstäbe für eine »richtige« Politik setze. Es ist also der INSM gelungen, durch die jährliche Bewertung der Bundesländer und der entsprechenden öffentlichen Aufmerksamkeit, die der Bildungsmonitor besonders zu Beginn seiner Karriere als Dauerstudie hatte, den Bundesländern ihre Wettbewerbsstrategie aufzudrücken. Denn auch der Umstand, daß sich verschiedene Bundesländer nicht öffentlich zu den Ergebnissen äußern, muß nicht heißen, daß diese dort nicht zur Kenntnis genommen und auch keine Schlußfolgerungen gezogen werden.

Auch die Betonung der sogenannten MINT-Fächer als wichtigste Schul- und Studienfächer wird weitgehend anerkannt. Darunter leiden dürften die künstlerischen und gesellschaftswissenschaftlichen Fächer, denn der Bildungsmonitor »belohnt« nur Anstrengungen bei den Naturwissenschaften, denn diese stehen im wesentlichen Interesse der Auftraggeber der INSM.

Indem also die Bundesländer die Maßstäbe des Bildungsmonitors zumindest als Bestandteil ihrer Bildungspolitik anerkennen und auch immer wieder in den Pressemitteilungen betonen, machen sie sich die einseitige Sichtweise der Metallarbeitgeber auf das Bildungssystem zueigen. Auch dies spricht für die Notwendigkeit eines deutlich kritischeren Umgangs mit Lobbyismus und Einflußnahme durch die Verbände in den Ministerien.

Weitere INSM-Rankings

Die Erstellung von Rankings war insbesondere in den ersten Jahren ein wichtiges Instrument der Initiative zur Vermittlung ihrer Botschaften. Anhand von durch die INSM, beziehungsweise der durch die INSM beauftragten Institute - zumeist des Instituts der deutschen Wirtschaft -, festgelegten Kriterien, sollten Wettbewerbe im Rahmen des Bundesländer- und Städterankings[491] zwischen den Bundesländern und Städten in Gang gesetzt werden. Wie auch das seinerzeitige »Merkelmeter« wurden diese Studien in Kooperation mit der Zeitschrift WirtschaftsWoche durchgeführt. Diese Studien erhoben einen wissenschaftlichen Anspruch und dienten zugleich dem Transport der von der INSM favorisierten Wettbewerbsideologie. Zahlreiche weitere Rankings wurden erdacht wie ein Parkgebühren-Ranking[492] oder einen Kindergarten-Monitor, wobei zu letztem eine Kooperation mit der Zeitschrift »Eltern« eingegangen wurde.[493] Diese Studien wurden allerdings nicht fortgeführt. Die Webseiten wurden, wie in den Fußnoten vermerkt, inzwischen aufgegeben und die Internet-Adressen leiten teilweise zu anderen Seiten weiter.

Ebenso erging es der Seite www.unicheck.de, die um die Einführung der Studiengebühren herum initiiert wurde. Sinn der Seite war es, für Akzeptanz der von der INSM befürworteten und in verschiedenen Bundesländern eingeführten Studiengebühren zu sorgen. Die Seite wird heute in alleiniger Verantwortung des damaligen Kooperationspartners Unicum, eine Studentenzeitschrift, fortgeführt.[494] Zweck war, neben dem Erzeugen von Akzeptanz für Studiengebühren, ein Ranking der Universitäten in Bezug auf die Verwendung von Studiengebühren.

All diese Studien werden von der INSM nicht weitergeführt. Offensichtlich wurde der politische Effekt dieser Studien durch die Initiative als nicht ausreichend wahrgenommen. Somit verbleibt nach der

---

[491] vgl. http://www.bundeslaenderranking.de/ (22.08.2021) Letzter Stand der Daten des Rankings: 2012; http://www.insm-staedteranking.de/ (15.10.2015) Letzter Stand der Daten des Rankings: 2012. Inzwischen hat die INSM diese Internet-Adresse aufgegeben. Sie leitet auf www.spielgeld-casino.com weiter zu einer Übersicht über die Spielhallen in Deutschland.

[492] vgl. http://www.parken.insm-regionalranking.de/fs_ranking_parkgebuehren.html (15.10.2015) Letzter Stand der Daten des Rankings: 2008 Die Internet-Seite wurde von der INSM inzwischen aufgegeben. Sie ist zwar registriert aber ohne Inhalt. (22.08.2021)

[493] vgl. http://www.insm-kindergartenmonitor.de/fs_index.html (15.10.2015) Letzter Stand der Daten des Rankings: 2010. Auch diese Seite wurde inzwischen aufgegeben und leitet weiter zu https://tagesmutter-kinderkrippe-kindergarten.de/ (22.08.2021)

[494] vgl. http://www.unicheck.de/impressum (22.08.2021)

Einstellung des »Merkelmeters«, beziehungsweise der Nachfolgestudie »Deutschland-Check« der »Bildungsmonitor« als letzte Ranking-Studie der INSM. Der »Bildungsmonitor« wird, wie gezeigt, nach wie vor in der Öffentlichkeit und durch die Bildungsministerien der Länder weiterhin wahrgenommen ohne jedoch die wissenschaftlichen Grundlagen zu hinterfragen, auf denen diese Dauerstudie steht. Gleichwohl zeigt sich auch, daß das Medieninteresse am Bildungsmonitor rückläufig ist, denn in den Anfängen wurde diese Dauerstudie intensiver referiert und kommentiert, gleichwohl ohne die Hintergründe kritisch zu beleuchten. Daß mittlerweile auch die Kritik am Bildungsmonitor dargestellt wird, wenn auch ohne in die Tiefe zu gehen, ist zwar kein Zeichen eines gesteigerten öffentlichen Bewußtseins für die Hintergründe der INSM, gleichwohl aber ein Signal, daß die wenigen Quellen, die noch über den Bildungsmonitor berichten, kritische Stimmen inzwischen stärker zu Wort kommen lassen.

Bezüglich der Ranking-Studien ist bei der INSM ein Strategiewechsel erkennbar. Offensichtlich wird diesem Instrument nicht mehr die Bedeutung beigemessen wie in den ersten zehn Jahren der Initiative. Dazu beigetragen haben kann auch die moderate Mittelkürzung durch die Arbeitgeberverbände der Metall- und Elektroindustrie, die die Initiative dazu zwingt, Schwerpunkte zu setzen. Somit erhält das Instrument des Rankings in der Strategie nur noch in Bezug auf den »Bildungsmonitor« Bedeutung. Ansonsten wird stärker auf Kampagnen und Studien mit wissenschaftlichem Anspruch gesetzt, die diese mit der entsprechenden Autorität absichern sollen. Daß hier nicht selten im Interesse der Auftraggeber gehandelt wird, ist jedoch in der Öffentlichkeit nur selten Thema und wird in den letzten Jahren in den Medien praktisch gar nicht mehr diskutiert.

Kampagnen der INSM

Neben den Ranking-Studien existiert eine zweite Form der Studien, die ebenfalls von den Medien transportiert werden. Weil sie anders angelegt sind, als die Ranking-Studien oder die allgemeinen Werbekampagnen, bekommen sie hier ein eigenes Kapitel.

Wurde einleitend betont, daß in den Anfängen der INSM der Auftrag von Gesamtmetall die Vertretung oder Bewerbung konkreter politisch-inhaltlicher Positionen ausgeschlossen war, entwickelte die INSM dennoch solche inhaltlichen Positionen und bewarb sie. Dies war durchaus eine Entwicklung, die mit der Zeit kam. Dabei werden diese inhaltlichen Positionen in der Regel durch Botschafter formuliert und von der INSM unterstützt. Prominentes Beispiel dafür war der ehemalige Botschafter Paul Kirchhof, dessen Konzeption einer Einfach-Steuer durch die INSM beworben und unterstützt wurde. Kirchhof schaffte es bis in das Schattenkabinett Merkels im Wahlkampf zur Bundestagswahl 2005 als Finanzminister. Sein Vorschlag war eines der zentralen Wahlkampfthemen. Nach der Bundestagswahl 2005 kam es allerdings zur Großen Koalition und Kirchhof war politisch für die CDU als Minister nicht durchzusetzen, weil die SPD das Konzept des »Professors aus Heidelberg« (Gerhard Schröder über Kirchhof) ablehnte.

Auf diesem Weg wurde, wie schon angedeutet, die Vorgabe durchbrochen, sich nicht politisch-inhaltlich mit konkreten Forderungen zu positionieren. Weitere Beispiele für diese Vorgehensweise sollen nun in diesem Kapitel vorgestellt und diskutiert werden.

Kampagne gegen den Mindestlohn

Schon vor der Einführung des Mindestlohnes war die INSM ein entschiedener Gegner dieses Instruments. Noch im »Merkelmeter« mußte die damalige Regierung Merkel mehrmals »Punktabzüge« bei der Bewertung ihrer Gesetzestätigkeit durch die INSM hinnehmen, weil sie in einigen Branchen einen Mindestlohn einführte, um die ausufernden Niedriglohnsektoren der jeweiligen Branchen einzudämmen.[495] Als innerhalb der CDU mehr und mehr über die Notwendigkeit einer flächendecken Lohnuntergrenze diskutiert wurde, schrillten bei der INSM offensichtlich die Alarmglocken und die Kampagne gegen den Mindestlohn wuchs zu einer der zentralen Anliegen der Initiative heran.

Das zentrale Argument der INSM gegen den Mindestlohn ist ein

---

[495] vgl. Scharnagel, Benjamin: Blauer Brief für die Bundesregierung - Noch ein Jahr Zeit zum Nachsitzen. S. 9, 11

neoliberales: der flächendeckende Mindestlohn erschwere oder verhindere den Zugang für Geringqualifizierte in den ersten Arbeitsmarkt, deren Produktivität unterhalb des staatlicherseits festgesetzten Mindesteinkommens liege. Weil Niedriglöhne in der öffentlichen Wahrnehmung als Ausbeutung wahrgenommen werden, versucht die INSM, die Niedriglöhne als »Einstiegslöhne« zu beschönigen.[496] Nach Auffassung der INSM wird die Bereitschaft der Arbeitgeber sinken, Stellen für Geringqualifizierte anzubieten, weil der Mindestlohn zu hoch sei. Ohne Niedriglöhne sei jedoch Geringqualifizierten der Weg zum Aufstieg versperrt.[497] Kritisiert wird auch, daß die Arbeitgeber aufgrund des Mindestlohngesetzes künftig die Arbeitszeit dokumentieren müssen.[498] Worin hier allerdings der bürokratische Aufwand liegen soll, ist fraglich, denn wer seine Arbeitnehmer/innen nicht um einen fairen Lohn prellen will, müsse die Arbeitszeiten ohnehin dokumentieren, schrieb der Vizepräsident des Deutschen Handwerkskammertages an Angela Merkel.[499]

In der Bevölkerung genoß der gesetzliche Mindestlohn in Umfragen eine breite Zustimmung. Doch das konnte die INSM nicht schrecken. Sie führte im Dezember 2014 einen »Mindestlohnticker« ein, der zeigen sollte, »(w)o der Mindestlohn schadet«.[500] In ihrer Position zum Mindestlohn faßt die INSM ihre Kritik zusammen.

Es seien bis zu 570 000 Arbeitsplätze durch den Mindestlohn bedroht, weshalb der Mindestlohn abzuschaffen oder weitreichende Ausnahmen zuzulassen seien. Überdies sei der bürokratische Aufwand der Arbeitgeber zu reduzieren, was insbesondere die Pflicht betreffe, die Arbeitszeiten zu dokumentieren.[501] Die Behauptung der INSM, daß 570 000 Jobs durch den Mindestlohn vernichtet werden, findet sich auch als Meldung im Online-Angebot WirtschaftsWoche wieder,[502] die bereits an zahlreichen Studien der INSM als Medienpartner teilgenommen hatte. Auf den arbeitgeberabhängigen Hinter-

---

[496] vgl. https://web.archive.org/web/20160716062548/http://www.insm.de/insm/Publikationen/positionen/mindestlohn.html und http://www.insm.de/insm/ueber-die-insm/INSM-Anzeigen/Arbeitsmarkt-flexibilisieren.html (beide Seiten: 22.08.2021)

[497] vgl. https://web.archive.org/web/20160716062548/http://www.insm.de/insm/Publikationen/positionen/mindestlohn.html (22.08.2021).

[498] vgl. ebd.

[499] vgl. http://www.handelsblatt.com/politik/deutschland/mindestlohn-handwerk-und-gewerkschaften-wehren-sich-gegen-unionsplaene/11690178.html (22.08.2021)

[500] https://web.archive.org/web/20160531203802/http://www.insm.de/insm/kampagne/mindestlohn/mindestlohn-fail-ticker.html (22.08.2021)

[501] vgl. https://web.archive.org/web/20160716062548/http://www.insm.de/insm/Publikationen/positionen/mindestlohn.html (22.08.2021)

[502] vgl. http://www.wiwo.de/politik/deutschland/570-000-jobs-gefaehrdet-simulation-mindestlohn-vernichtet-arbeitsplaetze-in-ostdeutschland/11067850.html (22.08.2021)

grund der INSM wird hier einmal mehr nicht hingewiesen.

Die Studie zu den Auswirkungen des Mindestlohnes wurde für die INSM vom ifo-Institut erstellt und bewertet in einer Prognose die Folgen des Mindestlohns. Zudem werden Vorschläge unterbreitet, wie die befürchteten Folgen vermieden werden können.[503] Die Studie stammte aus dem Dezember 2014, also einer Zeit, in der der Mindestlohn noch nicht eingeführt worden war. Hinsichtlich der Auswirkungen des Mindestlohns bewegte sich diese Studie somit im Reich der Prognosen aufgrund von bestimmten Annahmen, die gleich noch näher zu betrachten sind. Neben einer kritischen Auseinandersetzung mit dem Mindestlohn lobte die Studie, daß die Hartz-Reformen in Deutschland ein »Beschäftigungswunder« ausgelöst hätten.[504]

Ohnehin zeigte sich bereits am Anfang der Studie, welches Erkenntnisinteresse sie verfolgte.

> *»Aufbauend auf der Bestandsaufnahme wird dann im dritten Abschnitt im Rahmen einer regional und nach beruflichen Qualifikationen differenzierten Analyse untersucht, welche Gruppen auf dem Arbeitsmarkt in welchem Umfang von der Einführung des gesetzlichen Mindestlohns betroffen sind. Mit Hilfe eines Simulationsmodells wird dann analysiert, in welchem Ausmaß diese Gruppen von Beschäftigungsverlusten bedroht sind.«[505]*

Nicht die Frage, ob der Mindestlohn zu Beschäftigungsverlusten führte, sondern in welchem Ausmaß dies geschehe, soll untersucht werden. Allein schon diese »Forschungsfrage« schließt aus, daß die Studie zu der Erkenntnis kommt, daß der Mindestlohn die Beschäftigung nicht maßgeblich gefährdet. Dies hat letztlich auch mit der Ausrichtung der Simulationsmodelle sowie den Grundannahmen der Studie zu tun, die allesamt auf neoliberalen Annahmen fußen.

Die Schlußfolgerung der Studie schließt sich bereits im Anschluß an diese Erläuterung in der Einführung an, nämlich daß sich zeigen werde, daß der Mindestlohn die bisherigen arbeitsmarktpolitischen Erfolge gefährde, weshalb die Politik schon bald korrigieren eingrei-

---

[503] vgl. Knabe, Andreas und Ronnie Schöb: Regionale und qualifikationsspezifische Auswirkungen des Mindestlohns.
[504] vgl. ebd. S. 2
[505] ebd. S. 1f

fen werden müsse.[506]

Als Ursache für das »Beschäftigungswunder« betrachten die Autoren die Lohnzurückhaltung in der zweiten Hälfte der 1990er bis in die beginnenden 2000er Jahre, die zu einer Flexibilisierung gerade im Niedriglohnbereich geführt hätte.[507] Dies wird von den Autoren als positive Entwicklung dargestellt. Auch eine Zunahme des Niedriglohnsektors sei nur dann besorgniserregend, wenn Personen, die zuvor mehr verdient hätten, in diesen Niedriglohnsektor abrutschten. Erweitere sich jedoch der Niedriglohnsektor um Arbeitslose, die nunmehr zu Niedriglöhnen beschäftigt würden, sei die Ausweitung dieses Sektor Ergebnis erfolgreicher Arbeitsmarktpolitik.[508] Beleg für diese Einschätzung ist eine frühere Veröffentlichung eines der beiden Autoren dieser INSM-Studie.

Nach einer Übersicht, wer in welchen Bundesländern und mit welchen Qualifikationen vom Mindestlohn betroffen sein wird, folgt die Prognose der Arbeitsplatzverluste durch den Mindestlohn, sowie Vorschläge, wie diese zu vermeiden seien. Entscheidend für eine solche Prognose sind selbstverständlich die Annahmen, auf deren Basis sie stattfindet. Die Autoren der Studie wenden zwei Modelle an, die sie »Standardmodell« und »Monopsonmodell« nennen. Für das Standardmodell wird eine flexible Lohnsetzung unterstellt, bei der »die Unternehmen die Beschäftigung so weit ausdehnen werden, bis die Grenzproduktivität der Arbeit dem Lohn entspricht«.[509] Hier würde eine einprozentige Lohnerhöhung zu einem Verlust von 0.75% der Arbeitsplätze der betroffenen Lohngruppe führen, während beim Monopsonmodell die Grenzproduktivität der Arbeit um 20% über dem Bruttolohn liege und hier nur Lohnerhöhungen von über 20% zu Arbeitsplatzverlusten führen würden.[510] Beide Modelle nehmen indes einseitig nur die Lohnhöhe ins Visier und berücksichtigen weitere Umstände nicht, was erklären mag, daß die Prognosen dieser Studie sich bislang in der Wirklichkeit nicht realisiert haben.

Hinzuweisen ist an dieser Stelle darauf, daß Neoliberale annehmen, daß bei sinkenden Löhnen die Beschäftigung steigt, während bei steigenden Löhnen die Beschäftigung sinkt. Dies erklärt die Fokussierung auf diesen Zusammenhang in der Studie von Knabe und Schöb. Weitere Faktoren wie die Frage, ob ein Unternehmen bei steigenden Löhnen tatsächlich einfach Arbeitnehmer/innen entlassen kann ohne den Geschäftsgang des Unternehmens zu gefährden, blei-

---

[506] vgl. ebd. S. 2
[507] vgl. ebd. S. 10f
[508] vgl. ebd. S. 12f
[509] ebd. S. 26
[510] vgl. ebd.

ben außen vor.

Auf der Grundlage dieser Annahmen führen Knabe und Schöb aus, daß bei einem Ausgangslohn von fünf Euro im Standardmodell ein Beschäftigungsrückgang in der entsprechenden Lohngruppe von 32.8% stattfinden würde, während beim Monopsonmodell immerhin noch 23.0% der betroffenen Beschäftigten ihre Arbeit verlören. In der Lohngruppe von 5.50 Euro wären es im Standardmodell 27.9% und im Monopsonmodell 17.3% der Beschäftigten, die ihre Arbeit verlören. Bei der Lohngruppe mit 7.50 Euro kommt es allerdings im Monopsonmodell zu einer interessanten Wende: Hier wird angenommen, daß der Beschäftigungsverlust bei -4.4% läge, mit anderen Worten, 4.4% Beschäftigte mehr eingestellt würden. Also: Weil der Lohn von € 7.50 auf € 8.50 erhöht wird, stellen die Unternehmen 4.4% mehr Arbeitnehmer/innen ein. Dieser Umstand wird im beschreibenden Text der Studie zwar erwähnt aber nicht erläutert. Er ist auf das Modell selbst zurückzuführen, das an dieser Stelle einen Beschäftigungsaufbau annimmt.

Die INSM selbst stützt sich allerdings bei Ihrer Angabe von ca. 570 000 gefährdeten Arbeitsplätzen auf die Annahmen des Standardmodells. Das Monopsonmodell, das niedrigere Zahlen auswirft, spielt in der Argumentation der Initiative keine Rolle.

Als Korrekturmöglichkeit schlagen die Autoren der Studie vor, daß der Mindestlohn wie in Frankreich von staatlichen Zuschüssen an die Arbeitgeber begleitet würden, die zunächst Mindestlöhne zahlen, dafür aber pro bezahlter Stunde einen bestimmten Anteil vom Staat erstattet bekämen.[511] Dies könnte dazu führen, daß der Beschäftigungsabbau verringert würde.[512] Ein solches Modell wäre indes der Abschied vom Mindestlohn. Werden für Arbeitnehmer/innen Lohnzuschüsse vom Staat gezahlt, befinden wir uns im von der Initiative ohnehin bevorzugten Kombilohnmodell.

Als zweite Möglichkeit sehen die Autoren der Studie Einschränkungen der Personengruppen, die vom Mindestlohn profitieren. Beispielhaft wird angeführt, daß bereits im bestehenden Gesetz Personen unter 18 Jahren ausgenommen sind, die keine Ausbildung haben, um diesen einen Anreiz zu geben, eine Ausbildung zu absolvieren. Diese Altersgrenze für Personen ohne Ausbildung könnte nach Auffassung der Autoren der Studie auf 25 Jahre angehoben werden.[513] Darüber hinaus wird angeregt, generell alle Jugendlichen unter 25 Jahren vom Mindestlohn auszuschließen und wahlweise auch alle

---

[511] vgl. ebd. S. 33f
[512] vgl. ebd.
[513] vgl. ebd. S. 36

anderen Arbeitnehmer/innen, die über keine Ausbildung verfügen.[514] Fraglich ist hier insbesondere der Vorschlag, Jugendliche unter 25 Jahren generell vom Mindestlohn auszuschließen. Dies wäre eine unzulässige Diskriminierung der Jugendlichen aufgrund ihres Alters. Bereits jetzt besteht im § 622 Abs. 2 Satz 2 BGB die Regelung, daß bei der Berechnung der Beschäftigungsdauer für die Kündigungsfristen die Beschäftigungsdauer eines Arbeitnehmers vor Vollendung des 25. Lebensjahres nicht zu berücksichtigen sei. Dieser Passus darf jedoch aufgrund seiner diskriminierenden Wirkung nicht angewendet werden.[515] Inzwischen hat der Gesetzgeber den Abs. 2 Satz 2 aus dem Paragraphen 622 gestrichen. Weil eine Diskriminierung des Alters in dieser Sache unzulässig ist, dürfte dies auch auf die Anwendung des Mindestlohnes zutreffen, wenn dieser generell für Personen unter 25 Jahren ausgeschlossen sein soll. Gleichwohl übernimmt die INSM diese Forderung in ihre Postion.[516]

Die Studie von Knabe/Schöb bildet seit Ende 2014 die Grundlage für den Kampf der INSM gegen den Mindestlohn. Die darin behaupteten Zahlen wurden, wie gezeigt, auch in den Medien verbreitet. Weitgehend haben sie sich jedoch als unzutreffend erwiesen. In der Badischen Zeitung ist im Mai 2015 nachzulesen, daß Prognosen, die eine große Zahl von Jobs, die vernichtet würden, vorhersagen, nicht zuträfen. Das Vorstandsmitglied der Bundesagentur für Arbeit, Alt, sehe keine Hinweise darauf, daß der Mindestlohn schade. Auch sei es vorschnell, den Rückgang von Minijobs auf den Mindestlohn zurückzuführen.[517] Mit anderen Worten: die Horrorzahlen aus der Studie der INSM, die auch in der entsprechenden Position zum Mindestlohn wiedergegeben werden, sind durch die Realität bislang nicht belegt. Dennoch wird die INSM nicht müde, immer wieder nach Negativbeispielen zu suchen, wo der Mindestlohn nicht funktioniere.

Wurde eingangs bereits darauf hingewiesen, daß innerhalb der Bevölkerung die Einführung des Mindestlohnes auf breite Zustimmung trifft,[518] zeigt sich hier einmal mehr, daß die INSM eben keine über-

---

[514] vgl. ebd. 37ff

[515] vgl. EuGH 19.01.2010, C-555/07 http://eur-lex.europa.eu/legal-content/DE/TXT/HTML/?uri=CELEX:62007CA0555&qid=1444484405699&from=DE (22.08.2021)

[516] vgl. https://web.archive.org/web/20160716062548/http://www.insm.de/insm/Publikationen/positionen/mindestlohn.html (22.08.2021)

[517] vgl. http://www.badische-zeitung.de/wirtschaft-3/mindestlohn-kostet-bislang-keine-jobs--104224013.html (22.08.2021)

[518] vgl. http://www.infratest-dimap.de/umfragen-analysen/bundesweit/umfragen/aktuell/86-prozent-der-deutschen-haelt-einfuehrung-des-gesetzlichen-mindestlohn-fuer-richtig/ (22.08.2021) Studie im

parteiliche Einrichtung ist, sondern die Interessen der Arbeitgeberverbände vertritt, von denen sie auch finanziert wird.

Exkurs: Kombilohn und Mindestlohn

Wenngleich sich die INSM in ihren Kampagnen gegen Subventionen ausspricht, so setzt sie sich auch massiv für diese ein, ohne es laut zu sagen: Denn schon seit Jahren und auch in den Materialien, die die INSM für den Schulunterricht entwickelt hat, wird der Kombilohn vertreten und angepriesen. Dabei ist der Kombilohn nichts weiter als eine große Subvention für Unternehmen, die ihre Arbeitnehmer mit Löhnen unterhalb des Existenzminimums bezahlen wollen. Auch wenn in diversen Konzepten ein anderer Eindruck erweckt wird: Das Geld, mit dem die zu niedrigen Löhne der Betroffenen aufgestockt wird, kommt den Unternehmen zugute, die die entsprechenden Lohnkosten sparen und somit ihren Gewinn vergrößern können.

Bei der Konkurrenz zwischen den Konzepten Mindestlohn und Kombilohn geht es in erster Linie darum, wer einen Lohn, von dem die Lohnempfänger ihren Lebensunterhalt bestreiten können, bezahlen soll. Das Kombilohn-Modell in seinen verschiedenen Ausprägungen entscheidet sich für den Staat.

Weil in der neoliberalen Ideologie die Preise am Markt bestimmt werden, was auch für Löhne gelten soll, darf es hier keine äußeren Eingriffe geben. Selbst Tarifverträge gelten Vertretern der neoliberalen Ideologie als unzulässiger Eingriff in die freie Lohnfindung. Daher setzt sich auch die INSM für eine Öffnung der Tarifverträge und für die Ermöglichung der Lohnfindung auf betrieblicher Ebene ein.

Unter einem »markträumender Lohn« wird in Zeiten von Arbeitslosigkeit ein Lohnniveau verstanden, welches dafür sorgt, daß alle Arbeitslosen in Arbeit kommen. Arbeitslosigkeit wird nach Auffassung neoliberaler Denker dadurch verursacht, daß die Löhne zu hoch seien. Der »markträumende Lohn« ist indes so niedrig, daß es für Arbeitgeber attraktiv wird, Leute einzustellen. Sinkt der Lohn tief genug, kommt es zur Vollbeschäftigung.

Auch wenn der »markträumende Lohn« unterhalb des Existenzminimums liegt, darf nicht von »außen« in die Lohnfindung eingegriffen werden, also im Sinne neoliberaler Denker idealerweise nicht durch Tarifpartner und schon gar nicht durch den Staat. Würde ein

---

Auftrag des DGB: 86% der Bevölkerung hält die Einführung des Mindestlohns für grundsätzlich richtig. Auch unter den Anhängern der einzelnen Parteien, also selbst der FDP, befürwortet deutlich mehr als die Hälfte die Einführung des Mindestlohns.

Mindestlohn eingeführt, der oberhalb des niedrigen »markträumenden Lohnes« läge, stellte dies einen marktwidrigen Eingriff dar, der zu unterlassen sei. Die Kosten für die Arbeitgeber dürfen an dieser Stelle nicht »marktwidrig« erhöht werden.

Hingegen sind staatliche Zahlungen zur Ergänzung des Lohnes, so daß der Arbeitnehmer aus der Kombination von (niedrigem) Lohn und staatlicher Zuwendung, seinen Lebensunterhalt bestreiten kann, für Vertreter der neoliberalen Ideologie offenbar akzeptabel, beziehungsweise werde gar gefordert, um den Niedriglohnsektor ausbauen zu können. Mit der Begründung, daß wir gegen die globale Niedriglohnkonkurrenz nicht mehr bestehen könnten, fordert zum Beispiel Hans-Werner Sinn, daß »niedrige Marktlöhne« ermöglicht werden, indem die Betroffenen, die von dem Niedriglohn nicht leben können, ein staatlicher Zuschuß gezahlt werde. So könne der Lohn auf das Niveau sinken, daß uns wieder international wettbewerbsfähig mache.[519] Dabei wird mit der Beschreibung, daß der Beschäftigte einen staatlichen Zuschuß zum Lohn erhalte, zuweilen der Eindruck erweckt, als würde der Lohnempfänger unterstützt. Tatsächlich jedoch handelt es sich um eine Subvention für das Unternehmen, welches von der Verantwortung und dem gewerkschaftlichen Druck freigestellt werden soll, Löhne zu zahlen, von denen die Beschäftigten angemessen leben können.

Daß es sich hier um eine Subvention handelt, die selbst innerhalb der neoliberalen Ideologie eigentlich abzulehnen wäre, wenn die Vertreter konsequent wären, wird auch bei der INSM ausgeblendet. So räumt auch Randolf Rodenstock in der programmatischen INSM-Veröffentlichung »Chancen für alle« ein, daß der Kombilohn ordnungspolitisch vielleicht ein nicht ganz sauberer Weg, aber trotzdem noch gangbar sei.[520] Der Mindestlohn hingegen wird als eine zusätzliche Belastung der Arbeitgeber betrachtet, die aus ökonomischen Gründen abzulehnen sei.

Daß der Kombilohn zu erheblichen Mitnahmeeffekten führen würde, läßt sich leicht an einem Beispiel demonstrieren: Gesetzt den Fall, die Gesellschaft eines Staates einigt sich, daß ein monatliches Einkommen von 1000 Euro zum wünschenswerten Existenzminimum gehöre, welches entweder durch eigenes Einkommen oder durch Kombilohn zu erzielen wäre, würde dies zu den folgenden Mitnahmeeffekten führen: Der Arbeitgeber A zahlt seinen Beschäftigten unmittelbar 1000 Euro als Gehalten. Sein Konkurrent, der Arbeitgeber B, zahlt seinen Beschäftigten nur 600 Euro und läßt die 400 Euro

---

[519] vgl. Sinn, Hans-Werner: Die Basar-Ökonomie S. 204f
[520] Rodenstock, Randolf: Chancen für alle. S. 61

vom Staat aufstocken. Auch wenn Arbeitgeber A es aus ethischen Gründen für geboten hielte, seinen Mitarbeitern die vollen 1000 Euro zu zahlen, wäre er dazu nicht in der Lage, weil durch den Umstand, daß sich sein Konkurrent B den Lohn seiner Arbeitnehmer fast zur Hälfte vom Staat bezahlen läßt, dieser einen massiven Kostenvorteil hat. Weil die Arbeitskosten für B deutlich niedriger liegen als für A, würde Letzterer bald vom Markt verschwinden, weil seine Produkte oder Dienstleistungen entsprechend teurer wären. Er wäre letztlich gezwungen, seine Arbeiter ebenfalls mit nur 600 Euro zu entlohnen, weil er sonst nicht konkurrenzfähig wäre.

Dieses schlichte Beispiel zeigt, daß ein solcher Kombilohn, wie er unter anderem von der INSM und auch vom Ifo-Chef Hans-Werner Sinn gefordert wird, weite Kreise ziehen und für den Steuerzahler immer teurer werden würde. An dieser Stelle ist bei den neoliberalen Verfechtern des Kombilohns dann allerdings auch nicht mehr die Rede von der »Generationengerechtigkeit«, daß also die nächste Generation nicht überfordert werden dürfe, was bei diesem Modell zweifelsfrei der Fall wäre.

Dem gegenüber steht das Modell des gesetzlichen oder tariflichen Mindestlohnes, welches sicherstellen soll, daß die Arbeitnehmer von dem Lohn, den sie empfangen, leben können. Politisch stärker bekämpft wird von Anhängern der neoliberalen Ideologie der gesetzliche Mindestlohn, weil hier ein staatlicher Eingriff in die nur am Markt auszuhandelnden Löhne gesehen wird. Während beim Kombilohn der Staat über die eingenommenen Steuern die Unternehmen subventioniert, wird beim Mindestlohn der Arbeitgeber in die Pflicht genommen, für ein auskömmliches Einkommen zu sorgen. Zahlreiche europäische Länder haben bereits einen flächendeckenden gesetzlichen Mindestlohn eingeführt.

In den letzten Jahren zeichnet sich eine Entwicklung ab, in der der Widerstand zumindest in Teilen des konservativ-liberalen Lagers gegen einen tariflich ausgehandelten Mindestlohn schwindet. Auf dem jüngsten Parteitag konnte sich selbst die FDP mit knapper Mehrheit auf einen »Mindestlohn« einigen, der sich allerdings nur auf Regionen und Branchen beziehen solle.[521] Eine solche Lösung könnte allerdings gerade in Branchen und Regionen mit schwachen Gewerkschaften Armutslöhne nicht verhindern, was auch den Befürwortern dieser Lösung klar, wenn nicht gar gewollt sein dürfte.

Der Nachteil bei tariflichen Mindestlöhnen ist, daß sie nur bei starken Gewerkschaften funktionieren. Ist jedoch der Organisationsgrad

---

[521] vgl. Braun, Stefan: »Angriff der Anti-Grünen« in: Süddeutsche Zeitung vom 6. Mai 2013, S. 7

der Gewerkschaft im Tarifgebiet schwach, wird die Durchsetzung angemessener tariflicher Mindestlöhne schwierig bis unmöglich.

Weil das so ist, wird der gesetzliche Mindestlohn inzwischen auch von Gewerkschaften gefordert. Kritiker des Mindestlohnes halten den Gewerkschaften vor, daß sie damit gegen die eigenen Interessen verstießen, weil ein gesetzlicher Mindestlohn die Tarifautonomie beschränken würde. Dies ist jedoch nur ein Ablenkungsmanöver, denn zum einen ist die Position der Gewerkschaften Ergebnis einer internen Diskussion, zum anderen wissen die Gewerkschaften um die Probleme der Durchsetzung tariflicher Mindestlöhne und tragen diesem Umstand mit dem Einsatz für einen gesetzlichen Mindestlohn Rechnung.

Insbesondere die Zeitarbeitsbranche hat gezeigt, daß bei einem schwachen Organisationsgrad der Gewerkschaften angemessene Löhne nicht durchzusetzen sind. Der schwache Organisationsgrad der DGB-Gewerkschaften in der Zeitarbeit sowie das Auftreten der »Christlichen Gewerkschaften«, die mit den Arbeitgebern Niedriglöhne verabredeten, sorgten dafür, daß die Zeitarbeit zu einem Niedriglohnsektor wurde.[522] Inzwischen wurde den »Christlichen Gewerkschaften« in der Zeitarbeit die Tariffähigkeit abgesprochen, und im Vorfeld der Öffnung des deutschen Arbeitsmarktes nach Osteuropa wurden Mindestlöhne in der Zeitarbeit eingeführt, die zwar eine Sicherung nach unten schaffen, das grundsätzliche Problem der Ungleichbehandlung der Zeitarbeiter jedoch nicht löst.

Darüber hinaus schließt ein gesetzlicher Mindestlohn nicht aus, daß oberhalb desselben tarifliches Handeln möglich ist: »Ein gesetzlicher Mindestlohn, der eine Notbremse gegen Verarmungsprozesse wäre, schließt weder die Möglichkeit der Tarifvertragsparteien aus, weitergehende Regelungen zu treffen, noch wird man der Forderung nach Schaffung von mehr Niedriglohnbereichen und dem ständigen Ruf nach einer Verschärfung des Lohnabstandsgebots im Sozialhilferecht begegnen können, ohne einen Mindestlohn allgemeinverbindlich zu machen«.[523] Insofern erfüllen Mindestlöhne auch eine gesellschaftliche Funktion.

Kein »politischer« Mindestlohn

Nachdem der Mindestlohn durchgesetzt war und sich die Schwarzmalerei von INSM und anderen Gegnern des Mindestlohns nicht bewahrheitet hatten, änderte auch die INSM die Strategie. Statt also nun den Mindestlohn komplett abzulehnen, setzte sich die INSM,

---

[522] vgl. Schröder, Gerhard: Fleißig, billig schutzlos. S. 93ff
[523] Butterwegge, Christoph: Armut in einem reichen Land. S. 303

wie auch in den Ausführungen zu den Aktionen bezüglich des Bundestagswahlkampfes 2021 beschrieben, für das bestehende System ein, das einen nur sehr langsamen Anstieg des Mindestlohnes garantiert.

Während sich insbesondere SPD, Grüne und Linkspartei einig sind, daß der Mindestlohn jetzt zügig auf mindestens zwölf Euro angehoben werden müßte, warnt die INSM vor einen »politischen« Mindestlohn und erweckt den Eindruck, daß es sich hierbei um einen willkürliche Lohnhöhe handele, die Tariflöhne niedriger Entgeltgruppen überflüssig machen und sich auch auf höhere Entgeltgruppen auswirken würden, was wiederum Arbeitsplätze vernichte.[524]

Die Sorge, daß sich der Mindestlohn von zwölf Euro auf höhere Entgeltgruppen auswirke, besagt nichts weiter, als daß die Initiative befürchtet, daß ein höherer Mindestlohn auch zu einem allgemeinen Anstieg der Löhne führen könnte. Um Arbeitslosigkeit abzuwenden seien erhebliche Lohnsubventionen notwendig, die Sozialversicherungen und Steuerzahler belasten könnten.[525]

Diese Feststellung befremdet insofern, als daß die INSM vor der Einführung des Mindestlohnes einen sogenannten »Kombi-Lohn« befürwortet hatte – wie oben beschrieben –, in dessen Rahmen der Staat die zu niedrigen Löhne aufgestockt hätte, damit die Unternehmen eben »Marktlöhne« zahlen könnten, die das Existenzminimum nicht gewährleisten. Diese wären selbstverständlich auch aus Steuergeldern gezahlt worden. Überdies befürwortet die INSM nach wie vor Anreize dergestalt, daß mehr Hinzuverdienstmöglichkeiten bei Transferbezug eröffnet würden,[526] also auch hier zu geringes Einkommen über staatliche Leistungen ausgeglichen werden.

Fraglich wäre überdies, ob es sich bei den mindestens zwölf Euro um einen »politischen« Mindestlohn handelt, denn die Befürworter einer solchen Höhe des Mindestlohnes verweisen auf ein armutssicheres Einkommen, daß auch eine bessere Rentenhöhe nach sich zöge und darüber hinaus gerade transferleistungsfrei sein sollte. Hier kann somit nahtlos an die Diskussion zur Frage, wer eigentlich die erbrachte Arbeitsleistung bezahlen soll, angeknüpft werden.

---

[524] vgl. https://www.insm.de/insm/themen/soziale-marktwirtschaft/ideen-fuer-den-neustart/deutschland-faehrt-besser-ohne-politischen-mindestlohn (22.08.2021)
[525] vgl. ebd.
[526] vgl. https://www.insm.de/insm/themen/soziale-marktwirtschaft/ideen-fuer-den-neustart/deutschland-faehrt-besser-mit-mehr-teilhabe (22.08.2021)

INSM zu Leiharbeit und Werkverträge

Ähnliche Argumentationen wie bei der Einführung des Mindestlohns, nämlich daß zu hohe Löhne den Einstieg in Arbeit verhinderten, sind bei der Zeitarbeit zu beobachten, bei der die Beschäftigten oft niedrigere Löhne erhalten als die Stammbelegschaft. Auch hier hebt die Initiative den Beschäftigungseffekt hervor und betont, daß Zeitarbeit den Weg in ein festes Beschäftigungsverhältnis ebne. Diese Argumentation lag auch den entsprechenden Reformen am Arbeitsmarkt durch die rot-grüne Koalition zugrunde. Wie stark dieser Effekt ist, ist allerdings umstritten. Während die Befürworter der Deregulierung der Zeitarbeit den Anteil derer, die durch Zeitarbeit in eine Festanstellung gelangen, als hoch einschätzen, vermuten andere, daß gerade mal 15% der Zeitarbeitnehmer in eine feste Anstellung übernommen werden.[527] Auch eine Studie des Instituts für Arbeitsmarkt und Berufsforschung (IAB) in Hessen kam 2014 zu der Erkenntnis, daß Zeitarbeit kein Sprungbrett in eine Festanstellung sei. Der »Klebeeffekt« in der Leiharbeit bestehe in erster Linie darin, daß Leiharbeiter eben auch Leiharbeiter blieben und nicht etwa in eine Festanstellung im ausleihenden Betrieb gelangten.[528] Die Politik-Sendung »Frontal21« berichtete in der Sendung vom 6. Oktober 2015 über einen Zeitarbeiter, der zwölf Jahre im gleichen Betrieb beschäftigt war und betonte, daß dies keine Ausnahme sei.[529]

Vorteilhaft ist die Beschäftigungsform der Zeitarbeit für die Arbeitgeber, denn die Zeitarbeitnehmer können jederzeit und ohne Grund wieder an die Zeitarbeitsfirma zurückgegeben werden und sind in der Regel schlechter bezahlt als die Stammbelegschaft. Auch insofern besteht für die Arbeitgeber wenig Anreiz, Zeitarbeiter in die Stammbelegschaft zu übernehmen, wenn sie die gleiche Arbeit für weniger Lohn von einem meist motivierten Leiharbeiter erhalten können, der sich besonders anstrengt, weil ihm immer wieder eine Festanstellung in Aussicht gestellt wird.

Mit der Einführung des flächendeckenden gesetzlichen Mindestlohns, der allerdings auch eine Ausnahmen beinhaltet wie zum Beispiel für sogenannte »Langzeitarbeitslose«, die zunächst keinen Anspruch auf einen entsprechenden Stundenlohn haben, wird auch für die Zeitarbeit ab Januar 2017 diese Lohnuntergrenze verbindlich. Bis dahin kann der Mindestlohn von € 8.50 durch tarifliche Verein-

---

[527] vgl. Schröder, Gerhard: Fleißig, billig, schutzlos. S. 25

[528] vgl. Brust, Martin: Zeitarbeit ist kein Sprungbrett, in: Frankfurter Rundschau online am 11.04.2014.

[529] vgl. http://www.zdf.de/ZDFmediathek/beitrag/video/2507438/Leiharbeit-als-Dauerzustand#/beitrag/video/2507438/Leiharbeit-als-Dauerzustand (15.10.2015)

barungen unterschritten werden.

Sorgen macht sich die INSM derzeit auch darüber, daß der Gesetzgeber regulatorisch in den Mißbrauch von Werkverträgen eingreifen könnte, und inszeniert hierzu eine Kampagne, die nach einem für die INSM üblichen Muster abläuft: positive Beispiele werden deutlich hervorgekehrt und die Nachteile als zu vernachlässigen heruntergespielt. Daß die INSM die Sorge hat, daß es gesetzgeberische Tätigkeiten zur Eindämmung des Mißbrauchs von Werkverträgen geben könnte, demonstriert der Beitrag eines Arbeitsrechtsanwaltes, der namens der INSM leugnet, daß der Mißbrauch ein Problem darstelle. Auf der Kampagnenseite »Werkverträge sind gute Arbeit« erklärt Bernhard Steinkühler, Fachanwalt für Arbeitsrecht, daß seiner Meinung nach (!) kein massiver Mißbrauch von Werkverträgen vorliege.[530] Und sollte ein solcher vorliegen, gebe es bereits hinreichende Möglichkeiten, diesem entgegenzuwirken, so daß der Gesetzgeber nicht tätig werden müsse. Entsprechende Forderungen sollten nur die Auslagerung von Dienstleistungen verhindern.[531] Überdies betont der Anwalt, daß Werkverträge nicht Sache der Gewerkschaften seien und ein Unternehmer, der ein Werk schulde, doch eigentlich gar nicht mißbraucht werden könne.[532]

Die INSM führt in ihrer Kampagne auch Beispiele für Werkverträge, wo zum Beispiel Kabel verlegt werden oder Logistiklösungen angeboten werden. Die hier zu Wort kommenden Unternehmer/innen dürfen bei der Gelegenheit auch gleich für ihre Firmen werben.[533]

Werkverträge sind in der Tat privatrechtliche Verträge nach dem Bürgerlichen Gesetzbuch (BGB) und formulieren einen Auftrag an einen Unternehmer, ein Werk zu erstellen. Beauftrag zum Beispiel eine Firma einen unabhängigen Programmierer damit, für das Kassensystem eine Software zu programmieren, so ist die Software das Werk, das zu erstellen ist. Insofern ist es fraglich, ob zum Beispiel ein Kaufhaus eine Firma beauftragen kann, die Regale mittels eines Werkvertrages einräumen zu lassen. Dies geschieht, weil Werkvertragsnehmer nicht dem Mindestlohn unterliegen, denn sie sind, wie Anwalt Steinkühler durchaus zu Recht betont, keine Arbeitnehmer, sondern Unternehmer, die ein Werk erstellen. Kann aber das laufende Einräumen von Supermarktregalen tatsächlich ein Werk sein?

---

[530] vgl. http://www.insm.de/insm/kampagne/werkvertraege-und-zeitarbeit/interview-steinkuehler.html (22.08.2021)

[531] vgl. ebd.

[532] vgl. ebd.

[533] vgl. http://www.insm.de/insm/kampagne/werkvertraege-und-zeitarbeit/david-zuelow.html und http://www.insm.de/insm/kampagne/werkvertraege-und-zeitarbeit/marie-christine-ostermann.html (beide 22.08.2021)

Oder die laufende Montage von Vorderreifen an einem Fahrzeug, wie die IG Metall zur Erläuterung des Mißbrauchs von Werkverträgen in einem Video auf YouTube anführt?[534]

Im Arbeitsrecht spielt es im Streitfall eine untergeordnete Rolle, was im Vertrag steht. Hier zählt die tägliche Praxis im Betrieb zum Schutz der Arbeitnehmer/innen. Steht in einem Vertrag sogar wörtlich, daß Arbeitgeber und Arbeitnehmer übereinkommen, daß kein abhängiges Beschäftigungsverhältnis zustande gekommen sei, kann dies von einem Arbeitsgericht dennoch festgestellt werden, wenn das Verhältnis zwischen dem Auftraggeber und dem Auftragnehmer wie zwischen einem Arbeitgeber und einen Arbeitnehmer ausgestaltet ist. Hierzu gibt es Indizien, die von den Gerichten herangezogen werden, um zu beurteilen, welcher Natur die Arbeits- beziehungsweise Auftragsbeziehung ist.

Weil nun aber der Unternehmer, der ein »Werk« erstellen soll, kein Arbeitnehmer ist, wird er nicht durch den Mindestlohn geschützt, zumal die Bezahlung im Werkvertrag sich in der Regel nicht an der aufgewendeten Zeit sondern am erstellten Werk orientiert. Damit bietet der Werkvertrag eine für Arbeitgeber attraktive Möglichkeit, den Mindestlohn zu umgehen, indem die jeweiligen Arbeitnehmer als Werksunternehmer beauftragt werden.

Es ist also kein Wunder, daß der von der INSM mit dem »Gutachten« beauftragte Anwalt keine gewerkschaftliche Zuständigkeit und einen Fall der Überregulierung sieht, wenn sich die Gewerkschaften mit ihrer Forderung nach Mitbestimmung durchsetzten.[535]

Nach außen wird im Rahmen der Kampagne der Eindruck erweckt, Werkverträge werden vornehmlich von Akademikern eingegangen, die Spezialisten sind (wie im Beispiel um die Beauftragung einer Softwareprogrammierung) und dafür eine gute Bezahlung bekommen.[536] Unter anderem stützt sich die INSM auf eine Studie der gewerkschaftsnahen Hans Böckler Stiftung, deren Ergebnisse die Behauptung, daß es sich bei Werkvertragsunternehmer weitgehend um gutbezahlte Akademiker handelt, stützt. Verschwiegen wird indes, daß es am Ende der Studie der Böckler-Stiftung heißt:

> *»Die vorgestellten Befunde werfen ein erstes Licht auf einen komplexen Bereich der Erwerbstätigkeit. Sie können aber ebenso wenig die vermutlich wuchernden*

---

[534] vgl. https://www.youtube.com/watch?v=qNW2dGKGDRA (22.08.2021)

[535] vgl. http://www.insm.de/insm/kampagne/werkvertraege-und-zeitarbeit/interview-steinkuehler.html (22.08.2021)

[536] vgl. http://www.insm.de/insm/kampagne/werkvertraege-und-zeitarbeit/argueliner-4-fakten-zu-werkvertraegen.html (22.08.2021)

> *Randbereiche der Scheinselbstständigkeit oder gar der illegalen Beschäftigung ausleuchten, wie Aussagen machen über den Missbrauch von Werkverträgen oder die Arbeitsbedingungen der bei Werkvertragsnehmern Beschäftigten. Gesonderte Erhebungen dürften allerdings nur Teilaspekte dieser Probleme erfassen können, nicht aber die missbräuchliche Anwendung von Werkverträgen«[537]*

Insofern läßt sich also diese Studie der Böckler-Stiftung gerade nicht als Zeuge verwenden, daß es keinen oder nur geringen Mißbrauch bei Werkverträgen gebe. Aber die INSM behauptet genau dies: »Auch gibt es keinerlei empirische Befunde, die eine Zunahme von Werkverträgen oder Missbrauchsfällen belegen würden«.[538]
Die Ziele der Kampagne werden von der INSM offen mitgeteilt, wenn auch nicht in dem Kampagnenheft, das die INSM mehreren überregionalen Zeitungen beilegen ließ, und das auch über die Homepage der Initiative herunterzuladen ist. Hier wird nur verklausuliert geschrieben, daß Eingriffe Wertschöpfungsketten, Wettbewerbsfähigkeit und Wohlstand gefährdeten und daß Zeitarbeit und Werkverträge hinreichend reguliert seien.[539]
Im Positionspapier zu Zeitarbeit und Werkverträge wird die INSM indes deutlicher:

> *»Deshalb fordert die Initiative Neue Soziale Marktwirtschaft (INSM) den Gesetzgeber auf:*
>
> - **auf neue Abgrenzungskriterien von Zeitarbeit und Werkverträgen zu verzichten.** *Die arbeitsrechtlichen Grundlagen sind ausreichend klar definiert. Beweislastumkehr und die Ausweitung der unternehmerischen Haftung auf Subunternehmer verdrehen rechtsstaatliche Prinzipien und schaffen zusätzliche Bürokratie, die unnötige Mehrkosten erzeugt.*
>
> - **keine Einschränkung der unternehmerischen**

---

[537] Seifert, Hartmut, Marc Amlinger und Berndt Keller: Selbständige als Werkvertragsnehmer. Ausmaß, Strukturen und soziale Lage. S. 14

[538] https://web.archive.org/web/20160407093713/http://www.insm.de/insm/dms/insm/text/kampagne/werkvertraege/INSM_Zeitungsbeileger_Ansicht_Einzelseiten/INSM%20Zeitungsbeileger%20Ansicht%20Einzelseiten.pdf (22.08.2021) S. 4

[539] vgl. ebd. S. 4

> *Freiheit durch eine Erweiterung der Mitbe-*
> *stimmungsrechte vorzunehmen.* Die vom
> Grundgesetz geschützte unternehmerische
> Freiheit muss erhalten bleiben. Verantwortung
> für unternehmerisches Handeln und unterneh-
> merische Entscheidungsbefugnisse dürfen nicht
> getrennt werden.

> • **den Missbrauch von Werkverträgen zu verhin-**
>   **dern.** Die bestehenden Regelungen zu Schein-
>   werk- und Scheindienstverträgen müssen vom
>   Gesetzgeber durchgesetzt werden.«[540]

Es geht der INSM darum, Gesetzesänderungen, die den Mißbrauch
der Werkverträge erschweren, zu verhindern und die »unternehmerische Freiheit« zu schützen. Gerade die von der INSM beschworene
Verantwortung für unternehmerisches Handeln wird jedoch unterlaufen, wenn das unternehmerische Risiko mittels mißbräuchlicher
Werkverträge oder Scheinselbständigkeit auf die Arbeitnehmer ab-
gewälzt wird. Die Forderung an den Gesetzgeber, den Mißbrauch
von Werkverträgen zu bekämpfen, delegiert überdies die unternehmerische Verantwortung an den Gesetzgeber, wobei die Durchsetzung der Regelungen übrigens nicht dem Gesetzgeber sondern der
Justiz obliegt.

Die Zuständigkeit des Gesetzgebers liegt hingegen darin, die Gesetze
zu formulieren, die Klarheit schaffen und Mißbrauch als rechtswid-
rig kennzeichnen. Die von der INSM kritisierte Beweislastumkehr
könnte dafür sorgen, daß es nicht die schwächeren Arbeitneh-
mer/innen sind, die beweisen müssen, daß ihr Werkvertrag miß-
bräuchlich ist, sondern daß die Arbeitgeber belegen müssen, einen
wirksamen Werkvertrag abgeschlossen zu haben. Anhand klarer
gesetzlicher Definitionen sollte dies kein Problem sein.

Zusätzliche Abgrenzungskriterien für Zeitarbeit und Werkverträge
sollen mit der Kampagne verhindert werden. Zur Strategie der INSM
gehört der Bezug auf die Studie der Böckler-Stiftung, die auch in der
Position der INSM zu Werkverträgen als Beleg behauptet wird, daß
Werkarbeiter hohe Einkommen erzielten. Hier wird der politische
Gegner als Zeuge instrumentalisiert, um die eigenen Interessen
durchzusetzen, zu denen gerade gehört, daß die Gewerkschaften bei

---

[540] INSM-Position »Werkverträge«. https://web.archive.org/web/20151026210504/htt
p://www.insm.de/insm/dms/insm/text/publikationen/positionspapiere/150910_PP_
Werkvertr-ge_V4/150910_PP_Werkvertra%CC%88ge_V4.pdf (22.08.2021) S.1

Werkverträgen nicht mitreden dürfen sollen. Einmal mehr zeigt sich, daß die Inanspruchnahme des politischen Gegners als Zeuge für die eigenen Positionen zum festen Bestand der Strategie der INSM gehört. Verweisen sei auch auf die Inanspruchnahme Willy Brandts im Rahmen der Buchveröffentlichung »Das Deutschland-Prinzip« und der zugehörigen Plakatkampagne in Berlin.

Überdies zeigt sich hier auch das klare Eintreten der INSM für Arbeitgeberinteressen. Die eindeutige Parteinahme bei diesem Thema sowie beim Thema der Mindestlöhne zeigt einmal mehr, daß der Anspruch, eine überparteiliche Initiative zu sein, eine Fata Morgana ist.

Die INSM und die Agenda 2010

Seit Wolfgang Clement Kuratoriumsvorsitzender der INSM ist, hat die Initiative einen Mann an der Spitze, der als Wirtschaftsminister die Politik durchsetze, die die INSM bereits seit ihrer Gründung forderte. Wolfgang Clement war als Wirtschafts- und Arbeitsminister insbesondere für die sogenannten »Reformen am Arbeitsmarkt« zuständig, darunter die Deregulierung der Leiharbeit und die Zusammenlegung von Arbeitslosen- und Sozialhilfe.

Daß die Initiative zum zehnjährigen »Jubiläum« der Agenda 2010 eine eigene Kampagne zur positiven Darstellung dieses politischen Programms inszeniert, mag zum einen der vollsten politischen Überzeugung der Akteure entspringen, zum anderen auch eine Herzensangelegenheit des Kuratoriumsvorsitzenden Wolfgang Clement sein.

»Gefeiert« wird die Agenda 2010 durch die INSM mit einem eigenen Abschnitt in der »Gerechtigkeit 2013«-Kampagne.[541] Zu dem Thema wurde durch die INSM eine Studie zur Wirkung der Agenda 2010 beim Hamburger WeltWirtschaftsInstitut (HWWI) in Auftrag gegeben sowie eine INSM-Position herausgegeben und die entsprechende Zusammenfassung auf dem genannten Abschnitt der Website formuliert.

Die Website ist mit einem Zitat von Gerhard Schröder aufgemacht: »Entweder wir modernisieren, und zwar als **soziale Marktwirtschaft**, oder wir werden modernisiert.«[542] Der Satz endet sichtbar an dieser Stelle mit einem Punkt, was nicht korrekt ist, denn vollständig lautet er: »Entweder wir modernisieren, und zwar als soziale Marktwirtschaft, oder wir werden modernisiert, und zwar von den ungebremsten Kräften des Marktes, die das Soziale beiseite drängen wür-

---

[541] vgl. http://www.insm.de/insm/kampagne/gerechtigkeit/ist-die-agenda-2010-gerecht.html (22.08.2021)

[542] ebd., Hervorhebung im Original.

den.«[543] Der zweite Teil des Satzes entfiel offenkundig, weil die INSM die ungebremsten Kräfte des Marktes als etwas Positives empfindet, was auch in der Studie des HWWI zum Ausdruck kommt:

»Mit den Hartz-Reformen hat diesbezüglich ein gewisser Paradigmenwechsel stattgefunden, der Glaube an die Funktionsfähigkeit der Marktkräfte auch auf dem Arbeitsmarkt ist zurückgekehrt.«[544]

Um die Arbeitslosigkeit abzubauen, sei das Vertrauen notwendig, daß das zusätzliche Arbeitsangebot sich lohnsenkend auswirken und die noch fehlenden Arbeitsplätze schaffen würde.[545] Diese geradezu klassische neoliberale Position begründet letztlich den Beifall der INSM zu den Reformen der Agenda 2010, denn weiter unten, wie auch bei den Positionen der INSM zur Agenda 2010, wird vor der Einführung eines flächendeckenden Mindestlohns gewarnt, der genau diesen Effekt der Lohnsenkungen zunichte machen würde.[546] Auch hier zeigt sich einmal mehr, daß die Gegnerschaft der INSM zum Mindestlohn sich weiterhin wie ein roter Faden durch ihre Forderungen zieht. Das HWWI befindet für die INSM, daß die Einführung eines gesetzlichen Mindestlohns keinesfalls erfolgsversprechend sei, denn diese stünde im Gegensatz zur Intention der Hartz-Reformen.[547]

Gleichwohl sei die Reform der Grundsicherung fortzusetzen. Als erfolgsversprechend wird hier eine Kombination aus Workfare-, Kombilohn- und Lohnsubventionselementen angesehen.[548] Diese Erkenntnis überrascht wenig, denn hier handelt es sich um Modelle, bei denen ein Teil des Lohns durch den Staat, also durch die Steuerzahler getragen wird, während beim Mindestlohn die Unternehmen selbst für ein auskömmliches Einkommen sorgen müssen.

Gestützt auf diverse andere Studien kommt die HWWI-Studie in einigen Bereichen zu der Erkenntnis, daß einige der Instrumente der Reformen der Agenda 2010 wirkungslos, beziehungsweise in ihren Wirkungen fragwürdig seien. Direkte Kritik wird nur selten geäußert, statt dessen wird auf weiteren Forschungsbedarf verwiesen.[549]

---

[543] Plenarprotokoll des 15. Deutscher Bundestages: 32. Sitzung am 14.03.2003. S. 2481

[544] Bräuninger, Michael, Jochen Michaelis und Madlen Sode: 10 Jahre Hartz-Reformen. S. 4

[545] vgl. ebd.

[546] vgl. ebd. S. 16f und http://www.insm.de/insm/kampagne/gerechtigkeit/ist-die-agenda-2010-gerecht.html (22.08.2021)

[547] vgl. Bräuninger, Michael et.al.: 10 Jahre Hartz-Reformen. S. 16f

[548] vgl. ebd. S. 16

[549] So zum Beispiel bezüglich des Eingliederungszuschusses (ebd. S. 8) und des Existenzgründungszuschusses (ebd. S. 9).

Bei den Mini-Jobs wird die große Zufriedenheit der Mini-Jobber betont, wenngleich auch darauf verwiesen wird, daß viele diese Jobs als Nebenjobs ausführten und angeblich nur 25% der Mini-Jobber eine Vollzeitstelle ernsthaft ins Kalkül zögen.[550] Die Studie empfiehlt, diese Beschäftigungsform beizubehalten, weil sie Flexibilität für Unternehmen bereitstellten und von den Beschäftigten als positiv empfunden würden, was die schmerzhaften Aspekte der Agenda 2010 abmildern könnte.[551]

Auch wenn die Erfahrungen mit der privaten Arbeitsvermittlung ernüchternd seien, müsse dieser Wettbewerb beibehalten werden, damit die Arbeitsagentur nicht in die alten Monopolstrukturen zurückfalle, findet das HWWI für die INSM, obwohl nicht einmal 10% der ausgegebenen Vermittlungsgutscheine tatsächlich eingelöst worden seien.[552] Auch hier hatte die INSM im Rahmen ihrer Kampagne »Einstieg in Arbeit« (s.u.) die private Arbeitsvermittlung als deutlich überlegen darzustellen versucht, denn Wettbewerb und private Initiative sind leitende Motive der neoliberalen Kampagne der INSM. Insofern wird zwar in der Studie des HWWI festgestellt, daß die Erwartungen sich nicht erfüllt haben, gleichwohl soll aber dennoch (aus ideologischen Gründen?) daran festgehalten werden.

Neutral wird die Deregulierung der Zeitarbeit in der Studie bewertet.[553] Hier wird sich vor allem auf mangelnde Daten zurückgezogen, möglicherweise auch deshalb, weil die Wahrnehmung der Zeitarbeit in der Öffentlichkeit überwiegend kritisch ist. Der sogenannte »Klebeeffekt« wird kaum thematisiert. Der Vorwurf, daß Zeitarbeit vor allem ein Instrument der Lohnsenkung ist, wird zwar angesprochen, aber aufgrund angeblich fehlender detaillierter Daten nicht vertieft.

Während bei den regulär Vollzeitbeschäftigten nur 2.8% zusätzlich auf Hartz IV angewiesen sind, liegt diese Quote bei den Leiharbeitern bei 12.6%.[554] Sie verdienen durchschnittlich 30% bis 45% weniger als ihre festangestellten Kollegen.[555] Wenngleich Forscher durchaus skeptisch hinsichtlich des Klebeeffektes von Leiharbeiter seien - nur etwa jeder siebte Leiharbeiter würde in eine feste Stelle übernommen[556] - war das arbeitgebernahe Institut der deutschen Wirtschaft, das ansonsten das Gros der Studien für die INSM liefert, euphorisch bezüglich der Wirkungen von Zeitarbeit: Fast jeder

---

[550] vgl. ebd. S. 10
[551] vgl. ebd. S. 9f
[552] vgl. ebd. S. 10
[553] vgl. ebd. S. 11
[554] vgl. Schröder, Gerhard: Fleißig, billig, schutzlos. S. 123
[555] vgl. ebd. S. 12
[556] vgl. ebd. S. 79

zweite Zeitarbeiter werde in einen festen Job übernommen.[557]
Insofern überrascht die grundsätzliche Zurückhaltung des HWWI bei
den Reformen durchaus, und mehr noch, daß die INSM aus dieser
Studie ableitet, daß sie zeige, daß sich die Agenda 2010 gelohnt
habe. Die grundsätzlich positive Einschätzung der Agenda 2010 wird
jedoch wesentlich daraus abgeleitet, daß sich Hartz IV mäßigend auf
die Lohnforderungen auswirkt habe.[558]
Daß die Agenda 2010 am Ende doch positiv bewertet wird, hängt vor
allem mit den positiven Effekten zusammen, die für die Arbeitgeber
entstanden: Mehr Flexibilität durch Mini-Jobs und Zeitarbeit, niedrigere Löhne durch den Druck, den die Angenda-2010-Reformen auf
die Lohnfindung ausübten und letztlich die Erfüllung der Forderung
der INSM, durch Leistungskürzungen einen Anreiz zur Arbeitsaufnahme zu schaffen. Es handelt sich somit um zentrale Forderungen,
die die INSM auch als Bewertungskriterien für das Merkelmeter
herangezogen hatte, mit dem sie die Gesetzgebung der großen Koalition in der Zeit von 2005 bis 2009 bewertete.[559]
Wenngleich das HWWI in seiner Analyse ein eher ambivalentes Bild
der Wirkungen der Reformen der Agenda 2010 zeichnet, bleibt im
Fazit der Studie von dieser Zurückhaltung nichts mehr übrig: Die
Reform sei ein »großer Wurf«, die Richtung stimme und in dieser
Richtung muß die Reform weiterentwickelt werden, wo sie bisher
noch Schwachpunkte zeigte.[560]
Deutlicher euphorischer als die Studie des HWWI gibt sich dann
allerdings das Positionspapier der INSM zur Agenda 2010: Die
Agenda 2010 habe sich gelohnt: Die Beschäftigung sei erhöht worden, insbesondere durch den »Abbau von Hürden für die Aufnahme
einer Beschäftigung in den Bereichen Zeitarbeit, Teilzeit und gering-
fügiger Beschäftigung«.[561] Gemeint ist, daß der Druck auf die Arbeitslosen erhöht wurde, auch in diesen prekären Segmenten Beschäftigung aufzunehmen. Konkret stellt die INSM hierzu fest: »Der
Anreiz zu arbeiten stieg mit der einhergehenden Kürzung der Bezugsdauer von Arbeitslosengeld sprunghaft an.«[562] Obwohl es zu-
trifft, daß mit den Reformen der Agenda 2010 die Beschäftigung

---

[557] vgl. ebd.

[558] vgl. Bräuninger, Michael et.al.: 10 Jahre Hartz-Reformen. S. 12f

[559] vgl. Scharnagel, Benjamin und Carsten Seim: Zur Methodik des »Merkelmeters«:
Deregulierung des Arbeitsmarktes, sinkende Bezugsdauer von
Lohnersatzleistungen, niedrigere Transferhöhe.

[560] vgl. Bräuninger, Michael et.al.: 10 Jahre Hartz-Reformen.S. 16f

[561] http://www.insm.de/insm/ueber-die-insm/Positionen/agenda-2010.html
(15.10.2015)

[562] ebd.

zugenommen hat, dürfen nicht die Augen davor verschlossen werden, daß die Zuwächse an Beschäftigung gerade im Bereich der prekären Arbeitsverhältnisse liegen. Weil aber in der neoliberalen Ideologie, die auch von der INSM vertreten wird, die Absenkung der Löhne mit einer Steigerung der Wettbewerbsfähigkeit einhergeht,[563] wird diese Entwicklung nicht als Problem, sondern als wünschenswert empfunden. Sie liegt im Interesse der Arbeitgeber und ihrer Verbände, die die Geldgeber der INSM sind.

Kampagne zur Mehrwertsteuerreform

Die Kampagne zur Mehrwertsteuerreform stützt sich auf eine Studie des INSM-Botschafters Rolf Peffekoven.[564] Dieser schlägt vor, den ermäßigten Mehrwertsteuersatz komplett abzuschaffen und aus den Mehreinnahmen eine Senkung des regulären Mehrwertsteuersatzes von 19 auf 16 Prozent zu finanzieren. Dies führe nach Ansicht der INSM und ihres Botschafters zu einer Entlastung von Bürger/innen und Wirtschaft und wäre ein Beitrag zum Bürokratieabbau.

Um die Aspekte der Studie der INSM zu beleuchten und zu gewichten, wird in diesem Kapitel auf eine Studie des Deutschen Instituts für Wirtschaftsforschung (DIW) zurückgegriffen, die im Frühjahr 2011 veröffentlicht wurde und sich mit den Auswirkungen der Vereinheitlichung der Mehrwertsteuersätze befaßt.[565]

Nach Ansicht Peffekovens hat der reduzierte Mehrwertsteuersatz seine soziale Funktion längst verloren, weil er nicht mehr nur auf Lebensmittel und Druckerzeugnisse erhoben würde, sondern es zahlreiche weitere Produkte gebe, auf die nur der reduzierte Mehrwertsteuersatz erhoben würde.

Die Studie des Deutschen Instituts für Wirtschaftsforschung kommt zu dem Schluß, daß die Abschaffung des reduzierten Mehrwertsteuersatzes vor allem die unteren Einkommen belaste. Selbst wenn die kompletten Mehreinnahmen als Mehrwertsteuersenkung von 19 auf 16 Prozent an die Bevölkerung zurückgegeben würden, würden die Armen belastet und die Reichen entlastet.[566]

Dies wird grundsätzlich von der INSM und ihrem Botschafter Peffekoven nicht geleugnet, aber in der Bedeutung doch weit heruntergespielt, während die Studie des DIW betont, daß eine solche Reform

---

[563] vgl. ebd.

[564] Peffekoven, Rolf: Zur Reform der Mehrwertsteuer. Zurück zu einer generellen Konsumbesteuerung.

[565] Bach, Stefan: Volle Mehrwertsteuer auf Nahrungsmittel belastet vor allem Geringverdiener.

[566] vgl. Bach, Stefan: Volle Mehrwertsteuer auf Nahrungsmittel belastet vor allem Geringverdiener. S. 5

erst dann stattfinden könne, wenn geklärt sei, wie die unteren Einkommen, die bei dieser Reform besonders belastet würden, entlastet werden könnten. Dabei dürfe es insbesondere nicht zu einer Abschaffung der reduzierten Steuersätze auf Lebensmittel kommen, weil diese einen besonders hohen Prozentsatz bei den Ausgaben der Haushalte mit niedrigen Einkommen ausmachten.[567]

Im Gegensatz zur Peffekoven-Studie, die die soziale Komponente des reduzierten Mehrwertsteuersatzes eher unterbelichtet, betont die Studie des DIW die soziale Bedeutung des reduzierten Satzes insbesondere bei den Lebensmitteln. Zwar werden auch Reiche entlastet, räumt die Studie ein, jedoch mache die Entlastung bei den niedrigen Einkommen deutlich mehr aus. Die Studie Peffekovens betont indes, daß letztlich auch Reiche von dem ermäßigten Mehrwertsteuersatz profitierten, verweist jedoch nicht explizit darauf, daß die einkommensschwachen Haushalte deutlich mehr entlastet werden, prozentual gemessen am Einkommen.

Die Peffekoven-Studie schlägt für den sozialen Ausgleich die Neudefinition des Existenzminimums vor sowie die Erhöhung des Grundfreibetrags bei der Einkommenssteuer.[568] Hier wiederum weist die DIW-Studie darauf hin, daß eine Entlastung über die Erhöhung des Grundfreibetrages schon deshalb nicht in Frage komme, weil viele der betroffenen Haushalte wegen ihres geringen Einkommens keine Einkommenssteuer zahlten und hiervon nicht profitieren würden.[569] Hinzuzufügen wäre dem noch, daß weitere Bevölkerungsgruppen wie Rentner durch eine Entlastung bei der Einkommenssteuer gar nicht erreicht würden.

Bei der Peffekoven-Studie für die INSM stehen vor allem der Bürokratieabbau und die Entlastung von Unternehmen und Bürgern im Mittelpunkt der Überlegung. Zwar räumt die Peffekoven-Studie ein, daß die Mehrwertsteuer bei den Unternehmen nur ein durchlaufender Posten sei, der an den Endverbraucher weitergereicht würde.[570] Dennoch wird das Argument der Entlastung und des Bürokratieabbaus relativ stark betont.

Ein weiteres wichtiges Argument für die INSM ist der Wettbewerbsaspekt, der allerdings auch in der DIW-Studie betont wird, wenngleich auch deutlich weniger als bei Peffekoven.[571]

---

[567] vgl. ebd. S. 7f

[568] vgl. Peffekoven, Rolf: Zur Reform der Mehrwertsteuer. Zurück zu einer generellen Konsumbesteuerung. S. 7

[569] vgl. Bach, Stefan: Volle Mehrwertsteuer auf Nahrungsmittel belastet vor allem Geringverdiener. S. 8

[570] vgl. Peffekoven, Rolf: Zur Reform der Mehrwertsteuer. S. 13

[571] ebd. S. 13f und für die DIW: Bach, Stefan: Volle Mehrwertsteuer auf

Um ihre Ziele zu verfolgen und in der Öffentlichkeit populär zu machen, verweist die INSM auf besonders augenfällige Widersprüchlichkeiten beim reduzierten Mehrwertsteuersatz, um Mehrheiten für ihre Ziele zu gewinnen. So zeigt ein Video auf der Homepage »DasRichtigeTun.de«, wie Vertreter der INSM mit einem Esel und einem Maultier durch die Straßen ziehen, wobei über den Esel ein Schild gehängt wurde mit dem Verweis darauf, daß beim Esel 19% Mehrwertsteuer anfalle, beim Maultier hingegen nur 7%.[572]

Im Ergebnis zeigt die Gegenüberstellung der beiden Studien, daß das Problem der Belastung niedriger Einkommen durch die Abschaffung des ermäßigten Mehrwertsteuersatzes doch höher ist, als in der Peffekoven-Studie eingeräumt wird. Warum sich die INSM bei diesem Thema so stark engagiert, erschließt sich erst auf den zweiten Blick. Es geht um die Frage staatlicher Regulierung und Steuerung. Erniedrigte Mehrwertsteuersätze für bestimmte Artikel des täglichen Lebens gelten werden als Subvention und als Versuch staatlicher Steuerung. Dem steht aus neoliberaler Sicht entgegen, daß über das Konsumentenverhalten nur der Markt entscheiden soll, der durch unterschiedliche Mehrwertsteuersätze in seiner wettbewerblichen Struktur gestört werde. Die sozialpolitische Wirkung wird zwar grundsätzlich nicht bestritten, jedoch wird gefordert, diese durch direkte Transfers zu gewährleisten, was bedeutet, daß die Betroffenen zu Klienten des Sozialstaates gemacht würden.

Nahrungsmittel belastet vor allem Geringverdiener. S. 7

[572] vgl. http://www.insm.de/insm/kampagne/16-prozent-auf-alles/mehrwertsteuer-aktionen.html (15.10.2015)

Die INSM als Ideenagentur?

Was ist die INSM? Wenn man die Literatur zu Rate zieht, die es über die INSM gibt, findet man dort im Wesentlichen die Bezeichnungen »Think Tank« und »Lobbygruppe«. An dieser Stelle soll ein Blick darauf geworfen werden, als was die INSM in der Tat zu bezeichnen ist. Hinweise darauf geben die Definitionen von Think Tanks und Lobbygruppen. Winand Gellner hat den Begriff der »politischen Ideenagentur«[573] in die Diskussion eingebracht, der nun im Folgenden erläutert und auf die INSM angewendet werden soll.

Weil es hier nicht um eine wissenschaftliche Auseinandersetzung mit der Frage gehen soll, welche Schattierungen von Think Tanks es gibt, sollen hier die Annahmen Gellners nur kurz erläutert werden.[574]

INSM als interessengebundene Ideenagentur?

Winand Gellner unterscheidet zwischen den »wahren Think Tanks« und den »politischen Think Tanks«,[575] wobei er Letztere unter der Bezeichnung »politische Ideenagentur« zusammenfaßt. Die Übersetzung von Think Tanks als Denkfabrik wird abgelehnt, weil der Begriff der Denkfabrik eine Fließbandproduktion von Gedanken unterstellt.[576]

Gellner unterscheidet drei Typen von Ideenagenturen, nämlich die (1) Universitäten ohne Studenten, (2) »die organisatorisch unabhängigen, nicht direkt von einer Partei oder Interessengruppe dominierten Institute«[577] und (3) die interessengebundenen Ideenagenturen, zu denen auch das Institut der deutschen Wirtschaft gehört,[578] welches das Gros der wissenschaftlichen Studien für die INSM liefert. Besonderes Ziel dieser dritten Kategorie von Ideenagenturen ist die »Förderung der politischen Ziele ihrer jeweiligen Mutterorganisation«.[579] Zu erwarten sei somit von den politischen Ideenagenturen, daß sie »wissenschaftliche Munition in vorhersagbarer Tendenz liefern können«.[580]

Das *Institut der deutschen Wirtschaft* (IW) wird von den Spitzenver-

---

[573] vgl. Gellner, Winand: Ideenagenturen für Politik und Öffentlichkeit

[574] Ausführlich zu der Unterscheidung zwischen Ideenagenturen und Lobbygruppen und in welche Kategorie die INSM aus welchen Gründen einzuordnen ist, finden sich in der Master-Arbeit: Ehrich, Udo: Die INSM zwischen interessengebundener Ideenagentur und Lobbygruppe.

[575] vgl. Gellner, Winand: Ideenagenturen für Politik und Öffentlichkeit. S. 18

[576] Vgl. ebd. S. 15

[577] Ebd. S. 35

[578] Vgl. ebd. S. 36f

[579] Ebd. S. 37

[580] Ebd. S. 26

bänden der Arbeitgeber getragen und verfügt über einen großen Mitarbeiterstab, der es von der Größe her in den Bereich der Universitäten ohne Studenten trägt.[581] Gellner ordnet das IW den interessengebundenen Ideenagenturen zu.[582] Aufgabe des Instituts sei es, für die eigene Tendenzkoalition nützliche wissenschaftliche Ergebnisse auszuwählen und sie in die öffentliche Diskussion einzubringen.[583] So schreckte das IW auch nicht davor zurück, im Vorfeld der Bundestagswahl 1990 in einer Studie die Vision der »blühenden Landschaften« mit einem vermeintlich wissenschaftlichen Anstrich zu versehen und die Behauptung der Regierung Kohl zu unterstützen, daß sich die deutsche Einheit praktisch von selbst finanziere.[584] Somit dürfte es keine Überraschung sein, daß das *Institut der deutschen Wirtschaft* auch die *Initiative Neue Soziale Marktwirtschaft* mit den gewünschten Studien beliefert, deren Wissenschaftlichkeit, wie insbesondere an den Beispielen »Merkelmeter« und »Bildungsmonitor« gezeigt wurde, durchaus fraglich ist.

Mit Blick auf die Strategien und Methoden der INSM mag sich zunächst ein gewisses Unbehagen einstellen, auch diese Einrichtung den interessengebundenen Ideenagenturen zuzuordnen, zumal die INSM im Gegensatz zum IW überhaupt keine eigene Forschung betreibt. Aber auch dies läßt sich als Merkmal einer interessengebundenen Ideenagentur deuten, führt Josef Braml in seiner Studie aus: Advokatorische Think Tanks neigen, weil sie weniger erfahrene Forschungsmitarbeiter haben, dazu, Wissenschaftliche Expertise zu synthetisieren statt eigene originäre wissenschaftliche Arbeiten zu erstellen.[585]

Sicherlich richtet sich die INSM mit ihren Studien, Veröffentlichungen und in die Medien lancierten Berichte vor allem an die Bevölkerung. Angesprochen wird jedoch auch die Politik, wie die Diskussionsrunden zeigen, die durch die INSM organisiert werden, und bei denen Politiker als Diskussionspartner eingeladen sind. Überdies versucht die INSM letztlich auch über den Umweg einer Bewußtseinssteuerung der Bevölkerung Druck auf die Politik auszuüben, beziehungsweise den Weg für neoliberale Reformen, wie ihn einige Parteien befürworten, innerhalb der Bevölkerung zu ebnen.[586]

Wird überdies Gellners Hinweis einbezogen, daß interessengebun-

---

[581] Vgl. Gellner, Winand: Politikberatung durch nichtstaatliche Akteure – Typen, Funktionen Strategien. S. 186

[582] vgl. Gellner, Winand: Ideenagenturen für Politik und Öffentlichkeit S. 202f

[583] vgl. ebd. S. 203

[584] vgl. ebd. S. 204

[585] vgl. Braml, Josef: Think Tanks versus »Denkfabriken«? S. 105

[586] vgl. Renken, Uta: »Du bist Deutschland«? S. 67

dene Ideenagenturen wissenschaftliche Erkenntnisse nach deren Nützlichkeit für die eigene Tendenzkoalition auswählten,[587] stellt dies ein weiteres Indiz für die Einordnung der INSM als eine solche ab. Braml verweist überdies darauf, daß Think Tanks in den USA darauf angewiesen sind, in den Medien sichtbar zu sein und einen erheblichen Teil ihrer Ressourcen für PR-Aktionen aufzuwenden, um auf sich aufmerksam zu machen und ihre Finanzierung sicherzustellen.[588] Diese Feststellung läßt sich auf die INSM anwenden, die zwar in der Öffentlichkeit keine finanziellen Mittel einwerben muß, jedoch gegenüber ihren Geldgebern der Arbeitgeberverbände durchaus darauf angewiesen ist, auch in der öffentlichen Wahrnehmung Erfolge vorzuweisen, um weiterhin finanziell unterstützt zu werden. Wenngleich also die Versuchung groß zu sein scheint, in der INSM eine Institution neuen Typs zu sehen, erscheint es in der näheren Betrachtung doch möglich, die Erscheinungsform dieser Einrichtung mit herkömmlichen Mustern zu erklären. Hinzukommen mag der verstärkte Einsatz der Neuen Medien. Doch auch diese fügen sich in die Strategien von Ideenagenturen ein, für ihre Studien in einer breiteren Öffentlichkeit zu werben, um wahlweise Reputation oder finanzielle Mittel zu akquirieren. Gerade weil in den vergangenen Jahren wissenschaftliche Studien zur Durchsetzung politischer Ziele eine größere Bedeutung erlangt haben, steht zu erwarten, daß der Einsatz Neuer Medien in diesem Bereich eher noch zu- als abnehmen wird.

Dies ist eindeutig als Strategie der INSM zu erkennen, die ihre Expertisen und Studien außerhalb der eigenen Einrichtung in Auftrag geben oder auf die entsprechenden Veröffentlichungen ihrer Botschafter zurückgreift.

Gleichwohl wendet Norbert Nicoll ein, daß die INSM zu sehr PR-Agentur sei, um als Think Tank, also als Ideenagentur, durchzugehen. Überdies ziele die Beratungsleistung der INSM zu sehr auf die Bürger/innen ab.[589] Der Netzwerkcharakter der INSM, die zwar auch auf wissenschaftliche Expertisen vom IW und ihrer Botschafter zurückgreife, in Kombination mit den PR-Methoden, lasse die INSM als einen neuen Typus einer Ideenagentur erscheinen.[590]

---

[587] vgl. Gellner, Winand: Ideenagenturen für Politik und Öffentlichkeit S. 203

[588] vgl. Braml, Josef: Think Tanks versus »Denkfabriken«? S. 584f

[589] vgl. Nicoll, Norbert: »Die ökonomische Rationalität in die Öffentlichkeit tragen«. S. 145

[590] vgl. ebd. S. 145f

INSM als Lobbygruppe?

Deutlich problematischer sind die Beschreibungen der INSM als eine Lobbygruppe zu betrachten, denn der Definition des Lobbyismus entspricht die INSM noch viel weniger als der einer Ideenagentur. Ein wesentliches Merkmal des Lobbyismus ist, daß er sich auf die konkrete Durchsetzung von Einzelinteressen richtet, dies mittels »Beeinflussung oder Verhinderung konkreter Gesetzesvorhaben«.[591] Lobbying hat immer Projektcharakter und findet über informelle Kanäle statt.[592]

Die Beeinflussung der öffentlichen Diskussion, wie es die INSM durchführt, ist im Lobbyismus nicht vorgesehen, wenngleich auch die INSM die Interessen der Arbeitgeberverbände vertritt. Aber dies ist vom Lobbyismus zu unterscheiden, denn: »Der Begriff Interessenvertretung meint die unspezifische Repräsentation von Interessen im politischen Raum, wobei hier Interessenvertretung auch die Darstellung der Werte, Ideologien und der Interessengruppe gegenüber der Gesellschaft und der politischen Öffentlichkeit umfasst«.[593]

So sehr auch die Versuchung gegeben sein mag, die INSM durch ihre offensichtliche Anbindung an die Arbeitgeberverbände der Metall- und Elektroindustrie und ihre klare Orientierung an den Interessen der Arbeitgeberverbände als Lobbyeinrichtung zu betrachten, läßt sich diese Beobachtung sozialwissenschaftlich nicht abstützen. Zwar zielt die INSM mit ihrer Strategie letztlich auf die entsprechende Gestaltung der Gesetzgebung ab, jedoch sind die Beeinflussung der öffentlichen Diskussion und der Versuch, ein anderes politisches Klima herbeizuführen, deutlich mehr als eine Lobbygruppe in der Regel in ihrem Repertoire führt. Insofern wäre die Bezeichnung der INSM als Lobbygruppe eher eine Verharmlosung des Charakters dieser Einrichtung.

Wenn aber doch die INSM zum Beispiel versucht, gesetzgeberische Tätigkeiten im Bereich der Werkverträge zu verhindern oder aber die Abschaffung der Erbschaftssteuer fordert, ist dies nicht auch Lobbyismus? Die Antwort hierauf lautet nein. Denn die Strategie der INSM ist es nicht, direkten Einfluß auf den Gesetzgeber zu nehmen, indem zum Beispiel die Ministerialbürokratie oder wichtige Fachpolitiker unter den Abgeordneten angesprochen werden, sondern die Beeinflussung wird indirekt auf dem Weg über eine Manipulation des öffentlichen Klimas versucht. Ziel der INSM ist, ein allgemeines

---

[591] Leif, Thomas/Rudolf Speth: Die fünfte Gewalt – Anatomie des Lobbyismus in Deutschland. S. 14
[592] vgl. ebd. S. 14f
[593] ebd. S. 13f

wirtschaftsfreundliches Klima zu schaffen, welches die Entscheider in den Regierungen und Parlamenten dazu bringt, eine generelle wirtschaftsfreundliche Politik im Interesse der Arbeitgeberverbände zu betreiben. Diese Vorgehensweise ist zu allgemein gehalten, um als Lobbyismus bewertet zu werden.

Literatur zur INSM

Hier soll nun eine kommentierte Übersicht über einige Veröffentlichungen zum Thema folgen. Dabei sollen teilweise die Sichtweisen auf die INSM in den Beiträgen oder Quellen diskutiert werden.

Rudolf Speth über die INSM

Von dem Politikwissenschaftler Prof. Rudolf Speth gibt es einige Veröffentlichungen über die INSM. Darunter sind die beiden Studien, die Speth für die Hans-Böckler-Stiftung erstellte:

- Speth, Rudolf: Die politischen Strategien der *Initiative Neue Soziale Marktwirtschaft*
- Speth, Rudolf: Die zweite Welle der Wirtschaftskampagnen. Von »Du bist Deutschland« bis zur »Stiftung Marktwirtschaft«.

Kapitel über die INSM finden sich auch in den von ihm und Thomas Leif herausgegebenen Büchern »Die stille Macht«[594] und »Die fünfte Gewalt«.[595]

Wer sich über die Geschichte und die Strategien der INSM informieren will, ist hier genau richtig. Kenntnisreich und kompetent werden die Methoden und Ziele der INSM beschrieben und auch auf die entsprechende Problematik des PR-Journalismus verwiesen, der es der *Initiative Neue Soziale Marktwirtschaft* leichtmacht, ihre Botschaften in den Medien zu plazieren.

In seinen Ausführungen bewertet auch Rudolf Speth die INSM als Think Tank.[596] Die Unterscheidung, die Rudolf Speth und Thomas Leif in ihrem Buch »Die fünfte Gewalt« zwischen Lobbyismus und Interessenvertretung vornehmen,[597] ist auch zur Grundlage der diesbezüglichen Betrachtungen in diesem Buch gemacht worden.

Wer im Übrigen Literatur zur INSM heranzieht, wird auch oftmals Bezüge auf diese Texte von Rudolf Speth finden. Sie zählen zu den grundlegenden Betrachtungen der Initiative und bilden für die Leser ein wichtiges Fundament für das Verständnis hinsichtlich des Aufbaus und der Strategie der INSM. Die Studien und Beiträge Rudolf

---

[594] Leif, Thomas/Rudolf Speth (Hrsg.) 2003: Die stille Macht. Lobbyismus in Deutschland.

[595] Leif, Thomas/Rudolf Speth (Hrsg.) 2006: Die fünfte Gewalt. Lobbyismus in Deutschland.

[596] vgl. Speth, Rudolf: Die politischen Strategien der Initiative Neue Soziale Marktwirtschaft. S. 5

[597] Leif, Thomas/Rudolf Speth: Die fünfte Gewalt – Anatomie des Lobbyismus in Deutschland. S. 13f

Speths zur INSM haben ganz wesentlich zu der kritischen öffentlichen Auseinandersetzung mit den Methoden der INSM beigetragen, die zwischen 2004 und 2006 stattfand.

Norbert Nicoll über die INSM

Der Aachener Politikwissenschaftler Norbert Nicoll schrieb seine ausgesprochen lesenswerte Dissertation über die INSM und veröffentlichte sie 2008 im Tectum-Verlag. Sein Ziel war es, eine Arbeit zu schreiben, die auch für ein interessiertes, aber fachfremdes Publikum lesbar sei.[598]
Nicoll beschreibt detailliert die Strukturen und Vorgehensweisen der INSM. Er stellt die Initiative in den Kontext neoliberaler Hegemoniebestrebungen und hebt hervor, daß die INSM kein Teil eines großen neoliberalen Plans ist, daß aber der neoliberale Diskurs das Entstehen und die Vorgehensweise der INSM begünstigt. Diese Feststellung läßt sich auch auf den *Konvent für Deutschland* anwenden. Ausdrücklich und zu Recht weist Nicoll Verschwörungstheorien zurück und verweist auf das lose Netzwerk, welches neoliberale Protagonisten bilden. Die INSM wird als Teil dieses Netzwerks betrachtet.[599]
In einem breiten Theorieteil befaßt er sich überdies mit den Grundlagen des Neoliberalismus, zu denen er ebenfalls ein sehr lesenswertes Buch verfaßt hat.[600] Hier betrachtet Nicoll das Umfeld der INSM sowie die Bedingungen in Wirtschaftswissenschaften und Medien, die eine Verbreitung der durch die Initiative vertretenen Auffassungen und Botschaften begünstigen. Die Einbettung der INSM in diese Strukturen zeigt letztlich auch, daß einzelne Erfolge der Initiative sich schwer messen lassen, aber durchaus vorhanden sein dürften.[601]
Auch Nicoll vertritt die Auffassung, daß es schwer sei, die INSM in eine bestimmte Kategorie von Organisation einzuordnen. Seiner Einschätzung nach sei die INSM ein Zwitter aus einer PR-Agentur und einem advokatorischem Think Tank.[602]
In seinem Buch betrachtet Nicoll überdies das Umfeld der INSM und nennt dabei unter anderem auch den *Konvent für Deutschland*, den *BürgerKonvent* und die Medienkampagne »*Du bist Deutschland*«.
Auch in »Neoliberalismus« verweist Nicoll auf die INSM als ein

---

[598] vgl. Nicoll, Norbert: »Die ökonomische Rationalität in die Öffentlichkeit tragen« S. 11
[599] vgl. ebd. S.
[600] Nicoll, Norbert: Neoliberalismus (2013).
[601] vgl. Nicoll, Norbert: »Die ökonomische Rationalität in die Öffentlichkeit tragen«. S. 232
[602] vgl. ebd. S. 237

Beispiel für eine neoliberale Reformalternative, die unter anderem Einfluß auf die Medienberichterstattung nimmt. Als Beispiele nennt Nicoll Kooperationen unter anderem mit der *WirtschaftsWoche*, *Hörzu, Handelsblatt, Die Welt* und *Neue Westfälische* (Bielefeld).[603] Problematisch sei, daß sich die neoliberalen Ideenagenturen nicht als Interessenvertreter neoliberaler Eliten zu erkennen geben, sondern behaupten, Gemeinwohlinteressen wahrzunehmen. Diese Selbstbeschreibung als parteiübergreifende neutrale Organisationen werde von den Medien oftmals unkritisch übernommen und stelle somit ein Problem für den politischen Diskurs dar.[604] Durch diese Ideenagenturen finde eine Verschiebung des Verhältnisses von Experten zu Bürgern zuungunsten letzterer statt, zumal die direkte Beeinflussung auf die politischen Entscheidungsprozesse die Beteiligung der Bürger/innen zurückdränge und legitimatorisch fragwürdig sei.[605]

Die Arbeit von Norbert Nicoll bietet nicht nur einen breiten Überblick über die Methoden der INSM, sondern wirft auch einen ausführlichen Blick auf die ideologischen Grundlagen und das ideologische Umfeld der Initiative. Der theoretische Teil der Arbeit zeichnet die Entwicklung des Neoliberalismus nach und führt die Linien zusammen, die auf die politischen Ziele der INSM hindeuten. Zweifelsohne beinhaltet Nicolls Buch die erste umfangreiche Untersuchung der Aktivitäten der INSM im Zeitraum 2000 bis 2006, die durch ihre Einordnung der Initiative in einen größeren Kontext einen Anstoß für weitere Forschung in dieser Richtung gibt, die sich auch auf vergleichbare Einrichtungen erstrecken kann.

Christian Nuernbergk über die INSM

In einer Evaluationsstudie[606] hat Christian Nuernbergk sich mit der Wirkung der INSM in den Medien, hier in den Printmedien befaßt. Die Arbeit selbst ist nicht unmittelbar veröffentlicht worden, liegt aber in der Bibliothek der Universität Münster vor. Wesentliche Schlußfolgerungen dieser umfangreichen und bemerkenswerten Arbeit, die dem Autor vorliegt, finden sich in dem Buch »PR-Kampagnen«,[607] herausgegeben von Ulrike Röttger. Dabei handelt es sich

---

[603] vgl. Nicoll, Norbert: Neoliberalismus (2013). S. 107f

[604] vgl. Nicoll, Norbert: »Die ökonomische Rationalität in die Öffentlichkeit tragen.« S. 171

[605] vgl. ebd. S. 172f

[606] Nuernbergk, Christian: Die Mutmacher. Eine explorative Studie über die Öffentlichkeitsarbeit der Initiative Neue Soziale Marktwirtschaft. Magisterarbeit Münster.

[607] Nuernbergk, Christian: Die PR-Kampagne der Initiative Neue Soziale Marktwirtschaft und ihr Erfolg in den Medien. Erste Ergebnisse einer Evaluationsstudie.

um die Zusammenfassung der Ergebnisse und einiger Bewertungen und Beobachtungen.

Eine weitere Zusammenfassung der Ergebnisse seiner Magisterarbeit stellt Nuernbergk auf seiner Homepage[608] bereit. Zudem hat er für »Die Gegenwart« den sehr lesenswerten Artikel »INSM: Reformpolitik auch ohne Wählerauftrag«[609] geschrieben. Er identifiziert bei der INSM eine »Verbindung von Think Tank-Arbeit, PR und Marketing«,[610] eine Einschätzung, die sich durch die Methoden und Strategien der Initiative bestätigen läßt.

Im Zentrum seiner Arbeit standen die Öffentlichkeitsarbeit der INSM und deren Wahrnehmung durch die Öffentlichkeit. Dabei stellte er fest, daß es der INSM durchweg gelang, ihre Botschaften zu transportieren, ohne dabei selbst in Erscheinung zu treten, denn Botschafter der INSM wurden in den Medien oftmals nicht als solche identifiziert. Auch viele der Studien der INSM wurden durch die Medien aufgegriffen ohne den interessengeleiteten Hintergrund der Auftraggeber transparent zu machen, stellte Nuernbergk im Rahmen seiner Arbeit fest. Es ist nach wie vor die größte Untersuchung zur Öffentlichkeitsarbeit der Initiative.

Diplomarbeit von Raffael Scholz

Im Mai 2014 legte Raffael Scholz seine Diplomarbeit mit dem Titel »Neoliberalismuskritik mit Pierre Bourdieu. Von der Mont Pelerin Society zur *Initiative Neue Soziale Marktwirtschaft*« vor, in der er sich auf der Grundlage von Texten Bourdieus mit dem Neoliberalismus und in diesem Rahmen auch mit der INSM auseinandersetzte.

Die INSM wird in dieser Arbeit (zu Recht) als interessengebundene Ideenagentur (hier: advokatorischer Thinktank) betrachtet.[611] Nach der Einführung in die theoretischen Grundlagen für die Diplomarbeit widmet sich Scholz im fünften Kapitel der INSM mit ihren Strukturen und Methoden, die er mit einer Übersicht über die zur INSM bestehenden Literatur einleitet. Im Anschluß daran widmet sich Scholz in Schwerpunkten dem Aufbau und dem Wirken der Initiative. Hervorgehoben wird insbesondere die Rolle der Initiative im neoliberalen Diskurs und deren Mittel, also Botschafter, Werbung und die Definition und Besetzung von Begriffen.

Mit dieser Arbeit von Raffael Scholz verbinden sich somit mehrere interessante Aspekte, nämlich die Kritik am Neoliberalismus mit der

---

[608] vgl. http://www.nuernbergk.de/pdf/insm-ergebnisse.pdf (22.08.2021)

[609] Nuernbergk, Christian: »INSM: Reformpolitik auch ohne Wählerauftrag«

[610] ebd.

[611] vgl. Scholz, Raffael: Neoliberalismuskritik mit Pierre Bordieu. S. 4

INSM als ein erfolgreiches Beispiel für die öffentliche Vermittlung durch Durchsetzung neoliberaler Inhalte sowie die Maskierung der wahren Absichten hinter unverfänglich klingenden Wendungen und Worten. Neben einer umfangreichen Übersicht über die wichtigsten Strategien der INSM bietet die Arbeit einen interessanten neoliberalismuskritischen Hintergrund, auf dem die Ziele und Methoden der INSM offengelegt werden. Der breit angelegte Theorieteil der Arbeit stimmt dabei wirkungsvoll auf die Auseinandersetzung mit der INSM und ihrem Wirken ein.

Wie auch die vorgenannten Arbeiten von Nicoll und Nuernbergk ist diese Arbeit sehr gelungen, sehr informativ und damit sehr lesenswert. Insbesondere wird die INSM in dieser Arbeit nicht mystifiziert oder als gar als eine Einrichtung neuen Typs beschrieben, sondern der interessengebundene Charakter der Initiative klar herausgearbeitet. .

»Du bist Deutschland« - Kapitel über die INSM

Mit dem Buch »Du bist Deutschland«?[612] veröffentlichte die Autorin Uta Renken ihre Diplomarbeit, die sie im Jahr 2006 erstellt hatte. Der Untersuchungsgegenstand sind Motive von Kampagnen zur Förderung von Bürgerbewußtsein. In ihrer Arbeit befaßt sich die Autorin mit dem *BürgerKonvent*, der *Initiative Neue Soziale Marktwirtschaft* und der Medienkampagne *»Du bist Deutschland«*. Sie stellt zunächst ein Kampagnenmodell auf, anhand dessen sie diese Einrichtungen und Kampagnen untersucht.[613]

Im ersten Abschnitt des Kapitels zur INSM werden zunächst die wesentlichen Personen und Methoden der INSM beschrieben. Die Kampagnenförmigkeit der INSM wird am Beispiel des Slogans »Sozial ist, was Arbeit schafft«, dargestellt. Verwiesen wird darauf, daß der Slogan ursprünglich durch die INSM-Botschafterin Dagmar Schipanski in Umlauf gebracht und anschließend unter anderem durch Roland Berger, Edmund Stoiber und Wolfgang Clement aufgegriffen worden sein soll.[614] Auf den vielfach kritisierten Ursprung des Ausspruchs, der vom deutsch-nationalen Pressezar Hugenberg im Vorfeld des Dritten Reiches im Wahlkampf 1933 plakatiert wurde,[615] wird nicht verwiesen.

Im analytischen Teil der Arbeit werden die Motive der INSM unter-

---

[612] Renken, Uta: »Du bist Deutschland«? Motive der Kampagnen zur Förderung des Bürgerbewusstseins.

[613] vgl. ebd. S. 24ff

[614] vgl. ebd. S. 63f

[615] vgl. Krauß, Dietrich: Umarmung der Medien und Druck auf kritische Journalisten. S. 117f

sucht. Die INSM sei gegründet worden als Reaktion der Arbeitgeberverbände auf Umfragen, die besagten, daß die Menschen dem Staat mehr vertrauten als dem Markt. Die INSM wolle somit die Rolle dessen übernehmen, der den Menschen die »Wahrheit« sagt, nämlich daß der Staat pleite und die Sozialsysteme am Ende seien. Soziale Reformen seien notwendig, die auf mehr Privatvorsorge setzen.[616] Durch den Bewußtseinswandel in der Bevölkerung solle diese mehr Druck auf die Politik zur Umsetzung der von der INSM befürworteten Reformen ausüben. Hier sieht Renken eine Parallele zum *BürgerKonvent*, der dieses Ziel teile.[617] Am Beispiel von Oswald Metzger stellt Renken heraus, daß die Botschafter auch persönliche Motive verfolgen könnten, zum Beispiel die einer besseren Selbstvermarktung, mehr öffentliche Aufmerksamkeit und neue Einnahmequellen.[618]

In ihrer Zusammenfassung und dem Fazit verweist Renken darauf, daß die INSM einen Umbau der Gesellschaft im Sinne neoliberaler Reformideen anstrebt, und hebt den arbeitgeberabhängigen Hintergrund der Initiative hervor.[619]

Auch die weiteren untersuchten Einrichtungen analysiert die Autorin nach deren Personal, Strategie und Zielsetzung. Eine lesenswerte Arbeit, die sich auf ihr Forschungsziel konzentriert und dabei erwartungsgemäß die dafür notwendigen Hintergründe von INSM, *BürgerKonvent* und »*Du bist Deutschland*« beleuchtet.

Buchkapitel in »Die Strippenzieher« über die INSM

Die Autoren Cerstin Gammelin und Götz Hamann, beide auch als Journalisten für *DIE ZEIT* tätig, haben in ihrem Buch »Die Strippenzieher«,[620] welches sich mit Lobbyismus befaßt, ein Kapitel über Medienkampagnen am Beispiel der INSM verfaßt.

Durchgängig wird die INSM in diesem Buch als Lobbygruppe bezeichnet, was, wie bereits ausgeführt, eher eine Verharmlosung der Wirkungen und der Tätigkeiten dieser interessengebundenen Ideenagentur gleichkommt. Viele auch kritikwürdige Aktionen der INSM werden in diesem Buchkapitel beschrieben, weswegen auch in diesem Buch auf diesen Artikel als Quelle zurückgegriffen wurde. Indes schrecken die Autoren vor einer klaren Bewertung des Einsatzes der INSM für Arbeitgeberinteressen zurück und benennen diesen Zu

---

[616] vgl. Renken, Uta: »Du bist Deutschland«? S. 66
[617] vgl. ebd. S. 67f
[618] vgl. ebd. S. 68f
[619] vgl. ebd. S. 69
[620] Gammelin, Cerstin/Götz Hamann: Die Strippenzieher. Manager, Minister, Medien
    – wie Deutschland regiert wird.

sammenhang nur vorsichtig beim Namen.

Unter Bezug auf den Politikwissenschaftler Manfred Schmid wird kritisiert, daß Wirtschafts- und Sozialpolitik durch die INSM nicht »zusammengedacht« werde, die INSM für die Anliegen derjenigen, für die Sozialpolitik gemacht werde, keine überzeugenden Angebote habe.[621] Die Schlußfolgerung von Gammelin und Hamann lautet, die INSM verfolge eine Klientelpolitik für die obere Mittelschicht und Unternehmer.[622]

Aus dieser Einschätzung kann die obere Mittelschicht getrost weggelassen werden, denn die INSM ist ein Außenposten der Arbeitgeberverbände, deren Interessen sie vertritt. Mit dieser Erkenntnis hadern die Autoren des Beitrags sichtlich, wenn sie schreiben, daß man nicht so weit gehen müsse wie der SPD-Bundestagsabgeordnete Hermann Scheer, der die INSM als reine Undercover-Organisation der Unternehmen bezeichnete, der es um Umverteilung zu deren Gunsten ginge.[623]

Warum aber sollte man nicht so weit wie Scheer gehen? Tatsächlich zeigen doch gerade die Grundlagen, die zur Bewertung der Politik der Bundesregierung durch die INSM für das »Merkelmeter« herangezogen werden, wie sehr sich die INSM den Interessen der Unternehmen und ihrer Verbände verpflichtet sieht.

Weiter heißt es dann fast schon bewundernd über die INSM, daß das Faszinierende an ihr sei, daß sie viele kluge Köpfe um sich sammele, die Deutschland reformieren wollten.[624] Zugleich konstatieren Gammelin und Hamann, daß für die Initiative die Frage des sozialen Ausgleichs nicht zähle. Sie schreibe das Soziale kleiner als andere, beantworteten jedoch nicht die Frage, wie klein sie es schreiben.[625]

Der instrumentelle Charakter des Systems der Botschafter wird in diesem Absatz deutlich unterschätzt. Zudem wird zwar eingeräumt, daß die Initiative »politisch einseitig und einäugig«[626] bleibe, doch die klare Identifikation als Einrichtung der Interessenvertretung der Arbeitgeberverbände wird gemieden.

Auch hinsichtlich der Konzeption der INSM bezüglich der Sozialpolitik schleichen Gammelin und Hamann um den heißen Brei. Denn in der Sozialpolitik verfolgt die INSM bereits seit Jahren einen klaren Kurs, und der heißt Privatisierung der sozialen Risiken, insbesondere deren Abkopplung vom Arbeitslohn und damit die Entlassung der

---

[621] vgl. ebd. S. 163
[622] vgl. ebd.
[623] vgl. ebd. S. 162
[624] vgl. ebd.
[625] vgl. ebd.
[626] ebd.

Arbeitgeber aus der Mitfinanzierung der sozialen Sicherheit. Damit beantwortet die INSM die durch die Gammelin und Hamann aufgeworfene Frage, wie klein das Soziale in der Sozialen Marktwirtschaft geschrieben werde, nämlich dergestalt, daß das Soziale vor allem durch private Absicherung und sogenannte »Eigenverantwortung« geschehen soll.

Als letzten Aspekt dieser etwas ausführlicheren Diskussion des Buchkapitels aus »Die Strippenzieher« sei auf den Hinweis verwiesen, es könne sich bei der INSM um einen »Prototyp einer neuen politischen Bewegung«[627] handeln. Es wird Bezug genommen auf die Einschätzung des Politologen Claus Offe, der die Prognose äußert, daß wenn die INSM noch einige Jahre durchhielte und an Einfluß gewönne, es ein Wandel in der deutschen Politik sei.[628]

Zwar beschreiben Gammelin und Hamann den Aufbau der INSM zutreffend als eine Einrichtung, die im Wesentlichen durch eine Werbeagentur getragen wird,[629] auf der anderen Seite wird so getan, als handele es sich bei der INSM um einen politischen Akteur neuen Typs.

Der Blick auf die INSM bleibt grundsätzlich auf die Lobby-Gruppe beschränkt, letztlich aber doch wird die Möglichkeit in Betracht gezogen, es könne sich bei der INSM um einen politischen Akteur neuen Typs handeln. Dies erscheint zumindest etwas hochgegriffen. In gewisser Weise verwundert es schon ein wenig, daß die INSM in dem Beitrag von Gammelin und Hamann gar nicht als Think Tank, beziehungsweise interessengebundene Ideenagentur diskutiert wird. Dies würde den mystischen Nebel lichten, der hier um die INSM geworfen wird.

Es wird zutreffend beschrieben, daß die Inhalte und Ziele der INSM nicht mitbestimmt werden können, auch nicht durch die Mitgliedschaft im Förderverein. Daraus den Schluß zu ziehen, daß wir es hier mit einer Einrichtung neuen Typs zu tun haben, übersieht, daß dies die schlichte Strategie einer interessengebundenen Ideenagentur ist, die sich durch einen Förderverein externe Finanzmittel beschaffen will. Auch daß der Anspruch, eine Reformbewegung aus Bürgern, Unternehmen und Verbänden zu sein, vor allem der Bemäntelung der Interessengebundenheit der eigentlichen Organisation diene, wird durch Gammelin und Hamann nicht erwogen.

Insgesamt ist das Kapitel in dem Buch von Gammelin und Hamann wegen des Informationsgehaltes über die Aktionen und Strategien

---

[627] ebd. S. 158
[628] vgl. ebd.
[629] vgl. ebd. S. 134

der INSM lesenswert, problematisch bleiben jedoch die Bewertungen der Initiative, weil sich dieser Abschnitt der »Strippenzieher« nicht an die Benennung der unverhohlenen Arbeitgeberinteressen heranwagt, die hinter der INSM zum Vorschein kommen.

LobbyControl (www.lobbycontrol.de/)

Der Verein LobbyControl beobachtet insbesondere Lobbyismus und veröffentlicht seine Recherchen auf einem Weblog. Auch hier finden sich des Öfteren die Aktionen der INSM.

So deckte LobbyControl kürzlich die Hintergründe der jüngsten Aktion der INSM, »Deutschland 24/30«.[630] Hier legte LobbyControl offen, daß die INSM in ihrer Ausschreibung relativ unverhohlen Journalisten suchte, »die »der sozialen Marktwirtschaft gegenüber positiv eingestellt und einem unternehmernahen Auftraggeber gegenüber aufgeschlossen sind«««,[631] woraus bereits eindeutig das Interesse hinter der Aktion zum Vorschein kam. In Aussicht gestellt wurden den Journalisten, die sich auf diese Aktion einließen, Interviews unter anderem mit Kanzlerin Merkel, dem damaligen Porsche-Chef Wendelin Wiedeking und dem Bild-Chefredakteur Kai Diekmann.[632]

Die Recherchen von LobbyControl führten dazu, daß sich die INSM öffentlich rechtfertigen mußte. Dabei kam auch ans Tageslicht, daß die zugesagten Interviewpartner im Vorfeld gar nicht angefragt worden waren und ihre Zustimmung nicht gegeben hatten. Die INSM erklärte, ein »Arbeitspapier« sei an die Öffentlichkeit gekommen, was die Initiative bedauere.[633]

Ulrich Müller von LobbyControl ist zudem Mitherausgeber des Buches »Gesteuerte Demokratie?«,[634] in dem er einen kenntnisreichen Artikel über die INSM und weitere sogenannte »Reforminitiativen« verfaßt hat.

Zudem wurden durch LobbyControl verschiedene Studien verfaßt, die sich unter anderem mit den Themen INSM und Marienhof[635] befaßten sowie weiterer Einrichtungen einseitiger Interessenvertretung wie den *Konvent für Deutschland.*[636]

Wenngleich auch die Befassung mit der INSM nicht zu den Haupt-

---

[630] http://www.lobbycontrol.de/2009/07/journalisten-für-insm-auf-tour/ (22.08.2021) und http://www.lobbycontrol.de/2009/07/insm-kampagne-deutschland-2430/ (22.08.2021)

[631] http://www.lobbycontrol.de/2009/07/journalisten-für-insm-auf-tour/ (22.08.2021)

[632] ebd.

[633] vgl. http://www.lobbycontrol.de/2009/07/insm-hat-sich-nichts-vorzuwerfen/ (22.08.2021)

[634] Müller, Ulrich/Sven Giegold/Malte Arhelger (Hrsg.) 2004: Gesteuerte Demokratie?

[635] LobbyControl: INSM und Marienhof – Eine kritische Bewertung.

[636] LobbyControl: Konvent für Deutschland – Wegbereiter für unpopuläre Reformen

beschäftigungen von LobbyControl zählt – den Schwerpunkt dieser Seite bildet vor allem die Befassung mit originärem Lobbyismus in Deutschland und Europa -, lohnt sich der Besuch dieser Seite allemal, zumal hier auch zahlreiche fundierte Informationen zu Lobbyismus und Interessenvertretung bereitgestellt werden. Auch über die INSM gibt es auf der Seite zahlreiche Beiträge, über die sich die wesentlichen Aktionen der Initiative nachverfolgen lassen.[637]

NachDenkSeiten (http://www.nachdenkseiten.de/)

Die NachDenkSeiten[638] wurden bis 2015 von Albrecht Müller und Wolfgang Lieb herausgegeben beziehungsweise betrieben. Zentrales Anliegen dieser Seiten war, die tägliche Meinungsmache aufzudecken, mit der eine neoliberale Politik mehrheitsfähig gemacht werden sollte. Dabei schrieben die Autoren auch immer wieder über die INSM und ihre Strategien. Zentrales Thema war dabei auch immer wieder die Vermischung von PR und Journalismus, sowie Kampagnenjournalismus.[639]

Auch wenn es Zufall sein mag, aber die NachDenkSeiten waren in der Tat auch mit dem Thema INSM gleich ganz zu ihrem Beginn an die Öffentlichkeit gegangen: Der erste Eintrag in die NachDenkSeiten drehte sich um die Verbreiterung der Öffentlichkeitsarbeit der INSM. Hingewiesen wurde auf die Veröffentlichung »Initiative Aktuell« der INSM, mit der die INSM ihre Botschaften unter die Menschen bringen wollte.[640] In dieser Veröffentlichung, so Albrecht Müller, könne man gut beobachten, mit wem die INSM zusammenarbeitet, wer gut wegkommt und wer die angeblichen Reformbremser seien.

Auch in seinen Büchern schrieb Albrecht Müller immer wieder über die Strategien und Hintergründe der INSM sowie deren Verknüpfungen mit anderen sogenannten »Reforminitiativen«. Im Buch »Machtwahn« beschrieb Müller in einem Kapitel die Strategien und Verknüpfungen verschiedener Reforminitiativen und Konvente sowie Stiftungen.[641] Ausführlich wurde dabei auf die INSM eingegangen. Müller stellte die Zusammenhänge mit anderen Ideenagenturen und Kampagnen wie auch der Stiftung Marktwirtschaft oder »*Du bist Deutschland*« dar.

Die NachDenkSeiten bearbeiteten zwar grundsätzlich ein weiteres

---

[637] vgl. http://www.lobbycontrol.de/?s=INSM (22.08.2021)

[638] http://www.nachdenkseiten.de/ (22.08.2021)

[639] vgl. u.a.: Müller, Albrecht: Journalismus und PR sind vielfältig durchmischt. Die Journalisten wollen es nur nicht wahrhaben.

[640] vgl. Müller, Albrecht: INSM verbreitert die Öffentlichkeitsarbeit

[641] Müller, Albrecht: Machtwahn. S. 304ff

Feld als jenes der Reforminitiativen, aber im Bereich der Meinungsmache nahmen solche Einrichtungen wie die INSM oder auch die Bertelsmann-Stiftung einen breiten Raum ein. Neben fundierter Kritik an den manipulativen Aktionen der INSM wurden auf den NachDenkSeiten stets die Hintergründe der Aktion und die ideologischen Annahmen erläutert und widerlegt, die diesen zugrunde lagen. Dem Leser wurde somit ermöglicht, gegen jene Formen der Meinungsmache in Diskussionen argumentativ entgegenzutreten. Somit waren auch die NachDenkSeiten immer wieder eine wertvolle Quelle für Informationen über die INSM und vergleichbare Einrichtungen zur Steuerung von Meinungskampagnen.

Im Herbst 2015 erfolgte mit dem Ausscheiden Wolfgang Liebs ein einschneidendes Ereignis bei den NachDenkSeiten statt, das nicht Auslöser sondern Ergebnis einer Entwicklung war, die schon länger auf diesem Weblog stattfand. In einer persönlichen Erklärung kritisierte Lieb den Wandel der NachDenkSeiten und führte aus, daß dieser nicht seinem Verständnis des Politischen und seines Stils den öffentlichen Diskurses entsprach.[642] Es sei ein zunehmendes Freund-Feind-Denken zu beobachten mit der Tendenz, »die Ursache nahezu allen Übels auf der Welt ‚einflußreichen Kräften‘ (oft in den USA) oder undurchsichtigen ‚finanzkräftigen Gruppen‘ oder pauschal ‚den Eliten‘ zuzuschreiben«.[643] Auf Meinungsmache könne nicht mit einer anderen Form von Meinungsmache geantwortet werden. Sowohl bei Propaganda als auch bei Gegenpropaganda gehe es um die Beeinflussung des Denkens und Fühlens der Menschen.[644] Dies könne er nicht mittragen. Die Meinungsverschiedenheiten zwischen den Herausgebern der NachDenkSeiten seien unüberbrückbar.[645]

In der Tat sind die von Lieb kritisierten Tendenzen auf den NachDenkSeiten deutlich erkennbar, und dies nicht nur im Hinblick auf die Außen- und Friedenspolitik, sondern auch bezüglich der Innenpolitik. Hier sahen sich die NachDenkSeiten insbesondere berufen, auf den Richtungsstreit innerhalb der Linkspartei Einfluß nehmen zu sollen. So stellten sich die NachDenkSeiten in der innerparteilichen Auseinandersetzung innerhalb der Linkspartei auf die Seite Sarah Wagenknechts und unterstellten den seinerzeitigen Vorsitzenden Katja Kipping und Bernd Riexinger, eine öffentliche Diffamierungskampagne gegen Wagenknecht zu führen.[646] Mit Hilfe »wohlgesonnener Medien« dominierten Kipping und ihre Unterstützer das öf-

---

[642] vgl. https://www.nachdenkseiten.de/?p=28063 (22.08.2021)
[643] ebd.
[644] vgl. ebd.
[645] vgl. ebd.
[646] vgl. https://www.nachdenkseiten.de/?p=42239 (22.08.2021)

fentliche Bild der Linkspartei.[647]

Zudem werden die jüngsten Buch-Veröffentlichungen der Autoren der NachDenkSeiten, Albrecht Müller und Jens Berger, nach ihrer Ansicht einer Medien-Blockade unterzogen, um die Verbreitung der Werke zu verhindern. Dieses Muster zeigte sich sowohl bei Albrecht Müllers Buch »Glaube wenig, hinterfrage alles, denke selbst«, das trotz der Blockade durch die etablierten Medien auf Platz 2 der Bestseller liste gekommen sei,[648] als auch bei dem jüngsten Werk Jens Bergers, »Schwarzbuch Corona«, das ebenfalls in die Bestsellerliste trotz Medienblockade eingezogen sei.[649] Dies unterscheidet sich nicht wesentlich von dem larmoyanten Tonfall, mit dem Thilo Sarrazin seinerzeit beklagte, daß man ihn wegen seiner Meinungsäußerungen wie einen Ketzer durch die Inquisition verfolge.[650]

Dies sind neben weiteren auch von Wolfgang Lieb genannten Beispielen ein Beleg, daß der am Anfang starke aufklärerische und dabei überparteiliche Anspruch den NachDenkSeiten offenbar abhanden gekommen ist, und sich diese statt dessen selbst als Kampagne begreifen, die Partei ergreift. Dies ist auch deshalb besonders bedauerlich, weil das Weblog von Müller und Lieb in seinen ersten Jahren viele wertvolle kritische Beiträge zum öffentlichen Diskurs gleistet haben. Mit dem Abschied Wolfgang Liebs scheint dieser Anspruch von den gegenwärtigen Herausgebern vollends aufgegeben worden zu sein.

---

[647] vgl. https://www.nachdenkseiten.de/?p=61116 (22.08.2021)
[648] vgl. https://www.nachdenkseiten.de/?p=56829 (22.08.2021)
[649] vgl. https://www.nachdenkseiten.de/?p=74076 (22.08.2021)
[650] vgl. Sarrazin, Thilo: Tugendterror. S. 12

INSM-Watchblog
(http://insmwatchblog.wordpress.com/)

Ein weiterer wesentlicher Akteur bei der Beobachtung der Aktivitäten der INSM ist das INSM-Watchblog. Das INSM-Watchblog begleitet die Aktionen der INSM kritisch und oft auch polemisch. Mehrere Male ist das INSM-Watchblog auch mit der Initiative selbst aneinandergeraten und mußte mutmaßlich auf eine Beschwerde der INSM hin gar zeitweise die Abschaltung des Weblogs durch den Anbieter erleben.[651]

Das Watchblog bietet eine breite Übersicht über die Aktionen der INSM sowie Bewertungen der Inhalte der Webseite. Der Verweis auf die Polemik ist indes wörtlich zu nehmen, was an der Berechtigung des Anliegens kein Abbruch tut, aber die Betreuer des Weblogs zuweilen angreifbar macht.

Auch wenn das INSM-Watchblog seit 2010 nicht mehr aktiv ist, lohnt sich das Stöbern im Watchblog nach wie vor: Praktisch alle Aktionen der INSM seit Einrichtung des Watchblogs bis zum 9. April 2010 (letzter Eintrag) werden dokumentiert und kommentiert

---

[651] vgl. http://insmwatchblog.wordpress.com/2007/05/10/zensur-bei-wordpresscom/ (22.08.2021)

Weitere Initiativen, Ideenagenturen und Kampagnen

Die INSM dürfte die wohl bekannteste Initiative der Wirtschaftseliten sein. Aber es gibt noch weitere vergleichbare Einrichtungen, die sich für einen neoliberalen Umbau der Gesellschaft einsetzen und demokratische Abläufe durch Markt und Wettbewerb ersetzten möchten. Auf einige von ihnen soll nunmehr ein Blick geworfen werden.

Der *Konvent für Deutschland*

Einen anderen Ansatz als die INSM weist der *Konvent für Deutschland* auf, der sich die »Reform der Reformfähigkeit« auf die Fahnen geschrieben hat. Darunter ist die Forderung zu verstehen, das bundesdeutsche Staatswesen so umzubauen, daß Reformen im Sinne des Konvents leichter durchsetzbar werden. Im Folgen wird zu zeigen sein, daß nicht nur wesentliche Ziele der INSM auch vom *Konvent für Deutschland* verfolgt werden, sondern daß auch Teile der Strategie und des Personals übereinstimmen.

Aufbau

Die Idee für den *Konvent für Deutschland* geht auf Hans-Olaf Henkel zurück. In seinem Buch »Die Ethik des Erfolgs« kündigt er den Konvent an und entwirft dessen Programmatik.[652] In einer späteren Ausgabe des Buches (6. Auflage aus dem Jahr 2003) wird darauf verwiesen, daß der Konvent gegründet wurde. Es werden Mitglieder des Konventkreises genannt sowie die Internetadresse des Konvents. Der *Konvent für Deutschland* setzt sich zusammen aus dem Konventkreis und dem Verein.[653]

Vorsitzender des Konventkreises ist Prof. Roman Herzog, sein Stellvertreter Dr. Klaus von Dohnanyi.[654] Unter den weiteren Mitgliedern des Konventkreises befindet sich auch der INSM-Botschafter Prof. Dr. Karl-Heinz Paqué.[655] Zum Frühjahr 2011 kam Rainer Wend (SPD) hinzu, der ehemaliger Botschafter der INSM ist, und den Konventkreis im Laufe des Jahres 2012 wieder verlassen hat.[656]

---

[652] vgl. Henkel, Hans-Olaf: Die Ethik des Erfolgs. S. 281ff

[653] vgl. https://web.archive.org/web/20180902121502/https://www.konvent-fuer-deutschland.de/ (22.08.2021)

[654] vgl. https://web.archive.org/web/20180629022250/https://www.konvent-fuer-deutschland.de/deu/der_konventkreis/mitglieder/ (22.08.2021)

[655] vgl. ebd.

[656] vgl. http://web.archive.org/web/20120114035453/http://www.konvent-fuer-deutschland.de/deu/der_konventkreis/mitglieder/ (22.08.2021)

Vorstand des Trägervereins war bis 2014 Hans-Olaf Henkel. Als dieser seine politische Karriere in der AfD begann, schied er aus diesem Posten aus, weil die Grundsätze des Konvents besagten, daß der Konvent nicht direkt in die Politiktätigkeit oder Parteiarbeit eingreift.[657] Weil Henkel sich aber offensichtlich die Rückfahrkarte für dieses Amt vorbehält, ist der gegenwärtige Vorsitzende dort nur geschäftsführend tätig. Der Geschäftsführende Vorstand ist Rupert Scholz.[658] Stellvertretender Vorsitzender ist Manfred Kurz, während Manfred Schneider Vorsitzender des Kuratoriums ist.[659] Dem Kuratoriumsvorsitzenden Schneider steht Roland Berger in einer nicht definierten Funktion zur Seite.[660]

Unter den Mitgliedern und Förderern befinden sich zahlreiche Unternehmen wie die Deutsche Bahn AG, Linde AG und Adolf Würth GmbH & Co. KG, aber auch die Heinz-Nixdorf-Stiftung und der Präsident und CFO für die kaufmännische Leitung und strategische Entwicklung bei Poppe & Potthoff, Christian Potthoff-Sewing.[661]

Festzustellen ist in den letzten Jahren, daß zahlreiche Unternehmen sich aus der Unterstützung des Konvents zurückgezogen haben, darunter die Deutsche Bank und die Deutsche Bahn AG. Weitere Unternehmen, deren Vertreter noch in dem Buch »Mut zum Handeln« auftraten, stehen heute nicht mehr auf der Unterstützerliste des Trägervereins des Konvents.

Im April 2014 stellte der Konvent Oswald Metzger, der auch Botschafter der INSM ist, als hauptamtlichen Geschäftsführenden Sekretär ein. In der Geschäftsstelle ist überdies Melanie Vockert als Assistentin des Vorstandes tätig.[662] Hier bekräftigt der *Konvent für Deutschland* seinen Anspruch, auch weiterhin politisch tätig zu sein und sich auch mit Blick auf eine weitere Reform des Föderalismus zu Wort zu melden, sowie die Themen Wahlrecht und Verlängerung der Wahlperiode weiterzuverfolgen.[663]

Der Trägerverein finanziert den Konvent. Über seine Finanzen hüllt

---

[657] vgl. http://web.archive.org/web/20161101104241/https://www.konvent-fuer-deutschland.de/deu/der_konventkreis/grundsaetze/ (22.08.2021)

[658] vgl. http://web.archive.org/web/20181221041255/https://www.konvent-fuer-deutschland.de/deu/der_verein/vorstand/ (22.08.2021)

[659] vgl. ebd.

[660] vgl. http://web.archive.org/web/20181221042823/https://www.konvent-fuer-deutschland.de/deu/der_verein/kuratorium/ (22.08.2021)

[661] vgl. ebd.

[662] vgl. http://web.archive.org/web/20161101112924/https://www.konvent-fuer-deutschland.de/deu/der_verein/geschaeftsstelle/ (22.08.2021)

[663] vgl. https://www.konvent-fuer-deutschland.de/deu/medien_und_presse/pressemeldungen/home.asp?ID=1634 (15.10.2015)

sich der Konvent allerdings in Schweigen. Eine Anfrage von Lob-byControl über die Höhe der finanziellen Mittel, die dem Konvent zur Verfügung stehen, wurde nicht beantwortet.[664] Auch auf der Homepage des Konvents wird keine Transparenz bezüglich der finanziellen Mittel hergestellt. Daß allerdings dem Trägerverein offensichtlich nur Wirtschaftsunternehmen angehören, läßt die Schlußfolgerung zu, daß die Finanzierung durch diese Unternehmen gewährleistet wird, wenngleich auch nicht klar ist, in welcher Höhe. Hier bleibt der Konvent auch hinter der INSM zurück, die zumindest auf ihrer Homepage mitteilt, daß sie von den Arbeitgeberverbänden der Metall- und Elektroindustrie mit rund 7 Mio. Euro im Jahr finanziert wird.

Gerade in Anbetracht des Vorwurfs des Konvents an die Parteien, daß diese die Willensbildung im Staat monopolisiert hätten, muß dem Konvent entgegengehalten werden, daß die Parteien im Gegenzug ihre finanziellen Mittel komplett offenlegen müssen. Diese Transparenz hinsichtlich der Finanzierung und auch der inneren Struktur, die entsprechend den Anforderungen von Verfassung und Parteiengesetz demokratisch sein muß, schafft den Parteien die Legitimation, an der Willensbildung des Volkes mitzuwirken. Das völlige Fehlen von Transparenz gerade hinsichtlich der Finanzierung des Konvents wirft indes die Frage auf, mit welcher Legitimation eigentlich der Konvent den Aufbau des Staates verändern will. Wer für sich in Anspruch nimmt, für das Gemeinwohl tätig zu sein, sollte zumindest über seine Motive Klarheit schaffen. Diese Klarheit fehlt beim *Konvent für Deutschland*.

Politische Ziele

Der *Konvent für Deutschland* setzt sich für die »Reform der Reformfähigkeit«[665] ein. Nach Auffassung des *Konvents für Deutschland* reicht der Reformwillen der Politik nicht aus, um Reformen durchzusetzen. Es gehe darum, »das institutionelle Gefüge unseres Staates selbst zu reformieren«[666]
Dabei geht es dem *Konvent für Deutschland* um die »Entflechtung der Kompetenzen« und damit um eine »deutliche Reduzierung der Zahl der im Bundesrat zustimmungspflichtigen Gesetze.«[667] In verschiedenen politischen Diskussionen ist auch in der Vergangenheit bereits diese Forderung des Öfteren erhoben worden. Gerade in Zei-

---

[664] vgl. LobbyControl: Konvent für Deutschland. S. 4
[665] vgl. http://web.archive.org/web/20181221040140/http://www.konvent-fuer-deutschland.de/deu/themen/themen/ (22.08.2021)
[666] Konvent für Deutschland: Reform der Reformfähigkeit in Deutschland (2006) S. 4
[667] ebd. S. 6

ten erhöhten Reformdrucks trüge der Bundesrat zu einer Reduzierung der Effizienz des Regierens bei, weil durch den Zwang zum Konsens schnelle Entscheidungen unmöglich würden.[668] Hier werde insbesondere der Bundesrat als Hauptschuldiger identifiziert, der in fahrlässiger Weise in einem Atemzug mit Politikblockaden im Föderalismus genannt werde.[669]

Dabei wird übersehen, daß die Zustimmungspflichtigkeit von Bundesgesetzen durch den Bundesrat zur vertikalen Gewaltenteilung in Deutschland gehört, und auch im Grundgesetz im Artikel 79 Abs. 3 garantiert ist. Dort heißt es:

> *»(3) Eine Änderung dieses Grundgesetzes, durch welche die Gliederung des Bundes in Länder, die grundsätzliche Mitwirkung der Länder bei der Gesetzgebung oder die in den Artikeln 1 und 20 niedergelegten Grundsätze berührt werden, ist unzulässig.«*[670]

Dieser Grundgesetzartikel verbietet somit die Reduktion der durch den Bundesrat zustimmungspflichtigen Gesetze insoweit, als die grundsätzliche Mitwirkung der Länder an der Gesetzgebung nicht mehr gegeben wäre. Zwar können Materien neu geordnet werden, eine totale Ausschaltung der Mitsprache des Bundesrates an der Bundesgesetzgebung verstößt jedoch gegen das Grundgesetz.

Das Grundgesetz möchte der *Konvent für Deutschland* indes hinsichtlich der Mehrheitsregel im Bundesrat geändert wissen. Weil es immer mehr unterschiedliche Koalitions-Konstellationen auf Länderebene gebe, die die Mehrheitsfindung erschwerten, müsse die absolute Mehrheit, deren Notwendigkeit für Beschlüsse im Bundesrat grundgesetzlich verankert ist, durch eine relative Mehrheit ersetzt werden.[671]

Im Bundesrat können die Länder ihre Stimmen nur »im Paket« abgeben. Wenn in einem Bundesland eine Koalition regiert, die sich in einer politischen Frage nicht einigen kann, ist es somit nicht möglich, daß das Land, gesetzt den Fall, es habe vier Stimmen, mit drei Stimmen (größerer Koalitionspartner) mit Ja und mit einer Stimme (kleinerer Koalitionspartner) mit Nein stimmt, sondern es können

---

[668] vgl. Lhotta, Roland: Zwischen Kontrolle und Mitregierung. Der Bundesrat als Oppositionskammer? S. 16

[669] vgl. ebd.

[670] Grundgesetz. Art. 79 Abs. 3

[671] vgl. Scheithauer, Michael: Von einer unübersichtlichen Landkarte und drohendem Kammerflimmern, oder: Warum wir veränderte Abstimmungsregeln im Bundesrat brauchen!

nur alle vier Stimmen zusammen abgegeben werden. Kann sich eine Koalition in einer politischen Frage nicht einigen, wird in der Regel Enthaltung im Bundesrat vereinbart.

Weil der Bundesrat für seine Beschlüsse nun aber die absolute Mehrheit benötigt (mindestens 50%), wirken diese Enthaltungen nach Ansicht des *Konvents für Deutschland* wie Nein-Stimmen.[672] Tatsächlich muß jedoch die Frage von der anderen Seite her gesehen werden: Erreicht ein Beschluß nicht die absolute Mehrheit, wirken nicht etwa die Enthaltungen wie Nein-Stimmen, sondern der Beschluß hat schlicht nicht genug Ja-Stimmen für sich gewinnen können.

Wird die Mehrheitsregel im Bundesrat geändert und reicht dann die relative Mehrheit, so der *Konvent für Deutschland*, wären die Enthaltungen dann tatsächlich Enthaltungen, weil sie für die Mehrheitsbildung keine Rolle mehr spielten.[673] Wäre der Konvent in seiner Argumentation konsequent, müßte er dann jedoch die Enthaltungen als Ja-Stimmen betrachten, denn letztlich würden sie in dieser Form wirken. Je mehr Länder sich in einer bestimmten politischen Frage nicht einigen könnten und sich enthalten würden, desto geringer würde die Anforderung an die Zustimmung zum Gesetz. Dies könnte auch die Legitimation der Gesetze beschädigen, nämlich in solchen Fällen, in denen Gesetze von einer besonders kleinen Minderheit beschlossen würden, weil es durch viele Koalitionsregierungen zu vielen Enthaltungen käme. Zudem hätten die Bundesländer durch eine solche Änderung der Mehrheitsregel kein wirksames Druckmittel gegenüber dem Bund, aber genau das ist ja auch vom Konvent gewollt.

Der Verfassungsgesetzgeber hatte aber mit Bedacht die absolute Mehrheit als Mehrheitsanforderung an den Bundesrat gewählt, weil er genau dies vermeiden und den Beschlüssen des Bundesrates eine hohe Legitimation verschaffen wollte. Eine Änderung im Sinne des *Konvents für Deutschland* wäre ein Rückbau der vertikalen Gewaltenteilung. Zu prüfen wäre überdies, ob die Mitwirkung der Länder an der Bundesgesetzgebung bei einer so schwachen Mehrheitsregel überhaupt noch im Sinne des Grundgesetzes gewährleistet wäre.

Neben der klaren Zuteilung von Gesetzgebungskompetenzen und der Änderung der Mehrheitsregel im Bundesrat will der *Konvent für Deutschland* auch im Rahmen der Finanzverfassung eine deutlichere Trennung der Finanzierung durchgesetzt sehen und dabei den sogenannten »Wettbewerbsföderalismus« stärken, indem die Länder über

---

[672] vgl. ebd.
[673] vgl. ebd.

die Höhe der Steuern, deren Aufkommen ausschließlich ihnen zufließen, selbst entscheiden können.[674] Der horizontale Finanzausgleich zwischen den Ländern soll abgeschafft werden, die »Einheitlichkeit der Lebensverhältnisse« soll auf »gleichwertige Lebensverhältnisse« in einem auf Eigenverantwortung ausgerichteten Föderalismus reduziert werden.[675]

Mit diesen Vorschlägen soll ein Steuerwettbewerb zwischen den Ländern ermöglicht werden, in dessen Rahmen die Länder zum Beispiel um Unternehmensansiedlungen konkurrieren könnten, »indem sie investitionswilligen Unternehmen Steuerabschläge gewähren - was auf einen Unterbietungswettbewerb zugunsten der Unternehmen hinauslaufen dürfte.«[676]

Zwar erklärt der *Konvent für Deutschland*, daß er sich nicht in die Frage einmische, welche Reformen konkret notwendig seien, formulierte diese dann aber doch und fordert unter anderem:

> *»Eine grundlegende Reform der Systeme der sozialen Sicherung:*
> *- Stärkere Abkoppelung vom Faktor Arbeit.*
> *- Anpassung der Lebens-Arbeitszeit an die gestiegene Lebenserwartung.*
> *- Stärkere Orientierung an Versicherungsgrundsätzen.*
> *- Außer- und oberhalb einer Grundsicherung: mehr Kapitadeckung [sic!].«*[677]

Der geneigte Leser erkennt hier die Kernforderungen wieder, die auch von der *Initiative Neue Soziale Marktwirtschaft* vertreten werden.

Ein weiteres wichtiges Anliegen des *Konvents für Deutschland* ist eine Grundsatzentscheidung für Privatisierung, in deren Rahmen der Staat, wenn er eine Aufgabe übernehmen will, nachweisen muß, daß er es wirtschaftlicher und effizienter als Private machen kann, und daß es notwendig ist, daß der Staat diese Aufgabe erledigt.[678] Dies

---

[674] vgl. Konvent für Deutschland: Reform der Reformfähigkeit in Deutschland (2006), S. 9

[675] vgl. ebd.

[676] LobbyControl: Konvent für Deutschland - Wegbereiter für unpopuläre Reformen, S. 5f

[677] Konvent für Deutschland: Reform der Reformfähigkeit in Deutschland (2006), S. 12

[678] vgl. LobbyControl: Konvent für Deutschland. S. 7 und: Reform der Reformfähigkeit. S. 16

soll letztlich auch als Stärkung von Bürgerrechten dargestellt werden, wenngleich der tatsächliche Effekt eine Schwächung ist, weil mit der Privatisierung die Bürger/innen die privatisierten Aufgaben nicht mehr demokratisch kontrollieren und gestalten können.[679]

Auch das gegenwärtige Wahlsystem wird als ein Hindernis für Reformen betrachtet, weil es eindeutige Mehrheiten verhindere. Sprachen sich Mitglieder des Konventkreises zunächst für die Einführung eines Mehrheitswahlrechts aus, präferiert der *Konvent für Deutschland* nunmehr das sogenannte »Grabenwahlsystem«, welches die Einführung eines Mehrheitswahlrechts durch die Hintertür bedeutet. Dies wird vom *Konvent für Deutschland* auch nicht grundsätzlich in Frage gestellt. Bei den Wahlkreiskandidaten entstünde eine Konzentration auf die großen Parteien, räumt Hans Hugo Klein in seinem Beitrag »Das Wahlrecht vor der Reform« ein.[680] Dies begünstige die Mehrheitsbildung und die Bestimmungsmacht des Wählers über die künftige Regierung werde gestärkt.[681] Tatsächlich liegt es in der Natur des Mehrheitswahlrechts, welches das Grabenwahlrecht dominieren würde, daß ein Großteil der abgegebenen Stimmen keine Berücksichtigung findet und einem größeren Teil der Wähler/innen die Bestimmungsmacht über die Zusammensetzung des Parlaments komplett entzogen würde.

Das Prinzip, welches hinter dieser Feststellung steckt, hängt mit der Verrechnung der Stimmen zusammen. Im personalisierten Verhältniswahlrecht, nach dem der Deutsche Bundestag zurzeit gewählt wird, wird mit der Erststimme der Wahlkreiskandidat im Mehrheitswahlverfahren bestimmt, während die Zweitstimme im Verhältniswahlverfahren über die Zusammensetzung des Parlamentes entscheidet. Insofern spielt es auch für die Legitimation des Bundestags als Ganzes keine Rolle, daß bei den Wahlkreiskandidaten keine Stichwahl stattfindet, wenn der Kandidat mit den meisten Stimmen nicht die absolute Mehrheit der abgegebenen Stimmen erreicht hat (mehr als 50%). Denn die Direktmandate, die auf diese Weise errungen werden, werden bei der Verteilung der Mandate, die sich aus den Zweitstimmen ergeben, verrechnet. Nach der Feststellung der Zahl der Sitze, die einer Partei zustehen, werden diese zunächst mit den Direktmandaten gefüllt, die die Parteien in den Wahlkreisen gewonnen haben. Hat eine Partei darüber hinaus noch Sitze gewonnen, was die Regel ist, werden diese aus der Landesliste aufgefüllt. Somit gehört das Wahlsystem in Deutschland in die Kategorie des Verhält-

---

[679] vgl. LobbyControl: Konvent für Deutschland. S. 7
[680] Konvent für Deutschland: Reform der Reformfähigkeit (2010). S. 47
[681] vgl. ebd.

niswahlrechts, weil dieses eben das Wahlsystem dominiert.

Würde das Grabenwahlrecht eingeführt, wie es der *Konvent für Deutschland* fordert, fände die Verrechnung der Direktmandate nicht mehr statt. In den 299 Wahlkreisen würde nach Mehrheitswahlrecht der Wahlkreiskandidat bestimmt. Zugleich werden weitere 299 Mandate über die Zweitstimme mit der Verhältniswahl bestimmt. Die Verhältniswahl bezöge sich somit nur noch auf die Hälfte der Abgeordneten im Bundestag, während die andere Hälfte über Mehrheitswahl in den Wahlkreisen bestimmt wird. Der *Konvent für Deutschland* geht sogar so weit vorzuschlagen, daß bei der Mehrheitswahl auf die Stichwahl verzichtet werden könnte,[682] was zur Folge hätte, daß die Wahlkreise bei entsprechender Konstellation mit weniger als der Hälfte der Stimmen bis hin zu weniger als einem Drittel der abgegebenen Stimmen gewonnen werden könnten. Führte man eine solche Mehrheitswahl gar ohne Stichwahl ein, würde noch mehr Wähler/innen die »Bestimmungsmacht« genommen als mit Stichwahl. Doch selbst mit Stichwahl würde das Grabenwahlsystem die großen Parteien bevorzugen und die kleinen benachteiligen und von der Regierungsbildung (weitgehend) ausschließen.[683]

Bei den Berechnungen der Bundestagswahlen 2009 und 1998 nach dem Grabenwahlrecht ohne Stichwahl (die ja allenthalben simuliert werden mußte) war der jeweilige kleinere Koalitionspartner für die großen Parteien verzichtbar. Obwohl weder 1998 die SPD noch 2009 die CDU bei den Erst- oder Zweitstimmen die absolute Mehrheit erreichte, erhielten beide Parteien die absolute Mehrheit der Mandate im Bundestag und hätten alleine regieren können, wäre das Grabenwahlrecht im Sinne des *Konvents für Deutschland* zur Anwendung gekommen.

Mit dem Mehrheitswahlrecht durch die Hintertür dürfte der *Konvent für Deutschland* neben der Erleichterung der Mehrheitsbildung zur besseren Durchsetzung von Reformen auch noch weitere politische Zwecke verfolgen: Anläßlich der Wahlerfolge der Linkspartei forderte Roman Herzog, Vorsitzender des Konventkreises, die Einführung des Mehrheitswahlrechts, welches wohl dafür sorgen sollte, daß die Linkspartei aus dem Parlament kippt, mutmaßte Otto Köhler in der Zeitung *Der Freitag*.[684]

Mit Blick auf Europa sieht der *Konvent für Deutschland* die Ursache für das Scheitern der »Europäischen Verfassung« in den Volksent-

---

[682] vgl. Konvent für Deutschland: Reform der Reformfähigkeit (2010). S. 47

[683] Ein Rechenbeispiel für die Bundestagswahl 2009: Ehrich, Udo 2011: Negatives Stimmgewicht und Grabenwahlsystem. http://www.wahlergebnisse.info/1510.php (22.08.2021)

[684] Köhler, Otto: »Die Mutter aller Reformen« in: Der Freitag, 14.03.2008.

scheiden in den Niederlanden und Frankreich darin, daß die Bürger mit dem Umfang des Vertragswerkes überfordert waren[685] und nicht etwa in inhaltlicher Kritik am Vertrag. Diese Feststellung steht quer zu dem Anspruch, die Mitbestimmungsrechte der Bürger/innen stärken zu wollen. Hier offenbart sich letztlich doch ein tiefes Mißtrauen gegenüber den Bürger/innen, denen unterstellt wird, mangels Verständnis keine qualifizierte Entscheidung getroffen zu haben.

Zudem fordert der *Konvent für Deutschland*, daß hinsichtlich der sogenannten »Maastricht-Kriterien«, also die Begrenzung der Neuverschuldung auf 3% des Bruttoinlandsproduktes, jene Gebietskörperschaft, die für ein Überschreiten des Kriteriums verantwortlich ist, diese Verantwortung auch allein zu tragen habe.[686] Das bedeutet, daß falls für die Überschreitung der im »Maastricht-Kriterium« festgelegten Grenze der Neuverschuldung ein oder mehrere Bundesländer verantwortlich sind, diese auch die von der EU verhängte Strafe dafür allein auf sich zu nehmen hätten.

Buchveröffentlichung: Mut zum Handeln

Mit ihrer Buchveröffentlichung »Mut zum Handeln« hat der *Konvent für Deutschland* ein weiteres programmatisches Werk herausgegeben. Neben den politischen Inhalten, die mit diesem Buch transportiert werden, ist auch die Mitwirkung zahlreicher Journalisten - überwiegend Chefredakteure - an der Veröffentlichung bemerkenswert. Unter jenen, die sich bereit erklärt haben, in diesem Buch Mitglieder des Konvents für Deutschland oder dessen Trägerverein oder unterstützende Unternehmer zu interviewen, finden sich Chefredakteure sowohl öffentlich-rechtlicher Medien wie Claus Kleber, Leiter des ZDF-»heute-journals«, und Ulrich Deppendorf, Chefredakteur Fernsehen und Leiter des ARD-Hauptstadtstudios, als auch Chefredakteure private Medien wie Stefan Aust, zu der Zeit Chefredakteur Der Spiegel, Helmut Markwort, Chefredakteur des Focus oder Roland Tichy, den Chefredakteur der WirtschaftsWoche.[687] Vertreten sind vornehmlich Redakteure von Wirtschaftszeitungen und liberal-konservativ ausgerichteter Zeitung, aber auch solche, die sich eher dem linksliberalen Spektrum zuordnen würden wie die Süddeutsche Zeitung mit dem Chefredakteur Werner Kilz.

Bereits im Kapitel zur INSM und den Medien wurde ausgeführt, worin eigentlich das Problem liegt, wenn Medien eine zu große Nähe

---

[685] vgl. Konvent für Deutschland: Reform der Reformfähigkeit in Deutschland (2006), S. 14

[686] vgl. ebd. S. 15

[687] vgl. Herzog, Roman et. a. (Hrsg.): Mut zum Handeln. Inhaltsverzeichnis S. 5ff

zu solchen Einrichtungen wie der INSM und dem *Konvent für Deutschland* suchen. Es zeigt eine bedenkliche Entwicklung, wenn sich Medien für ideologische oder lobbyistische Projekte einspannen lassen. Mit ihrer Mitwirkung an dem Buch »Mut zum Handeln« betreiben die Medienvertreter ganz besonders das Geschäft des Konvents für Deutschland und der dahinterstehenden Interessen. Sie zeigen sich parteilich für eine bestimmte - in diesem Fall neoliberale - Weltsicht und geben durch das Format des Interviews der programmatischen Veröffentlichung des Konvents für Deutschland einen journalistisch-objektiven Anstrich. Indem die Chefredakteure die Interessenvertreter des Konvents interviewen, entsteht der Eindruck, daß sich die Mitglieder des Konvents einer kritischen Befragung durch objektive Medien unterziehen, was nicht der Fall ist. Weitgehend nehmen die beteiligten Redakteure die Rolle von Stichwortgebern ein, oder stimmen gar programmatischen Aussagen zu. Dies alles gipfelt in dem Wusch Stefan Austs am Ende seines Interviews mit Klaus von Dohnanyi, daß man vielleicht auch wieder etwas zusammen machen könne.[688]

In seinem Buch »Meinungsmache« kritisiert Albrecht Müller, daß die Medien als kritische Instanz mehr und verschwinden. Sie würden zunehmend zu einem »konstitutiven Element von Manipulation und Meinungsmache«.[689] Dabei verbündeten sie sich mit den wirtschaftlich und politisch Mächtigen und ließen die Zuneigung zu den Schwachen vermissen.[690] Das Buch »Mut zum Handeln« stellt hier durchaus einen Beleg für die These Müllers dar. Daß sich diese Chefredakteure, die sich dem Konvent als Stichwortgeber andienten, für ein gewerkschaftliches Projekt zur Verfügung gestellt hätten, ist nicht nur unwahrscheinlich, sondern bislang auch nicht vorgekommen.

Inhaltlich werden diverse Programmpunkte des Konvents für Deutschland formuliert, wie zum Beispiel die Umstellung der Sozialsysteme auf ein Kapitaldeckungsverfahren und deren Abkopplung von den Arbeitskosten,[691] einen Wettbewerbsföderalismus, der den kooperativen Föderalismus ablösen soll[692] sowie die Aufhebung von Gewaltenbeschränkung und Gewaltenkontrolle im Grundgesetz.[693] Insgesamt dient diese Veröffentlichung also nicht der kritischen Diskussion der Ziele des Konvents, wie der erste Eindruck dieses

---

[688] vgl. Herzog, Roman (Hrsg.) et .al.: Mut zum Handeln. S. 77
[689] vgl. Müller, Albrecht: Meinungsmache. S. 359
[690] vgl. ebd. S. 359f
[691] vgl. Herzog, Roman (Hrsg.) et .al.: Mut zum Handeln. S. 411ff
[692] vgl. ebd. S. 82
[693] vgl. ebd. S. 93

Werkes durch die Mitwirkung zahlreicher hochrangiger Journalisten vermitteln könnte, sondern sie dient der Formulierung und Beschreibung der Ziele des Konvents, vermeintlich journalistisch veredelt durch die Mitwirkung zahlreicher Chefredakteure bekannter Medien. Nicht nur vermitteln die Chefredakteure die vermeintliche journalistische Objektivität, sondern sie helfen mit ihren teils prominenten Namen das Buch einer breiteren Öffentlichkeit zu vermitteln

Ein weiterer Aspekt dieses Buches bilden die Interviews mit den Mitgliedern des Trägervereins des Konvents für Deutschland, zu denen ausschließlich die Vertreter von Wirtschaftsunternehmen und Banken gehören. Das Buch gibt diesen Leuten nicht nur die Möglichkeit zu erläutern, aus welchen Gründen sie den Konvent unterstützen, sondern auch, ihre Unternehmen darzustellen, was von einigen der Beteiligten genutzt wird. Hierbei wird besonders deutlich, daß sich die Unternehmensvertreter von ihrer Unterstützung des Konvents auch neue und/oder bessere Geschäftsfelder zum Beispiel im Rahmen von öffentlich-privaten Partnerschaften versprechen.[694] In dieser Veröffentlichung des Konvents wird besonders deutlich, in wessen Interesse er handelt.

Parteienfeindlichkeit und Stärkung der Bürgerrechte

In der Frage der Stärkung der Bürgerrechte, die für den *Konvent für Deutschland* auch ein Thema ist, setzt er sich insbesondere für die Schwächung der Parteien im parlamentarischen System ein.

Hinsichtlich des Deutschen Bundestages strebt der Konvent eine Verlängerung der Wahlperiode auf fünf Jahre an, wie es auch schon in einigen Bundesländern der Fall ist.[695] Zudem sollen die Landtagswahlen gebündelt werden, so daß die »Perioden wahlkampffreier Sacharbeit«[696] ausgedehnt werden könnten. Dies bedeutet für die Wähler/innen, daß sie durch Wahlen seltener Einfluß nehmen können. Dem liegt die Vermutung zugrunde, daß sich die Politik oftmals nicht traue, einschneidende Reformen durchzuführen, weil die regierenden Parteien fürchteten, dafür bei der nächsten Landtagswahl abgestraft zu werden.

Dieser Idee wohnt eine autoritäre Vorstellung inne, nämlich daß die Politik gegen den Willen der Bürger tun solle, was »notwendig« sei. Aus einer solchen Mentalität heraus wurde letztlich auch die *Initiative Neue Soziale Marktwirtschaft* gegründet, deren Initiatoren der

---

[694] vgl. ebd. S. 441
[695] vgl. Konvent für Deutschland: Reform der Reformfähigkeit in Deutschland (2006). S. 16f
[696] ebd. S. 17

Meinung waren, man müsse der Bevölkerung die Sichtweise der Arbeitgeberverbände nicht nur nahebringen, sondern sie davon überzeugen, daß die Reformen, die diese fordern, zumindest unumgänglich seien.[697]

Kompensiert werden soll dies durch mehr direkte Bürgerbeteiligung, diese aber letztlich auch nur eher vorsichtig. So sollen die Bürger mit einer Volksinitiative erzwingen können, daß sich das Parlament mit bestimmten Fragen befaßt.[698] Dies gründet möglicherweise bereits in der obengenannten Feststellung hinsichtlich der Volksentscheide zur europäischen Verfassung. Auf der einen Seite behauptet der Konvent, er wolle die Bürgerrechte stärken, ist aber auf der anderen Seite gegenüber den Bürger/innen mißtrauisch, weil diese andere Interessen verfolgen und durchsetzen könnten als jene, die der Konvent für die Interessen des Landes hält. Wie auch der *BürgerKonvent* vertritt der *Konvent für Deutschland* die Auffassung, daß Vorbehalte gegenüber Reformen durch eigene Interessenlagen und dadurch bedingt seien, daß es die Bürger/innen als bequemer empfänden, sich auf den Staat zu verlassen, statt Eigenvorsorge zu treffen oder eben in der Sprache des Konvents, ihre »Besitzstände« zu wahren.[699]

Hier zeigt sich ein ambivalentes Verhältnis des Konvents zur Stärkung der Bedeutung des Bürgers gegenüber den Parteien: Einerseits wird der Bürger als Gegenentwurf zu den Parteien gesehen, von denen der Konvent behauptet, sie hätten sich den Staat zur Beute gemacht, auf der anderen Seite werden die Bürger/innen als »Besitzstandswahrer« betrachtet, die sich Reformen gegenüber mißtrauisch zeigen. Dieses Mißtrauen kommt in dem Vorschlag der Volksinitiative zum Tragen: Die Bürger/innen sollen bewirken können, daß sich das Parlament mit einem bestimmten Thema befaßt, aber hinsichtlich der Umsetzung von Reformen vertraut der Konvent dann offenbar doch lieber auf das Parlament als auf die Bürger/innen.

Wichtig ist dem *Konvent für Deutschland*, wie schon erwähnt, die Schwächung der Rollen der Parteien in unserem parlamentarischen System. Hier wünscht sich der *Konvent für Deutschland*, daß die Bevölkerung Einfluß auf die Landeslisten und damit auf das Personal der Parteien bekommt.[700] Die Wähler/innen sollen die Reihenfolge der Kandidaten ändern können, was dazu führen wird, daß die Kandidaten unabhängiger von ihren Parteien werden. Dies würde vor

---

[697] vgl. Krauss, Dietrich: Umarmung der Medien und Druck auf kritische Journalisten, S. 108

[698] vgl. Konvent für Deutschland: Reform der Reformfähigkeit in Deutschland (2006), S. 18

[699] vgl. Schneider, Manfred: Politik - Mehr als eine Variante des Verteilungskampfes?

[700] vgl. ebd. S. 17

allem die Position jener stärken, die von der Parteilinie abweichen und den programmatischen Einfluß der Parteien auf die Parlamente zurückdrängen, so wie es zum Beispiel in den USA der Fall ist, wo die entsprechenden politischen Entscheidungen quer durch die Parteien getroffen werden. »Anders als der homogenere, geschlossenere und parteidisziplinierte deutsche Bundestag ist der Kongreß eine stärker kompetitive und transparente Arena von »Einzelunternehmern«, die Außenstehenden mehr Gelegenheit zur Einflußnahme bietet.«[701] Auch Thunert sieht eine breitere Möglichkeit für externe Politikberatung von Kandidaten, die von Parteien unabhängig sind.[702]

Eine Gefahr dieses Systems, die der *Konvent für Deutschland* jedoch nicht erwähnt ist, daß ein System, bei denen die Wähler/innen die Abgeordneten auf den Listen verschieben können, diese abhängiger von öffentlicher (Selbst)Darstellung machen. Kritisch berichten die NachDenkSeiten über die Abgeordnetenhauswahl in Hamburg im Jahr 2009. Bei dieser Wahl war es den Wähler/innen bereits möglich, die Reihenfolge der Kandidaten auf den Landeslisten der Parteien zu verändern. Die SPD habe, so kritisierten die NachDenkSeiten, ihre Kandidaten dazu angehalten, alles zu unterlassen, was die vom Parteitag festgelegte Reihenfolge der Kandidat/innen beim Einzug in das Parlament verändern könnte.[703] Der Autor der NachDenkSeiten kritisiert, daß somit in der eher konservativen SPD vermieden würde, daß schlecht plazierte linke Kandidaten Werbung für sich machten und somit ihren Einzug ins Parlament sichern könnten.

Indes ist das Argument, welches die SPD für ihren Kurs vorbringt, nicht von der Hand zu weisen: Durch unterschiedliche finanzielle Möglichkeiten der einzelnen Kandidat/innen könnten hier in der Tat Schieflagen entstehen. Wer mehr Geld zur Verfügung hat für seinen Wahlkampf, kann sich bei den Wähler/innen bekannter machen als mittellose Kandidat/innen und somit dafür sorgen, daß er an der Spitze steht, wenn es um die Verteilung der Sitze für die Partei gehe. Kritisch angemerkt wird auf den NachDenkSeiten, daß es gerade in dem System dieses Wahlrecht liege, die »Listenherrlichkeit der Parteien« zu durchbrechen.[704] Das trifft zu, ist zugleich aber auch die große Schwäche dieses Wahlrechts. Denn das Argument, daß es bei einem solchen Wahlrecht eben auch auf die finanzielle Stärke der einzelnen Kandidaten im Wahlkampf ankomme, ist nicht von der

---

[701] Braml, Josef: Think Tanks versus Denkfabriken? S. 562
[702] vgl. Thunert, Martin: Think Tanks in Deutschland - Berater der Politik? S. 35
[703] vgl. Berger, Jens: »Die Angst der Hamburger SPD vor dem Wähler«.
[704] vgl. ebd.

Hand zu weisen. Im Gegenteil eröffnete es Lobbygruppen Tür und Tor, die Kandidaten, die auf ihrer Interessenlinie liegen, finanziell zu unterstützen und zu helfen, in der Öffentlichkeit bekannt und populär zu werden. Möglicherweise ist es gerade dieser Aspekt des Wahlrechts, der es für den *Konvent für Deutschland* attraktiv macht.

Die mehr oder weniger offene Gegnerschaft zur Parteidisziplin, die sich in solchen Konzepten offenbart, übersieht indes, daß eine starke Rolle der Parteien ein wirksames Mittel gegen mächtige Einzelinteressen sein kann. Verlieren die Parteien das Interesse am konkreten Kandidaten, wie es in den USA der Fall ist, wird dieser auch bei der Finanzierung seines Wahlkampfes stärker auf sich selbst gestellt sein, was bestimmten Schichten den Zugang zum Parlament erschweren, wenn nicht gar verschließen würde. Gerade hier erfüllen die Parteien eine starke demokratische Aufgabe, indem sie Bürgern aus allen Schichten den Zugang zum Parlament ermöglichen.

Dabei soll nicht geleugnet werden, daß dieses System auch seine Schwächen hat. Jedoch dürfte der Einfluß mächtiger Lobbygruppen in einem System, bei dem die Abgeordneten unabhängiger von ihren Parteien sind, steigen. Zudem besteht eine weitere Gefahr, wenn einzelne Kandidaten von den Wähler/innen auf den Parteienlisten verschoben werden können: Besonders erfolgreich könnten in einem solchen Wettbewerb um öffentliche Aufmerksamkeit Politiker werden, die sich besonders auf ihre eigene Profilierung verstehen. Daß solche Leute sich nicht zwingend mit intensiver parlamentarischer Arbeit hervortun, zeigt die Diskussion um die Europa-Abgeordnete Silvana Koch-Mehrin im Wahlkampf um das Europäische Parlament im Jahr 2009.

Legitimation?

Der *Konvent für Deutschland* tritt mit dem Ziel an, die »Reformfähigkeit zu reformieren«, was vor allem darauf hinausläuft, die Durchsetzung bestimmter politischer Ziele zu vereinfachen. Gewollt ist unter anderem weniger Gewaltenteilung, mehr eigene Kompetenzen für die unterschiedlichen politischen Ebenen um insbesondere auf der Ebene der Bundesländer einen Wettbewerb zu ermöglichen. Dadurch soll die Gesetzgebung vereinfacht und die Notwendigkeit, Kompromisse zu schließen, reduziert werden. Dies sind schwerwiegende Eingriffe in die staatliche und politische Struktur, die dank finanzieller Ausstattung und direkter exzellenter Verbindungen der eigenen Mitglieder in die Ebene der politischen Entscheider durchgesetzt werden sollen und wohl zum Teil auch können.

Das Staatswesen und der Parlamentarismus sind die höchste Ebene in Deutschland. Die direkt von der Bevölkerung gewählten Parlamente sind die oberste Instanz in diesem Land. Sie sind der gesamten Bevölkerung verpflichtet und nicht nur den Interessenvertretern der Wirtschaft. Insofern bedarf es der (demokratischen) Legitimation jeder Einrichtung, die am staatlich-politischen Gefüge etwas ändern möchte.

Selbstverständlich steht es den Vertretern des Konvents frei, ihre Vorstellungen und Wünsche öffentlich zu formulieren und an die Instanzen der Politik zu richten. Hier ist jedoch der Konvent anderen, weniger wirtschaftlich starken und mit weniger einflußreichen Persönlichkeiten besetzten Interessengruppen überlegen. Durch ehemalige hochrangige Politiker hat der Konvent die Möglichkeit, sich auf höheren politischen Ebenen Gehör zu verschaffen. Gleichzeitig läßt die Transparenz des Konvents deutlich zu wünschen übrig.

Nicht nur, daß er keine Auskünfte über die Höhe und Herkunft seiner finanziellen Mittel gibt, auch finden keine nachvollziehbaren Wahlen zu den Leitungsfunktionen des Konvents statt. Ebensowenig gibt der Konvent keine umfängliche Rechenschaft zu den Einflußwegen ab, die durch ihn genutzt werden. Noch viel weniger haben einfache Bürger Einfluß auf die Ziele und die Zusammensetzung des Konvents für Deutschland.

Die alles stellt eine Legitimation für die durch den Konvent verfolgten Ziele in Frage. Die Forderungen des Konvents an die Politik und die Kritik, die geübt wird, stehen in einem krassen Mißverhältnis zum eigenen Gebaren. Insbesondere ist die Parteienfeindlichkeit des Konvents kritisch zu beurteilen, denn im Gegensatz zum Konvent sind die Parteien verpflichtet, öffentlich über die Herkunft ihrer finanziellen Mittel Rechenschaft abzulegen, so daß für alle Wähler/innen sichtbar wird, wer hier aus welchen möglichen Gründen versucht, Einfluß zu nehmen.

Zwar mag es einer gewissen Großmannssucht geschuldet sein, wenn der *Konvent für Deutschland* gar die Einrichtung der Föderalismuskommission als einen Erfolg des *Konvents für Deutschland* preist.[705] Gleichwohl gehörte mit Rupert Scholz ein Mitglied des Konvents der Föderalismuskommission an und konnte die Vorstellungen des Konvents dort direkt vortragen und Einfluß auf die Entscheidungen nehmen.

Weil der Konvent zentrale staatliche Funktionsmechanismen ändern will, sind durchaus höhere legitimatorische Anforderungen zu stellen

---

[705] vgl. http://web.archive.org/web/20161101121914/https://www.konvent-fuer-deutschland.de/deu/themen/faq/ (22.08.2021) wörtlich: »Die Einrichtung der »Föderalismuskommission« war ein erster Durchbruch, der ohne die Vorarbeit einzelner Konventsmitglieder nicht möglich geworden wäre.«

als an einen Verein der Freunde getigerter Katzen. Weil die hierzu notwendige Transparenz nicht gegeben ist und der Konvent in ersichtlicher Weise auch kein Interesse an einer öffentlichen Diskussion seiner Ziele hat - schon gar nicht mit dem Zweck, diese Ziele zu beeinflussen oder gar zu verändern -, fehlt die Legitimation. Das macht den Konvent zu einer gewöhnlichen Lobbygruppe, die sich mit Hilfe ehemaliger hochrangiger Politiker einen privilegierten Zugang zu den politischen Entscheidungsebenen verschaffen will und wohl auch verschaffen kann. Insofern wäre es notwendig, daß insbesondere seitens der Medien ein kritisches Auge auf den Konvent und seine Aktivitäten geworfen würde. Nachdem es einige Vertreter der Medien jedoch vorzogen, sogar bei einer programmatischen Buchveröffentlichung des Konventes mitzuwirken, ist die Aussicht auf eine solche notwendige mediale Kontrolle eher trüb.

Zusammenfassung und Gemeinsamkeiten mit der INSM

Im Rahmen des Umbaus staatlicher Einrichtungen zielt der *Konvent für Deutschland* auf eine Erweiterung des Spielraums der Politik ab, unpopuläre Entscheidungen zu treffen, wobei die Handlungsspielräume finanzstarker gesellschaftlicher Kräfte erweitert werden sollen.[706] Mit dem Umbau des politischen Systems verfolgt der *Konvent für Deutschland* das Ziel, die für die Wettbewerbsfähigkeit Deutschlands vermeintlich notwendigen Reformen schneller durchsetzen zu können. Zwar behauptet der *Konvent für Deutschland*, daß er sich politisch nicht festlege, knüpft jedoch in der gleichen Broschüre (von 2006) an Reformvorschläge hinsichtlich der Sozialversicherungen und der Organisation eines Wettbewerbsföderalismus an, die auch von der *Initiative Neue Soziale Marktwirtschaft* vertreten werden.

Grundsätzlich laufen die Vorschläge des *Konvents für Deutschland* darauf hinaus, die Gewaltenteilung einzuschränken. Die Forderung nach Trennung der Zuständigkeiten von Bund und Ländern, die Änderung der Mehrheitsregel im Bundesrat und die Schaffung eines Wahlrechts, welches Ein-Parteien-Regierungen auf Bundesebene begünstigt, sind Bausteine, mit denen die parlamentarische Gewaltenkontrolle zurückgefahren werden soll. Die Notwendigkeit für Kompromisse entweder in einer Koalition oder zwischen Bundestag und Bundesrat soll, wenn schon nicht beseitigt so aber doch reduziert werden. Auf diese Weise soll die Gesetzgebung beschleunigt und die Spielräume für Regierungen erweitert werden.

Die eigentliche Funktion der Gewaltenteilung, Regierungsmacht zu

---

[706] vgl. LobbyControl: Konvent für Deutschland, S. 12

beschränken und für Kompromisse zu sorgen, von denen ein möglichst großer Teil der Bevölkerung profitiert, wird als Hindernis für Deutschlands Wettbewerbsfähigkeit dargestellt. Politik wird in diesem Verständnis als Dienstleister der Wirtschaft betrachtet, die sich den Maßgaben und Kategorien eben dieser zu unterwerfen habe. Demokratie wird an ihrem ökonomischen Nutzen gemessen. Dabei wird übersehen, daß demokratische Effizienz sich von wirtschaftlicher Effizienz unterscheidet und der demokratische Prozeß andere Funktionen und Aufgaben hat als der wirtschaftliche.

Denn gerade die Mitbestimmung des Bundesrates in der Bundesgesetzgebung setzt die grundgesetzlichen Gewährleistungen der Mitbestimmung der Länder bei der Gesetzgebung um und sichert damit die vertikale Gewaltenteilung. Indes wird die »Reform« an sich als ein Ausweis guten Regierens dargestellt. Zu einem solchen Regierungsverständnis merkt der Politikwissenschaftler Prof. Roland Lhotta treffend an: »Reform an sich ist kein Signum "guten" Regierens, dem man mit fragwürdigen Legitimitätskriterien hinterherhecheln muss.«[707] Es sei einer der Grundgedanken der Gewaltenteilung in unserer Mischverfassung, kurzatmiger (Reform)Politik ein verzögerndes und moderierendes Element beizugeben.[708] Das Ziel ist, Politik zu verlangsamen und dafür zu sorgen, daß sich nicht mächtige, aber kurzfristige Einzelinteressen gegen die Interessen der Mehrheit der Bevölkerung durchsetzen, sondern daß in einem Ver- und Aushandlungsprozeß eine Lösung gefunden wird, die möglichst vielen Interessen gerecht wird. Prof. Lhotta empfiehlt eine Rückbesinnung auf diese Prinzipien,[709] die an dieser Stelle auch dem *Konvent für Deutschland* angeraten werden könnte.

Neben den inhaltlichen Zielen der Umstellung der Sozialversicherungssysteme auf private, kapitalgedeckte Systeme, welche von den Arbeitskosten abgekoppelt sind, und des Wettbewerbsföderalismus findet sich auch ein weiteres Element beim *Konvent für Deutschland*, welches ihn mit der INSM vergleichbar macht, und dies ist der Konventkreis.

Mitglieder des Konventkreises treten, wie auch die Botschafter und Kuratoren der INSM, mit Gastbeiträgen in Zeitungen auf, die auf der Internet-Seite des *Konvents für Deutschland* nachlesbar sind.[710] Gemeinsam mit den Botschaftern ist dem Konventkreis auch die Scheinpluralität. Auch im Konventkreis sitzen Vertreter unter-

---

[707] Lhotta, Roland: Zwischen Kontrolle und Mitregierung. S. 22
[708] vgl. ebd.
[709] vgl. ebd.
[710] vgl. http://web.archive.org/web/20100515215804/http://www.konvent-fuer-deutschland.de/veroeffentlichungen/reden/ (22.08.2021)

schiedlicher Parteien, die sich in den politischen Wegen und Zielen jedoch einig sind. Und wenn dann, wie am 22. Juni 2004 auf dem öffentlich-rechtlichen Sender Phoenix, Roman Herzog (CDU) und Klaus von Dohnanyi (SPD) beisammensitzen und über den Föderalismus diskutieren und den Eindruck parteipolitischer Pluralität erwecken,[711] ohne daß auf ihre Mitgliedschaft im Konventkreis des *Konvents für Deutschland* hingewiesen wird, wirken die gleichen Mechanismen wie bei der INSM. Verschärfend kommt noch hinzu, daß eine öffentliche Auseinandersetzung über die Ziele des *Konvents für Deutschland* bislang noch nicht einmal in dem vergleichsweise bescheidenen Ausmaß stattgefunden hat wie jene über die Ziele der *Initiative Neue Soziale Marktwirtschaft*. Auch hier ist Aufklärung dringend notwendig, sowohl über die Ziele als auch über die finanziellen Hintergründe des *Konvents für Deutschland*.

---

[711] vgl. Müller, Ulrich: »Reform«initiativen. S. 46

Der *BürgerKonvent*

Die Aufmerksamkeit, die der *BürgerKonvent* im Umfeld seiner Gründungsphase genossen hat, steht in einem auffälligen Mißverhältnis zu seiner Bedeutung, auf die er inzwischen geschrumpft ist. Zwar existiert der *BürgerKonvent* noch, scheint aber kaum noch über die notwendigen finanziellen Mittel zu verfügen, um nach wie vor kampagnenfähig zu sein. Seine beiden Gründer Meinhard Miegel und Gerd Langguth scheinen dem Konvent inzwischen auch abhanden gekommen zu sein.

Auf den ersten Blick haben der *BürgerKonvent* und die INSM nichts gemeinsam außer, daß beide mit einem großen Werbeetat starteten. Als der *BürgerKonvent* an die Öffentlichkeit trat, tat er dies mit einer deutschlandweiten Plakataktion unter dem Motto »Deutschland ist besser als jetzt«. Finanziert wurde der *BürgerKonvent* von anonymen Spendern.[712] Gerd Langguth begründete die Geheimhaltung der Spender damit, daß diese vor weiteren Spendenanfragen geschützt werden sollten.[713]

Inzwischen gilt es als sicher, daß der Großteil der Anschubfinanzierung für den *BürgerKonvent* von August von Finck gekommen sein soll,[714] der auch die Großspende an die FDP im Vorfeld des Erlasses der Mehrwertsteuer für Hotelübernachtungen gezahlt hat.

Gründungsphase, Personal und erste Kampagnen

Eine gewisse Widersprüchlichkeit lag indes schon in der Gründung: Der *BürgerKonvent* setzte betont auf Politik- und Politikerverdrossenheit, obwohl die beiden Gründer selbst Karrieren als Parteipolitiker hinter sich hatten. Meinhard Miegel gründete gemeinsam mit Kurt Biedenkopf das Institut Wirtschaft und Gesellschaft (IWG). Zuvor war er Mitarbeiter Biedenkopfs in dessen Zeit als Generalsekretär.[715] Auch Gerd Langguth hat eine Vergangenheit als Parteipolitiker. So war er 1976 als Abgeordneter der CDU in den Deutschen Bundestag gewählt worden und konnte auch zuvor und danach auf eine Parteivergangenheit in der CDU zurückblicken, unter anderem als Staatssekretär und Vorsitzender der CDU-nahen Konrad-Adenauer-Stiftung.[716] Im August 2010 veröffentliche Langguth eine

---

[712] vgl. Speth, Rudolf: Der BürgerKonvent. S. 32
[713] vgl. ebd.
[714] vgl. http://web.archive.org/web/20121030090453/http://www.spiegelgruppe.de/spiegelgruppe/home.nsf/PMWeb/44F6738E9157E86CC12570D70036FC58 (22.08.2021)
[715] vgl. Speth, Rudolf: Der Bürgerkonvent. S. 8
[716] vgl. ebd. S. 9

Biographie Angela Merkels.

Der *BürgerKonvent* geht auf eine deutliche Distanz zu Parteien und Parteipolitikern und betont die Rolle des Bürgers. Auch das Manifest des Konvents hat eine deutliche Anti-Staats-Rhetorik.[717] Noch heute betont der *BürgerKonvent*, daß er sich als Alternative zu den Parteien verstehe.[718]

Dies erscheint insbesondere angesichts der Parteienkarrieren der Gründer inkonsequent. Diese Inkonsequenz hat sich der *BürgerKonvent* bis heute erhalten, nachdem die ehemalige CDU-Bundestagsabgeordnete Vera Lengsfeld in den Vorstand des Konvents aufgerückt ist.

Kurz nach der Gründung im Jahr 2003 konnte der *BürgerKonvent* offensichtlich aus beträchtlichen Finanzmitteln schöpfen und eine bundesweite Plakatkampagne inszenieren.[719] Woher das Geld kam, blieb lange unklar. Als Grund wurde genannt, daß die Spender nicht wünschten, von diversen andren Einrichtungen um Spenden gebeten zu werden. Tatsächlich mochte da aber auch die Strategie zugrunde gelegen haben, durch die Spekulationen um die Geldgeber im Gespräch zu bleiben[720] - und diese Strategie hatte durchaus eine Zeitlang Erfolg.

Was allerdings wie eine Bürgerbewegung daherkommt, ist zunächst eine Kampagne von oben, was allein schon die beiden Gründer Meinhard Miegel und Gert Langguth nahelegen. Im Gegensatz zur INSM hat sich der *BürgerKonvent* allerdings für die Bevölkerung geöffnet. Es wurde zur Gründung lokaler Konvente aufgerufen, die die inhaltliche Ausrichtung des *BürgerKonvents* mitbestimmen sollten. Tatsächlich jedoch wurde die inhaltliche Ausrichtung des Konvents von oben nach unten bestimmt.[721]

Schon 2006 ging die Gründung der lokalen Bürgerkonvente schleppend voran.[722] Inzwischen scheint es gar keine lokalen Konvente mehr zu geben. Auf der Homepage wird zwar nach wie vor zur Gründung der lokalen Konvente aufgerufen. Daß es aber tatsächlich solche gibt, ist zurzeit nicht ersichtlich.

Der Konvent trat in seiner Anfangszeit mit einem starken volkspäda-

---

[717] vgl. https://web.archive.org/web/20150416052904/http://www.buergerkonvent.de/ueber-uns/manifest/ (22.08.2021)

[718] vgl. https://web.archive.org/web/20150929171030/http://www.buergerkonvent.de/der-buergerkonvent/ (22.08.2021)

[719] vgl. Nicoll, Norbert: »Die ökonomische Rationalität in die Öffentlichkeit tragen«. S. 149f

[720] vgl. Speth, Rudolf: Der Bürgerkonvent. S. 33

[721] vgl. Nicoll, Norbert: »Die ökonomische Rationalität in die Öffentlichkeit tragen«. S. 149

[722] vgl. ebd. S. 151

gogischen Anspruch auf. Die Menschen, so erklärte der Konvent auch in seinem Manifest, seien weitgehend uninformiert über die wahren Verhältnisse in Deutschland, denn die Politiker hielten es aus wahltaktischen Gründen für klüger, die Wahrheit zu verschweigen.[723] Hier wird das Bild der wissenden Konventsmitglieder erzeugt, die unwissende Bevölkerung über die »wahren« Verhältnisse aufklären muß. Dies schließt letztlich auch an die Idee des neoliberalen Vordenkers Hayek an, nach der die breite Masse der Bevölkerung von einer (neoliberalen) Elite unterwiesen werden muß.[724]

Das Manifest des BürgerKonvents

Mit der Gründung veröffentlichte der *BürgerKonvent* ein Manifest. Im Jahr 2003 sieht der *BürgerKonvent* die Deutschen in einer Sackgasse. Beklagt wird, daß die Deutschen zu sehr auf Vergangenes fixiert und somit nicht auf die Zukunft vorbereitet seien.[725] Auch wird beklagt, daß die Bürger zu hohe Forderungen an den Staat stellten, die dieser nicht mehr erfüllen könne, obwohl er weiterhin diese Illusion nähre. Die Staatsverschuldung sei zu hoch, die Jugend zu schlecht ausgebildet und die Bevölkerungsentwicklung sei brüchig. Kritisiert wird überdies, daß Machtstrukturen aus einem fehlgelenkten Sozialstaat und Sozialpartnerschaft erwachsen seien, die sich demokratischer Kontrolle entzogen hätten.[726] Eine »heillose Vermengung von Staat, Parteien, Gewerkschaften und Verbänden«[727] habe die Entwicklung des Landes beeinträchtigt. Der *Bürger-Konvent* stellt in seinem Manifest bedeutungsschwer fest:

> *»Die Bürger ahnen vieles, aber sie wissen vorerst wenig. Weder wissen sie um die brüchig gewordene Bevölkerungsstruktur noch um die wirklichen Bedingungen des Arbeitsmarktes, die maroden Sozialsysteme oder die nachhaltig geschwächte Stellung Deutschlands in der Welt. Das Land leidet unter einem Wahrheitsstau, der zügig aufgelöst werden muss, um die bestehenden und absehbaren Herausforderungen meistern zu können. Aus Ahnungen müssen Gewissheiten werden, die die Grundlage einer Neuori-*

---

[723] vgl. https://web.archive.org/web/20150525051538/http://www.buergerkonvent.de/ueber-uns/manifest/ (22.08.2021)

[724] vgl. Ptak, Ralf: Grundlagen des Neoliberalismus. S. 77

[725] vgl. https://web.archive.org/web/20150525051538/http://www.buergerkonvent.de/ueber-uns/manifest/ (22.08.2021)

[726] vgl. ebd. Abschnitt II

[727] vgl. ebd.

entierung sind.«[728]

Der *BürgerKonvent* sieht sich als jener, der den hier beklagten »Wahrhheitsstau« auflösen könnte. Denn er sei im Gegensatz zu den Politikern nicht von der Angst erfüllt, die Chancen auf Wiederwahl zu gefährden. So sieht sich der *BürgerKonvent* gar als die Vorhut derer, die die Wahrheit verkünden, aufgrund derer sich das Bürgerbewußtsein entwickeln und die Politik endlich die Möglichkeit bekomme, die notwendigen Reformen anzupacken, ohne die eigene Abwahl fürchten zu müssen:

> *»Deshalb müssen Männer und Frauen, die weder von Partikularinteressen noch von schwankenden Wählerstimmungen abhängig sind, der Politik eine Schneise schlagen und sie bei der undankbaren Aufgabe entlasten, den Wahrheitsstau aufzulösen und der Wirklichkeit Akzeptanz zu verschaffen.«*[729]

Denn die wenigsten Politiker hätten die Auseinandersetzung mit organisierten Besitzständen und unwissenden Wählern gelernt.[730]
In dem Manifest ist oft von »Wahrheit« und »Wirklichkeit« in einer Weise die Rede, als handelte es sich hier um feststehende Zustände und nicht etwa um Erscheinungsformen, die der Interpretation oder Sichtweise offen stünden. Dieser absolute Wahrheitsanspruch ist Teil vieler Ideologien, so auch der neoliberalen. Doch insbesondere das Sendungsbewußtsein, die unwissende Bevölkerung über die »Wahrheit« aufzuklären, gehört zu einer wichtigen Grundannahme des Neoliberalismus. Notwendig sei eine politische Erziehung der Bevölkerung zur Steigerung der Akzeptanz einer auf Markt und Wettbewerb aufbauenden Gesellschaft. Hierzu bedient sich die neoliberale Elite der Zwischenhändler von Ideen, um die breite Bevölkerung aufzuklären und ihr Denken zu beeinflussen.[731] Insoweit läßt sich aus dem Manifest ablesen, daß der *BürgerKonvent* als ein neoliberales Projekt zu deuten ist, welches der Beeinflussung der Bürger in diesem ideologischen Sinne zum Ziel hat.
Als »Wirklichkeit« werden im Manifest im Abschnitt IV acht Punkte formuliert, in denen vor allem beschrieben wird, daß die Bevölkerung zu hohe Anforderungen an den Staat stelle, die dieser nicht

---

[728] https://web.archive.org/web/20150525051538/http://www.buergerkonvent.de/ueber -uns/manifest/ (Abschnitt II) (22.08.2021)
[729] ebd. Abschnitt III
[730] vgl. ebd.
[731] vgl. Ptak, Ralf: Grundlagen des Neoliberalismus. S. 76f

erfüllen könne, Entlastung der nächsten Generation und mehr unternehmerisches Denken auch bei Arbeitnehmern notwendig sei. Insbesondere sei eine stärkere Privatvorsorge erforderlich, eine Forderung, die sich wie ein roter Faden durch das Manifest zieht. Mehr Wettbewerb, der neben einer klaren Aufgabenverteilung zwischen Bund und Ländern auch zwischen den Ländern notwendig sei, müsse durchgesetzt werden. Die Forderung nach einem Wettbewerbsföderalismus teilt der *BürgerKonvent* mit weiteren neoliberalen Einrichtungen, darunter auch dem *Konvent für Deutschland.*

Die Betonung der Notwendigkeit der Privatvorsorge wird von einigen Autoren auch darauf zurückgeführt, daß der Mitgründer des *BürgerKonvents*, Meinhard Miegel, unter anderem an dem von der Kreditwirtschaft gegründeten Institut für Altersvorsorge beteiligt ist, die ein Interesse daran habe, daß der Anteil jener steigt, die bei Versicherungen private Vorsorge nicht nur für das Alter treffen.[732] Auch der Politikwissenschaftler Rudolf Speth verweist in einer Fußnote seiner Studie auf die exzellenten Beziehungen Miegels zur Versicherungswirtschaft.[733]

Ebenfalls hervorgehoben wird die Bedeutung des Buches »Die deformierte Gesellschaft« von Meinhard Miegel. Das Buch sei als eine Art programmatischer Vorankündigung des *BürgerKonvents* zu betrachten, so Speth in seiner Studie über den *BürgerKonvent*. Alle vom *BürgerKonvent* angesprochen Themen seien auch bereits in Miegels Buch behandelt.[734] Dies läßt sich durchaus mit der Entstehung des Konvents für Deutschland vergleichen, denn auch hier hatte der Mitgründer Hans-Olaf Henkel die programmatischen Grundlinien des Konvents bereits in einem seiner Bücher vorgezeichnet.

Zeichen des Niedergangs

Der Homepage des *BürgerKonvents* war am Ende des Jahres 2011 zu entnehmen, daß es zwar einen Wechsel in der Leitung des Konvents gegeben hatte, wirkliche Impulse aber von den lokalen Konventen nicht ausgingen. Zwar wurde zum Beitritt zu lokalen Konventen ebenso aufgerufen wie zu deren Gründung, allerdings befanden sich auf der Seite des *BürgerKonvents* keine Listen der existierenden lokalen Konvente. So konnte ein potentieller Interessent auf den ersten Blick gar nicht erkennen, ob es in seiner Umgebung einen lokalen Konvent gab oder er ihn selbst gründen müßte. Dies deutete

---

[732] vgl. Renken, Uta: Du bist Deutschland. S. 48f
[733] vgl. Speth, Rudolf: Der Bürgerkonvent. S. 7 Fußnote 1
[734] vgl. ebd. S. 7

darauf hin, daß es keine lokalen Konvente mehr gab.[735] Weil hier wohl weiterhin nichts zu vermelden war, wurde die Seite aus dem Internet-Angebot des Konvents entfernt.

Auch wurde ein Diskussionsforum eingerichtet, das jedoch im Dezember 2011 nur acht aktive Beiträge enthielt, die teilweise noch aus dem Jahr 2010 stammten. Im Jahr 2013 gibt es kein offenes Forum mehr.

Dem Vorstand des *BürgerKonvents* gehörten an: Prof. Dr. Gisela Fischer (Hannover), Beatrix von Storch (Berlin), Hans-Günter Lind (Münster/Berlin), Gerhard Schulte (München).[736] Ob die Gründer Meinhard Miegel und Gerd Langguth noch Mitglieder im Konvent waren, ging aus der Homepage nicht hervor, was den Schluß zuläßt, daß sie den *BürgerKonvent* aufgegeben haben. Ihre Nachfolger an der Spitze des Konvents im Jahr 2011 waren wenig prominent.

Beatrix von Storch, die eine geborene Herzogin von Oldenburg ist, setzte sich in verschiedenen Verein für die Rückgabe von Schlössern und verstaatlichtem Grundbesitz der DDR an die Junkerfamilien ein.[737]

Hans-Günter Lind, der auch für die BürgerBriefe in der Zeit verantwortlich zeichnete, leitete eine Werbeagentur und war ehemaliger Regionalverantwortlicher der CDU-nahen Konrad-Adenauer-Stiftung in Nordrhein-Westfalen.[738]

Im Gegensatz zur INSM und zum *Konvent für Deutschland* ist der *BürgerKonvent* in der Bekanntmachung der öffentlichen Liste über die Registrierung von Verbänden und deren Vertretern beim Deutschen Bundestag aufgeführt. Hier wird die Zahl der Mitglieder des Vereins mit 1200 angegeben.[739] In der Veröffentlichung vom 27. August 2015 werden hier Prof. Dr. Gisela C. Fischer, Gerhard Schulte, Beatrix von Storch und Hans-Günter Lind als Vorstand und Geschäftsführung genannt.[740]

Auf der Homepage des Konvents wurde 2011 eine Aktion für Subventionsabbau beworben, die im März 2011 gestartet worden sei. Zu dieser Aktion existierte unter anderem ein Interview mit dem Geschäftsführer der INSM, Hubertus Pellengahr, für die Blogzeitung

---

[735] vgl. http://web.archive.org/web/20150416052927/http://www.buergerkonvent.de/di e-konvente/ (22.08.2021)

[736] vgl. http://web.archive.org/web/20120506170451/http://www.buergerkonvent.de/in dex.php?page=2 (22.08.2021)

[737] vgl. http://web.archive.org/web/20170909084902/https://lobbypedia.de/index.php/ B%C3%BCrgerKonvent (22.08.2021)

[738] vgl. ebd.

[739] vgl. http://www.bundestag.de/blob/189476/35a834b04f054e94bf23971077e76fdd/l obbylisteaktuell-data.pdf (15.10.2015) S. 259 Nr. 772

[740] vgl. ebd.

»Freie Welt«,[741] die zum Institut für Strategische Studien Berlin (ISSB) gehört.[742] Vorsitzender des ISSB ist Sven von Storch, der Ehemann von *BürgerKonvent*-Vorstandsmitglied Beatrix von Storch.[743] Das ISSB sieht sich als Wahrer bürgerlicher Kultur und Interessen in Deutschland an und will die Politik in diesem Sinne beraten. Wie auch die INSM beruft sich das ISSB auf die Soziale Marktwirtschaft im Sinne Ludwig Erhards.[744]

Neben ihrer Tätigkeit beim *BürgerKonvent* betreibt Beatrix von Storch die »Zivile Koalition«, deren Sprecherin sie ist. von Storch wirbt für die Veranstaltungen der »Zivilen Koalition« unter anderem auf dem Weblog der deutschelobby,[745] wobei die Möglichkeit zur Anmeldung über das ISSB abgewickelt wird. Die deutschelobby sagt laut Homepage-Banner »Nein zur BRD und Ja zum deutschen Reich«.[746]

Unter »Netzwerk« auf der Homepage der Seite der »Zivilen Koalition« sind auch die INSM, der *Konvent für Deutschland* und das *Institut der deutschen Wirtschaft* genannt,[747] wobei unklar ist, ob es sich hier um eine echte Unterstützung handelt oder die Verweise einfach vom Verein gesammelt und unter der Kategorie »Netzwerk« veröffentlicht wurden.

von Storch ist seit 2017 Bundestagsabgeordnete der rechtspopulistischen Partei Alternative für Deutschland (AfD).

Vorstandsmitglied Prof. Gisela Fischer ist nach Angaben auf der Homepage des *BürgerKonvents* ehemalige Direktorin von Lehrstuhl und Abteilung Allgemeinmedizin der Medizinischen Hochschule Hannover und Präsidentin der Deutschen Gesellschaft für Gesundheit, DEUGE.[748]

Zunächst konnte der neue Vorstand offenbar keine großen Aktivitäten auslösen. Offenbar war der Versuch, die Bürger/innen als Triebfeder für neoliberale Reformen zu begeistern und mit dem *Bürger-*

---

[741] vgl. http://web.archive.org/web/20120506165222/http://www.buergerkonvent.de/index.php?page=1 (22.08.2021)

[742] vgl. http://web.archive.org/web/20170909084902/https://lobbypedia.de/index.php/B%C3%BCrgerKonvent (22.08.2021)

[743] vgl. ebd.

[744] vgl. http://web.archive.org/web/20151102054405/http://www.issberlin.info/ (22.08.2021)

[745] vgl. http://deutschelobby.com/2011/11/28/2-dezember-2011-wird-professor-hankel-in-berlin-mit-drei-weiteren-professoren-und-fachleuten/ (22.08.2021)

[746] ebd.

[747] vgl. https://web.archive.org/web/20130902171413/http://www.zivilekoalition.de/netzwerk (22.08.2021)

[748] vgl. https://web.archive.org/web/20130206193808/http://www.buergerkonvent.de/willkommen/ (22.08.2021)

Konvent eine breite Plattform zu schaffen, über die Druck auf die Politik hinsichtlich entsprechender Reformen ausgeübt werden konnte, gescheitert. Der *BürgerKonvent* hatte zwar über die Zeit einige Mitglieder, wurde jedoch nie zu einer in der Bevölkerung verankerten Massenbewegung. Am Ende des Jahres 2011 erschien der *BürgerKonvent* als inaktiver Verein, dessen Homepage ebenfalls nicht gepflegt wird.

Neue Lebenszeichen 2012

Im Sommer 2012 wurde vom *BürgerKonvent* die Homepage überarbeitet und neu gestaltet. Insbesondere waren die alten Bürgerbriefe und das Forum von der Homepage verschwunden. Statt dessen existierte offenbar ein internes Forum für Mitglieder.[749] Die Satzung des *BürgerKonvents* stammt aus dem Jahr 2007[750] und ist somit eine überarbeitete Fassung der Gründungssatzung. Interessant ist hier nur der Vereinszweck. Unter Punkt 2. heißt es:

> *»2. Zweck des Vereins ist es, durch staatsbürgerliche Bildung die Mitwirkung an der politischen Willensbildung der Bevölkerung zu fördern, sowie die Verbesserung der Zukunftsfähigkeit der Gesellschaft in Deutschland und Europa. Der Zweck soll verfolgt werden insbesondere*
>
> - *durch die Begleitung einer freiheitlichen, den Grundsätzen der sozialen Marktwirtschaft verpflichteten Politik für die Allgemeinheit durch Information und Aufklärung der Bevölkerung,*
> - *durch die Entwicklung von selbst erarbeiteten Konzepten, die die Lebensgrundlagen des Gemeinwesens festigen und erhalten helfen, um die Zukunftsfähigkeit Deutschlands und Europas zu verbessern,*
> - *durch eine intensive Aufklärungs- und Bildungsarbeit, insbesondere durch die Verbreitung der vom Verein entwickelten Konzepte in der Öffentlichkeit,*

---

[749] vgl. https://web.archive.org/web/20130206212652/http://www.buergerkonvent.de/ueber-uns/organisation/ (22.08.2021)

[750] vgl. https://web.archive.org/web/20150505063122/http://www.buergerkonvent.de/ueber-uns/satzung/ (22.08.2021)

> - *durch wissenschaftlich begleitete Tagungen,*
> - *durch Veranstaltungen und Aktionen, die geeignet sind, den Bürgerdialog zu fördern.«*[751]

Hier verbindet sich die Zielsetzung des *BürgerKonvents* mit der der INSM durch das Ziel, eine den Grundsätzen der Sozialen Marktwirtschaft verpflichteten Politik durch Information und Aufklärung der Bevölkerung zu begleiten. Diesem geradezu missionarischen Auftrag, der in zwei Punkten durch die Ziele der Aufklärungs- Informations- und Bildungsarbeit mit Blick auf die Bevölkerung betont wird, steht im dritten Punkt die Festlegung gegenüber, daß der Konvent parteipolitisch neutral sei und die Bevölkerung nicht einseitig bei der politischen Meinungsbildung beeinflussen wolle.[752] Dem steht auch das Manifest entgegen, das noch immer aus der Gründungszeit stammt, und dessen neoliberale Zielsetzung, wie oben bereits beschrieben, unübersehbar ist.

Auch bei den Themen, die sich der Konvent vorgenommen hat, zu bearbeiten, sind bei den Erläuterungen die neoliberalen Zielsetzungen nicht zu übersehen. Unter »Demographisches Fundament« heißt es unter anderem, daß die staatlichen Leistungen auf eine Grundsicherung beschränkt werden sollen, die mit privater Zusatzvorsorge zu ergänzen seien.[753] Vergleichbare Forderungen sind von der INSM und dem *Konvent für Deutschland* bekannt.

Auch weitere Forderungen verbinden den *BürgerKonvent* mit INSM und dem *Konvent für Deutschland*, wie zum Beispiel die Forderung nach einer Reduzierung der Zahl der Bundesländer (»Föderalismusreform«[754]), die Umstellung des Krankenkassensystems auf rein private Versicherungen, die eine Kopfpauschale erheben (»Gesundheitsreform«[755]) oder der Forderung nach Studiengebühren (»Bildung & Forschung«[756]).

Über die Finanzierung des *BürgerKonvents* sind auf der Homepage nach wie vor keine Angaben zu finden. Von den Mitgliedern wird ein Beitrag erhoben. Ob es darüber hinaus noch Finanzierungsquel-

---

[751] ebd.

[752] vgl. ebd.

[753] vgl. https://web.archive.org/web/20150504144800/http://www.buergerkonvent.de/themen/demographisches-fundament/ (22.08.2021)

[754] vgl. https://web.archive.org/web/20160222093136/http://www.buergerkonvent.de/themen/foederalismusreform/ (22.08.2021)

[755] vgl. https://web.archive.org/web/20150502130614/http://www.buergerkonvent.de/themen/gesundheitsreform/ (22.08.2021)

[756] vgl. https://web.archive.org/web/20150429030410/http://www.buergerkonvent.de/themen/bildung-forschung/ (22.08.2021)

len gibt, ist nicht ersichtlich und angesichts der mangelnden Aktivität des Konvents auch nicht wahrscheinlich.

Wiedergeburt des Konvents 2013?

Im winterlichen Frühjahr 2013 wurde die Homepage des *Bürger-Konvents* offenbar erneut überarbeitet. Mittlerweile hat es offenbar wieder Vorstandswahlen gegeben. Hans-Günter Lind und Gerhard Schulte sind ausgeschieden. Neben den bisherigen Vorstandsmitgliedern Gisela Fischer und Beatrix von Storch, die weiterhin dem Vorstand angehören, sind Klaus-Peter Krause, ehemaliger Wirtschaftsredakteur der *Frankfurter Allgemeinen Zeitung* und die ehemalige CDU-Bundestagsabgeordnete Vera Lengsfeld in den Vorstand aufgerückt.[757] Noch vor der Auflösung verließen allerdings alle Vorstandsmitglieder außer Klaus-Peter Krause und Beatrix von Storch den Konvent.[758]

Inwieweit sich die Wiederbelebung auf den ganzen Konvent erstreckt, läßt sich aus der Homepage nicht zuverlässig schlußfolgern. Wahrscheinlicher ist jedoch, daß die Erneuerungsschübe 2012 und 2013 lediglich auf der Ebene des Vorstandes stattfanden, und ein eher kleiner Kreis versucht, den *BürgerKonvent* mit neuem Leben zu füllen, ohne jedoch auf eine breitere öffentliche Resonanz zu stoßen. Denn lokale Konvente sind nach wie vor auf der Homepage nicht verzeichnet.

Mit der neuen Besetzung des Konvents bleibt dieser seiner Widersprüchlichkeit treu, auf die Parteienverdrossenheit zu setzen, gleichzeitig aber langjährige Berufspolitiker an der Spitze zu haben. In ihrer Biographie auf der Seite des *BürgerKonvents* gibt Lengsfeld zwar an, Mitglied des Bundestages gewesen zu sein, verschweigt aber ihre CDU-Mitgliedschaft. Statt dessen hebt sie ihr Engagement während der Wende der DDR hervor.[759]

Im Bereich des Downloads und Archiv befinden sich ältere Bürger-Briefe, die bis zum Januar 2011 zurückreichen.[760] War bis zum letzten BürgerBrief noch Hans-Günter Lind verantwortlich im Sinne des Pressegesetzes,[761] zeichnet im BürgerBrief vom Februar 2013 nun-

---

[757] vgl. https://web.archive.org/web/20160202014116/http://www.buergerkonvent.de/der-buergerkonvent/vorstand/ (22.08.2021)

[758] vgl. ebd.

[759] vgl. http://webarchiv.bundestag.de/archive/2007/0206/mdb/mdb13/bio/L/lengsve0.html (22.08.2021)

[760] vgl. https://web.archive.org/web/20130817182733/http://www.buergerkonvent.de/downloads-archiv/buergerbrief-archiv/ (22.08.2021)

[761] vgl. http://www.buergerkonvent.de/fileadmin/site_files/dokumente/buergerbriefe/2012/BuergerBrief-Nr.74-Oktober-2012.pdf (15.10.2015) S. 1

mehr Vera Lengsfeld verantwortlich.[762]
Einzig die Facebook-Seite des *BürgerKonvents* zeigt aktuelle Aktivitäten, die allerdings nur in kurzen Anmerkungen und ansonsten in Verweisen auf Zeitungsartikeln besteht. Am 05. Mai 2013 verfügte die Facebook-Seite über 32 »Gefällt mir«-Angaben. Bis zum 15. Oktober 2015 wuchs die Zahl auf 74 »Gefällt mir«-Angaben an, während sie bis zum 22.August 2021 auf 59 »Gefällt mir«-Angaben zurückging. Die Seite ist noch vorhanden, jedoch stammt der letzte Artikel vom 20. Januar 2015.[763]

Insgesamt zeigen die Wiederbelebungsversuche der letzten Jahre, daß die große Zeit des Konvents offenbar vorbei ist. Der Grund könnte darin liegen, daß die Finanzierung größerer Aktivitäten nicht sichergestellt ist. Während die INSM sich einer zuverlässigen Finanzierung durch die Arbeitgeberverbände der Metall- und Elektroindustrie erfreuen kann und auch der *Konvent für Deutschland*, wie weiter unten noch zu zeigen sein wird, über regelmäßige Zuwendungen von Unternehmen seine Aktivitäten dauerhaft finanzieren kann, fehlt dem *BürgerKonvent* eine vergleichbar sichere Basis zur Finanzierung.

Bereits in seiner Studie zum *BürgerKonvent* verweist Rudolf Speth darauf, daß die unternehmerischen Geldgeber darauf drängen, die verschiedenen Initiativen, Konvente und Kampagnen zu bündeln.[764] Dies deutet darauf hin, daß seitens der Finanziers zu große Streuverluste bei einer Vielzahl von Initiativen, Konventen und Kampagnen befürchtet wird.

Aus eigener Kraft, also über eigene Mitgliedsbeiträge, ist der *BürgerKonvent* offenbar nicht in der Lage, sich in einer Weise zu finanzieren, die Aktionen ermöglicht, welche eine größere öffentliche Resonanz finden.

Ende des BürgerKonvents.

Die Schlußfolgerung aus der Entwicklung zog der Konvent im Jahr 2015 selbst. Auf einer außerordentlichen Mitgliederversammlung am 22. Mai 2015 beschloß der *Konvent für Deutschland* seine Auflösung.[765] Die Internetpräsenz ist noch vorhanden und informiert über

---

[762] vgl. https://web.archive.org/web/20130616105731/http://www.buergerkonvent.de/fileadmin/site_files/dokumente/buergerbriefe/2013/BuergerBrief-75-Februar-2013.pdf (22.08.2021) S. 1

[763] vgl. https://www.facebook.com/pages/B%C3%BCrgerKonvent-eV/134311743275627?fref=ts (22.08.2021)

[764] vgl. Speth, Rudolf: Der Bürgerkonvent. S. 34

[765] vgl. https://web.archive.org/web/20160305025903/http://www.buergerkonvent.de/willkommen/ (22.08.2021)

die Auflösung. Zuletzt hatte noch am 23.02.2015 der Bürgerbrief anläßlich der Bundestagswahl vom September 2013 die Startseite »geziert«.[766] Solche Inaktivität legte dann wohl tatsächlich die Auflösung nahe. Inzwischen steht die Homepageadresse des BürgerKonvents zum Verkauf für € 149.[767]

Damit ist das Konzept einer Reformbewegung, die die Bürger zugunsten einer neoliberalen Programmatik einbindet, auch augenfällig gescheitert. Auf der Lobbyliste des Deutschen Bundestages vom 27.08.2015 ist der *BürgerKonvent* zwar noch mit 1200 Mitgliedern gelistet, aber dies dürfte darauf zurückzuführen sein, daß niemand den Bundestag über das Ende dieses Elitenprojekts informiert hat.

Das Ende des *BürgerKonvents* zeigt letztlich auch, daß der Diskurs um einen neoliberalen Umbau von Staat und Gesellschaft ein Elitenprojekt war, ist und bleibt. Entgegen der Hoffnungen der Vorstände des *BürgerKonvents* sind die Bürger/innen nicht in großer Zahl beigetreten, um sich für mehr Entstaatlichung, weniger sozialen Ausgleich und mehr unternehmerische Freiheit einzusetzen. Die beiden Gründer Meinhard Miegel und Gerd Langguth haben dies offensichtlich bereits vor einigen Jahren erkannt und sich von dem Projekt verabschiedet.

Was den BürgerKonvent mit der INSM verbindet

Es ist nicht viel, aber wesentlich, was *BürgerKonvent* und INSM verbindet: Die Zielsetzung im Hinblick auf die Popularisierung neoliberaler Reformen. Jedoch ist die Strategie des *BürgerKonvents* eine völlig andere als bei der INSM. Der *BürgerKonvent* geht auf deutliche Distanz zur Politik und zu Politikern, wenngleich das tonangebende Personal bis heute teilweise seine Wurzeln in der Politik hat. Dabei fällt auf, daß es ausschließlich CDU-Politiker sind, die sich an führender Stelle im *BürgerKonvent* engagieren. Die Bürger/innen können sich formal beim *BürgerKonvent* direkt beteiligen. In welchem Ausmaß dies aber tatsächlich möglich ist und auch stattfindet, ist auf der Homepage des *BürgerKonvents* nicht zu entnehmen. Statt dessen liegt der Verdacht nahe, daß vom *BürgerKonvent* im Jahr 2011 und auch Anfang 2012 kaum noch eigene Aktivitäten ausgehen.

Bei der Themenwahl ist die Nähe des *BürgerKonvents* zur INSM nicht zu übersehen, wie die Kampagne gegen Subventionen zeigt.

---

[766] vgl. https://web.archive.org/web/20150223185751/http://www.buergerkonvent.de/willkommen/ (22.08.2021)
[767] vgl. https://buergerkonvent.de/de-de (22.08.2021)

Teilweise referiert das Personal der INSM auch in Veranstaltungen des *BürgerKonvents*.

Abgesehen von der Anschubfinanzierung des Konvents läßt dessen finanzielle Ausstattung seit geraumer Zeit offenbar keine großen Sprünge mehr zu. Das prominente Personal hat den Konvent verlassen. Der seinerzeitige Vorstand des *BürgerKonvents* - und damit auch der Konvent selbst - erschien inaktiv, so daß der *BürgerKonvent* im Konzert der Reforminitiative keine Geige mehr spielte. Zwar waren seit dem Sommer 2012 wieder Aktivitäten auf der Homepage des Konvents erkennbar, führten jedoch im Ergebnis nicht dazu, daß der *BürgerKonvent* wieder stärker in der Öffentlichkeit in Erscheinung trat.

Unmittelbar ins Auge fällt, daß viele der Forderungen des *Bürger-Konvents* sich mit denen anderer Elitenkampagnen decken. Dies erklärt sich aus der Geschichte des *BürgerKonvents*, die auch mittels des Manifestes von der Gründung bis heute fortwirkt. Auch wenn der *BürgerKonvent* bemüht ist, den Eindruck einer Bürgerbewegung von unten zu erwecken, zeigen Manifest und Zielsetzung in der Satzung sowie die erklärten politischen Positionen, daß es sich letztlich um eine weitere Aktion zur Popularisierung und Durchsetzung neoliberaler Forderungen in der Öffentlichkeit handelt. Dies verbindet den *BürgerKonvent* mit der INSM, wenngleich auch die Wirksamkeit in der Öffentlichkeit nicht vergleichbar ist.

Stärker noch sind die inhaltlichen Gemeinsamkeiten des *BürgerKonvents* mit dem durch Hans-Olaf Henkel angestoßenen *Konvent für Deutschland*. Beide Einrichtungen betrachten den Bürger als Gegenentwurf zu den Parteien, betrachten jedoch die Bürger/innen zugleich als »Besitzstandswahrer«. Beide Einrichtungen wollen den Einfluß der Bürger nur dann erhöhen, wenn sie sich - wie im Fall des Konvents für Deutschland - »bewährt« haben, also im Sinne des Konvents handeln, oder aber - wie im Fall des *BürgerKonvents* - zuvor aufgeklärt wurden und somit die »richtigen« Schlußfolgerungen ziehen.

Beide Konvente lehnen den kooperativen Föderalismus ab und wollen ihn statt dessen durch einen Wettbewerbsföderalismus bei Trennung von Zuständigkeiten von Bundes- und Landesebene ersetzen. Der *BürgerKonvent* spricht sich in seinem Manifest offen, der *Konvent für Deutschland* in seinen Veröffentlichungen mal offen und mal verdeckt für mehr Privatvorsorge aus. Grundsätzlich teilen beide Konvente das gleiche Weltbild, wenngleich die Gewichtungen in den politischen Forderungen unterschiedlich verteilt sind.

Du bist Deutschland

An dieser Stelle lohnt es sich, einen Seitenblick auf die Eliten-Kampagne »*Du bist Deutschland*« zu werfen, nicht zuletzt, weil die Reaktion Jean-Remy von Matts auf die Kritik an der Kampagne insbesondere in Weblogs zeigt, mit welcher Haltung die Meinungseliten der Bevölkerung gegenübertreten.

An der Kampagne »*Du bist Deutschland*« beteiligten sich praktisch alle Medienhäuser und zahlreiche bekannte Journalisten.[768] Im Rahmen der Kampagne stellten die Medienhäuser Werberaum im Gegenwert von ca. 33 Mio. Euro zur Verfügung.[769] Entscheidend sei für diese Kampagne gewesen, daß kein Geld floß. Dies hätte die Glaubwürdigkeit der Kampagne in Frage gestellt.[770]

Die Kampagne wurde von den Werbeagenturen fischerAppelt Jung von Matt und kempertrautmann durchgeführt.[771] Sie ging hervor aus Überlegungen der Initiative »Partner für Innovation«, die zunächst noch mit dem Kanzleramt koordiniert wurde.[772]

Neben den Werbeagenturen war auch Gunter Thielen an der Organisation der Kampagne »*Du bist Deutschland*« beteiligt, der zu der Zeit Vorstandsvorsitzender der Bertelsmann-AG war.[773] Er verabredete die Kampagne mit den großen Medienunternehmen, die zuvor in die Bertelsmann-Repräsentanz in Berlin eingeladen worden waren.[774]

Zu den wesentlichen Elementen der Kampagne »*Du bist Deutschland*« zählt das Manifest, welches schließlich auch in dem Fernsehwerbespot durch verschiedene Sprecher aufgesagt wird:

Manifest »Du bist Deutschland«

Du bist das Wunder von Deutschland
Ein Schmetterling kann einen Taifun auslösen. Der Windstoß, der durch seinen Flügelschlag verdrängt wird, entwurzelt vielleicht ein paar Kilometer weiter Bäume. Genauso, wie sich ein Lufthauch zu einem Sturm entwickelt, kann deine Tat wirken. Unreali-

---

[768] vgl. Krauss, Dietrich: Umarmung der Medien und Druck auf kritische Journalisten. S. 107

[769] vgl. Speth, Rudolf: Die zweite Welle der Wirtschaftskampagnen. S. 36

[770] vgl. ebd.

[771] vgl. Speth, Rudolf: Die zweite Welle der Wirtschaftskampagnen. S. 35

[772] vgl. ebd. S. 24f

[773] vgl. ebd. S. 38

[774] vgl. ebd. S. 25

stisch, sagst du? Warum feuerst du dann deine Mannschaft im Stadion an, wenn deine Stimme so unwichtig ist? Wieso schwenkst du Fahnen, während Schumacher seine Runden dreht? Du kennst die Antwort: Weil aus deiner Flagge viele werden und aus deiner Stimme ein ganzer Chor. Du bist von allem ein Teil. Und alles ist ein Teil von dir.
Du bist Deutschland.
Dein Wille ist wie Feuer unterm Hintern. Er lässt Deinen [sic!] Lieblingsstürmer schneller laufen und Schumi schneller fahren. Egal, wo du arbeitest. Egal, welche Position du hast. Du hältst den Laden zusammen. Du bist der Laden.
Du bist Deutschland.
Unsere Zeit schmeckt nicht nach Zuckerwatte. Das will auch niemand behaupten. Mag sein, du stehst mit dem Rücken zur Wand oder dem Gesicht vor einer Mauer. Doch einmal haben wir schon gemeinsam eine Mauer niedergerissen. Deutschland hat genug Hände, um sie einander zu reichen und anzupacken. Wir sind 82 Millionen. Machen wir uns die Hände schmutzig. Du bist die Hand. Du bist 82 Millionen.
Du bist Deutschland.
Also: Wie wäre es, wenn du dich mal wieder selbst anfeuerst? Gib nicht nur auf der Autobahn Gas. Geh runter von der Bremse. Es gibt keine Geschwindigkeitsbegrenzung auf der Deutschlandbahn. Frage dich nicht, was die anderen für dich tun. Du bist die anderen.
Du bist Deutschland.
Behandle dein Land doch einfach wie einen guten Freund. Meckere nicht über ihn, sondern biete ihm deine Hilfe an. Bring die beste Leistung, zu der du fähig bist. Und wenn du damit fertig bist, übertriff dich selbst. Schlag mit deinen Flügeln und reiß Bäume aus. Du bist die Flügel, du bist der Baum.
Du bist Deutschland![775]

Wesentliches Ziel dieses Manifestes, welches poetisch und verspon-

---

[775] Zitiert unter Weglassung der Nummern, die im Originaltext Bildern der Kampagne zugeordnet wurden, nach: Holly, Werner: Gemeinschaft ohne Solidarität. S. 158f

nen formuliert wurde,[776] war, den in Umfragen ermittelten Pessimismus der Bevölkerung zu bekämpfen und eine Stimmungsaufhellung zu bewirken.[777] Die Kampagne richte sich gegen die Komplexe, das Nörgeln und die Gleichgültigkeit, ließ der Kreativchef Oliver Voss von Jung von Matt verlauten. Zu diesem Zwecke solle der Hebel an der Eigenverantwortung des Einzelnen angesetzt werden, die mit der Verantwortung für das Land verknüpft werden sollte.[778]

In den anfänglichen Überlegungen sollte das Manifest deutlich strenger ausfallen: »Es reicht nicht, von 9 bis 16 Uhr zu arbeiten«.[779] Schließlich entschlossen sich die Macher der Kampagne auf Anraten der Regisseurin Clarissa Ruge doch für einen poetisch wirkenden Text, dessen endgültige Gestalt durch den Autor Philipp Jessen gegeben wurde.[780]

Zum Einsatz kamen die wesentlichen Mittel der Werbung: Anzeigen und TV-Spots, wobei im TV-Spot das Manifest der Kampagne von verschiedenen prominenten und nicht prominenten Personen vorgetragen wurde.[781] Die jeweils ein bis zwei Sätze langen Abschnitte wurden mit unterschiedlichen Szenen unterlegt, mal im Garten, vor einem Schwimmbad oder auch im Holocaust-Mahnmal.[782]

In den Anzeigen, die jeweils nach gleichem Muster aufgemacht waren, war zunächst der Spruch »Du bist...« zu lesen, dann der Name einer Persönlichkeit wie Ludwig Erhard, Kati Witt oder auch Michael Schumacher. In einem kurzen Text wurde dann dargelegt, warum der Betrachter Schumacher, Erhard oder auch Tim Mälzer sei.[783]

Der »unbeschwerte Patriotismus«

Mit der Kampagne sollte jedoch nicht nur die Stimmung aufgehellt werden, es ging auch um die Formulierung eines »unbeschwerten Patriotismus«, wie er auch schon verschiedentlich von politischer Seite zu formulieren versucht wurde, etwa durch den Bundestagspräsidenten Norbert Lammert, als er die Forderung des CDU-Politikers Friedrich Merz nach einer »deutschen Leitkultur« aufgriff.[784]

Die hier verwendeten Bilder im Rahmen dieses Versuchs sind indes

---

[776] vgl. Speth, Rudolf: Die zweite Welle der Wirtschaftskampagnen. S. 31
[777] vgl. ebd. S. 27
[778] vgl. ebd.
[779] ebd. S. 31
[780] vgl. ebd.
[781] Vgl. ebd. S. 34
[782] vgl. ebd.
[783] vgl. ebd. S. 32
[784] vgl. ebd. S. 28f

heikel und machen auch einen wesentlichen Teil des Anlasses der Kritik an der Kampagne aus.

Dessen waren sich die Macher durchaus bewußt, worauf auch schon allein die Einstellung der Szene aus dem Holocaust-Mahnmal schließen läßt sowie der Auftritt Gerald Asamoahs und weiterer Personen, »die in einer rechten Interpretation der Nation keinen Platz haben«.[785]

Mit der Szene, die zwischen den Stelen des Holocaust-Mahnmals gedreht wurde und bei denen Vertreter von Nazi-Opfergruppen auftreten, soll »überdeutlich vorgeführt [werden], dass das beschworene Ganze im Gegensatz zu früheren Versionen von Nationalismus eine offene Gesellschaft sein soll, die niemanden ausschließt, sondern ausdrücklich aufnimmt«.[786] Jedoch blieb diese Aussage auf der Bildebene, denn im Text selbst reichte das Geschichtsbewußtsein nur bis zum Fall der Mauer 1989 zurück.[787]

Es blieben die verwendeten Bilder und Formeln in Teilen problematisch und waren somit auch Aufhänger für Kritik an der nationalistisch-patriotischen Unterbotschaft, die neben denen in den vergangenen Jahren üblich gewordenen Appellen an die Eigenverantwortung mitschwangen. Die Zeit, in der der Nationalismus allenfalls noch von einigen Unverbesserlichen praktiziert wurde, scheint vorbei, Nationalismus schien als kraftvolle Konsensressource in den Augen der Stimmungsmacher unverzichtbar.[788] Ein weicher Nationalismus, »wie er in sportlichen Zusammenhängen als unverdächtig gilt«,[789] soll nun den Eindruck erwecken, »dass durch nationale Größe und Stärke zu meistern sei, was die Einzelnen in einer schwachen Position als schwierige Lage erleben«.[790]

Der Versuch, ein positives Verhältnis zum Nationalbewußtsein herzustellen, kommt in diesem Fall als politische Werbebotschaft daher, und zwar in der Tradition leidenschaftlicher, litaneihafter politischer Reden.[791]

Letztlich blieb die Kampagne auch im Hinblick auf den »unbeschwerten Patriotismus« nicht ohne Folgen. Die Umdeutung von Patriotismus, beziehungsweise die Versuche, diesen nationalistischer

---

[785] Speth, Rudolf: Die zweite Welle der Wirtschaftskampagnen. S. 34

[786] Holly, Werner: Gemeinschaft ohne Solidarität: Zur paradoxen Grundstruktur der »Du bist Deutschland«-Kampagne. S. 165

[787] vgl. ebd. S. 167

[788] vgl. ebd.

[789] ebd. S. 168

[790] ebd.

[791] vgl. Chlebusch, Michael: Der Sprachwissenschaftler Werner Holly über die Kampagne, die »von den Feuilletons in der Luft zerrissen wurde«.

Tendenzen zu entkleiden, sorgte in Deutschland wieder für eine größere Akzeptanz des Begriffes, der durch die Zeit des Nationalsozialismus Jahrzehnte lang diskreditiert war.

Bereits im Umfeld der deutschen Einheit bestand auch in Teilen des Auslandes die Sorge, daß in Deutschland wieder der Nationalismus um sich greifen könne. Mit der Überhöhung Deutschlands als eine Art »Über-Ich« in der Kampagne *Du bist Deutschland* wurde an Debatten um Patriotismus angeschlossen, die auch durch die Unionsparteien schon seit längerem geführt wurde, wie oben bereits am Beispiel der Leitkultur erwähnt.

Auf den Zug des »positiven Patriotismus« konnten auch andere Akteure aufspringen. Auf die inzwischen wieder gewachsene Akzeptanz des Patriotismus konnten auch Parteien wie die Alternative für Deutschland (AfD) aufspringen, die darauf setzen, daß die Verwendung von Begriffen wie »Patriotismus« oder »Nationalstolz« nicht mehr in der Weise belastet waren, wie dies noch in den 1980er oder 1990er Jahren der Fall war.

Fast ein Unfall: Hitler war auch Deutschland

Es dürfte reines Glück für die Macher der Kampagne gewesen sein, daß sie bereits eine erhebliche Zeit lief und praktisch alle großen Medienhäuser bereits in ihren Medien für die Kampagne geworben hatten, als ein Archivar in Ludwigshafen ein Bild entdeckte, auf dem der gezeichnete Konterfei Adolf Hitlers zu sehen war mit dem Spruchband »Denn Du bist Deutschland« darunter. Weil inzwischen alle Medienhäuser sich an der Kampagne beteiligt hatten, dürfte das Interesse, hieraus einen Skandal zu stricken, entsprechend gering gewesen sein. So verschwand dieses Bild und mit ihm auch das Thema relativ schnell aus den Medien.

Jedoch warf der Vorgang für kurze Zeit ein Schlaglicht auf das eigentliche Problem der Kampagne: Der Wohlfühl-Patriotismus hatte urplötzlich, wenn auch nur für kurze Zeit, die häßliche Fratze Adolf Hitlers bekommen.

Die neoliberale Botschaft

Mit der Kampagne »*Du bist Deutschland*« sollte nicht nur ein »Wohlfühl-Patriotismus« geschaffen werden, sondern es sollte auch »Akzeptanz für Grundideen der umstrittenen »Agenda 2010«-Politik geschaffen werden«.[792] Mit einem »Feuerwerk an emotionaler Adressierung«[793] wurde versucht unter Zuhilfenahme Prominenter

---

[792] Holly, Werner: Gemeinschaft ohne Solidarität. S. 155
[793] ebd. S. 156

»problematische und widersprüchliche Zusammenhänge zu verdecken«[794] und so die neoliberale Ideologie zu transportieren, ohne dabei auf das Problem sozialer Ungleichheit eingehen zu müssen.

Überspielt werden sollte die Problematik, daß mehr Verantwortung auf den Einzelnen übertragen werden soll, zugleich aber die Unsicherheit für den Einzelnen zunimmt, weil sozialstaatliche Arrangements und gesamtstaatliche Solidarität immer weiter zurückgebaut werden.[795]

Mit entsprechenden Anspielungen werden die Botschaften transportiert, die auch Teil der Agenda 2010 sind. Der Gedanke der Solidarität wird umgedeutet in den Gedanken der Gemeinschaft selbstverantwortlicher Individuen, die sich gegenseitig anfeuern »und gemeinsam stolz auf ihre Stärke sind, aber dem Einzelnen im Problemfall sozialer Unsicherheit nur noch den Verweis auf Selbsthilfe zu bieten haben«.[796]

Es wird an die Bereitschaft zur Leistung appelliert und dabei auf zahlreiche Motive zum einen im übertragenen Sinne zurückgegriffen, wie zum Beispiel das Gasgeben, aber auch direkt zur Leistungserbringung und Leistungssteigerung aufgerufen: »Bring die beste Leistung, zu der du fähig bist. Und wenn du damit fertig bist, übertriff dich selbst.«[797] Dem Einzelnen wird die Pflicht zur Selbstoptimierung auferlegt,[798] was auch in der Abwandlung des Kennedy-Zitates zum Ausdruck kommt, nach der gefordert wird, daß man nicht fragen solle, was die anderen für einen tun könnten: »Du bist die anderen.« Wiederum der Verweis auf die Verpflichtung zur Selbsthilfe.

Letztlich findet sich in der Aufforderung, seinem Land zu helfen, auch die alte Standort-Ideologie wieder. Im internationalen Wettbewerb soll jeder dabei helfen, Deutschland nach vorne zu bringen im Sinne des oben bereits zitierten Verweises des ursprünglich angedachten Textes, daß es eben nicht reiche, von 9 bis 16 Uhr zu arbeiten.[799] Diese Feststellung, die in dem Manifest durch die Aufforderung verklausuliert wurde, dem Land zu helfen, knüpft an die Forderungen von Vertretern der Arbeitgeberverbände an, kostenlose Mehrarbeit zu leisten, um die Arbeitskosten zu senken.

Es wird der Leistungsgedanke beschworen, der auch immer dann ins Spiel kommt, wenn er angesichts von Marktmechanismen und Eli-

---

[794] ebd.
[795] vgl. ebd. S. 156f
[796] vgl. ebd. S. 172
[797] zitiert nach Holly, Werner: Gemeinschaft ohne Solidarität. S. 159
[798] Holly, Werner: Gemeinschaft ohne Solidarität. S. 170
[799] Vgl. Speth, Rudolf: Die zweite Welle der Wirtschaftskampagnen. S. 31

tenrekrutierung fragwürdig ist. Wenn fragwürdig ist, »ob es wirklich Leistung ist, die zählt; die Schließung rentabler Betriebe, Spitzenabfindungen für versagende Manager und Arbeitslöhne, von denen man nicht leben kann, legen den Verdacht einer bloßen Leistungsideologie nahe, die gerade gegenüber potentiellen Verlierern den paradoxen Appell an Leistungsbereitschaft noch stützen soll, auch wenn es in Wirklichkeit um komplexere Zusammenhänge geht, die anders gesteuert sind.«[800]

So kann der Transport der Grundmelodie der Agenda 2010 als zweite Botschaft der »*Du bist Deutschland*«-Kampagne neben der Beschwörung eines »unbeschwerten Patriotismus« betrachtet werden.

Danke, Jean-Remy von Matt!

In wirklich dankenswerter Weise demonstrierte Jean-Remy von Matt, mit welcher Überheblichkeit zuweilen die (selbsternannten) Eliten dem Volk gegenübertreten. Die Kampagne »*Du bist Deutschland*« wurde nicht nur im Fernsehen persifliert, sondern auch viele Internet-Nutzer erstellten eigene Anzeigen, die sich kreativ-kritisch mit der Kampagne auseinandersetzten. In den Weblogs des Internets wurden diese Anzeigen herumgezeigt und auch die Kampagne kritisch diskutiert. Dies verleitete Jean-Remy von Matt, eine Mail an die Mitarbeiter seiner Agentur zu richten, die schließlich auch den Weg in ein Weblog fand. Der Text lautet:

> *»Meine Mutter hat mir beigebracht, dass man sich für ein Geschenk bedankt, selbst wenn man damit nichts anfangen kann. Wie Recht sie hatte, ist mir gerade wieder klar geworden.*
>
> *Vor zwei Wochen startete "Du bist Deutschland", die größte gemeinnützige Kampagne aller Zeiten und ein riesiges Geschenk.*
>
> *Die großen Verlage haben Zeit und Raum im Wert von 35 Millionen Euro geschenkt. 30 Promis der ersten Liga haben Zeit und ihr Gesicht geschenkt. Wir und kempertrautmann haben Zeit und Herzblut geschenkt.*
>
> *Das Ziel: Die Miesepetrigkeit bekämpfen.*

---

[800] Holly, Werner: Gemeinschaft ohne Solidarität. S. 171f

Der Dank: Miesepetrigkeit. Glücklicherweise nur von den Gruppen, von denen man nichts besseres erwarten konnte:

1. Von den Werbekollegen, die sich in den Branchenblättern eifrig zu Wort meldeten. Viele von ihnen finden die Kampagne nutzlos, "weil Werbung doch nicht das gegeignete [sic!] Mittel sein kann, eine Nation wirtschaftlich wieder nach vorn zu bringen". Nicht gut, wenn unsere Branche selber nicht mehr an die Kraft von Kommunikation glaubt.

2. Von den Weblogs, den Klowänden des Internets. (Was berechtigt eigentlich jeden Computerbesitzer, ungefragt seine Meinung abzusondern? Und die meisten Blogger sondern einfach nur ab. Dieser neue Tiefststand der Meinungsbildung wird deutlich, wenn man unter www.technorati.com eingibt: Du bist Deutschland.)

3. Von den intellektuellen Journalisten von FAZ bis TAZ, die ihre Meinung zwar insofern gefragt absondern als sie eine nachweisbare Leserschaft haben, aber: "Den Höhepunkt an Zynismus gewinnt die Kampagne aber in dem Fernsehspot, der Schwule und Behinderte auf dem Stelenfeld des Holocaust-Mahnmals versammelt" (Die Zeit).

Blöd, wenn man soviel Kopf hat, dass einem jedes Bauchgefühl verloren gegangen ist.

Übrigens: Sebastian Turner findet die Kampagne einfach nur falsch.

Falsch, was ist das? Auch nach dem 50. Mal gucken, bin ich von dem TV-Spot immer noch berührt bis ergriffen - obwohl ich nicht einmal Deutschland bin.

Kann das falsch sein?

Euer Jean-Remy«[801]

Es versteht sich von selbst, daß dieser Text die kritische Diskussion

---

[801] Zitiert nach: http://www.jensscholz.com/2006_01_01_archive.htm#113766985314 639192 (22.08.2021)

der als »Klowände« diffamierten Weblogs anheizte. Den Autoren von Weblogs vorzuwerfen, sie »sonderten« ungefragt ihre Meinung ab, war ein gewaltiger Fehlgriff des Werbemannes. Letztlich gilt in Deutschland die Meinungsfreiheit, in deren Rahmen in der Tat jeder ungefragt seine Meinung »absondern« kann. Auch die Kritik an den Journalisten und den anderen Werbeagenturen ist reichlich überheblich und fehl am Platze. Selbstverständlich kann in einer freiheitlichen Demokratie mit grundgesetzlich verbriefter Meinungsfreiheit jede öffentliche Äußerung auch öffentlich kritisch diskutiert werden. In seinem Ärger über die doch erhebliche Kritik an der Wohlfühl-Kampagne schoß Jean-Remy von Matt deutlich über das Ziel heraus mit seiner Antwort.

Auch wenn diese Mail vom Autor nicht an die Öffentlichkeit gerichtet war, bezeugt sie jedoch eine elitär-überhebliche Haltung gegenüber jenen Menschen, an die sich die Kampagne richtete. Sie haben nach der Einschätzung von Matts die Kampagne dankbar entgegenzunehmen und sie nicht zu kritisieren.

Die Kommunikationskatastrophe, die von Matt mit seiner Mail ausgelöst hatte, führte kurze Zeit später zu einer Erklärung seinerseits, in der er sich öffentlich entschuldigte, die Veröffentlichung der ersten Mail beklagte und den Vorwurf gegen die Blogger erhob, sie hätten teilweise »unterste Klowand« geliefert. Die Mail offenbarte, daß sich von Matt zwar durchaus bewußt war, daß die Veröffentlichung der Mail der Kampagne geschadet hatte, ein wirkliches Einsehen in die Maßlosigkeit seiner Kritik an den Kollegen, Journalisten und Bloggern war aber nicht zu erkennen.

Sein Kollege, Holger Jung, mühte sich dann auch in der taz, den Vorfall zu bagatellisieren. Er verwies darauf, daß von Matt sich entschuldigt und sich der Diskussion in den Weblogs gestellt hätte.[802]

Schließlich formulierte Jung die Hoffnung, daß die Kampagne »*Du bist Deutschland*« zur Bewußtseinssteuerung in Deutschland beigetragen habe[803] und legte damit ein wesentliches Ziel der Kampagne offen.

Die Kampagne aus Sicht der Macher

Im »Handbuch Regierungs-PR« legen Lars-Christian Cords, Olaf Hoffmann und Kathrin Schüttler dar, was die Regierung aus dieser Kampagne lernen könnte.[804] Alle drei Autoren sind Mitarbeiter der

---

[802] vgl. Grimberg, Steffen: »Da ist etwas losgetreten« 28.01.2006 taz online
[803] vgl. ebd.
[804] Cords, Lars-Christian, Olaf Hoffmann und Kathrin Schüttler: »Du bist

an der Kampagne beteiligten Werbeagentur fischerAppelt.

Nun ist an dieser Stelle nicht zu erwarten gewesen, daß die Autoren die Kampagne, an der ihre Firma beteiligt war, kritisch diskutieren, aber die Ausführungen in dem Text sagen doch einiges über die Sichtweise der Macher und Beteiligten der Kampagne aus und sind wert, hier besprochen zu werden.

Die Kampagne »*Du bist Deutschland*« sei ein Erfolg, und sie habe ihr Ziel erreicht, zu einer neuen Aufbruchsstimmung beizutragen.[805] Die rechnerische Reichweite der Werbeträger habe 98% betragen, jeder Deutsche über 16 Jahre sei durchschnittlich 21 Mal mit dieser Kampagne erreicht worden.[806] Nach drei Monaten hätten sich über 1000 Unternehmen im Kampagnenbüro erkundigt, wie sie »*Du bist Deutschland*« unterstützen könnten.[807]

Es überrascht nicht, daß Mitarbeiter einer PR-Agentur ihre Tätigkeit als wichtig betrachten und ihre Strategien auch den Regierungen anempfehlen möchten. Regierungen hätten indes nicht die Möglichkeiten, die Private bei der Inszenierung solcher Kampagnen hätten.[808]

Nach Einschätzung der Autoren gab es zahlreiche Faktoren, die den Erfolg der Kampagne ausmachten. Dabei ist bemerkenswert, was die Autoren zur Legitimation der Kampagne schreiben:

> *»Der breite Schulterschluss der Unternehmer legitimierte die Kampagne nicht nur, sondern gab ihr vor allem den notwendigen Freiraum. Ein einzelner Akteur würde sich immer dem Verdacht aussetzen, nur seine eigenen Interessen zu kommunizieren.«*[809]

Daß Unternehmen auch ein kollektives Interesse an dem Inhalt der Kampagne haben könnten, scheint außerhalb der Erwägung der Autoren gelegen zu haben. Zudem fällt auf, daß die Autoren offenbar die Notwendigkeit einer Legitimation der Kampagne sehen, was insofern bemerkenswert ist, als es sich nicht um eine Regierungskampagne handelt, die aus Steuergeldern finanziert worden wäre. Daß private Werbeaktionen der Legitimation bedürften, wäre eine neue Sichtweise auf die Materie und könnte allenfalls dann eine

---

Deutschland«. Vorbild für Regierungskommunikation?
[805] vgl. ebd. S. 288
[806] vgl. ebd. S. 289
[807] vgl. ebd.
[808] vgl. ebd. S. 90ff
[809] Cords, Lars-Christian et al..: »Du bist Deutschland« S. 293, Hervorhebung im Original.

Berechtigung zeitigen, wenn es darum ginge, öffentliche Angelegenheiten zu regeln. Mit dieser Feststellung soll die Kampagne offenbar demokratische Weihen bekommen, die möglicherweise den Charakter und die dahinterstehenden Interessen verdecken sollen. Und mehr noch: Die Möglichkeiten und Befugnisse der an der Kampagne beteiligten Unternehmen gehen gar über jene der Regierung hinaus:

> *»Eine Diskussion zum Selbstverständnis der Deutschen: ‚Du bist Deutschland' hat den Tabubruch gewagt. ‚Du bist Deutschland' – das musste auf Widerstand stoßen. Das war nur möglich, weil die Kampagnen-Initiatoren eine breite gesellschaftliche Basis bildeten, eine Regierungs-Kampagne allein hätte das nicht gedurft – geschweige denn geschafft.«*[810]

Die breite Basis, die die Kampagnen-Initiatoren nach Meinung der Autoren gebildet haben soll, besteht indes nur aus den Medienunternehmen, die sie inszeniert haben und zu denen man allenfalls noch die beteiligten Prominenten zählen kann.

Hervorgehoben wird zudem die hervorragende organisatorische Vorbereitung der Kampagne und das Krisenmanagement, wobei die Bedeutung der Weblogs hervorgehoben wird, sowie das Photo aus Ludwigshafen angesprochen wird, auf dem der Hitler-Konterfei mit dem Spruch »Denn Du bist Deutschland« zu sehen war, der hier als »vermeintlicher Nazi-Slogan« besprochen wird.[811]

Inhaltlich wird ansonsten nicht weiter auf dieses Photo aus Ludwigshafen eingegangen, sondern dieser Vorfall wird als Beispiel für das erfolgreiche Krisen-Management der Kampagnenmacher bezeichnet. Verwiesen wird darüber hinaus, daß die 25 beteiligten Medienunternehmen vorgelebt hätten, was sie mit der Kampagne propagierten: »Eigenverantwortung und Einsatzbereitschaft.«[812] Die Beteiligung von Unternehmen an dieser Kampagne wird als Beleg gewertet, daß die Unternehmen ihre Bürgerpflicht entdeckten.[813] Ausgeblendet wird einmal mehr, daß die neoliberale Grundmelodie der Kampagne durchaus im Interesse der Unternehmen steht.

Schließlich wird der Regierung mehr PR anempfohlen als eine Schlußfolgerung aus der Kampagne. Mutigere Kampagne, integrierte Kommunikation und vor allem mehr Markenbewußtsein werden

---

[810] ebd. S. 296, Hervorhebung im Original
[811] vgl. ebd. S. 293
[812] ebd. S. 296
[813] vgl. ebd. S. 290f

angemahnt.[814] »Dazu gehören auch einprägsame Marken-Namen für komplexe Institutionen und Gesetzesvorhaben.«[815]
Unternehmen als politische Akteure und mehr PR und Marketing für die Regierungskommunikation, das sind die grundsätzlichen Schlußfolgerungen die Autoren der Agentur fischerAppelt der Politik empfehlen. Wichtig sei, die entsprechende Kommunikation möglichst störungsfrei durchzusetzen. Wenn sich Kritik schon nicht vermeiden lasse, dann sollten eben doch die Kritiker so gut es gehe in die Kampagne eingebunden werden, so daß möglicherweise gar aus dem Umstand, daß Kritik geübt wird, profitiert werden könne.[816]
Das mag alles indes aus der Sicht von Werbetreibenden nicht überraschend sein. Bemerkenswert ist jedoch, wie deutlich hier die Interessen von Unternehmen und die Strategien von Werbeagentur als Gemeinwohlfördernd dargestellt werden.
Dies zeichnete sich eine Zeitlang als eine allgemeine Tendenz ab, bei der insbesondere Werbeagenturen sich stärker in politische Kommunikation einklinken, um Interessen zu bewerben und durchzusetzen. Nicht nur *»Du bist Deutschland«* und die INSM sind Produkte von Werbeagenturen, die sich auf dem Feld der Politik versuchen, sondern auch zahlreiche andere Initiativen und Kampagnen hatten den Schritt in die Öffentlichkeit gewagt,[817] von denen in der letzten Zeit allerdings in der letzten Zeit nicht mehr viel zu hören ist. Vieles von dem, was angegangen worden war, ist letztlich im Sande verlaufen.
Dies galt letztlich auch für die Neuauflage der Kampagne *»Du bist Deutschland«*, die für mehr Kinderfreundlichkeit werben wollte.[818] Auch hier waren die Spots und Werbeanzeigen sehr präsent, letztlich aber das öffentliche Echo bei Weitem nicht so groß wie bei der ersten Kampagne.

Was die Kampagne mit der INSM verbindet

Die INSM hatte mit der Organisation und der Gestaltung der Kampagne nichts zu tun, wenngleich ihr die Ausrichtung der Kampagne

---

[814] vgl. ebd. S. 297f

[815] ebd. S. 298

[816] vgl. ebd. S. 295f

[817] vgl. Speth, Rudolf: Die politischen Strategien der Initiative Neue Soziale Marktwirtschaft. S. 10ff

[818] Auf https://web.archive.org/web/20150106055257/http://www.du-bist-deutschland.de/ (22.08.2021) ist ein Verweis auf YouTube, wo noch die TV-Spots und weitere Aufnahmen der Kampagne zu sehen sind. Am 15.10.2015 trägt die Seite http://www.du-bist-deutschland.de/ den Titel »Matratzen Test 2015«, während die Adresse im Jahr 2021 auf https://www.inhaltsangabe.info/ verweist, wo Tips zum Schreiben gegeben werden.

gefallen haben dürfte.[819] Die Kampagne atmet indes den gleichen Geist wie die INSM: Es handelt sich um eine Kampagne von oben, in deren Rahmen die Bevölkerung beeinflußt und eine bestimmte Stimmung erzeugt werden soll: Beide Kampagnen zielten darauf ab, die Bereitschaft der Bevölkerung zu Reformen im Sinne der Wirtschaftseliten des Landes zu erhöhen, was sich insbesondere an der Betonung von Eigenverantwortung festmachen läßt, die den Eindruck erwecken solle, daß es von jedem selbst abhänge, ob er Erfolg hat oder nicht. Strukturen, in die die Menschen eingebunden sind, werden in beiden Kampagnen ausgeblendet.

Auch die Kampagne »*Du bist Deutschland*« bewegt sich im Geist neoliberaler Überzeugungsarbeit, bei der die Eliten die Bevölkerung mittels Zwischenhändler auf marktwirtschaftliche Werte verpflichten wollen, [820] wenngleich auch die INSM auf eine längere Zeit angelegt ist, während »*Du bist Deutschland*« einen vergleichsweise kurzen Kampagnenzeitraum hatte.

Ein weiteres verbindendes Element zwischen der INSM und »*Du bist Deutschland*« ist der Umstand, daß beide Kampagnen durch Werbeagenturen erschaffen wurden, die INSM durch die Agentur Scholz & Friends, »*Du bist Deutschland*« durch die Agenturen Jung von Matt, kempertrautmann und fischerAppelt. Hier zeigt sich, daß Werbeagenturen offenbar bereit sind, stärker als politische Akteure in Erscheinung zu treten, und Formen der Vermittlung von Inhalten mit klassischen Werbemitteln stärker in die Politik zu übertragen.[821]

---

[819] vgl. Krauss, Dietrich: Umarmung der Medien und Druck auf kritische Journalisten. S. 107
[820] vgl. Ptak, Ralf: Grundlagen des Neoliberalismus. S. 77
[821] vgl. Speth, Rudolf: Die zweite Welle der Wirtschaftskampagnen. S. 42f

Die Stiftung Marktwirtschaft

Aufbau und Mission

Die Stiftung Marktwirtschaft hat formal nichts mit der *Initiative Neue Soziale Marktwirtschaft* zu tun, wenngleich es doch Berührungspunkte gibt. So ist der INSM-Botschafter Bernd Raffelhüschen gemeinsam mit Michael Eilfort im Vorstand der Stiftung Marktwirtschaft.[822]

Neben dem Stiftungsrat verfügt die Stiftung Marktwirtschaft über ein Kuratorium, dessen Vorsitzender im Jahr 2015 der INSM-Botschafter Dr. Nikolaus Schweickart war[823] sowie den *Kronberger Kreis* als wissenschaftlichen Beirat. Lars P. Feld, Sprecher des Kronberger Kreises, ist auch vom März 2011 bis Februar 2021 in den Sachverständigenrat zur Begutachtung der gesamtwirtschaftlichen Entwicklung der Bundesregierung berufen worden war.[824] Zudem ist er wissenschaftliches Mitglied der Mindestlohnkommission für die Arbeitgeberseite.[825] Clemens Fuest, ebenfalls Mitglied des Kronberger Kreises, wurde im April 2016 Nachfolger des scheidenden Präsidenten Hans-Werner Sinn beim ifo-Institut.[826] Er war auch Vorgänger von Lars P. Feld als wissenschaftliches Mitglied in der Mindestlohnkommission für die Arbeitgeberseite.[827] Des weiteren ist das Mitglied des Kronberger Kreises, Prof. Volker Wieland, ebenfalls Mitglied im Sachverständigenrat zur Begutachtung der gesamtwirtschaftlichen Entwicklung.[828] An solchen personellen Verflechtungen zeigt sich der Einfluß der Stiftung Marktwirtschaft und des Kronberger Kreises, deren Mitglieder auch weitere regierungsberatende Funktionen innehatten oder innehaben.

Die Stiftung Marktwirtschaft ist aus dem Frankfurter Institut hervorgegangen, welches den interessenorientierten Ideenagenturen zuzu-

---

[822] vgl. https://www.stiftung-marktwirtschaft.de/inhalte/die-stiftung/team/ und http://www.insm.de/insm/ueber-die-insm/Kuratoren-und-Botschafter.html (beide Links: 22.08.2021)

[823] vgl. http://www.stiftung-marktwirtschaft.de/wirtschaft/stiftung/team/kuratorium.html (15.10.2015)

[824] vgl. https://www.stiftung-marktwirtschaft.de/inhalte/kronberger-kreis/unsere-mitglieder/prof-dr-dr-hc-lars-p-feld/ und https://www.sachverstaendigenrat-wirtschaft.de/ueber-uns/ratsmitglieder/ehemalige-ratsmitglieder.html (beide 22.08.2021)

[825] vgl. https://www.mindestlohn-kommission.de/DE/Kommission/Mitglieder/mitglieder_node.html (22.08.2021)

[826] vgl. Beise, Marc: Rente mit 68. Süddeutsche Zeitung, 12. Juni 2015, S. 27

[827] vgl. https://www.stiftung-marktwirtschaft.de/inhalte/kronberger-kreis/unsere-mitglieder/prof-dr-dr-hc-clemens-fuest/ (22.08.2021)

[828] vgl. https://www.stiftung-marktwirtschaft.de/inhalte/kronberger-kreis/unsere-mitglieder/prof-volker-wieland-phd/ (22.08.2021)

ordnen ist.[829] »Das [Frankfurter, U.E.] Institut will »Bedeutung und Funktionserfordernisse der Sozialen Marktwirtschaft für unsere freiheitliche Lebensordnung begreiflich machen, die ihr drohenden Gefahren aufzeigen und zu ihrer Akzeptanz, Sicherung und Weiterentwicklung beitragen.««[830]

Der Stiftung ist auch die Kommission Steuergesetzbuch untergeordnet, die seit Sommer 2004 an einer Reform der Unternehmens- und Einkommenssteuern sowie der Neuordnung der Kommunalfinanzen arbeitet: »Seit Juli 2004 haben über 70 Experten aus allen damals im Deutschen Bundestag vertretenen Parteien, aus Wissenschaft, Rechtsprechung, Verwaltung, Unternehmen und Beratung in der Kommission zusammengewirkt..«[831] Zu diesem Projekt gibt es eine Lenkungsgruppe[832] und einen politischen Beirat, dem Politiker Ingolf Deubel (SPD), Georg Fahrenschon (CSU), Friedrich Merz (CDU) und Herman Otto Solms (FDP) angehören.[833]

Zu den wesentlichen Elementen zählen dabei die Senkung der Steuersätze bei der Unternehmensbesteuerung (25%) sowie eine aus vier Säulen bestehende Reform der Kommunalfinanzen, eine vereinfachte Einkommenssteuer und die elektronische Steuererklärung.[834]

Das Mission Statement der Stiftung Marktwirtschaft lautet: »Wir arbeiten für eine Renaissance ordnungspolitischen Denkens in Deutschland und Europa - geleitet von der Überzeugung, dass der Markt für die Gesellschaft mehr Freiheit und Wohlstand hervorbringen kann als staatliches Handeln. Unabhängig von Parteien und unbeeinflusst von Interessengruppen entwickeln wir zukunftsweisende Lösungsvorschläge für gesellschaftliche Probleme.«[835]

Mit der Betonung des Marktes und dessen Überlegenheit über staatlich organisierten Lösungen positioniert sich die Stiftung Marktwirtschaft im Feld des Neoliberalismus,[836] wo auch schon die Vorgänger-Organisation, das Frankfurter Institut anzutreffen war.[837] Ob

---

[829] vgl. Gellner, Winand: Ideenagenturen für Politik und Öffentlichkeit, S. 197f

[830] ebd. S. 197

[831] https://web.archive.org/web/20160610171106/http://www.stiftung-marktwirtschaft.de/inhalte/steuergesetzbuch.html (22.08.2021)

[832] vgl. https://web.archive.org/web/20160803210440/http://www.stiftung-marktwirtschaft.de/wirtschaft/kommission-steuergesetzbuch/lenkungsgruppe/prof-dr-joachim-lang.html (22.08.2021)

[833] vgl. https://web.archive.org/web/20160907020426/http://www.stiftung-marktwirtschaft.de/inhalte/steuergesetzbuch/politischer-beirat/prof-dr-ingolf-deubel.html (22.08.2021)

[834] vgl. Speth, Rudolf: Die zweite Welle der Wirtschaftskampagnen, S. 52f

[835] https://www.stiftung-marktwirtschaft.de/inhalte/die-stiftung/vision/ (22.08.2021)

[836] vgl. Speth, Rudolf: Die zweite Welle der Wirtschaftskampagnen, S. 52

[837] vgl. Gellner, Winand: Ideenagenturen für Politik und Öffentlichkeit, S. 198

allerdings die postulierte Unabhängigkeit von Politik und Interessengruppen wörtlich zu nehmen ist, wäre angesichts der personellen Besetzung der Gremien zu hinterfragen.

Das Institut finanziert sich durch Spender und Mitglieder und verfügt über eine Eigenkapitaldecke von unter einer Mio. Euro.[838]

Die Arbeitsweise des Instituts wird von Rudolf Speth zwischen Lobbygruppe und Ideenagentur eingeordnet, wobei insbesondere die Kontakte zum Wirtschaftsflügel der CDU genutzt werden dürften. Die Stiftung selbst verzichtet weitgehend auf Öffentlichkeitsarbeit und sucht statt dessen die Nähe zur Politik.[839] Die Berichterstattung zur Kommission Steuergesetzbuch war umfangreicher und im Wesentlichen positiv geprägt.[840]

Weitere Ziele und Aktionen der Stiftung Marktwirtschaft

In einem Artikel für Zeitschrift für Politikberatung (ZPB) beschreibt Michael Eilfort die Stiftung Marktwirtschaft und nennt einige ihrer Schwerpunkte.[841] Neben der bereits genannten Kommission Steuergesetzbuch setzt sich die Stiftung Marktwirtschaft für einen flexiblen Arbeitsmarkt und ein kapitalgedecktes Sozialversicherungssystem bei Gesundheit, Rente und Pflege ein.[842] Zudem veranstaltet die Stiftung Marktwirtschaft den Hochschulideen-Wettbewerb »Generation-D« zusammen mit der Bayerischen Elite-Akademie, der Allianz SE, dem Verband der privaten Krankenversicherungen und der Süddeutschen Zeitung.[843] Dies führte auch zu einem Spezial in der Süddeutschen Zeitung.[844]

Darüber hinaus unterstützt die Stiftung Marktwirtschaft, wie auch die INSM, einen einheitlichen Mehrwertsteuersatz von 16%.[845]

Was die Stiftung mit der INSM verbindet

Die Verbindungen der Stiftung Marktwirtschaft mit der *Initiative Neue Soziale Marktwirtschaft* bestehen besonders auf der personellen Ebene. Zahlreiche Botschafter, Berater und Kuratoren der INSM

---

[838] vgl. Speth, Rudolf: Die zweite Welle der Wirtschaftskampagnen, S. 55

[839] vgl. ebd. S. 55 und 56

[840] vgl. ebd. S. 57

[841] vgl. Eilfort, Michael: »Die Stiftung Marktwirtschaft: Mehr Freiheit wagen« in: Zeitschrift für Politikberatung. S. 66 - 70

[842] vgl. ebd. S. 67

[843] vgl. https://web.archive.org/web/20150610140832/http://www.gemeinsamanpacken.de/profil/projektpartner.php (22.08.2021)

[844] vgl. http://www.sueddeutsche.de/thema/Generation_D / (15.10.2015)

[845] vgl. http://www.stiftung-marktwirtschaft.de/fileadmin/user_upload/Pressemitteilungen/2010/PM_16_-Mehrwertsteuer-auf-alles.pdf (22.08.2021)

waren auch an verschiedenen Stellen der Stiftung tätig. Das hat sich inzwischen mit dem generellen Rückgang der Zahl der Botschafter der INSM geändert, so daß inzwischen nach dem Tod von Juergen B. Donges nur noch Bernd Raffelhüschen als gemeinsames Mitglied von Stiftung Marktwirtschaft und INSM vorhanden ist. Auf der anderen Seite waren auch Publikationen der Stiftung auf der Seite der INSM zu finden.

In den Arbeitsweisen unterscheiden sich diese beiden Einrichtungen erheblich: Während sich die INSM in erster Linie an die Öffentlichkeit wendet und einen Beitrag zum Bewußtseinswandel zu leisten, zielt die Stiftung Marktwirtschaft direkt auf die Entscheider in der Politik ab. Allerdings zeichnen sich auch bei der Arbeitsweise inzwischen einige Gemeinsamkeiten ab, wie zum Beispiel bei der Kooperation mit der Süddeutschen Zeitung bei dem Wettbewerb »Generation-D«, die sich offenbar an den Medienkooperationen der *Initiative Neue Soziale Marktwirtschaft* orientiert.

Die Zielsetzungen beider Einrichtungen sind indes gleich: Beide Einrichtungen sehen sich dem neoliberalen Umbau der Gesellschaft verpflichtet, der unter anderem auch die Umstellung der solidarischen Sozialsysteme auf privat finanzierte, kapitalgedeckte Versicherungssysteme beinhaltet.

Bilanz und Ausblick

An dieser Stelle soll nun eine Bilanz gezogen und ein vorsichtiger Ausblick in die Zukunft gewagt werden in Bezug auf die in diesem Buch diskutierten und dokumentierten Themen.

Die INSM

In diesem Buch wurden zahlreiche Beispiele für Studien, Kampagnen und Methoden der INSM dargestellt und diskutiert, die sowohl die Strategie als auch die Inhalte und Ziele offengelegt haben. Wenngleich die INSM gerne den Anspruch erhebt, eine überparteiliche Einrichtung wahlweise unter Beteiligung der Bürger (bis ca. 2010), zumindest aber von Politik, Wirtschaft und Wissenschaft zu sein, sollte sich der Betrachter davon nicht in die Irre führen lassen. Die Ziele und Inhalte der INSM lassen sich nach der Betrachtung der Broschüren, Bücher, Studien und sonstigen Inhalte leicht zusammenfassen.

Die Ziele und Inhalte der INSM richten sich an den Interessen ihrer Auftraggeber, nämlich der Arbeitgeberverbände der Metall- und Elektroindustrie aus. Insbesondere setzt sich die INSM ein für unternehmerische Freiheit, für eine Marktgesellschaft mit möglichst wenigen staatlichen Eingriffen, insbesondere der Verzicht des Staates auf Eingriffe in das Marktgeschehen und Umverteilung der Verteilungsergebnisse des Marktes. Hierunter fällt auch die gesetzliche Regulierung der Arbeitsbeziehungen wie zum Beispiel die Einführung eines flächendeckenden gesetzlichen Mindestlohns, aber die Begrenzung von Zeitarbeit und Regulierung von Werkverträgen. Unternehmen sollen möglichst von Steuern und Abgaben entlastet werden, wobei soziale Risiken wie Krankheit und Alter privatisiert werden sollen. Der Initiative schwebt eine Gesellschaft mit Markt und Wettbewerb als zentrales Organisationsprinzip vor, das sich auf alle Bereiche einschließlich der Bildung erstreckt. Grundlage für die politischen und wirtschaftlichen Annahmen der INSM bildet der Neoliberalismus, dessen Grundsätze auch die Studien der Initiative leiten, die einen wissenschaftlichen Anspruch haben. Gleichwohl wählt die Initiative wissenschaftliche Erkenntnisse nach deren Nützlichkeit für die Verfolgung ihrer politischen Ziele aus.

Es geht der Initiative nicht um einen Diskurs über die Zukunft unserer Gesellschaft sondern um die Durchsetzung der Interessen ihrer Auftraggeber, nämlich der Arbeitgeberverbände der Metall- und Elektroindustrie. Der Auftrag zu Beginn der Initiative lautete, für ein Reformklima im Sinne des Arbeitgeberverbandes Gesamtmetall und für ein positives Bild des Unternehmertums zu sorgen. Dieser Auftrag prägt alle Handlungen der Initiative bis zum heutigen Tag.

Die INSM erhob besonders in ihrer Anfangsphase den Anspruch, eine Initiative aus Bürgern, Verbänden und Unternehmen zu sein, die sich für mehr Arbeitsplätze und Wettbewerb einsetze. Damit gab sich die durch eine Werbeagentur getragene Initiative den Anstrich einer Bürgerinitiative, die auf einer breiten Unterstützung in der Bevölkerung beruhe. Jedoch gibt es bis heute keine Basis, der die politischen Zielsetzungen und Aktionen der INSM mitbestimmen kann. Das liegt auch gar nicht in der Struktur der Initiative, die nach wie vor von einer Werbeagentur getragen, in Zusammenarbeit mit den Auftraggebern der Arbeitgeberverbände und mit Unterstützung des Instituts der deutschen Wirtschaft tätig ist.

Nach wie vor erfahren die Betrachter der Anzeigen und Plakate der INSM den Zusammenhang zwischen der Initiative und ihren Auftraggebern von Gesamtmetall nur auf der Homepage. Einzig am Ende der Broschüren wird auf den arbeitgeberabhängigen Zusammenhang der Initiative hingewiesen, der jedoch zugleich mit der Behauptung, die INSM sei ein »überparteiliches Bündnis aus Politik, Wirtschaft und Wissenschaft«,[846] relativiert wird. Gastbeiträge sind, wie Christian Nuernbergk in seiner Studie feststellte, nur selten entsprechend gekennzeichnet. Nur selten wird auf die Zusammenhänge hingewiesen. Das gibt der INSM nach wie vor die Möglichkeit, mit ihren Aktionen in der Öffentlichkeit den Eindruck zu erwecken, als ständen die Äußerungen und Feststellung auf einer breiten öffentlichen oder wissenschaftlichen Basis. Statt dessen handelt es sich um eine interessengebundene Ideenagentur, die auch mit ihren wissenschaftlichen oder pseudowissenschaftlichen Studien die Ziele ihrer Auftraggeber verfolgt. Zu diesen Zielen gehört ein Beitrag zur Bewußtseinssteuerung der Bevölkerung hinsichtlich der Steigerung von Akzeptanz für Reformen im Sinne der Arbeitgeberverbände sowie der Verbesserung des Bildes von Unternehmen und Unternehmer/innen in der Öffentlichkeit. Ausgestattet mit Millionen von Euro Jahr für Jahr hat die INSM dabei bessere Möglichkeiten, ihre Ideale zu vertreten, als konkurrierende Einrichtungen, die politisch gegensätzliche Ideen vertreten.

Als die Gewerkschaften im Vorfeld der Bundestagswahl 1998 ihre ca. acht Millionen - damals noch D-Mark! - schwere Kampagne »Deine Stimme für Arbeit und soziale Gerechtigkeit« als einmalige Kampagne führen, war die Medienberichterstattung betont kritisch

---

[846] so zum Beispiel am Ende der Broschüre zur Zeitarbeit. https://web.archive.org/web/20170321222106/http://www.insm.de/insm/dms/insm/text/kampagne/werkvertraege/Argueliner-10-Fakten-zur-Zeitarbeit.pdf (22.08.2021)

und setzte sich die gesamte Laufzeit der Kampagne über mit dieser auseinander. Auch die politische Werbekampagne der INSM wurde eine Zeitlang kritisch begleitet, was jedoch in den letzten Jahren eindeutig nicht mehr Fall war. Es wird nur noch vereinzelt kritisch berichtet, obwohl im Vergleich zur Gewerkschaftskampagne ein Vielfaches an finanziellen Mitteln eingesetzt wurde.

Unbestreitbar steuern die Arbeitgeberverbände der Metall- und Elektroindustrie die Kampagne. Sie bestimmen über das Finanzvolumen der INSM und erneuern den Auftrag alle fünf Jahre. Nicht nur schreiben die Arbeitgeberverbände den Auftrag für die Initiative unter den Werbeagenturen aus, mit eigenen Botschaftern und dem durch Arbeitgeberverbände finanzierten Institut der deutschen Wirtschaft sind sie auch an der Gestaltung der Inhalte und politischen Ziele aktiv beteiligt. Die Verbindung zwischen INSM und Gesamtmetall wird zwar nicht aktiv vertuscht, aber auch nicht in dem Maße offengelegt, wie es notwendig wäre, um den Empfängern der Botschaften eine politische Einordnung zu ermöglichen.

Kampagnen von oben

Allen in diesem Buch diskutierten Einrichtungen ist gemeinsam, daß es sich nicht um Initiativen, Bewegungen und Kampagnen »von unten«, also von engagierten Bürger/innen, handelt, sondern daß es Kampagnen sind, die von wirtschaftlichen und/oder politischen Eliten gegründet wurden. Zugleich versuchen einige der hier beschriebenen Initiativen und Konvente den Eindruck zu erwecken, als seien sie Sprachrohre der Bürger/innen. Der *BürgerKonvent* trug diesen Anspruch gar im Namen.

Auch die INSM behauptete in den ersten Jahren ihrer Kampagne, sie sei eine »überparteiliche Reformbewegung von Bürgern, Unternehmen und Verbänden für mehr Wettbewerb und Arbeitsplätze in Deutschland«. Auch hier sollte der Eindruck entstehen, daß nicht etwa eine Interessengruppe den Bürgern ihre Botschaft überbringt, sondern daß die Initiative sozusagen aus der Mitte der Gesellschaft entstanden sei. Statt dessen handelt es sich um eine interessengebundene Ideenagentur der Arbeitgeberverbände der Metall- und Elektroindustrie.

Während INSM und BürgerKonvent versuchten – erstere zumindest Anfangs –, sich als eine Art »Graswurzelbewegung« darzustellen, hatten der *Konvent für Deutschland* und die Kampagne *Du bist Deutschland* andere Ziele. Die Stiftung Marktwirtschaft paßt in die hier genannten Muster insoweit nicht hinein, als sie sich nur begrenzt an die Öffentlichkeit wendet und sich statt dessen als Beratungsgremium der Politik versteht.

Jedoch verbindet alle Einrichtungen das Ziel, für neoliberale Politik zu werben und deren Akzeptanz in der Gesellschaft zu erhöhen. Bei allen Kampagnen, Initiativen und Einrichtungen sind die Bürger/innen Objekt und nicht etwa Subjekt des Handels. Zwar wurden, wie gezeigt, begrenzte Unterstützungsmöglichkeiten eröffnet, aber keine der Initiativen und Konvente ließ es zu, daß die Bürger/innen Einfluß auf die grundsätzliche politische Ausrichtung Einfluß nehmen. Über den zeitweilig bestehenden Förderverein konnten Bürger/innen die INSM finanziell unterstützen. In örtlichen Konventen sollten die Bürger/innen an den Zielen des *BürgerKonvents* mitwirken, ohne diese jedoch in Frage stellen zu können. Letzteres Konzept war offenbar so erfolglos, daß sich der *BürgerKonvent* mittlerweile nach einer kurzen Episode, in der rechtskonservative Akteure sich des *BürgerKonvents* bemächtigen wollten, aufgelöst hat.

Auch die Kampagne *Du bist Deutschland* richtete sich von oben, in diesem Fall von den Medien und Werbetreibenden, an die Bevölkerung. Wie sehr dies von oben herab geschah, zeigte auch die Einlassung Jean-Remy von Matts, der forderte, für die Kampagne doch zumindest dankbar zu sein, auch wenn man mit ihr nichts anfangen könne.

Entstanden sind all diese Kampagnen (mit Ausnahme der Stiftung Marktwirtschaft) aus der Sorge der Wirtschaftseliten, daß die Bevölkerung mit ihrem Votum für eine rot-grüne Bundesregierung auch für einen Politikwechsel gestimmt haben könnte, der stärker die Interessen der einfachen Menschen in den Blick nimmt. Insbesondere die Arbeitgeber- und Wirtschaftsverbände sorgten sich, daß sie künftig weniger Gewinne machen, daß es zu Steuererhöhungen für Vermögen und eine Stärkung der Arbeitnehmerrechte kommen könnte. Am Ende der Regierungszeit Gerhard Schröders zeigte sich, daß diese Ängste unbegründet waren. Inwieweit die Kampagnen und der Druck weiterer Lobbyisten den neoliberalen Kurs Schröders und seiner rot-grünen Regierung beeinflußt hatten, wäre eine weitere interessante politikwissenschaftliche Forschungsfrage. Ersichtlich war jedoch, daß Gerhard Schröder schon vor seiner Zeit als Bundeskanzler in der SPD als »Modernisierer« und als wirtschaftsnaher Sozialdemokrat galt.

Dennoch steht im Jahr 2021 eine Bundestagswahl bevor, die nun tatsächlich einen Politikwechsel herbeiführen und viele hergebrachte Industrien und Unternehmen um ihre Zukunft fürchten lassen könnte. Wenn eine künftige Regierung mit einer Politik zur Bekämpfung des Klimawandels ernst macht, dürfte es gerade in der Industrie zu vielen Veränderungen kommen, die zumindest vorübergehend einen Gewinneinbruch oder gar ein Verschwinden einzelner Firmen bedeuten könnte. Hiergegen könnte sich ein vergleichbarer Widerstand bilden wie nach der Wahl einer rot-grünen Regierung im Jahr 1998 – und dieser könnte vielleicht sogar noch stärker ausfallen, weil es nicht nur gefühlt sondern tatsächlich um mehr ginge. Somit könnte auch nach der Bundestagswahl 2021 mit erneuten Kampagnen von oben zu rechnen sein. In Anbetracht der Moses-Anzeige gegen Annalena Baerbock und die Grünen läßt sich sagen, daß die INSM in dieser Richtung den Ton wieder verschärft hat.

Was die Kampagnen verbindet

Die wesentliche Gemeinsamkeit der hier besprochenen Kampagnen einschließlich der INSM ist deren Orientierung an neoliberaler Programmatik und der Wunsch, diese in der deutschen Gesellschaft mehrheitsfähig zu machen. INSM, *Konvent für Deutschland* und die Stiftung Marktwirtschaft setzen sich für die Umsetzung der Vorgaben neoliberaler Denkweisen und Politikansätze ein. Weil nicht selten aktive und ehemalige Politiker und Funktionäre der Arbeitgeberverbände den Ton angeben, haben sie leichten Zugang zu den Entscheidern in Regierung und Parlament.

Die Ziele dieser Initiativen, Institute und Konvente sind Entstaatlichung, Privatisierung sozialer Risiken sowie in den der Politik verbleibenden Bereichen eine ansonsten unternehmerfreundliche Politik zu erreichen. Sowohl der *Konvent für Deutschland* als auch die INSM fordern einen Vorrang für privatwirtschaftliche vor staatlichen Lösungen. Die Sozialversicherungen sollen nach der Auffassung beider Einrichtungen privatisiert werden. Dabei haben die handelnden Akteure unterschiedliche Motive: Die arbeitgeberabhängige INSM möchte vor allem dafür sorgen, daß die Arbeitgeber von ihren Anteilen an der sozialen Sicherung befreit werden. Ähnliche Motive dürften auch den *Konvent für Deutschland* geleitet haben, für den allerdings dieses Thema eher ein Nebenschauplatz ist. Er möchte lediglich die Bedingungen zur Durchsetzung solcher »Reformen« erleichtern. Besonders Umtriebig ist in dieser Frage der INSM-Berater Bernd Raffelhüschen, der selbst im Aufsichtsrat der ERGO-Versicherungsgruppe sitzt und über Jahre die Victoria-Versicherung beraten hat. Seine Motivation, ständig das Ende der staatlichen Umlagesysteme zu beschwören dürfte auf der Hand liegen.

Wie Hedtke und Möller in ihrer Studie festgestellt haben, überwiegt die neoliberale Lehre in der Ökonomie mittlerweile auch in der politischen Bildung.[847] Derartige Monokulturen schaden letztlich auch der Demokratie, insbesondere wenn sich die Mehrheit der program-

---

[847] vgl. Hedtke, Reinhold und Lucca Möller: Wem gehört die ökonomische Bildung?

matisch bestimmenden Parteien diesen Paradigmen unterwirft.
Letzteres ist jedoch das erklärte Ziel von INSM und *Konvent für Deutschland*. Es geht um die Werbung für politische Konzeptionen und die entsprechende Mehrheitsgewinnung in der Bevölkerung, um den notwendigen Druck auf die Politik auszuüben, diese Konzepte letztlich auch um- und durchzusetzen. Besonders problematisch wird dies, wenn sich Journalisten im Rahmen dieser Strategie zu Komplizen machen lassen, indem sie unkritisch berichten, erzeugte Kommunikation nicht hinterfragen oder gar sich als gemeinsamer Auftraggeber mit den Ideenagenturen für deren interessengeleiteten Studien verwenden lassen. Die Leser/innen können sich über die Berichterstattung keine kritische Meinung bilden, wenn ihnen entscheidende Informationen wie zum Beispiel die Hintergründe von INSM und *Konvent für Deutschland* vorenthalten werden.

Die Verschwörungstheorien

Schnell sehen sich Menschen, die sich mit Lobbyismus und den entsprechenden Netzwerken befassen, dem Vorwurf ausgesetzt, sie hingen Verschwörungstheorien nach. Unterstellt wird, daß jene, die die entsprechenden Netzwerke benennen oder sie aufdecken wollen, der Idee nachhingen, es gebe eine große Weltverschwörung des großen Kapitals. Mit solchen Behauptungen sollen die Kritiker in die Defensive gebracht und unglaubwürdig gemacht werden.
Der Frage nachzugehen, wie Interessenvertretung funktioniert, hat jedoch – seriös betrieben – nichts mit Verschwörungstheorien zu tun. Wer seine Interessen vertritt, wer Lobbyismus im Parlament und gegenüber der Regierung vertritt, hat in der Regel das Interesse, daß bei diesen Bemühungen kein großes Publikum zuschaut. Lobbyismus findet in der Regel verdeckt statt, weswegen in Deutschland auch schon seit Jahren über mehr Transparenz diskutiert und der gesetzgeberische Fußabdruck gefordert wird. Unter dem gesetzgeberischen Fußabdruck wird verstanden, daß im Rahmen des Gesetzgebungsverfahrens offengelegt wird, welche Lobbyeinflüsse es gegeben und welche Interessengruppen auf das Gesetz eingewirkt haben. Ziel einer solchen Regelung ist mehr Transparenz und die Möglichkeit für die Wähler/innen, zu erkennen, wer sich im Rahmen des Gesetzgebungsverfahrens möglicherweise durchgesetzt hat.
Gefordert werden auch erweiterte Veröffentlichungspflichten für Abgeordnete sowie eine Offenlegung von Lobbykontakten, die von einzelnen Abgeordneten bereits jetzt und freiwillig getätigt werden. Interessenvertretung ist in einer Demokratie ein legitimes Anliegen das erst dann problematisch wird, wenn diese verdeckt stattfindet und der politische Einfluß der Interessenvertreter von deren finanzi-

ellen Möglichkeiten abhängt.

Daß Lobbyismus auch verdeckt stattfindet und die Beteiligten kein Interesse an Transparenz haben, hat sich in der Vergangenheit immer wieder gezeigt und widerlegt all jene, die in dieser Feststellung lediglich eine Verschwörungstheorie sehen wollen.

Ebenfalls nicht in den Bereich der Verschwörungstheorien gehört die Feststellung, daß die Vertreter einer neoliberalen Politik in Netzwerken zusammenarbeiten, die sich teilweise auch personell überschneiden. Hier liegt keine große geheime Verschwörung vor, sondern es tun sich einfach Leute zusammen, die die gleichen oder eben auch sehr ähnlichen Ziele haben, um diese effektiver zu verfolgen. Dabei verwundert es nicht, daß bestimme Namen immer wieder auftauchen wie jener Bernd Raffelhüschens oder Oswald Metzgers. Wie gezeigt wurde, hat die Stiftung Marktwirtschaft Studien für die INSM erstellt ebenso wie das von den Arbeitgeberverbänden finanzierte Institut der deutschen Wirtschaft Köln. Wer bestimmte Interessen verfolgt, der sucht sich gleichgesinnte Einrichtungen, wenn es um die Erstellung wissenschaftlicher Studien geht.

Daß diese Netzwerke durchaus auch strategisch angelegt werden, sollte dabei ebenfalls nicht überraschen. Die Mont Pèlerin Society (MPS) ist ein in den USA eingetragener, unter der Führung von August von Hayek gegründeter Verein, »der zum bedeutendsten neoliberalen Elitenetzwerk der Welt mit gegenwärtig an die 1 000 Mitgliedern aus allen Kontinenten und etwa 100 vernetzten Denkfabriken«[848] wurde. Dies zeigt auch die große Bedeutung nicht nur nationaler sondern auch internationaler Zusammenarbeit.

Weil es jedoch naturgemäß so ist, daß solche Netzwerke vor allem von jenen organisiert werden können, die auch wirtschaftlich in der Lage sind, gehört es ebenfalls zur allgemein anerkannten Erkenntnis, daß sich wirtschaftlich starke oder mächtige Interessen im politischen Raum leichter durchsetzen können als jene von Interessengruppen, die über nur wenige finanzielle Mittel verfügen oder aber so heterogen sind, daß ihre Bündelung schwerfällt. Auch bei internationalen Verhandlungen zeigt sich immer wieder, daß organisierte Interessen stärker und nachdrücklicher vertreten werden als solche zivilgesellschaftlicher Nicht-Regierungs-Organisationen (NGOs). Hierin liegt eine Unwucht in der Demokratie und der demokratischen Vertretung aller Interessen in einem Staat, die vor allem durch mehr Transparenz behoben werden kann.

Wer solche Anliegen als auf Verschwörungstheorien gründend verunglimpft, dürfte in der Regel selbst kein Interesse an Transparenz

---

[848] Ptak, Ralf: Grundlagen des Neoliberalemus, S. 21

haben.

Um dies noch einmal zu betonen: Interessenvertretung ist ein legitimes Anliegen in einer Demokratie. Verdeckter Lobbyismus, Korruption und Einflußnahme durch Ausübung wirtschaftlicher Macht (wie zum Beispiel Parteispenden, Vermittlung lukrativer Jobs) sind es nicht.

Mangelnde Distanz der Medien

Die mangelnde Distanz der Medien zu Initiativen wie der INSM war und ist in diesem Buch an verschiedenen Stellen Thema. Es wird auch eine Rolle spielen, wenn es gleich um den *Konvent für Deutschland* und auch um die Kampagne *Du bist Deutschland* gehen wird.

Zu denken ist da zunächst an die Kooperation der durch die Arbeitgeberverbände der Metall- und Elektroindustrie finanzierten Initiative Neue Soziale Marktwirtschaft mit der WirtschaftsWoche im Rahmen des sogenannten »Merkelmeters« und dem »Deutschland-Check«, auf die bereits weiter oben eingegangen wurde. Nicht nur der Internetauftritt dieser Dauerstudien ist auch mit dem Logo der WirtschaftsWoche verziert. Im Rahmen solcher Kooperationen erhalten die Medienpartner in der Regel den ersten, exklusiven Zugang zu den Ergebnissen solcher Studien und Rankings. Allein das schon macht sie befangen und verhindert, daß die Ergebnisse und Methoden kritisch hinterfragt werden.

Auch bei der Berichterstattung über den sogenannten »Bildungsmonitor« geben sich die Medien hinsichtlich der Ergebnisse und Methoden bei der Erstellung dieser Rankings auffällig unkritisch. Dies stellt auch Tobias Kaphegyi in seiner Studie für die GEW fest.[849] Zwar besteht beim »Bildungsmonitor« zur Zeit keine Kooperation mit anderen Medien, aber letztlich haben offenbar auch andere Kooperationen dazu geführt, daß die INSM als Lieferant scheinbar seriöser Studien einfach so akzeptiert wird. Das kritische Nachfragen und die Überprüfung, was eigentlich hinter der Studie steckt, unterbleiben. In der Öffentlichkeit nehmen nicht nur die Medien sondern auch die Ministerien die Ergebnisse der Studie unkritisch entgegen.

Ein weiterer Tiefpunkt unkritischer Kooperation von Medienvertretern mit einer interessengebundenen Ideenagentur ist das Buch »Mut zum Handeln«, das von Mitgliedern des Konventkreises des Konvents für Deutschland herausgegeben wurde. In diesem Buch äußern sich die Mitglieder des Konvents und des Trägervereins zu politischen Fragen. Dies tun sie in Form von »Interviews« mit Vertretern

---

[849] vgl. Kaphegyi, Tobias: Black Box Bildungsmonitor, S. 9ff

von journalistischen Fernseh- und Printmedien. Dabei tun sich die beteiligten Journalisten von Stefan Aust (SPIEGEL) über Ulrich Deppendorf (ARD), Roland Tichy (WirtschaftsWoche) bis Uwe Vorkötter (Frankfurter Rundschau) in unterschiedlichen Abstufungen als Stichwortgeber hervor. Sie treten nicht nur als private Personen auf, sondern werden in den Beiträgen auch mit ihren Funktionen in den jeweiligen Medien genannt, was die Glaubwürdigkeit der Botschaften des Buches wohl unterstreichen soll.

Genau um diesen Punkt geht es letztlich bei der Einbindung von Medien durch interessengebundene Ideenagenturen und Lobbyisten: Durch die Anwesenheit von Journalisten sollen den Botschaften, die über diese vermittelt werden, Glaubwürdigkeit und Überparteilichkeit verliehen werden. Statt aufzuklären werben Medien für Ideen. Das ist nicht ihre Aufgabe und führt dazu, daß sie sich für Interessen einspannen und korrumpieren lassen. Die notwendige distanziert-kritische Berichterstattung fällt aus, wenn sich die Medien mit Interessen zusammentun.

Aufgabe kritischer Medien wäre, Hintergründe zu recherchieren und Interessen offenzulegen, statt sie zu unterstützen. Diese Anforderungen mögen bei Wirtschaftszeitungen vielleicht etwas niedriger anzusetzen sein, jedoch wäre eine solche Haltung in der Regel zu erwarten und entspricht auch dem eigenen Anspruch und Selbstverständnis vieler Medien. Statt also den Mächtigen mit Stichworten zu ihrer Selbstdarstellung zu verhelfen, sollten die Medien mit gründlicher Recherche deren Interessen offenlegen und in der Öffentlichkeit kritisch auch über Alternativen diskutieren. Nur so entsteht eine pluralistische Demokratie, in der sich die Bürger/innen zwischen den unterschiedlichen Alternativen entscheiden können, über die kritisch und hintergründig berichtet wird.

Das findet in der letzten Zeit jedoch immer weniger statt. Einer der augenfälligsten Tiefpunkte medialer Gleichschaltung war die Motivationskampagne »Du bist Deutschland«, in deren Rahmen sich praktisch alle großen Medienhäuser mit der neoliberalen Botschaft dieser Kampagne gleichschalten ließen. Dies ist ein ernstes Problem für die Demokratie, die auf eine kritische Medienberichterstattung angewiesen ist.

Ein jüngeres Beispiel für die Kooperation eines Mediums mit der INSM ist der Essaywettbewerb von INSM und Zeitverlag. Auch hier arbeitet eine große Zeitung mit der INSM zusammen und beraubt sich damit der Möglichkeit, über die Ergebnisse des Wettbewerbs hintergründig und kritisch zu berichten, weil sie selbst daran beteiligt ist. Ob die Auswahl des gewinnenden Beitrags von den Interessen der INSM geleitet wird - was nahe liegt, denn solche Veranstaltungen sind für die INSM nun einmal ein Vehikel, um ihre Botschaften in die Öffentlichkeit zu transportieren -, dürfte in den Berichten der ZEIT wohl eher nicht erwähnt werden. Dies ist der Preis, den die Medien für die Kooperation bezahlen, und dieser Preis ist um so ärgerlicher für die Leser, denn sie können diese Hintergründe nicht durchschauen, weil sie in der Regel nicht transparent gemacht werden.

Es wäre eine neue Kultur der Recherche angebracht, wie auch das Netzwerk Recherche – ein Zusammenschluß kritischer Journalisten, die sich für mehr Qualität in der Recherche bei den Medien einsetzen – sie fordert. Auch die Kooperation von NDR, WDR und Süddeutscher Zeitung fördert immer politische Skandale zutage, deren Offenlegung und Aufklärung wichtig für die Demokratie sind. Zu nennen wären hier zum Beispiel die »Panama-Papers« oder die »Paradise Papers«, bei denen es jeweils um sogenannte »Steuer-Oasen« ging und um jene, die Vermögenden geholfen haben, ihre Vermögen dort hinzubringen. Nur wenn die Öffentlichkeit durch die Medien kritisch aufgeklärt wird, ist Demokratie möglich. Dazu ist es zwingend notwendig, daß sich die Medien nicht länger auf Kuppelgeschäfte mit Interessengruppen einlassen.

Was bleibt zu tun?

Notwendig ist eine Rückbesinnung von Politik und Journalismus auf ihre eigentlichen Aufgaben. Politik sollte sich nicht länger an den Maßstäben orientieren, die ihr von der Wirtschaft vorgegeben werden. Zu lange haben sich Politiker von der Wirtschaft deren Konzepte von Effizienz aufdrücken lassen und darauf verzichtet, das Primat der Politik gegen die Wirtschaft durchzusetzen. Wie sich Kanzlerin Angela Merkel und Wirtschaftsminister Karl-Theodor zu Guttenberg in das Rahmenprogramm einer Veranstaltung der *Initiative Neue Soziale Marktwirtschaft* einbinden ließen, zeigt, wie sehr sich die Politik solchen Interessengruppen und ihren Einflüsterungen zugänglichen gemacht hat.[850]

Organisationen wie LobbyControl und Transparency International weisen immer wieder auf die zunehmend enge Verzahnung von Wirtschaft und Politik hin. Zu diesem Thema gehören auch die Wechsel von Politikern in die Wirtschaft, und zwar insbesondere in jene Teile der Wirtschaft, für die sie zuvor an verantwortlicher politischer Stelle zuständig waren.

Skandale wie die Masken-Skandale, also die Vermittlung von Mas-

---

[850] vgl. http://www.insm.de/insm/Presse/Pressemeldungen/INSM-diskutiert-ueber-die-Lehren-aus-der-Krise.html (15.10.2015)

ken im Rahmen der Corona-Krise gegen Zahlung hoher Provisionen oder auch die Lobbytätigkeit des CDU-Abgeordneten Amthor für eine amerikanische Firma zeigen die teils enge Verzahnung von Politik und Wirtschaft. Hier ist dringend mehr Abstand geboten. Aber auch die Einbindung von Politikern in Initiativen wie der INSM oder dem *Konvent für Deutschland* zeugen von einer außerordentlichen Nähe zwischen Politik und Wirtschaft. Über diese Problematiken müssen und sollten Journalisten weiterhin kritisch berichten.

Doch auch der Journalismus muß kritisiert werden. Wenn Journalisten sich zu Stichwortgebern in den Publikationen interessengebundener Einrichtungen wie INSM und *Konvent für Deutschland* machen, wie es in »Mut zum Handeln« in besonders erschreckender Weise der Fall war, verlieren Sie ihre Glaubwürdigkeit. Der Journalismus darf sich nicht mit Wirtschaftsvertretern zusammentun, weil er sonst seine kritische Distanz verliert und es zu Abhängigkeiten kommt. Somit ist die kritische Auseinandersetzung nicht nur mit der Politik sondern auch mit dem Journalismus erforderlich. Kooperationen zwischen Journalisten und Interessenverbänden sind gleichermaßen inakzeptabel wie jene zwischen (aktiven) Politikern und Interessenverbänden. Wenn Sigmar Gabriel als amtierender Wirtschaftsminister das neueste Buch der *Initiative Neue Soziale Marktwirtschaft* vorstellt, verschafft er der INSM nicht nur einen grandiosen Werbeeffekt. Er signalisiert auch eine entsprechende Nähe zur Wirtschaft, die mit seinem Amtseid, dem ganzen deutschen Volke zu dienen, nicht zu vereinbaren ist.

Daraus folgt kein Kontaktverbot von Politik mit gesellschaftlichen Gruppen. Wohl aber sollte der Kontakt gleichermaßen distanziert bleiben, um sich nicht von wirtschaftlich mächtigen Gruppen vereinnahmen zu lassen. Diese Distanz lassen viele Politiker vermissen.

Eine solche Distanz ist auch nach dem Ausscheiden aus dem politischen Amt erforderlich, denn der Wert von Politikern für Wirtschaftsverbände und Lobbyisten als Berater liegt gerade in den Kontakten, die sie auch nach dem Ausscheiden aus dem Bundestag oder dem Ministerium zu den ehemaligen Kollegen haben. Hier wären strengere Regelungen zu sogenannten »Abkühlzeiten« notwendig, daß die Kontakte weniger intensiv und damit auch weniger interessant für Wirtschaftsverbände und Lobbygruppen werden. Aus der hier vertretenen Sicht wäre eine Sperre für einen Wechsel in die Wirtschaft oder den Abschluß von Beraterverträgen von einer Wahlperiode nach dem Ausscheiden aus dem Bundestag sinnvoll, also vier Jahre, weil dann die Besetzung des Bundestags zu Beginn der Tätigkeit des ausgeschiedenen Abgeordneten bereits zweimal gewechselt hätte und seine Beziehungen in den neuen Bundestag entsprechend schlechter geworden wären.

Ein positives Beispiel war der Dortmunder Abgeordnete Marco Bülow, der auf seiner Homepage nicht nur alle seine Einkünfte und Vergünstigungen, sondern auch alle Lobbytermine offenlegte.[851] Sein Anspruch, sich nicht von Lobbyisten und Interessenvertretern vereinnahmen zu lassen, sollte beispielgebend für alle Abgeordneten in allen Parlamenten sein.

Die kritische öffentliche Aufmerksam hinsichtlich der INSM, aber auch aller anderen vergleichbaren Einrichtungen hat in den letzten Jahren deutlich nachgelassen. Aktionen der INSM wie die jährliche Aktualisierung des »Bildungsmonitors« und auch die Veröffentlichung des Buches »Das Deutschland-Prinzip« werden öffentlich wahrgenommen aber nur noch selten kritisch diskutiert. Das hat viele Ursachen. Neben der allgemein Abstumpfung und des weniger aggressiven Auftretens der Initiative führt auch die allgemeine Akzeptanz mit den Zielen der INSM in vielen Medien und der Politik zu weniger Wachsamkeit. Unter dem Schutz der allgemeinen Schläfrigkeit fällt es der INSM wieder leichter, ihre Ziele und Inhalte in die Öffentlichkeit zu transportieren, und mit Studien zu unterlegen, die mit ihrem wissenschaftlichen Anspruch Eindruck schinden sollen.

Hier wäre es Aufgabe einer kritischen Öffentlichkeit - allen voran der Medien - die Methoden und Kategorien der Studien zu hinterfragen und den interessengebundenen Hintergrund offenzulegen. Notwendig wäre überdies eine breite Diskussion über die Ziele von Politik und Wirtschaft insgesamt, verbundenen mit der Frage, in welcher Gesellschaft wir eigentlich leben wollen. Zentraler Punkt sollte auch die Ökonomisierung aller Lebensbereiche sein sowie die Frage, ob persönliche Daten künftig zu monetärem Kapital von Unternehmen werden sollten.

Hier fehlt tatsächlich der politische Mut, den neoliberalen Meinungsmachern zu widersprechen und ihrer ökonomischen Sichtweise der Gesellschaft eine echte Alternative gegenüber und letztlich auch zur Wahl zu stellen. Dies ist die Aufgabe der Politik, aber auch der Wissenschaft, die mehr sein muß, als der Handlanger und Zuarbeiter der Wirtschaft. Insbesondere die Gesellschaftswissenschaften sollten aus ihrem Selbstverständnis heraus mehr wollen als nur die bestehenden Umstände zu beschreiben. Sie können und müssen Quelle

---

[851] vgl. https://web.archive.org/web/20150709063558/http://www.marco-buelow.de/mdb/transparenter-mdb.html (22.08.2021) Bülow trat aus Protest aus der SPD aus und war seit dem als fraktionsloser Abgeordneter für Lobbyisten nicht mehr so interessant, weshalb aktuell keine Kontakte mehr veröffentlicht wurden.

sein für neue Entwürfe für Gesellschaft und Politik.

Geht es weiter?

Die *Initiative Neue Soziale Marktwirtschaft* wurde von den Arbeitgeberverbänden der Metall- und Elektroindustrie am Ende des Jahres 2014 erneut verlängert. Wie eingangs bereits beschrieben tauchen inzwischen Kampagnenelemente der INSM in den Rechenschaftsberichten von Gesamtmetall auf. Dies läßt auf eine große Zufriedenheit bei den Auftraggebern der INSM schließen. Ausgehend davon und anläßlich der Beobachtung, daß die Aktivitäten der INSM in der letzten Zeit wieder zugenommen haben, steht nicht zu erwarten, daß die Initiative in absehbarer Zeit von der Bildfläche verschwinden wird.

Statt dessen hat sich die Initiative konsolidiert und ihre anfangs weit gestreuten Aktivitäten konzentriert. Die Zahl der Rankings wurde reduziert. In den Augen der INSM offensichtlich wertlose Rankings wie das Bundesländerranking,[852] das zuletzt 2012 aktualisiert wurde, wurden aufgegeben. Hingegen setzt die INSM weiterhin auf Studien mit wissenschaftlichem Anspruch, Anzeigenkampagnen und Präsenz in sozialen Netzwerken wie Facebook oder Twitter.

Auch die verstärkten Aktivitäten der INSM im Bundestagswahlkampf 2021 zeigen, daß die Arbeitgeberverbände der Metall- und Elektroindustrie in der Initiative auch weiterhin ein wichtiges Instrument sehen, um Politik und Öffentlichkeit in ihrem Sinne zu beeinflussen. Sie gewähren der Initiative eine stabile Finanzierung, welche vergleichbare Initiativen und Vereine wie der *Konvent für Deutschland* oder der *BürgerKonvent* sich offensichtlich nicht langfristig sichern konnten, denn diese sind im Gegensatz zur INSM inzwischen von der Bildfläche verschwunden.

War die INSM ursprünglich für fünf Jahre mit der Option auf weitere fünf Jahre konzipiert, wurde sie zu einer festen Einrichtung in der Welt der Interessenvertretung, die nach wie vor umstritten ist, deren Finanziers aber auf absehbare Zeit nicht beabsichtigen, sie aufzugeben. Somit steht zu erwarten (und zu befürchten), daß die Initiative im Jahr 2025 auch noch ihren 25. Geburtstag feiern wird.

---

[852] vgl. https://bundeslaenderranking.de/ (22.08.2021)

Literatur- und Quellenverzeichnis

Monographien und Sammelbände

Berger, Jens: Streßtest Deutschland. Wie gut sind wir wirklich? Frankfurt am Main. 2012

Berger, Jens: Wem gehört Deutschland? Die wahren Machthaber und das Märchen vom Volksvermögen. Frankfurt am Main. 6. Auflage 2014.

Beucker, Pascal und Anja Krüger: Verlogene Politik. Macht um jeden Preis. München. 2010

Braml, Josef: Think Tanks versus »Denkfabriken«? U.S. and German Policy Research Institutes' Coping with and Influencing Their Environments. Baden-Baden. 2004.

Butterwegge, Christoph: Armut in einem reichen Land. Wie das Problem verharmlost und verdrängt wird. 3. aktualisierte Auflage 2012. Bundeszentrale für politische Bildung. Bonn 2012.

Clement, Wolfgang (Hrsg.): Das Deutschland-Prinzip. Was uns stark macht. ECON Verlag. 2015.

Cords, Lars-Christian, Olaf Hoffmann und Kathrin Schüttler: »Du bist Deutschland«. Vorbild für Regierungskommunikation? in: Köhler, Miriam Melanie und Christian H. Schuster (Hrsg.): Handbuch Regierungs-PR. Öffentlichkeitsarbeit von Bundesregierung und deren Beratern. Wiesbaden. 2006. Seite 287 - 300.

Ehrich, Udo: Die INSM zwischen interessengebundener Ideenagentur und Lobbygruppe. 3. Auflage. Norderstedt 2019

Gammelin, Cerstin und Götz Hamann: Die Strippenzieher. Manager, Minister, Medien – wie Deutschland regiert wird. Berlin 2005.

Gellner, Winand: Ideenagenturen für Politik und Öffentlichkeit. Think Tanks in den USA und Deutschland. Opladen. 1995. Studien zur Sozialwissenschaft Bd. 157.

Gellner, Winand: Politikberatung durch nichtstaatliche Akteure – Typen, Funktionen Strategien in: Murswieck, Axel (Hrsg.): Regieren und Politikberatung, Opladen. 1994. S. 175 - 192.

Henkel, Hans-Olaf: Der Kampf um die Mitte. Mein Bekenntnis zum Bürgertum. München. 2007.

Henkel, Hans-Olaf: Die Ethik des Erfolgs. Spielregeln für die globalisierte Gesellschaft. München. 6. Auflage 2003.

Henkel, Hans-Olaf: Rettet unser Geld! Deutschland wird ausverkauft - Wie der Euro-Betrug unseren Wohlstand gefährdet. München 2010

Herzog, Roman, Wolfgang Clement, Klaus von Dohnanyi, Jane Uhlig, Hans-Olaf Henkel und Manfred Pohl (Hrsg.): Mut zum Handeln. Wie Deutschland wieder reformfähig wird. Frankfurt am Main. 2008.

Holly, Werner: Gemeinschaft ohne Solidarität: Zur paradoxen Grundstruktur der »Du bist Deutschland«-Kampagne. In: Habscheid, Stephan und Clemens Knobloch (Hrsg.): Einigkeitsdiskurse. Wiesbaden. 2009. S. 154 - 176.

Initiative Neue Soziale Marktwirtschaft - INSM GmbH (Hrsg.): Die Wohlstandsfrage. 6 Visionen für nachhaltiges Wachstum. Berlin. 2012.

Kamella, Felix: Lobbyismus an Schulen. Ein Diskussionspapier über Einflussnahme auf den Unterricht und was man dagegen tun kann. LobbyControl. Köln 2013, dritte, korrigierte und erweiterte Fassung.

Leif, Thomas/Rudolf Speth (Hrsg.): Die fünfte Gewalt. Lobbyismus in Deutschland. Bonn: Bundeszentrale für politische Bildung. 2006

Leif, Thomas/Rudolf Speth (Hrsg.): Die stille Macht. Lobbyismus in Deutschland. Wiesbaden. 2003.

Leif, Thomas/Rudolf Speth: Die fünfte Gewalt – Anatomie des Lobbyismus in Deutschland. in: Leif, Thomas/Rudolf Speth (Hrsg.): Die fünfte Gewalt. Lobbyismus in Deutschland. Bonn: Bundeszentrale für politische Bildung. 2006. S. 10 – 36.

Müller, Albrecht: Machtwahn. Wie eine mittelmäßige Führungselite uns zugrunde richtet. München. München. 2006.

Müller, Albrecht: Meinungsmache. Wie Wirtschaft, Politik und Medien uns das Denken abgewöhnen wollen. München 2009.

Müller, Ulrich: »Reform«initiativen. In: Müller, Ulrich/Sven Giegold/Malte Arhelger (Hrsg.): Gesteuerte Demokratie? Hamburg. 2004. S. 41 – 51.

Nicoll, Norbert: »Die ökonomische Rationalität in die Öffentlichkeit tragen«. Zur Arbeit und Wirkungsweise der Initiative Neue Soziale Marktwirtschaft (2000-2006). Marburg. 2008.

Nicoll, Norbert: Neoliberalismus. Hinter- und Abgründe einer politischen Zivilreligion. Münster 2009. Edition Octopus

Nicoll, Norbert: Neoliberalismus. Ungleichheit als Programm. Münster. 2013.

Nuernbergk, Christian: Die PR-Kampagne der Initiative Neue Soziale Marktwirtschaft und ihr Erfolg in den Medien. Erste Ergebnisse einer Evaluationsstudie. In: Röttger, Ulrike (Hrsg.): PR-Kampagnen. Über die Inszenierung von Öffentlichkeit. 4. überarbeitete und erweiterte Auflage 2009. Wiesbaden, S. 167 - 184.

Paqué, Karl-Heinz: »Warum Wachstum? Sechs Gründe für eine gute Sache« in: INSM (Hrsg.): Die Wohlstandsfrage. Initiative Neue Soziale Marktwirtschaft - INSM GmbH (Hrsg.): Die Wohlstandsfrage. 6 Visionen für nachhaltiges Wachstum. Berlin. 2012. S. 35 - 53.

Pilz, Frank: Der Sozialstaat. Ausbau – Kontroversen – Umbau. Bundeszentrale für politische Bildung. Bonn. 2009.

Ptak, Ralf: »Grundlagen des Neoliberalismus« in: Butterwegge, Christoph, Bettina Lösch und Ralf Ptak (Hrsg.): Kritik des Neoliberalismus. Wiesbaden 2. verbesserte Auflage 2008. S. 13 - 86.

Renken, Uta: »»Du bist Deutschland«?« Motive der Kampagnen zur Förderung des Bürgerbewußtseins. Marburg 2009

Rodenstock, Randolf: Chancen für alle. Die Neue Soziale Marktwirtschaft. Köln. 2001.

Sarrazin, Thilo: Der neue Tugendterror. 1. Auflage. München, 2014.

Schröder, Gerhard: Fleißig, billig schutzlos. Bundeszentrale für politische Bildung. Bonn. 2010.

Schuler, Thomas: Bertelsmannrepublik Deutschland. Eine Stiftung macht Politik. Frankfurt am Main. 2010.

Schumacher, Hajo: »Die ewig netten Herren«. Berlin ist die Hauptstadt eines wild wachsenden Lobbyismus. In: Leif, Thomas und Rudolf Speth (Hrsg.): Die fünfte Gewalt. Lobbyismus in Deutschland. Bonn: Bundeszentrale für politische Bildung. 2006. S. 78 – 87.

Sinn, Hans-Werner: Die Basar-Ökonomie. Bundeszentrale für politische Bildung. Bonn. 2005.

Speth, Rudolf und Thomas Leif: »Lobbying und PR am Beispiel der Initiative Neue Soziale Marktwirtschaft« in: Leif, Thomas/Rudolf Speth (Hrsg.): Die fünfte Gewalt. Lobbyismus in Deutschland.

Bonn: Bundeszentrale für politische Bildung 2006. S. 302 – 316.

van Suntum, Ulrich: »Wohlstand durch Wachstum in der Marktwirtschaft« in: Initiative Neue Soziale Marktwirtschaft - INSM GmbH (Hrsg.): Die Wohlstandsfrage. 6 Visionen für nachhaltiges Wachstum. Berlin. 2012. S. 7 - 31.

Wehlau, Diana: »Rentenpolitik unter Druck. Einflussnahme und Lobbying der Finanzbranche am Beispiel der Riester-Rente«. In: Butterwegge, Christoph, Gerd Bosbach und Matthias W. Birkwald (Hrsg.): Armut im Alter. Probleme und Perspektiven der sozialen Sicherung. Frankfurt am Main. 2012. S. 204 - 224.

Zeitschriften

Lhotta, Roland: »Zwischen Kontrolle und Mitregierung. Der Bundesrat als Oppositionskammer?« in: Aus Politik und Zeitgeschichte. 20.10.2003, Bd. 43/2003 S. 16 - 22

Thunert, Martin: Think Tanks in Deutschland - Berater der Politik? In: Aus Politik und Zeitgeschichte, 15.12.2003, Bd. 51/2003, S. 30 - 38.

Eilfort, Michael: Die Stiftung Marktwirtschaft: Mehr Freiheit wagen. In: Zeitschrift für Politikberatung. S. 66-70 VS-Verlag 2009.

Studien und Artikel aus dem Internet

Studien und Artikel der INSM und des Konvents für Deutschland

Anger, Christina, Ina Esselmann, Christiane Konegen-Grenier und Axel Plünnecke: Bildungsmonitor 2015. Ein Blick auf Bachelor und Master. https://web.archive.org/web/20151220013615/http://insm-bildungsmonitor.de/pdf/Forschungsbericht_BM_Langfassung.pdf (22.08.2021)

Arbeitgeberverband Gesamtmetall (Hrsg.): Geschäftsbericht 2013/2014. Berichtszeitraum: 1. Mai 2013 bis 30. April 2014. Berlin 2014. https://www.gesamtmetall.de/sites/default/files/downloads/gesamtmetall_gescha%CC%88ftsbericht_2013-2014_ohne_portraits.pdf (22.08.2021)

Arbeitgeberverband Gesamtmetall: Neustart. Deutschland im Strukturwandel stärken. Geschäftsbericht 2019/2020. https://www.gesamtmetall.de/sites/default/files/downloads/gesamtme

tall-geschaeftsbericht_2019-2020_online.pdf (22.08.2021)

Bräuninger, Michael, Jochen Michaelis und Madlen Sode: 10 Jahre Hartz-Reformen. Hamburgisches WeltWirtschaftsInstitut (HWWI) März 2013
https://web.archive.org/web/20171209105609/http://www.insm.de/insm/dms/insm/text/presse/pressemeldungen/2013/hwwi-studie-10-jahre-hartz-reformen/HWWI%20PolicyPaper%2010Jahre%20Hartz-Reformen.pdf (22.08.2021).

Erdmann, Vera, Axel Plünnecke, Ilona Riesen und Oliver Stettes: Bildungsmonitor 2011 - Fortschritte auf dem Weg zu mehr Wachstum und Gerechtigkeit. Forschungsbericht. http://www.insm.de/insm/dms/insm/text/presse/pressemeldungen/2011/bildungsmonitor-langfassung-2011/Bildungsmonitor%20Langfassung%202011.pdf (22.08.2021).

Knabe, Andreas und Ronnie Schöb: Regionale und qualifikations-spezifische Auswirkungen des Mindestlohns. Folgeabschätzung und Korrekturbedarf. Berlin, 15.12.2014. Gutachten im Auftrag der Initiative Neue Soziale Marktwirtschaft. https://www.wiwiss.fu-berlin.de/fachbereich/vwl/schoeb/forschung/Gutachten/Mindestlohn gutachten_Schoeb-und-Knabe_Dez-2014.pdf (22.08.2021)

Konvent für Deutschland 2006: Reform der Reformfähigkeit in Deutschland. Zwischenstand 2006 und Ausblick. http://web.archive.org/web/20071   019033102/http://www.konvent-fuer-deutschland.de/Downloads/files/Fortschrittsbericht2006.pdf (22.08.2021).

Konvent für Deutschland 2006b: Reform der Reformfähigkeit. http://web.archive.org/web/20071011111156/http://www.konvent-fuer-deutschland.de/aktuelles/Konvent_Image.pdf (22.08.2021)

Konvent für Deutschland 2010: Reform der Reformfähigkeit. http://web.archive.org/web/20110904115943/http://www.konvent-fuer-deutschland.de/deu/medien_und_presse/downloads/kfd_2010.pdf (22.08.2021).

Peffekoven, Rolf: Zur Reform der Mehrwertsteuer. Zurück zu einer generellen Konsumbesteuerung. http://web.archive.org/web/20130120134434/http://insm.de/insm/dms/insm/text/publikationen/print/texte-soziale-marktwirtschaft/reform-mehrwertsteuer/Reform%20der%20Mehrwertsteuer.pdf (22.08.2021).

Scharnagel, Benjamin und Carsten Seim: Zur Methodik des »Merkelmeters«. Hintergrundpapier zur Studie im Auftrag der Initiative Neue Soziale Marktwirtschaft und der WirtschaftsWoche (2006). https://web.archive.org/web/20131207132944/http://2005-2009.deutschland-check.de/ueberdiemethodikderstudie.html (22.08.2021)

Scharnagel, Benjamin: Blauer Brief für die Bundesregierung – noch ein Jahr Zeit zum Nachsitzen. Studie des Instituts der deutschen Wirtschaft Köln für das «Merkelmeter” im Auftrag der Initiative Neue Soziale Marktwirtschaft (INSM) und der WirtschaftsWoche (2008). http://www.presseportal.de/showbin.htx?id=102724&type=document&action=download&attname=mm-10-final.pdf (22.08.2021)

Scharnagel, Benjamin: Konjunkturpakete – Mit dem Zweiten hilft man besser! Studie des Instituts der deutschen Wirtschaft Köln für das «Merkelmeter” im Auftrag der Initiative Neue Soziale Marktwirtschaft (INSM) und der WirtschaftsWoche (2009). http://www.presseportal.de/showbin.htx?id=113677&type=document&action=download&attname=insm-merkelmeter-09-02-08-doc-kompatibilitaetsmodus.pdf (22.08.2021).

Scharnagel, Benjamin: Rolle rückwärts in Berlin. Studie des Instituts der deutschen Wirtschaft Köln für das »Merkelmeter« im Auftrag der Initiative Neue Soziale Marktwirtschaft (INSM) und der WirtschaftsWoche (2007). http://www.presseportal.de/showbin.htx?id=83972&type=document&action=download&attname=insm-wiwo-merkelmeter-9.pdf (22.08.2021)

Scheithauer, Michael: Von einer unübersichtlichen Landkarte und drohendem Kammerflimmern, oder: Warum wir veränderte Abstimmungsregeln im Bundesrat brauchen! (2010) http://web.archive.org/web/20170322021008/https://www.konvent-fuer-deutschland.de/deu/standpunkte/archiv/archiv_2010_mai.asp (22.08.2021).

Schneider, Manfred: Politik - Mehr als eine Variante des Verteilungskampfes? http://web.archive.org/web/20170322021751/https://www.konvent-fuer-deutschland.de/deu/standpunkte/archiv/archiv_2010_maerz.asp (22.08.2021).

Wirtschaft und Schule: Altersvorsorgeprodukte. http://www.wirtschaftundschule.de/fileadmin/user_upload/unterrichtsmaterialien/haushalt_und_geld/UE_Altersvorsorgeprodukte.pdf (15.10.2015).

Wirtschaft und Schule: Riester-Rente. http://web.archive.org/web/20 171215061504/http://www.wirtschaftundschule.de/fileadmin/user_u pload/unterrichtsmaterialien/haushalt_und_geld/Riester_Rente/Unter richtseinheit_Riester_Rente.pdf (22.08.2021).

Weitere Studien und Artikel aus dem Internet

Bach, Stefan: Volle Mehrwertsteuer auf Nahrungsmittel belastet vor allem Geringverdiener. http://www.diw.de/documents/publikationen/ 73/diw_01.c.371848.de/11-16-1.pdf (22.08.2021).

Berger, Jens: »Die Angst der Hamburger SPD vor dem Wähler«. http://www.nachdenkseiten.de/?p=8377 (22.08.2021).

Brust, Martin: »Zeitarbeit ist kein Sprungbrett«. Frankfurter Rundschau online. 11.04.2014. https://www.fr.de/wirtschaft/zeitarbeit-kein-sprungbrett-11229105.html (22.08.2021)

Bühren, Lisa, Werner Doyé und Ulrich Stoll: Schüler unter Einfluss - Lobbyisten im Klassenzimmer. Frontal21 am 30.04.2013. http://www.zdf.de/ZDF/zdfportal/blob/27762644/1/data.pdf (15.10.2015)

Bündnis '90/Die Grünen (Hrsg.): Deutschland. Alles ist drin. Bundestagswahlprogramm 2021. Berlin 2021. https://cms.gruene.de/uploads/documents/Wahlprogramm-DIE-GRUENEN-Bundestagswahl-2021_barrierefrei.pdf (22.08.2021)

Chlebusch, Michael: Der Sprachwissenschaftler Werner Holly über die Kampagne, die «von den Feuilletons in der Luft zerrissen wurde". https://web.archive.org/web/20060513224725/http://www.tu-chemnitz.de/phil/leo/rahmen.php?seite=r_wiss/chlebusch_hollydbd.p hp (22.08.2021).

Denkler, Thorsten: Club der akademischen Schönfärber. Süddeutsche.de am 17.02.2011. http://www.sueddeutsche.de/politik/doktortit el-in-der-politik-der-club-der-akademischen-schoenfaerber-1.1061445-2 (22.08.2021)

Focus-Online: Roman Herzog will Fünf-Prozent-Hürde reformieren. 12.05.2012. http://www.focus.de/politik/deutschland/der-altbundespraesident-im-focus-interview-roman-herzog-will-fuenf-prozent-huerde-reformieren_aid_751665.html (22.08.2021)

Fromm, Kathrin: Sachsen und Bayern wieder mit Bestnoten. Spiegel online, 18.08.2021. https://www.spiegel.de/panorama/bildung/bildun gsmonitor-sachsen-und-bayern-wieder-mit-bestnoten-a-b9a2af67-6b34-4499-9bfc-8fcd1575ac67 (22.08.2021)

Füller, Christian: »Bayern stagniert, Bremen steigt auf« taz online. 15.08.2012. http://www.taz.de/!99672/ (22.08.2021).

Füller, Christian: »Drittelmittelboom im Bildungsgetto« taz online. 15.08.2012. http://www.taz.de/Bremen-im-Bildungsmonitor/!99667/ (22.08.2021).

Füller, Christian: »Pisaschock nur halb verdaut« taz online. 14.08.2012   http://www.taz.de/Wissensstudie-Bildungsmonitor/!99648/ (22.08.2021).

Gaschke, Susanne: Gabriel zu Gast beim abtrünnigen Genossen Clement. Welt online 03.07.2015. http://www.welt.de/politik/deutschland/article143519355/Gabriel-zu-Gast-beim-abtruennigen-Genossen-Clement.html (22.08.2021)

Gillmann, Barbara: Hohe Abbrecherquoten ausländischer Schüler, in: Handelsblatt online. http://www.handelsblatt.com/politik/deutschl and/bildungsmonitor-hohe-abbrecherquoten-auslaendischer-schueler/12275674.html (22.08.2021).

Grimberg, Steffen: »Da ist etwas losgetreten« 28.01.2006 taz online http://www.taz.de/index.php?id=archivseite&dig=2006/01/28/a0193 (22.08.2021).

Hedtke, Reinhold und Lucca Möller: »Wem gehört die ökonomische Bildung? Eine Einführung« https://www.econstor.eu/bitstream/1041 9/45497/1/moeller_hedtke_netzwerkstudie.pdf (22.08.2021).

Höfler, Norbert und Rolf Herbert Peters: »Im Käfig der Bequemlich-keit«. 01.07.2006 http://www.stern.de/wirtschaft/job/soziale-gerechtigkeit--im-kaefig-der-bequemlichkeit--3596646.html (22.08.2021).

Kaphegyi, Tobias: Black Box Bildungsmonitor? Ein Blick hinter den Reiz des Rankings. Analyse und Kritik des Bildungsmonitors 2010 der Initiative Neue Soziale Marktwirtschaft (INSM). 9. August 2011. http://www.gew.de/index.php?eID=dumpFile&t=f&f=23865&token =35c04e31920739554873b7ef090e06a05422bb66&sdownload= (22.08.2021).

Köhler, Otto: »Die Mutter aller Reformen« in: Der Freitag,

14.03.2008. http://www.freitag.de/autoren/der-freitag/die-mutter-aller-reformen (22.08.2021).

Krauss, Dietrich: Umarmung der Medien und Druck auf kritische Journalisten. Die Initiative Neue Soziale Marktwirtschaft (INSM). In: nr-Dokumentation: Dunkelfeld Korruption (2006) http://www.netzwerkrecherche.de/files/nr-werkstatt-03-dunkelfeld-korruption.pdf (22.08.2021). S. 106 - 123

Lieb, Wolfgang: Clement übernimmt Vorsitz des INSM-Kuratoriums – das soziale Trugbild wird enttarnt. http://www.nachdenkseiten.de/?p=13782 (22.08.2021).

Lieb, Wolfgang: Arbeit ist lebensnotwendig. http://www.nachdenkseiten.de/?p=2492 (22.08.2021).

Lilienthal, Vo: Drittmittelfernsehen: http://www.epd.de/medien/print/medien_index_14958.html (24.08.2000) (evangelischer Pressedienst), 14. Mai 2003.

LobbyControl: INSM und Marienhof - Eine kritische Bewertung. http://www.lobbycontrol.de/blog/download/insm-marienhof-bewertung.pdf (22.08.2021).

LobbyControl: Konvent für Deutschland - Wegbereiter für unpopuläre Reformen. http://www.lobbycontrol.de/download/kurzstudie_konventfuerdeutschland.pdf (22.08.2021).

Löffler, Deborah: »Von den Sachsen lernen«, 20.08.2010 taz online. http://www.taz.de/Bildungspolitik/!57326/ (22.08.2021).

Medick, Veit: Gabriel trifft Clement: Als wenn nix gewesen wäre. Spiegel online. 03.07.2015. http://www.spiegel.de/politik/deutschland/sigmar-gabriel-trifft-wolfgang-clement-als-wenn-nix-gewesen-waer-a-1042041.html (22.08.2021)

Merrett, Gary: Schulbücher hetzen gegen die Marktwirtschaft. in: Die Welt. 16.04.2008. http://www.welt.de/wirtschaft/article1906992/Schulbuecher-hetzen-gegen-die-Marktwirtschaft.html (22.08.2021).

Müller, Albrecht: Betr.: Krake Bertelsmann - Grün und Rot in NRW beschädigen die Aufklärungsarbeit von 7 Jahren http://www.nachdenkseiten.de/?p=10244 (22.08.2021).

Müller, Albrecht: INSM verbreitert die Öffentlichkeitsarbeit http://www.nachdenkseiten.de/?p=37 (22.08.2021).

Müller, Albrecht: Journalismus und PR sind vielfältig durchmischt.

Die Journalisten wollen es nur nicht wahrhaben. http://www.nachdenkseiten.de/?p=7327 (22.08.2021).

Müller, Ulrich und Heidi Klein: Schaubühne für die Einflussreichen und Meinungsmacher. Der neoliberal geprägte Reformdiskurs bei «Sabine Christiansen". http://www.lobbycontrol.de/blog/download/C hristiansen-Schaubuehne_komplett_7Sept2006.pdf (22.08.2021).

Netzzeitung 21.09.2005: INSM: Werbung im »Marienhof« war »Fehler«, https://web.archive.org/web/20090729085128/http://www. netzeitung.de/medien/359039.html (22.08.2021).

Nuernbergk, Christian: INSM: Reformpolitik auch ohne Wählerauftrag in: Die Gegenwart – Online-Magazin. Ausgabe 45 http://www.neuegegenwart.de/ausgabe45/insm.htm (22.08.2021)

Otte, Nicole: Die Medien einschüchtern. In: Der Freitag am 11.11.2005 http://www.freitag.de/autoren/der-freitag/die-medien-einschuchtern (22.08.2021).

Politik & Kommunikation April 2005: »Sie werben ja nicht für Persil«, https://web.archive.org/web/20131014173647/http://www.politi kagenda.de/_files/magazin/archiv/25_36_insm.pdf (22.08.2021).

Schmoll, Heike: »Sachsen verteidigt Spitzenplatz« faz.net 16.08.2011, https://www.faz.net/aktuell/politik/inland/bildungsvergle ich-sachsen-verteidigt-spitzenplatz-11106555.html (22.08.2021).

Schnedler, Thomas: Getrennte Welten? Journalismus und PR in Deutschland. Argumente zur Debatte um den Medienkodex des netzwerk recherche (2006). https://netzwerkrecherche.org/wp-content/uploads/2014/07/nr-werkstatt-04-journalismus-und-pr.pdf (22.08.2021).

Scholz, Raffael: Neoliberalismuskritik mit Pierre Bourdieu. Von der Mont Pelerin Society zur Initiative Neue Soziale Marktwirtschaft. Diplomarbeit Mai 2014. http://publikationen.ub.uni-frankfurt.de/files/34055/Diplomarbeit_Raffael_Scholz.pdf (22.08.2021)

Schreiner, Patrick: »Initiative Neue Soziale Marktwirtschaft mit manipulativer Umfrage zum Schuldenabbau. http://www.annotazioni.de/post/523 (22.08.2021).

Seifert, Hartmut, Marc Amlinger und Berndt Keller: Selbständige als Werkvertragsnehmer. Ausmaß, Strukturen und soziale Lage. WSI Diskussionspapier Nr. 201; Juli 2015. http://www.boeckler.de/pdf/p_

wsi_disp_201.pdf (22.08.2021)

Sievers, Martin: »Die Gewerkschafts-Kanzlerin« https://www.fr.de/politik/gewerkschafts-kanzlerin-11505892.html (22.08.2021).

Speth, Rudolf: Der BürgerKonvent - Kampagnenprotest von oben ohne Transparenz und Bürgerbeteiligung. 2003. Studie für die Hans Böckler Stiftung. https://www.boeckler.de/de/faust-detail.htm?sync_id=HBS-002960 (22.08.2021).

Speth, Rudolf: Die politischen Strategien der Initiative Neue Soziale Marktwirtschaft. Studie für die Hans-Böckler-Stiftung. 2004. https://www.boeckler.de/de/faust-detail.htm?sync_id=3913 (22.08.2021).

Speth, Rudolf: Die zweite Welle der Wirtschaftskampagnen. Von »Du bist Deutschland« bis »Stiftung Marktwirtschaft«. Studie für die Hans-Böckler-Stiftung. 2006. https://www.boeckler.de/de/faust-detail.htm?sync_id=4462 (22.08.2021).

Stern.de: Wirtschaftslobby kürt Sachsen zum Bildungsspitzenreiter. 15.08.2012 http://www.stern.de/politik/deutschland/bildungsmonitor-2012-wirtschaftslobby-kuert-sachsen-zum-bildungsspitzenreiter-1878963.html (22.08.2021).

Süddeutsche.de: Sachsens Bildungssystem ist spitze. 15.08.2012 http://www.sueddeutsche.de/bildung/bildungsmonitor-sachsens-bildungssystem-ist-spitze-1.1441955 (22.08.2021).

ZEIT ONLINE: »Sachsen bietet die besten Bildungschancen« 15.08.2012. http://www.zeit.de/studium/rankings/2012-08/bildungsmonitor-sachsen-insm (22.08.2021).

Weitere Internetquellen

Alle weiteren Internetquellen werden in den Fußnoten mit vollständiger Internet-Adresse und dem letzten Datum der Anwahl angegeben.

Anhang 1: Personen

Die Botschafter und Berater der INSM

Die Liste der Botschafter der INSM mit Stand vom 22. August 2021.[853] Im Anschluß an diese Liste werden auch noch die Ex-Botschafter genannt, die sich recherchieren ließen. Die Botschafter und Berater werden mit den Funktionen aufgeführt, die auf der Seite der INSM genannt wird.

Kuratorium:

- Wolfgang Clement †, Ministerpräsident des Landes Nordrhein-Westfalen a.D. und Bundesminister für Wirtschaft und Arbeit a.D.

- Dr. Stefan Wolf, Präsident des Arbeitgeberverbandes Gesamtmetall, Vorsitzender des Vorstand der ElringKlinger AG, Vorsitzender des Beirates der INSM

Die Botschafter:

- Prof. Dr. h.c. Roland Berger, Internationaler Unternehmensberater.

- Prof. Dr. Christoph Burmann, Inhaber des Lehrstuhls für innovatives Markenmanagements und Marketing (LiM) der Universität Bremen.

- Prof. Dr. Juergen B. Donges †, Direktor des Instituts für Wirtschaftspolitik an der Universität zu Köln.

- Dominique Döttling, Geschäftsführende Gesellschafterin Döttling & Partner Beratungsgesellschaft mbH, Mainz.

- Florian Gerster, ehemaliger Staatsminister, Unternehmensberater.[854]

- Prof. Dr. Otmar Issing, Ehemaliger Chefvolkswirt und Direktoriumsmitglied der Europäischen Zentralbank.

- Martin Kannegießer, Vorsitzender des Beirats der INSM 2000

---

[853] vgl. https://www.insm.de/insm/ueber-die-insm/kuratoren-und-botschafter (19.09.2020)

[854] Nicht gesagt wird auf der Botschafterliste der INSM, daß Gerster auch ehemaliger Vorstandsvorsitzender der Bundesanstalt für Arbeit war.

bis 2014, Ehrenpräsident des Arbeitgeberverbandes Gesamtmetall, Geschäftsführer Herbert Kannegießer GmbH.

- Oswald Metzger, Publizist und Politikberater.

- Dr. Arend Oetker, Unternehmer, Vizepräsident des BDI.

- Dr. Walther Otremba, Ehemaliger Staatssekretär in verschiedenen Bundesministerien, darunter Wirtschaft und Technologie.

- Prof. Dr. Karl-Heinz Paqué, Minister a.D., Dekan der Fakultät für Wirtschaftswissenschaften an der Otto-von-Guericke-Universität Magdeburg.

- Prof. Dr. Bernd Raffelhüschen, Direktor des Instituts für Volkswirtschaftslehre und Finanzwissenschaften der Albert-Ludwigs-Universität Freiburg.

- Arndt Rautenberg, Geschäftsführender Partner und Mitglied des Vorstandes der RölfsPartner Gruppe, Düsseldorf.

- Prof. Randolf Rodenstock, Geschäftsführender Gesellschafter der Optische Werke G. Rodenstock GmbH & Co. KG.

- Prof. Dr.-Ing. Dagmar Schipanski, Ehemalige Präsidentin des Landtags von Thüringen, Rektorin des Studienkollegs zu Berlin.

- Dr. Kristina Schröder, Bundesfamilienministerin a.D.

- Prof. Dr. h.c. mult. Nikolaus Schweickart, Vorsitzender der ALTANA Kulturstiftung.

- Erwin Staudt, Ehemaliger Vorsitzender der Geschäftsführung IBM Deutschland GmbH.

- Prof. Dr. Thomas Straubhaar, Professor am Lehrstuhl für internationale Wirtschaftsbeziehungen, Universität Hamburg.

- Dr. Jürgen Stark, ehemaliger Chefvolkswirt und Mitglied im Direktorium der Europäischen Zentralbank.

Verstorbene Mitglieder des Kuratoriums und des Botschafterkreises werden auch auf der Homepage der INSM weiterhin aufgeführt. Offenbar endet in den Augen der INSM die Zugehörigkeit zu diesen Gruppen nicht mit dem Tod.

Bis 2011 gab es die Berater der INSM, die bei der Neugestaltung der Zuordnungen zu Botschaftern wurden bis auf Prof. Dr. Dieter Lenzen, der offenbar ausschied. Hier nun die Liste der Berater, wie sie bis ins Jahr 2011 auf der Homepage der INSM zu finden waren:

- Prof. Dr. Dieter Lenzen, Präsident der Freien Universität Berlin.

- Oswald Metzger, früherer Finanzexperte Bündnis 90/Die Grünen

- Prof. Dr. Bernd Raffelhüschen, Lehrstuhl für Finanzwissenschaft an der Albert-Ludwig-Universität Freiburg und Professor II an der Universität Bergen (Norwegen)

- Univ.-Prof. Dr. Thomas Straubhaar, Direktor des Hamburgischen WeltWirtschaftsInstitut (HWWI).

Mitglieder des Fördervereins[855]

- Prof. Dr. Johanna Hey, Stiftungsprofessur für Unternehmenssteuerrecht in Düsseldorf.

- Michael Hoffmann-Becking, Lehrauftrag für Aktien- und Konzernrecht an der Universität Bonn.

- Silvana Koch-Mehrin, Mitglied des Europa-Parlaments und des FDP-Bundesvorstands, stellvertretende Fraktionsvorsitzende der Allianz der Liberalen und Demokraten für Europa und Mitglied des FDP-Präsidiums.

- Friedrich Merz, MdB.

- Ulrike Nasse-Meyfarth, Olympiasiegerin im Hochsprung.

- Dieter Rickert, Gilt als Deutschlands bekanntester »Headhunter«.

- Dr. Hergard Rohwedder, Rechtsanwältin

- Carl-Ludwig Thiele, Stellv. Vorsitzender der FDP-Bundestagsfraktion.

- Prof. Dr. Hans Tietmeyer, Vorsitzender des Fördervereins und ehemaliger Präsident der Deutschen Bundesbank.

---

[855] vgl. http://web.archive.org/web/20101217055324/http://insm.de/insm/Community/Foerderverein/Mitglieder-des-Foerdervereins.html (15.10.2015)

- Gunnar Uldall[856], Senator und Präses der Wirtschaftsbehörde Freie und Hansestadt Hamburg.

Frühere Botschafter und Kuratoren der INSM:

Diese Liste hat keinen Anspruch auf Vollständigkeit. Es handelt sich um Botschafter, deren frühere Tätigkeit zu recherchieren war. Die früheren Kuratoren oder Botschafter Prof. Dr. Bernd Raffelhüschen Prof. Dr. Thomas Straubhaar und Oswald Metzger werden bis 2011 als Berater der INSM geführt, die früheren Botschafter/innen Silvana Koch-Mehrin, Carl-Ludwig Thiele und Gunnar Uldall wurden Mitglieder des Fördervereins.

Frühere Kuratoren:

- Wolfgang Clement †, Vorsitzender des Kuratoriums, ehemaliger Ministerpräsident von Nordrhein-Westfalen und ehemaliger Bundesminister für Arbeit und Wirtschaft.

- Rainer Dulger, ehemaliger Präsident des Arbeitgeberverbandes Gesamtmetall und Geschäftsführender Gesellschafter ProMinent Dosiertechnik. Vorsitzender des Beirats der INSM.

Frühere Botschafter:

- Prof. Dr. Hans-Wolfgang Arndt, Vorsitzender des Rektorats der Universität Mannheim.

- Prof. Dr. Dr. Ann-Kristin Achleitner, Wissenschaftliche Direktorin des Center für Entrepreneurial and Financial Studies (CEFS) an der TU München

- Dr. Hans D. Barbier, Wirtschaftspublizist.

- Prof. Dr. Arnulf Baring, Politikwissenschaftler, Historiker und Publizist.

- Wolfgang Clement, ehemaliger Ministerpräsident von Nordrhein-Westfalen, ehemaliger Bundesminister für Wirtschaft und Arbeit und ehemaliger stellvertretender SPD-Vorsitzender. Späterer Kurator der INSM bis zu seinem Tod im Jahre 2020.

- Lord Ralf Dahrendorf († 17. Juni 2009).

---

[856] Gunnar Uldall ist Mitglied der CDU.

- Dr. Klaus von Dohnanyi, Bundesminister a.D.

- Marie-Luise Dött, MdB (CDU), Vorsitzende des Bundes katholischer Unternehmer (BKU)

- Prof. Dr. Johann Eekhoff, Staatssekretär a.D., Direktor des Instituts für Wirtschaftspolitik an der Universität Köln. († 3. März 2013).

- Dr. Michael Eilfort, Vorstand der Stiftung Marktwirtschaft/Frankfurter Institut

- Prof. Dr. Gerhard Fels, Direktor des Instituts der deutschen Wirtschaft Köln (IW)

- Dr. habil. Lüder Gerken, Vorstand der Friedrich-August-von-Hayek-Stiftung.

- Michael Glos, ehemaliger Vorsitzender der CSU-Landesgruppe und früherer Bundesminister für Wirtschaft.

- Prof. Dr. Michael Hüther, Direktor und Mitglied des Präsidiums des Instituts der deutschen Wirtschaft, Köln.

- Prof. Dr. rer. Pol. Stephan A. Jansen, Gründungspräsident und Geschäftsführer der Zeppelin Universität (ZU)

- Prof. Dr. Paul Kirchhof, Professor für öffentliches Recht an der Ruprecht-Karls-Universität in Heidelberg

- Dr. Eberhard von Koerber, Präsident des Verwaltungsrates der Eberhard von Koerber AG, Zürich, Co-Präsident des Club of Rome.

- Prof. Dr. rer. nat. Edward G. Krubasik, Honorarprofessor an der TU München, Mitglied des CDU-Wirtschaftsrates

- Prof. Dr. Dieter Lenzen, Präsident der Freien Universität Berlin.

- Eva Mayr-Stihl, stellvertretende Vorsitzende des Vorstands und Mitglied des Vorstandes der Andreas Stihl AG & Co.

- Siegmar Mosdorf, Parlamentarischer Staatssekretär a.D.

- Jennifer Neumann, Vorsitzende des Vorstandes der Canto AG

- Prof. Dr. Rolf Peffekoven, Direktor des Instituts für Finanzwissenschaft Johannes Gutenberg-Universität Mainz.

- Christine Scheel, Bündnis 90/Die Grünen

- Prof. Dr. Otto Schlecht, Ehrenvorsitzender der Ludwig-Erhard-Stiftung.

- Prof. Dr. h.c. Lothar Späth, Ministerpräsident des Landes Baden-Württemberg a.D., Vorsitzender des Aufsichtsrates der Herrenknecht AG.

- Edmund Stoiber, ehemaliger Ministerpräsident Bayerns, ehemaliger Vorsitzender der CSU.

- Prof. Dr. Ulrich van Suntum, Geschäftsführender Direktor des Centrums für angewandte Wirtschaftsforschung an der Westfälischen Wilhelms-Universität Münster.

- Prof. Dr. Hans Tietmeyer, ehemaliger Präsident der Deutschen Bundesbank und Vorsitzender des Kuratoriums der INSM bis 2012.

- Rainer Wend, Vorsitzender des Ausschusses für Wirtschaft und Arbeit, Mitglied der SPD.

- Hans-Dietrich Winkhaus, Präsident des Instituts der deutschen Wirtschaft, Köln (IW)

Konvent für Deutschland

Konventkreis[857]

- Dr. Klaus von Dohnanyi, Stellvertretender Vorsitzender

- Dr. Wolfgang Gerhardt

- Prof. Dr. Hans Hugo Klein

- Prof. Dr. Karl-Heinz Paqué

- Dr. h.c. Petra Roth

- Christine Scheel

- Renate Schmidt

- Dr. Manfred Schneider

- Prof. Dr. Rupert Scholz

- Gerhard Stratthaus

- Dr. h. c. Erwin Teufel

Der Verein des Konvents für Deutschland

Vorstand des Trägervereins:[858]

- Professor Dr. Rupert Scholz (Geschäftsführender Vorstand)

- Manfred Kurz (stellvertretender Vorsitzender)

- Dr. Manfred Schneider, Vorsitzender des Kuratoriums des Konvents für Deutschland

---

[857] vgl. http://web.archive.org/web/20180629022250/https://www.konvent-fuer-deutschland.de/deu/der_konventkreis/mitglieder/ (22.08.2021)

[858] vgl. http://web.archive.org/web/20181221041255/https://www.konvent-fuer-deutschland.de/deu/der_verein/vorstand/ (22.08.2021)

Kuratorium:[859]

- Dr. Manfred Schneider (Vorsitzender des Kuratoriums)

- Prof. Dr. h.c. mult. Roland Berger (wird im Kuratorium ohne Funktion genannt)

Mitglieder und Förderer (angegeben sind die Funktionen der Personen in den Unternehmen, die als Mitglieder/Freunde den *Konvent für Deutschland* fördern):[860]

- Dr. Christian Potthoff-Sewing

- Deutsche Bahn AG: Dr. Rüdiger Grube, Vorsitzender des Vorstandes

- Linde AG: Prof. Dr. Wolfgang Büchele, Vorsitzender des Vorstandes

- Heinz-Nixdorf-Stiftung: Martin Nixdorf, Vorsitzender des Vorstandes

- Adolf Würth GmbH & Co. KG: Manfred Kurz, Leiter der Würth Repräsentanzen Berlin und Brüssel

- usedSoft Deutschland GmbH: Peter Schneider, Geschäftsführer

- Parzeller & Co. KG, Vormals Fuldaer Actiendruckerei: Michael Schmitt, Geschäftsführer.

---

[859] vgl. http://web.archive.org/web/20181221042823/https://www.konvent-fuer-deutschland.de/deu/der_verein/kuratorium/ (15.10.2015)
[860] vgl. ebd.

Ehemalige Mitglieder des Konventkreises

- Monika Wulf-Mathies[861]
- Hans-Olaf Henkel
- Otto Graf Lambsdorff[862]
- Prof. Dr. Manfred Pohl[863]
- Prof. Dr. Peter Glotz[864]
- Wolfgang Clement[865]
- Alois Glück[866]
- Dr. Rainer Wend

Verstorbene Mitglieder des Konventkreises

- Professor Dr. Roman Herzog †, Vorsitzender des Konventkreises
- Prof. Dr. Jutta Limbach †
- Dr. Henning Voscherau †

Ehemalige Förderer des Konventkreises

- Bank of America: Holger Bross, Managing Director[867]
- TUI AG: Friedrich Joussen, Vorsitzender des Vorstandes[368]
- Deutsche Bank AG: Jürgen Fitschen, Mitglied des Vorstandes[869]

---

[861] vgl. http://web.archive.org/web/20040713122204/http://www.konvent-fuer-deutschland.de/mitglieder.php (22.08.2021)

[862] vgl. ebd.

[863] vgl. ebd., Manfred Pohl gehörte auch dem Vereinsvorstand an.

[864] vgl. ebd.

[865] vgl. http://web.archive.org/web/20071010224940/http://www.konvent-fuer-deutschland.de/derKonvent/Organisation/ (22.08.2021)

[866] vgl. http://web.archive.org/web/20100523160253/http://www.konvent-fuer-deutschland.de/derKonvent/Organisation/ (22.08.2021)

[867] vgl. http://web.archive.org/web/20141117193127/http://www.konvent-fuer-deutschland.de/deu/der_verein/kuratorium/ (22.08.2021)

[868] vgl. ebd.

[869] vgl. ebd.

- IBM Deutschland GmbH: Martina Koederitz, Vorsitzende der Geschäftsführung[870]

- Bilfinger Berger AG: Roland Koch, Vorsitzender des Vorstandes[871]

- Lanxess AG: Dr. Axel C. Heitemann, Vorsitzender des Vorstandes[872]

- RWE AG, Dr. Jürgen Großmann (Vorsitzender des Vorstandes)[873]

- Continental AG, Manfred Wennemer (Vorsitzender des Vorstandes)[874]

- Porsche AG, Dr.-Ing. Wendelin Wiedeking (Vorsitzender des Vorstandes)[875]

- Messe Frankfurt GmbH, Michael von Zitzewitz (Vorsitzender der Geschäftsführung)[876]

- Fraport AG: Dr. Wilhelm Bender (Vorsitzender des Vorstandes)[877]

- Deutsche Post AG, Dr. Klaus Zumwinkel (Vorsitzender des Vorstandes)[878]

---

[870] vgl. ebd.
[871] vgl. http://web.archive.org/web/20130603102417/http://www.konvent-fuer-deutschland.de/deu/der_verein/kuratorium/ (22.08.2021)
[872] vgl. ebd.
[873] vgl. http://web.archive.org/web/20081230053603/http://www.konvent-fuer-deutschland.de/derVerein/Kuratorium/ (22.08.2021)
[874] vgl. ebd.
[875] vgl. ebd.
[876] vgl. ebd.
[877] vgl. ebd.
[878] vgl. http://web.archive.org/web/20071208114840/http://www.konvent-fuer-deutschland.de/derVerein/Kuratorium/ (22.08.2021)

Stiftung Marktwirtschaft

Vorstand:[879]

- Prof. Dr. Michael Eilfort

- Prof. Dr. Bernd Raffelhüschen

Stiftungsrat:[880]

- Dr. Leonhard Birnbaum

- Werner Borgers

- Heinrich Otto Deichmann

- Dr. Rainer Hildmann (stellv. Vorsitzender)

- Dr. Dirk Ippen

- Wolfgang Kirsch

- Michael Schulze-Oechtering

- Prof. Dr. Theo Siegert (Vorsitzender)

Kuratorium:[881]

Franz-Peter Falke (Vorsitzender)

Wilfried Boysen (stellvertretender Vorsitzender)

---

[879] vgl. https://www.stiftung-marktwirtschaft.de/inhalte/die-stiftung/team/vorstand-der-stiftung-marktwirtschaft/ (22.08.2021)

[880] vgl. https://www.stiftung-marktwirtschaft.de/inhalte/die-stiftung/team/stiftungsrat/ (22.08.2021)

[881] vgl. https://www.stiftung-marktwirtschaft.de/inhalte/die-stiftung/team/kuratorium/ (22.08.2021)

Kronberger Kreis:[882]

Der Kronberger Kreis ist der wissenschaftliche Beirat der Stiftung Marktwirtschaft.

- Prof. Lars P. Feld (Sprecher)
- Prof. Clemens Fuest
- Prof. Justus Haucap
- Prof. Heike Schweitzer, LL.M.
- Prof. Volker Wieland Ph.D.
- Prof. Berthold U. Wigger

Ehemalige Mitglieder:[883]

- Prof. Dr. Juergen B. Donges
- Prof. Dr. Johann Eekhoff
- Prof. Dr. Wolfram Engels
- Prof. Dr. Gerhard Fels
- Prof. Dr. Dr. h.c. mult. Wolfgang Franz
- Prof. Dr. Armin Gutowski
- Prof. Dr. Walter Hamm
- Prof. Dr. Martin Hellwig
- Prof. Dr. Dr. h.c. mult. Otmar Issing
- Prof. Dr. Dr. h.c. Wernhard Möschel
- Prof. Dr. Manfred J.M. Neumann
- Prof. Dr. Olaf Sievert
- Prof. Dr. Dr. h.c. Wolfgang Stützel
- Prof. Dr. Carl-Christian von Weizsäcker

---

[882] vgl. https://www.stiftung-marktwirtschaft.de/inhalte/kronberger-kreis/ (22.08.2021)
[883] https://www.stiftung-marktwirtschaft.de/inhalte/kronberger-kreis/ehemalige/ehemalige-mitglieder/ (22.08.2021)

- Prof. Dr. Hans Willgerodt

BürgerKonvent

Vorstand:[884]

- Dr. Klaus Peter Krause (Lübeck)
- Beatrix von Storch (Berlin)

ehemalige Mitglieder:

- Hans-Günter Lind (Münster)
- Gerhard Schulte (München), Rechnungsprüfer des *BürgerKonvents*
- Prof. Dr. Gisela C. Fischer, Hannover
- Vera Lengsfeld (Berlin)

---

[884] vgl. http://web.archive.org/web/20160202014116/http://www.buergerkonvent.de/der-buergerkonvent/vorstand/ (22.08.2021)

Anhang 2: Veröffentlichungen der INSM

Hier folgt nun eine Liste der Bücher, die durch oder mit Mithilfe der INSM veröffentlicht wurden, (ebenfalls nicht mit Anspruch auf Vollständigkeit):

- Clement, Wolfgang (Hrsg.) 2015: Das Deutschland-Prinzip. Was uns stark macht. ECON Verlag.

- Höfer, Max A. und Dieter Rath (Hrsg.) 2008: Deutschlands wahre Superstars. Heel Verlag GmbH.

- Hüther, Michael 2006: Klassiker der Ökonomie. Von Adam Smith bis Amartya Sen. Bundeszentrale für politische Bildung.

- INSM - Initiative Neue Soziale Marktwirtschaft (Hrsg.) 2007: Deutschland zum Selbermachen. Ideen statt Rotstift. 25 beachtliche Beispiele, wie Bürger Staat machen. Pendo.

- Matthes, Jürgen 2007: Globalisierung verstehen. Unsere Welt in Zahlen, Fakten, Analysen. Brandenburgisches/Siegler.

- Rodenstock, Randolf 2001: Chancen für alle. Die Neue Soziale Marktwirtschaft. Deutscher Instituts-Verlag GmbH.

- Weder di Mauro, Beatrice 2008: Chancen des Wachstums. Globale Perspektiven für den Wohlstand von morgen. Campus Verlag GmbH

- Initiative Neue Soziale Marktwirtschaft - INSM GmbH (Hrsg.): Die Wohlstandsfrage. 6 Visionen für nachhaltiges Wachstum. Berlin. 2012

- Initiative Neue Soziale Marktwirtschaft - INSM GmbH (Hrsg.): Wohlstand in Zahlen. Eine Bilanz. Berlin. 2012

Anhang 3: Kriterien des »Merkelmeters«

»Arbeitsmarkt

1 Deregulierung des Arbeitsmarktes
1.1 Betriebliche Ebene wird gestärkt
1.2 Arbeitszeit wird flexibler
1.3 Marktzugang wird vereinfacht
1.4 Arbeitsrecht wird vereinfacht

2 Abbau von Verzerrungen bei den Transferleistungen
2.1 Bezugsdauer von Lohnersatzleistungen sinkt
2.2 Transferhöhe sinkt
2.3 Abgabenbelastung niedriger Einkommen sinkt
2.4 Versicherungsprinzip wird gestärkt

3 Verbesserung der aktiven Arbeitsmarktpolitik
3.1 Dauer der Arbeitslosigkeit sinkt
3.2 Laufzeit der offenen Stellen sinkt
3.3 Eingliederungsquote steigt
3.4 Reichweite aktiver Maßnahmen steigt

Soziale Sicherung

1 Gesetzliche Rentenversicherung
1.1 Ausgaben (je Versicherten) sinken
1.2 Reduktion intergenerativer Lastverschiebung
1.3 Versicherungsprinzip wird gestärkt

2 Gesetzliche Krankenversicherung
2.1 Ausgaben (je Versicherten) sinken
2.2 Reduktion intergenerativer Lastverschiebung
2.3 Versicherungsprinzip wird gestärkt

3 Soziale Pflegeversicherung
3.1 Ausgaben (je Versicherten) sinken
3.2 Reduktion intergenerativer Lastverschiebung
3.3 Versicherungsprinzip wird gestärkt

4 Lohnzusatzkosten

4.1 Beitragssätze der Arbeitgeber zur Sozialversicherung sinken

4.2 Beitragsbemessungsgrenzen steigen langsamer als versicherungspflichtige Einkommen

Steuern und Finanzen

1 Reduzierung der Steuerbelastung der Unternehmen

1.1 Grenzbelastung gewerblicher Einkommen sinkt

1.2 Grenzbelastung von Kapitalgesellschaften sinkt

1.3 Gesamtsteuerlast von Personenunternehmen sinkt

1.4 Gesamtsteuerlast von Kapitalgesellschaften sinkt

2 Reduzierung der Steuerbelastung der Bürger

2.1 Grenzbelastung privater Einkommen sinkt

2.2 Gesamtsteuerlast privater Einkommen u. Vermögen sinkt

2.3 Verbrauchsteuerbelastung sinkt

3 Konsolidierung der öffentlichen Haushalte

3.1 Staatsausgaben sinken

3.2 Staatsdefizit sinkt

3.3 Öffentliche Investitionen steigen

3.4 Subventionen sinken

4 Effizienz des Steuersystems

4.1 Steuerliche Diskriminierung wird abgebaut

4.2 Steuersystem wird einfacher

4.3 Steuerstruktur wird wachstumsfreundlicher

Governance

1 Bürokratieabbau

1.1 Bürokratieintensität wird verringert

1.2 Selbstbindung des Staates nimmt zu

1.3 Verwaltung wird modernisiert/entschlackt

2 Föderalismus (Aufgabenerfüllung)

2.1 Entscheidungsmechanismen werden gestärkt
2.2 Kompetenzen werden eindeutig zugeordnet
2.3 Konnexität wird gestärkt

3   Fiskalföderalismus   (Einnahmen   und Ausgaben)

3.1 Steuerautonomie wird gestärkt
3.2 Einnahmen-/Ausgabenhaftung wird gestärkt
3.3 Grenzabschöpfungen werden reduziert«[885]

---

[885] Scharnagel, Benjamin und Carsten Seim: Zur Methodik des »Merkelmeters«

Anhang 4: Kampagne »Marktwirtschaft kann's besser«

Folgende Personen haben sich für die Kampagne »Soziale Marktwirtschaft macht's besser...« photographieren und einem entsprechenden Spruch abbilden lassen (alphabetische Reihenfolge):

Achleitner, Ann-Kristin, Prof. Dr. (KfW-Stiftungslehrstuhl für Entrepreneurial Finiance [TU München]): »Soziale Marktwirtschaft macht's besser, weil durch Wettbewerb Innovationen entstehen.«

Angerer, Tobias (Zweifacher Gesamtweltcupsieger Skilanglauf): »Soziale Marktwirtschaft macht's besser, weil sie der Antrieb ist, der wahre Spitzenleistungen ermöglicht.«

Ballschuh, Andrea (Fernsehmoderatorin): »Soziale Marktwirtschaft macht's besser, weil sie in unsere Zukunft investiert: unsere Kinder.«

Barbier, Hans D., Dr. (Wirtschaftspublizist, Vorsitzender der Ludwig-Erhard-Stiftung): »Soziale Marktwirtschaft macht's besser, weil sie die Verantwortung des Einzelnen stärkt und Solidarität für alle ermöglicht.«

Baring, Arnulf, Prof. Dr. (Politikwissenschaftler, Historiker und Publizist): »Soziale Marktwirtschaft macht's besser, denn wer für Freiheit ist, muss für die Marktwirtschaft sein - trotz der Krisen, die zur Marktwirtschaft unvermeidlich gehören.«

Berger, Roland, Prof. Dr. (Internationaler Unternehmensberater, INSM-Botschafter[886]): »Soziale Marktwirtschaft macht's besser, weil Freiheit, Erfolg und Gerechtigkeit zusammengehören.«

Börner, Anton F. (Präsident des Bundesverbandes Großhandel, Außenhandel, Dienstleistungen (BGA)): »Soziale Marktwirtschaft macht's besser, weil sie uns weltweit wettbewerbsfähig hält.«

Brand, Heiner (Trainer der Handballnationalmannschaft): »Soziale Marktwirtschaft macht's besser, weil Leistung und ständige Verbesserung Deutschland zum Erfolg geführt haben.«

Clement, Wolfgang (Bundesminister für Wirtschaft und Arbeit a.D., INSM-Kurator): »Soziale Marktwirtschaft macht's besser, weil sie Leistungsbereitschaft und Wettbewerb und Schutz für die Schwachen wie keine andere Wirtschaftsform miteinander verbindet.«

---

[886] »INSM-Botschafter« bezieht sich auf diese Eigenschaft im Jahr 2020.

Dewitz, Antja von (Geschäftsführerin VAUDE Sport GmbH & Co. KG): »Soziale Marktwirtschaft macht's besser, weil hier Freiheit und Verantwortung im Einklang stehen.«

Donges, Juergen B., Prof. Dr. (Universität Köln, ehem. Vorsitzender des Sachverständigenrats, INSM-Botschafter): »Soziale Marktwirtschaft macht's besser, weil sie einen Ordnungsrahmen zum Vorteil des Einzelnen und zum Wohle der Allgemeinheit vorgibt.«

Döttling, Dominique (Geschäftsführerin der Döttling & Partner Beratungsgesellschaft mbH, INSM-Botschafterin): »Soziale Marktwirtschaft macht's besser, weil es ohne Freiheit keine Gerechtigkeit gibt.«

Durian, Ariane (Bundesvorsitzende des Interessenverbands Deutscher Zeitarbeitsunternehmen - iGZ e.V.): »Soziale Marktwirtschaft macht's besser, weil in ihr alle vom Erfolg profitieren.«

Hackl, Georg (Olympiasieger und Weltmeister im Rennrodeln): »Soziale Marktwirtschaft macht's besser, weil Verantwortung für uns selbst und für andere das oberste Gebot sein muß.«

Hambüchen, Fabian (Europa- und Weltmeister im Kunstturnen): »Soziale Marktwirtschaft macht's besser, weil fairer Wettbewerb alle begünstigt.«

Haucap, Justus, Prof. Dr. (Vorsitzender der Monopolkommission): »Soziale Marktwirtschaft macht's besser, weil sie Kartelle verhindert und die Verbraucher schützt.«

Hintermann, Elisabeth und Pangerl, Maximiliana (Geschäftsführung Mühldorfer GmbH & Co. KG): »Soziale Marktwirtschaft macht's besser, weil jeder faire Chancen auf Erfolg hat.«

Hüther, Michael, Prof. Dr. (Direktor des Instituts der deutschen Wirtschaft Köln): »Soziale Marktwirtschaft macht's besser, weil sie aus Wettbewerb Wohlstand generiert.«

Joussen, Friedrich (CEO Vodafone Deutschland und Arcor AG): »Soziale Marktwirtschaft macht's besser, weil sie Wachstum, Wohlstand und Gerechtigkeit verbindet.«

Juncker, Jean-Claude (Premierminister und Finanzminister Luxemburgs[887]): »Soziale Marktwirtschaft macht's besser, weil der Markt allein, so notwendig und unverzichtbar er ist, als solcher keine

---

[887] Diese Funktionen hatte er zur Zeit der Kampagne 2009. Von 2014 bis 2019 war er Präsident der Europäischen Kommission.

Solidarität produziert.«

Kachelmann, Jörg (Meteorologe und Journalist): »Soziale Marktwirtschaft macht's besser, weil sie ein Wachstumsklima und keine Klimakatastrophe schafft.«

Kannegießer, Martin (Unternehmer und Präsident von Gesamtmetall, INSM-Botschafter): »Soziale Marktwirtschaft macht's besser, weil sie wirtschaftliche Effizienz mit dem Streben nach sozialem Ausgleich verbindet.«

Koerber, Eberhard von, Dr. (Co-Präsident des Club of Rome): »Soziale Marktwirtschaft macht's besser, weil sie für nachhaltiges Wachstum statt Kasinokapitalismus steht.«

Koslowski, Peter, Prof. Dr. (Professor für Philosophie an der Freien Universität in Amsterdam): »Soziale Marktwirtschaft macht's besser, weil sie Kapitalismus mit menschlichem Antlitz ist.«

Lambsdorff, Otto Graf (Bundesminister a.D. und FDP-Ehrenvorsitzender): »Soziale Marktwirtschaft macht's besser, weil sie das Marktversagen korrigiert, das aus Politikversagen resultiert.«

Langenscheid, Florian, Dr. (Unternehmer und Publizist): »Soziale Marktwirtschaft macht's besser, weil sie Wettbewerb und Menschlichkeit verbindet.«

Ledendecker, Petra (Präsidentin des Verbands deutscher Unternehmerinnen (VdU)): »Soziale Marktwirtschaft macht's besser, weil sie Unternehmergeist, Freiheit und Verantwortung stärkt.«

Merk, Markus, Dr. (Dreifacher Weltschiedsrichter): »Soziale Marktwirtschaft macht's besser, weil Wettbewerb nur mit Regeln funktioniert.«

Merten, Michaela (Buchautorin, Schauspielerin und Moderatorin): »Soziale Marktwirtschaft macht's besser, weil Kreativität und Freiraum einen wichtigen Platz in ihr einnehmen.«

Metzelder, Christoph (Profifußballer und Gründer der Stiftung »Zukunft Jugend«): »Soziale Marktwirtschaft macht's besser, weil sie Bildung für alle ermöglicht.«

Michaels-Beerebaum, Meredith (3-fache Weltcupsiegerin und Weltranglistenerste im Springreiten): »Soziale Marktwirtschaft macht's besser, weil sie mit Einsatz und Fairplay große Sprünge ermöglicht.«

Nasse-Meyfarth, Ulrike (Olympiasiegerin im Hochsprung): »Soziale Marktwirtschaft macht's besser, weil sie Mut und Ausdauer belohnt.«

Neubauer, Günter, Prof. Dr. (Direktor Institut für Gesundheitsökonomik München): »Soziale Marktwirtschaft macht's besser, weil von ihr alle Bürger profitieren.«

Oetker, Arend, Dr. (Unternehmer und Präsident des Stifterverbandes für die Deutsche Wissenschaft, INSM-Botschafter): »Soziale Marktwirtschaft macht's besser, weil sie Menschen ermuntert, ihr Leben selbst zu gestalten.«

Paqué, Karl-Heinz, Prof. Dr. (Finanzminister a.D. und Professor für Volkswirtschaft an der Universität Magdeburg, INSM-Botschafter): »Soziale Marktwirtschaft macht's besser, weil sie Freiheit gewährt und Fairness sichert.«

Reinhardt, Nicole (Olympiasiegerin und Weltmeisterin im Kajak): »Soziale Marktwirtschaft macht's besser, weil ein fairer Wettbewerb Gold wert ist.«

Reithofer, Norbert (Vorstandvorsitzender BMW AG): »Soziale Marktwirtschaft macht's besser, weil sie Effizienz und sozialen Ausgleich verbindet.«

Rodenstock, Randolf (Geschäftsführender Gesellschafter Optische Werke G. Rodenstock GmbH & Co. KG, INSM-Botschafter) : »Soziale Marktwirtschaft macht's besser, weil sie den Wettbewerb als Weg zum Gemeinwohl sieht.«

Roeckl, Annette (Geschäftsführerin Roeckl Handschuhe & Accessoires GmbH & Co. KG): »Soziale Marktwirtschaft macht's besser, weil nur sie das Gleichgewicht zwischen ökonomischen und sozialen Werten schafft.«

Schielke, Sina (Mehrfache deutsche Meisterin im Sprint): »Soziale Marktwirtschaft macht's besser, weil mit ihr jeder zum Gewinner werden kann.«

Schipanski, Dagmar, Prof. Dr. (ehem. Präsidentin des Thüringer Landtags, INSM-Botschafterin): »Soziale Marktwirtschaft macht's besser, weil sie auf Leistungsanreizen für jeden Einzelnen und auf seiner Selbstverantwortung beruht.«

Schmitt, Martin (Olympiasieger und Weltmeister im Skispringen): »Soziale Marktwirtschaft macht's besser, weil nicht nur die Überflieger zählen, sondern die ganze Mannschaft.«

Späth, Lothar, Prof. Dr. h.c. (Ministerpräsident a.D.): »Soziale Marktwirtschaft macht's besser, weil sie die nötigen Grenzen setzt, ohne unnötige Hürden aufzubauen.«

Straubhaar, Thomas, Prof. Dr. (Direktor des Hamburgischen WeltWirtschaftsinstituts, INSM-Botschafter): »Soziale Marktwirtschaft macht's besser, weil sie moralische Grundsätze des ehrbaren Kaufmanns mit ökonomischer Vernunft verbindet.«

Suntum, Ulrich van, Prof. Dr. (Direktor des Centrums für angewandte Wirtschaftsforschung Münster (CAWM), Universität Münster): »Soziale Marktwirtschaft macht's besser, weil der Sozialismus noch nirgendwo funktioniert hat.«

Underberg-Ruder, Hubertine, Dr. (Geschäftsführerin Underberg AG): »Soziale Marktwirtschaft macht's besser, weil sie ja sagt zu Werten wie einem menschlichen Miteinander und gleichzeitig ja sagt zum Wettbewerb, der unser Land nach vorne bringt.«

Vanberg, Viktor J., Prof. Dr. (Leiter Walter Eucken Institut): »Soziale Marktwirtschaft macht's besser, weil sie der Politik ordnungspolitische Leitplanken vorgibt.«

Waigel, Theo, Dr. (Bundesfinanzminister a.D.): »Soziale Marktwirtschaft macht's besser, weil sie mit dem Euro zum Ordnungsprinzip Europas wurde und allen anderen Systemen überlegen ist.«

Wall, Hans (Vorsitzender des Aufsichtsrates der Wall AG): »Soziale Marktwirtschaft macht's besser, weil in ihr die Gemeinschaft den Einzelnen stärkt und umgekehrt.«

Personenverzeichnis